KB233306

나만의 주제별 영단어 학습 플래너 ✦

VOCA PLANNER

수능 **필수**

신문섭 · 안세정 · 황우연

 **DARAKWON**

신문섭   혜화여자고등학교 교사
서울대학교 사범대학 영어교육과 졸업

안세정   중경고등학교 교사
서울대학교 사범대학 영어교육과 졸업

황우연   잠일고등학교 교사
서울대학교 사범대학 영어교육과 졸업

VOCA PLANNER 수능 필수

지은이 신문섭, 안세정, 황우연
펴낸이 정규도
펴낸곳 (주)다락원

개정판 1쇄 발행 2025년 11월 28일

편집장 홍인표
편집 정연순
디자인 박나래, 정규옥
영문 감수 Ted Gray

다락원 경기도 파주시 문발로 211
내용 문의 (02)736-2031 내선 501
구입 문의 (02)736-2031 내선 250~252
Fax (02)732-2037
출판 등록 1977년 9월 16일 제406-2008-000007호

ISBN 978-89-277-8103-5 54740
         978-89-277-8101-1 54740 (set)

http://www.darakwon.co.kr
다락원 홈페이지를 방문하시면 상세한 출판 정보와 함께 MP3 자료 등의 다양한 어학 정보를 얻으실 수 있습니다.

주제별로 핵심 어휘만 쏙쏙 뽑은
VOCA PLANNER
고등 시리즈 확장판 소개

🌟 **VOCA PLANNER 고등 시리즈 확장판**은 '수능 완성' 단계를 새롭게 추가하여 〈고등 필수〉, 〈수능 필수〉, 〈수능 완성〉 총 3단계로 확장 구성했습니다. 고등학생이 꼭 알아야 할 필수 어휘를 촘촘하게 학습하여 내신과 수능 대비를 효과적으로 할 수 있습니다.

🌟 최신 교육과정 권장 어휘와 주요 고등 교과서, 수능 기출, 모의평가, 학력평가를 분석하여 중요 어휘만 선별했습니다.

🌟 소주제로 주제를 세분화하여, 어휘의 뜻을 주제에 맞게 언상하며 학습할 수 있습니다.

🌟 새롭게 추가된 **Voca Plus** 코너로 주요 혼동어를 학습할 수 있습니다.

🌟 플래너 기능이 담긴 **미니 단어장**이 새롭게 추가되어, 휴대하며 어휘를 학습할 수 있습니다.

VOCA PLANNER 고등 시리즈 확장판 단계

고등 필수

표제어 1,500개 수록
대상 고1~고2 | 고등학생이 꼭 알아야 할 고등 기본·필수 어휘

수능 필수

표제어 1,500개 수록
대상 고3~수능 대비 학습자 | 수능 및 모의평가 고빈출 필수·고난도 어휘

수능 완성

표제어 1,500개 수록
대상 수능 전 최종 점검 학습자 | 수능 및 모의평가 최빈출 기본·필수·고난도 어휘 총정리

VOCA PLANNER 특징 및 활용법

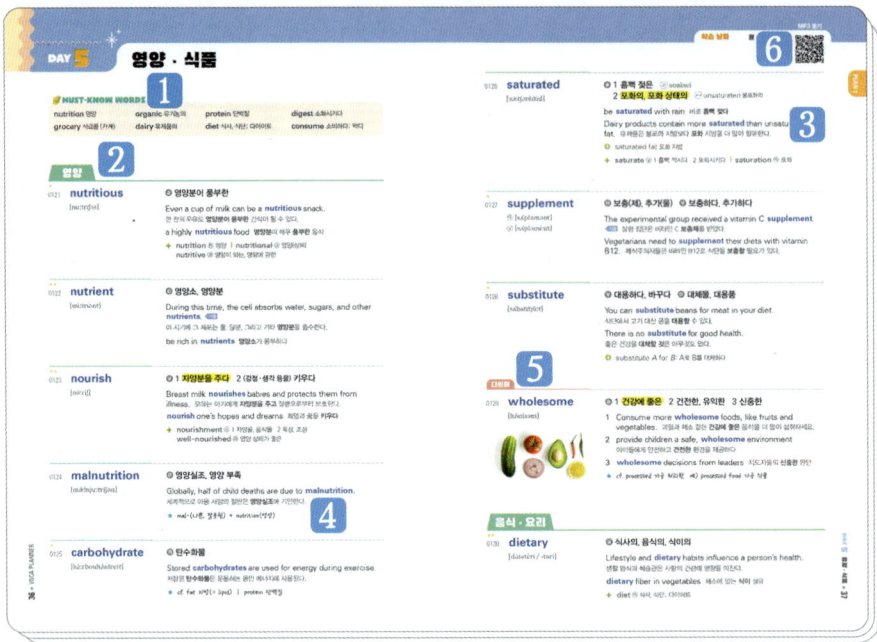

1 Must-Know Words
수능 레벨에서 이미 알고 있어야 하는 기본 어휘들이 제시됩니다. 어휘의 뜻을 알고 있는지 확인하고, 자신의 실력을 점검하세요.

2 소주제별로 관련 표제어가 묶여 있어 어휘 뜻 암기에 효과적
소주제로 묶여 서로 연관된 어휘들의 뜻을 연상하면서 암기합니다.

3 표제어의 뜻을 잘 보여주는 최적의 예문
〈확장판〉에서는 일부 기출 예문이 추가되었습니다. 어휘의 뜻을 잘 보여주는 예문을 읽어보며 어휘의 쓰임을 익힙니다.

4 어휘 학습에 도움을 주는 다양한 팁
혼동하기 쉬운 어휘, 영영풀이, 어원, 동·반의어, 파생어 등 팁을 읽어보며 어휘를 확실하게 익힙니다.

5 수능에서 중요한 다의어는 특별 관리
3개 이상의 뜻을 가진 어휘에는 다의어 표시, 해당 주제에 맞는 뜻에는 노란색 표시가 되어 있습니다.
각각의 뜻과 예문을 꼼꼼히 익힙니다.
*다의어 표시는 없지만 두 개 이상의 뜻이 있는 표제어의 경우에도 주제에 해당하는 어휘에 노란색으로 표시했습니다.

6 Day별 4가지 버전의 MP3 듣기 활용
〈표제어 개별/전체 듣기〉로 표제어의 뜻을 떠올려보고, 〈표제어+우리말 뜻 듣기〉로 뜻 확인 후, 〈표제어+우리말 뜻+예문 듣기〉로 예문까지 모두 들으며 어휘의 쓰임과 발음을 확실하게 학습합니다.

학습하기 전 알아두기

n 명사 | **v** 동사 | **a** 형용사 | **ad** 부사 | **prep** 전치사 | **pron** 대명사 | **conj** 접속사
★ 어원과 팁 표시 | ✚ 예문의 핵심 표현 정리 | 영영풀이 표시 | ✚ 파생어 표시

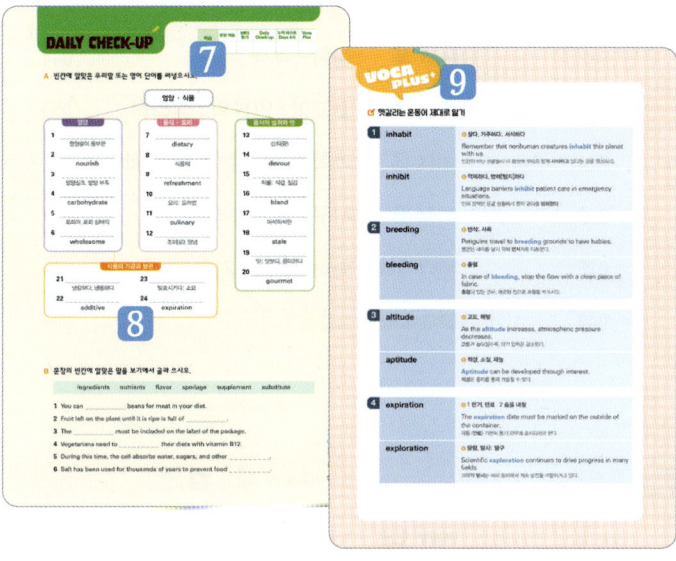

7 **Day별 학습 진도 체크 표**
하루하루 해야 할 학습 진도표에 학습했는지 여부를 체크하면서 학습하세요.

8 **Daily Check-up으로 확실한 복습**
소주제에 맞게 분류한 워드맵과 〈확장판〉에 새롭게 추가된 문장 빈칸 채우기 연습으로 어휘를 확실하게
복습합니다.

9 **Voca Plus 코너로 헷갈리는 혼동어 제대로 알기**
〈확장판〉에 추가된 Voca Plus를 통해 매 PLAN마다 주요 표제어와 헷갈리는 혼동어를 확실하게 학습합니다.

10 **매일매일 누적테스트**
Days 1-2, Days 2-3 방식으로 하루씩 누적한 테스트로 앞에 학습한 어휘도 누적하여 복습합니다.

11 **휴대용 미니 단어장**
미니 단어장 속의 To-Do List에 할 일을 체크하면서 어휘를 암기합니다.

온라인 부가자료 (www.darakwon.co.kr)
다락원 홈페이지에서 무료로 다양한 부가자료를 다운로드하거나 웹에서 이용할 수 있습니다.

- 각종 추가 테스트지 제공
- PLAN별 추가 Review Test 제공
- 4가지 버전의 MP3 듣기 파일
  표제어 전체 듣기 | 표제어 개별 듣기 | 표제어+우리말 뜻 듣기 | 표제어+우리말 뜻+예문 듣기
- 5가지 유형의 문제 출제가 가능한 문제출제프로그램 제공
  영어 단어 쓰기 | 우리말 뜻 쓰기 | 영영풀이 보고 어휘 쓰기 | 문장이나 어구 빈칸 채우기 | 음성 받아쓰기(단어를 듣고 단어와
  우리말 뜻 쓰기)

VOCA PLANNER 수능 필수 목차

VOCA PLANNER 학습 계획표

매일매일 계획을 세워 Day별로 날짜를 쓰면서 단어를 외워보세요. 한 책을 다 학습한 후 2회독하면 더욱 더 수능 필수 어휘를 내 것으로 만들 수 있어요.

		1회독			2회독		
PLAN 1	Day 1	년	월	일	년	월	일
	Day 2	년	월	일	년	월	일
	Day 3	년	월	일	년	월	일
	Day 4	년	월	일	년	월	일
	Day 5	년	월	일	년	월	일
PLAN 2	Day 6	년	월	일	년	월	일
	Day 7	년	월	일	년	월	일
	Day 8	년	월	일	년	월	일
	Day 9	년	월	일	년	월	일
	Day 10	년	월	일	년	월	일
PLAN 3	Day 11	년	월	일	년	월	일
	Day 12	년	월	일	년	월	일
	Day 13	년	월	일	년	월	일
	Day 14	년	월	일	년	월	일
	Day 15	년	월	일	년	월	일
PLAN 4	Day 16	년	월	일	년	월	일
	Day 17	년	월	일	년	월	일
	Day 18	년	월	일	년	월	일
	Day 19	년	월	일	년	월	일
	Day 20	년	월	일	년	월	일
PLAN 5	Day 21	년	월	일	년	월	일
	Day 22	년	월	일	년	월	일
	Day 23	년	월	일	년	월	일
	Day 24	년	월	일	년	월	일
	Day 25	년	월	일	년	월	일

		1회독			2회독		
PLAN 6	Day 26	년	월	일	년	월	일
	Day 27	년	월	일	년	월	일
	Day 28	년	월	일	년	월	일
	Day 29	년	월	일	년	월	일
	Day 30	년	월	일	년	월	일
PLAN 7	Day 31	년	월	일	년	월	일
	Day 32	년	월	일	년	월	일
	Day 33	년	월	일	년	월	일
	Day 34	년	월	일	년	월	일
	Day 35	년	월	일	년	월	일
PLAN 8	Day 36	년	월	일	년	월	일
	Day 37	년	월	일	년	월	일
	Day 38	년	월	일	년	월	일
	Day 39	년	월	일	년	월	일
	Day 40	년	월	일	년	월	일
PLAN 9	Day 41	년	월	일	년	월	일
	Day 42	년	월	일	년	월	일
	Day 43	년	월	일	년	월	일
	Day 44	년	월	일	년	월	일
	Day 45	년	월	일	년	월	일
PLAN 10	Day 46	년	월	일	년	월	일
	Day 47	년	월	일	년	월	일
	Day 48	년	월	일	년	월	일
	Day 49	년	월	일	년	월	일
	Day 50	년	월	일	년	월	일

PLAN 1
자연

생태계·식물
ecosystem 생태계
vegetation 식물, 식생

동물·미생물
herbivore 초식 동물
microorganism 미생물

자연

기후와 날씨
climatic 기후의
phenomenon 현상

영양·식품
nutrient 영양소
edible 식용의

환경과 재해
pollutant 오염 물질
catastrophe 큰 재해, 대재앙

DAY 1 생태계 · 식물

☑ **MUST-KNOW WORDS**

ecology 생태학	biology 생물학	species (생물) 종	wildlife 야생 생물
bloom (꽃이) 피다; 꽃	seed 씨, 씨앗, 종자	root 뿌리	mushroom 버섯

생태계

0001 ★★ ecological
[ìkəládʒikəl]

ⓐ 생태학의, 생태계의

Cities are often blamed as a major cause of **ecological** destruction. 기출
도시는 흔히 **생태계** 파괴의 주요 원인으로 비난받는다.

the **ecological** balance 생태학적 균형

✚ ecology ⓝ 생태(학) | ecologically ⓐⓓ 생태학적으로

0002 ★★★ ecosystem
[í:kousìstəm]

ⓝ 생태계

The **ecosystem** provides both clean air and fresh water.
생태계는 깨끗한 공기와 신선한 물 모두를 제공한다.

maintain the balance of the **ecosystem**
생태계의 균형을 유지하다

★ eco-(환경, 생태) + system(계)

0003 ★★★ biological
[bàiəládʒikəl]

ⓐ 생물학의, 생물학적인

Sleep is a **biological** function that is essential to life.
수면은 생명에 필수적인 **생물학적** 기능이다.

➕ biological science 생물 과학

✚ biology ⓝ 생물학 | biologist ⓝ 생물학자

0004 ★★ biodiversity
[bàioudivə́:rsəti / -dai-]

ⓝ 생물 다양성

The loss of **biodiversity** leads to ecological imbalances.
기출 응용
생물 다양성의 손실은 생태계의 불균형으로 이어진다.

★ bio-(생물) + diversity(다양성)

0005 biomass
[báioumæs]

ⓝ 생물 자원; 생물량

Biomass like wood can be used to produce electricity.
나무와 같은 **생물 자원**은 전기를 생산하는 데 사용될 수 있다.

★ bio-(생물) + mass(덩어리, 질량)

★
0006 **biosphere**
[báiəsfiər]

ⓝ 생물권

The **biosphere** consists of all living organisms on the Earth.
생물권은 지구상의 모든 살아 있는 유기체로 구성된다.

🔳 the part of the world where there are living things

★ bio-(생물) + sphere(권, 영역)
cf. atmosphere 대기(권)

★★★
0007 **habitat**
[hǽbətæt]

ⓝ (동식물의) 서식지; 거주지

Forests are natural **habitats** for wildlife species.
숲은 야생 생물 종들의 자연 **서식지**이다.

➕ Habitat for Humanity 서민에게 집 지어주기[해비타트] 운동

★★
0008 **inhabit**
[inhǽbit]

ⓥ 살다, 거주하다; 서식하다

People have **inhabited** this island for 50,000 years.
사람들이 이 섬에 5만 년 동안 **거주해** 왔다.

Remember that nonhuman creatures **inhabit** this planet with us. ‹기출 응용›
인간이 아닌 생물들이 이 행성에 우리와 함께 **서식하고** 있다는 것을 명심하라.

➕ inhabitant ⓝ 거주자; 서식 동물

★★★
0009 **colony**
[kάləni]

ⓝ 1 식민지　2 군집, 군체

Madagascar is a former French **colony**.
마다가스카르는 프랑스의 이전 **식민지**이다.

The entrance to a honeybee **colony** is a market place for information. ‹기출›
꿀벌 **군집**의 입구는 정보를 위한 시장이다.

➕ colonize ⓥ 식민화하다 | colonial ⓐ 식민지의

★
0010 **intact**
[intǽkt]

ⓐ 본래대로의, 손대지 않은

Can we humans just leave the environment **intact**?
우리 인간은 그저 환경을 **본래대로** 놔둘 수 없는가?

★ in(= not) + tact(= touch) → 건드리지 않은

★
0011 **emergence**
[imə́:rdʒəns]

ⓝ 등장, 출현, 발생

The **emergence** of a new species happens as a result of natural selection.
새로운 종의 **등장**은 자연 선택의 결과로 발생한다.

➕ emerge ⓥ 나오다, 나타나다 | emerging ⓐ 최근 생겨난

★★★
0012 **threaten**
[θrétn]

ⓥ 위협하다, 협박하다

Global warming is **threatening** the future of the planet.
지구 온난화가 행성의 미래를 **위협하고** 있다.

+ threat ⓝ 위협, 협박

식물의 구성 요소

★★★
0013 **blossom**
[blɑ́səm]

ⓝ (특히 과수의) 꽃; 개화, 만발   **ⓥ** 꽃을 피우다   **=** bloom

It is a lovely garden, especially when the magnolia comes into **blossom**.
그곳은 특히 목련이 **꽃을** 피울 때 아름다운 정원이다.

Trees **blossom**, and bees buzz around the flowers.
나무들이 **꽃을 피우고** 벌들이 꽃 주위에서 윙윙거린다.

0014 **floral**
[flɔ́:rəl]

ⓐ 꽃의, 꽃 같은

Essential oils from **floral** crops are used in perfumery.
꽃을 피우는 작물에서 나는 정유가 향수에 사용된다.

a dress with **floral** patterns   **꽃**무늬 드레스

+ florist ⓝ 꽃집 주인, 꽃 가꾸는 사람

★ cf. flora 식물(군) | fauna 동물(군)

다의어

★★★
0015 **stem**
[stem]

ⓝ (풀·나무의) 줄기, 대   **=** stalk
ⓥ 유래하다, 일어나다, 생기다(from)

n. Branches grow from the **stem**, and leaves grow from the branches.
가지는 **줄기**에서 자라나고 잎은 가지에서 자라난다.

v. The word "religion" **stems** from the word *religare* (to tie).
'종교'라는 말은 'religare(결속하다)'라는 말에서 **유래한다**.

★★
0016 **nectar**
[néktər]

ⓝ 화밀, 꿀

Almost all flowers produce **nectar** to attract bees.
거의 모든 꽃이 꿀벌을 유인하기 위해 **화밀**을 만든다.

★★
0017 **pollen**
[pɑ́lən]

ⓝ 꽃가루, 화분

On hot and windy days, **pollen** is carried by the wind.
덥고 바람 부는 날에는 **꽃가루**가 바람에 의해 운반된다.

0018 photosynthesis
[fòutousínθəsis]

ⓝ 광합성

Plants produce oxygen through **photosynthesis**.
식물은 **광합성**을 통해 산소를 생산한다.

➕ photosynthesize ⓥ 광합성을 하다

★ photo-(빛) + synthesis(합성)

0019 carbon dioxide
[kɑ̀ːrbən daiɑ́ksaid]

ⓝ 이산화탄소

Carbon dioxide is the major cause of the greenhouse effect.
이산화탄소는 온실 효과의 주요 원인이다.

★ carbon(탄소) + dioxide(이산화물)
cf. nitrogen 질소 ┃ monoxide 일산화물 ┃ carbon monoxide 일산화탄소

0020 penetrate
[pénətrèit]

ⓥ 침투하다, 관통하다

Roots **penetrate** into the soil to take in water and minerals.
뿌리는 물과 미네랄을 흡수하기 위해 흙 속으로 **침투한다**.

➕ penetration ⓝ 침투, 관통

0021 absorption
[æbsɔ́ːrpʃən / -zɔ́ːrp-]

ⓝ 1 흡수 2 몰두, 열중

The **absorption** of water is the primary function of roots.
물의 **흡수**는 뿌리의 주요 기능이다.

a state of **absorption** in one's work 자신의 일에 **몰두**한 상태

➕ absorb ⓥ 흡수하다, 빨아들이다

0022 sprout
[spraut]

ⓥ 싹이 트다, 발아하다 ⓝ 새싹

Will any of these fallen seeds **sprout** next year?
이 떨어진 씨앗들 중 어느 것이라도 내년에 **싹이 틀**까요?

a bean **sprout** 콩 새싹, 콩나물

0023 germinate
[dʒə́ːrmənèit]

ⓥ 발아하다, 싹트다

Some seeds **germinate** after storage for one or more years.
어떤 씨앗은 한 해 또는 그 이상 저장 후에 **발아한다**.

➕ germination ⓝ 발아

0024 wither
[wíðər]

ⓥ 시들다, 말라[시들어] 죽다

Autumn flowers **wither** after the first frost.
가을꽃들은 첫 서리가 내린 후에 **시든다**.

Many plants **withered** away from a lack of care.
많은 식물이 돌보지 않아 **말라 죽었다**.

0025 **dormant**
[dɔ́:rmənt]

ⓐ 휴면하는, 활동을 중단한 ⟷ active 활동하는

Seeds stay **dormant** until put in the right environment.
씨앗은 올바른 환경에 놓일 때까지 **휴면한다**.

➕ a dormant volcano 휴화산

➕ dormancy ⓝ 휴면, 비활동 상태

식물의 종류

0026 **vegetation**
[vèdʒətéiʃən]

ⓝ (집합적) 식물, 식생

A region's **vegetation** is strongly affected by the climate.
한 지역의 **식물**은 기후에 의해 강하게 영향받는다.

영영 plants in general

0027 **shrub**
[ʃrʌb]

ⓝ 키 작은 나무, 관목

Trees grow up to the top of the forest, and **shrubs** grow under the trees.
나무들은 숲의 위쪽까지 자라고 **관목들**은 그 나무들 아래에서 자란다.

★ cf. bush 덤불, 수풀

다의어

0028 **perennial**
[pəréniəl]

ⓝ **다년생 식물** ⓐ 1 오랫동안 지속되는 2 **다년생의**

n. Nearly all forest plants are **perennials**, including trees and shrubs.
나무와 관목을 포함하여 거의 모든 숲의 식물은 **다년생 식물**이다.

a. 1 a **perennial** problem 오랫동안 지속되는 문제

★ cf. annual 1년생 식물(의)

0029 **seaweed**
[síːwìːd]

ⓝ 해초, 해조

About 150 species of **seaweed** are used as food worldwide.
전 세계적으로 약 150종의 **해초**가 음식으로 사용된다.

★ sea(바다) + weed(잡초)

0030 **fungus**
[fʌ́ŋgəs]

ⓝ 균류, 버섯 (*pl.* fungi)

For many reasons, trees can fall prey to insects and **fungi**.
•기출 응용
여러 가지 이유로 나무는 곤충과 **균류**의 먹잇감이 될 수 있다.

★ cf. mushroom 버섯(균류의 하나) | alga 조류(물속에 사는 하등 식물)

DAILY CHECK-UP

A 빈칸에 알맞은 우리말 또는 영어 단어를 써넣으시오.

생태계 · 식물

생태계

1 _____
생태학의, 생태계의

2 _____
ecosystem

3 _____
생물학의, 생물학적인

4 _____
biodiversity

5 _____
생물 자원; 생물량

6 _____
biosphere

7 _____
서식지; 거주지

8 _____
colony

9 _____
본래대로의, 손대지 않은

10 _____
emergence

11 _____
위협하다, 협박하다

식물의 구성 요소

12 _____
blossom

13 _____
꽃의, 꽃 같은

14 _____
stem

15 _____
꽃가루, 화분

16 _____
nectar

식물의 성장과 활동

17 _____
carbon dioxide

18 _____
싹이 트다; 새싹

19 _____
wither

20 _____
휴면하는, 활동을 중단함

식물의 종류

21 _____
shrub

22 _____
다년생 식물; 다년생의

23 _____
seaweed

24 _____
균류, 버섯

B 문장의 빈칸에 알맞은 말을 보기에서 골라 쓰시오.

absorption	vegetation	penetrate	germinate	inhabit	photosynthesis

1 Plants produce oxygen through _____.

2 The _____ of water is the primary function of roots.

3 Some seeds _____ after storage for one or more years.

4 A region's _____ is strongly affected by the climate.

5 Roots _____ into the soil to take in water and minerals.

6 Remember that nonhuman creatures _____ this planet with us.

DAY 2 동물 · 미생물

☑ **MUST-KNOW WORDS**

mammal 포유류	**prey** 먹이	**survive** 생존하다	**organism** 유기체, 생물
male 수컷의; 남성의	**female** 암컷의; 여성의	**mate** 짝; 짝짓기하다	**bacteria** 박테리아, 세균

동물의 종류

0031 reptile
[réptail / réptl]

ⓝ 파충류

The world's smallest **reptile** is the mini-meleon.
세상에서 가장 작은 **파충류**는 미니 멜레온이다.

➕ reptilian ⓐ 파충류의

★ cf. amphibian 양서류

0032 herbivore
[hə́rbəvɔ̀:r]

ⓝ 초식 동물

Herbivores' teeth are specialized for eating plants.
초식 동물의 이빨은 식물을 먹도록 특화되어 있다.

➕ herbivorous ⓐ 초식성의

★ cf. carnivore 육식 동물 | insectivore 식충 동물[식물]
omnivore 잡식(성) 동물

0033 predator
[prédətər]

ⓝ 포식자, 육식 동물

A baby water flea develops a helmet to defend itself against **predators**. ◀기출
새끼 물벼룩은 자기 자신을 **포식자**로부터 보호하기 위해 안전모를 발달시킨다.

★ cf. prey 먹이

0034 aquatic
[əkwǽtik]

ⓐ 수중의, 수생의

Algae play an important role in **aquatic** ecosystems.
조류는 **수중** 생태계에서 중요한 역할을 한다.

➕ aquarium ⓝ 수족관

0035 primate
[práimit / -meit]

ⓝ 영장류

Monkeys are **primates**, just like humans.
원숭이는 인간과 마찬가지로 **영장류**이다.

★ cf. ape 유인원

동물의 행동

0036 dominant ★★
[dάmənənt]

ⓐ 지배적인, 우세한

When a herd moves, the **dominant** male leads.
무리가 이동할 때는 **지배적인** 수컷이 이끈다.

➕ dominate ⓥ 지배하다 | dominance ⓝ 지배, 우세

0037 hierarchy ★★
[háiərὰːrki]

ⓝ 위계, 서열, 계층

There is a social **hierarchy** in animal groups.
동물 집단에는 사회적 **위계**가 있다.

➕ hierarchical ⓐ 위계의, 서열의

0038 adaptive ★
[ədǽptiv]

ⓐ 적응하는, 적응할 수 있는

Many animals form groups as an **adaptive** strategy.
많은 동물들이 **적응** 전략으로 집단을 형성한다.

Plants show finely tuned **adaptive** responses when food is limited. 〔기출 응용〕
식물은 자양분이 제한적일 때 섬세하게 조정된 **적응** 반응을 보인다.

➕ adapt ⓥ 1 적응하다 2 개조[개작]하다 | adaptation ⓝ 적응
adaptability ⓝ 적응성

0039 camouflage ★
[kǽmuflὰːʒ]

ⓥ 위장하다 ⓝ 위장

Zebras' stripes **camouflage** them from predators.
얼룩말의 줄무늬는 포식자로부터 그것들을 **위장시킨다**.

Predators as well as prey animals use **camouflage**.
먹이가 되는 동물뿐 아니라 포식자도 **위장**을 사용한다.

0040 mimicry
[mímikri]

ⓝ 흉내, 모방

Mimicry of leaves by insects is an adaptation for avoiding predators. 곤충의 나뭇잎 **흉내**는 포식자를 피하기 위한 적응이다.

➕ mimic ⓥ 흉내 내다(= imitate)

0041 coloration
[kʌ̀ləréiʃən]

ⓝ (생물의) 천연색

Protective **coloration** helps animals survive.
천연 보호색은 동물들이 생존하는 데 도움을 준다.

★ cf. coloring 색소; 채색

0042 hibernate
[háibərnèit]

ⓥ 동면하다

Animals **hibernate** to survive low temperatures.
동물들을 저온에서 생존하기 위해 **동면한다**.

➕ hibernation ⓝ 동면

0043 symbiotic
[sìmbaiátik / -bi-]

ⓐ 공생의, 공생하는

Bacteria in the soil form a **symbiotic** relationship with plants.
토양 속의 박테리아는 식물과 **공생** 관계를 형성한다.

➕ symbiosis ⓝ 공생, 공동 생활

★★
0044 exotic
[igzátik]

ⓐ 외래의; 이국적인

Exotic species are nonnative plant and animal species.
외래종은 토종이 아닌 동식물 종이다.

exotic views of high snow-covered peaks
눈으로 덮인 높은 산봉우리들의 **이국적인** 풍경

🔤 not living or growing in a certain area; from another part of the world

---

다의어

★
0045 captive
[kǽptiv]

ⓐ (동물이) 우리에 갇힌, 사로잡힌   ⓝ 포로

a. **Captive** animals in zoos are exposed to various types of stress.
동물원의 **우리에 갇힌** 동물들은 다양한 유형의 스트레스에 노출된다.

n. More than one hundred U.S. soldiers were taken as **captives**. 100명 이상의 미군이 **포로로** 붙잡혔다.

➕ captivity ⓝ 사로잡힘, 감금

★★
0046 migrate
[máigreit]

ⓥ 이동하다; 이주하다

Birds **migrate** south for the winter.
새들은 겨울을 나기 위해 남쪽으로 **이동한다**.

migrate to look for jobs in big cities
대도시에서 일자리를 구하기 위해 **이주하다**

➕ migrant ⓐ 이동하는(= migratory) ⓝ 이동하는 동물; 이주자

다의어

★★
0047 pack
[pæk]

ⓝ 1 한 무리[떼] 2 묶음 ⓥ 꾸리다, 묶다

n. 1 A **pack** of wolves consists of parents and their cubs.
늑대 **무리**는 부모와 새끼들로 구성된다.

2 buy a **pack** of batteries 건전지 한 **묶음**을 사다

v. **pack** a suitcase for a business trip
출장을 가려고 여행 가방을 **꾸리다**

★ cf. flock 새의 떼 | herd 가축의 떼 | school 물고기의 떼

번식과 양육

0048 spawn
[spɔːn]

ⓥ 알을 낳다, 산란하다   ⓝ (물고기, 개구리의) 알

Salmon migrate to fresh water to **spawn.**
연어는 **알을 낳기** 위해 민물로 이동한다.

★★
0049 hatch
[hætʃ]

ⓥ 부화하다; 부화시키다   ⓝ 부화

It takes 15-19 days for pigeons to **hatch** from eggs.
비둘기가 알에서 **부화되는** 데 15–19일이 걸린다.

★
0050 breeding
[bríːdiŋ]

ⓝ 번식; 사육

Penguins travel to **breeding** grounds to have babies.
펭귄은 새끼를 낳기 위해 **번식**지로 이동한다.

　╋ breed ⓥ 새끼를 낳다, 기르다; 사육하다

★★
0051 reproduction
[rìːprədʌ́kʃən]

ⓝ 1 번식, 생식   2 복제(품)

Living things use their energy for growth, survival, and
reproduction. ⟨기출 응용⟩
생명체는 성장, 생존, **번식**을 위해 에너지를 사용한다.

a perfect **reproduction** of the original
원본의 완벽한 **복제품**

　╋ reproduce ⓥ 1 번식[생식]하다   2 복사[복제]하다

★
0052 offspring
[ɔ́(ː)fsprìŋ]

ⓝ 새끼, 자손   ⊜ young

Parental traits are transmitted to their **offspring.** ⟨기출 응용⟩
부모의 특성은 **자손**에게 전달된다.

다의어

★
0053 rear
[riər]

ⓥ 기르다; 사육[재배]하다   ⊜ raise
ⓐ 후방의, 뒤의   ⓝ 뒤, 후면   ⟷ front 앞(의)

v. Some species of fish **rear** their young in their mouths.
　일부 어류 종은 새끼를 입 속에서 **기른다.**
a. the **rear** entrance 후문
n. The garage is in the **rear** of the house.
　차고는 집 **뒤**에 있다.

★
0054 disperse
[dispə́ːrs]

ⓥ 흩어지다; 확산되다

A young **dispersing** individual moves until it finds an ideal
place. ⟨기출⟩
흩어지는 어린 개체는 이상적인 장소를 찾을 때까지 이동한다.

　╋ dispersal ⓝ 분산; 확산

0055 ★ **caterpillar**
[kǽtərpìlər]

ⓝ (나비 등의) 유충, 애벌레

Caterpillars provide food for birds in the spring.
애벌레는 봄에 새들의 먹이가 된다.

★ cf. cocoon 고치

미생물

0056 ★ **microorganism**
[màikrouɔ́ːrgənìzm]

ⓝ 미생물 ☰ microbe

Microorganisms cannot be seen with the naked eye.
미생물은 육안으로는 보이지 않는다.

★ micro-(작은) + organism(생물)
cf. germ 세균, 병균

0057 ★★ **duplicate**
ⓥ [djúːpləkèit]
ⓐ [djúːpləkit]

ⓥ 복제[복사]하다 ⓐ 이중의; 복제의

One of the reasons that cells **duplicate** is to repair damaged tissues.
세포가 **복제하는** 이유 중 하나는 손상된 조직을 치료하는 것이다.

The scientist kept a **duplicate** sample of the DNA for further testing.
과학자는 추가 실험을 위해 DNA의 **복제** 샘플을 보관했다.

✚ duplication ⓝ 복제, 복사

0058 **decompose**
[dìːkəmpóuz]

ⓥ 분해시키다 ☰ break down

Bacteria and fungi **decompose** plants and animals.
박테리아와 균류가 동식물을 **분해시킨다**.

✚ decomposition ⓝ 분해 | decomposer ⓝ 분해자(박테리아·균류 등)

★ de-(분리, 제거) + compose(구성하다)

0059 ★ **rotten**
[rɑ́tn]

ⓐ 썩은, 부패한

Rotten leaves are a feast to earthworms.
썩은 나뭇잎은 지렁이에게 진수성찬이다.

✚ rot ⓥ 썩다, 부패하다 ⓝ 썩음, 부패

0060 ★★ **decay**
[dikéi]

ⓥ 부패[부식]하다, 썩다 ☰ rot ⓝ 부패, 부식

Fallen leaves **decay** and enrich the soil.
낙엽은 **부패하여** 토양을 비옥하게 한다.

tooth **decay** 충치

A 빈칸에 알맞은 우리말 또는 영어 단어를 써넣으시오.

동물 · 미생물

동물의 종류

1 _____
파충류

2 _____
herbivore

3 _____
수중의, 수생의

4 _____
primate

미생물

21 _____
미생물

22 _____
duplicate

23 _____
썩은, 부패한

24 _____
decay

동물의 행동

5 _____
hierarchy

6 _____
적응하는, 적응할 수 있는

7 _____
mimicry

8 _____
(생물의) 천연색

9 _____
hibernate

10 _____
공생의, 공생하는

11 _____
captive

12 _____
한 무리[떼];
꾸리다, 묶다

번식과 양육

13 _____
spawn

14 _____
부화하다; 부화시키다

15 _____
breeding

16 _____
번식, 생식

17 _____
offspring

18 _____
기르다; 후방의; 뒤

19 _____
disperse

20 _____
유충, 애벌레

B 문장의 빈칸에 알맞은 말을 보기에서 골라 쓰시오.

migrate   decompose   camouflage   exotic   dominant   predators

1 Birds _____ south for the winter.

2 Zebra's stripes _____ them from predators.

3 Bacteria and fungi _____ plants and animals.

4 When a herd moves, the _____ male leads.

5 _____ species are nonnative plant and animal species.

6 A baby water flea develops a helmet to defend itself against _____.

DAY 3 기후와 날씨

✔ **MUST-KNOW WORDS**

climate 기후   **temperature** 온도, 기온   **rainfall** 강우(량)   **forecast** 예측(하다); 예보(하다)

atmosphere 대기   **continent** 대륙, 육지   **valley** 계곡, 골짜기   **coast** 해안

날씨와 기후

0061 climatic
[klaimǽtik]

ⓐ 기후의

The Canary Islands are in the tropical **climatic** zone.
카나리아 제도는 열대 **기후**대에 있다.

➕ climate ⓝ 기후

0062 meteorological
[mìːtiərəládʒikəl]

ⓐ 기상의, 기상학상의

Advancements in **meteorological** technology revolutionize weather forecasting.
기상 기술의 발전은 날씨 예보에 혁명을 일으킨다.

➕ meteorology ⓝ 기상학

0063 humidity
[hjuːmídəti]

ⓝ 습기, 습도

The rainy season is characterized by high **humidity**.
우기는 특징적으로 높은 **습도**를 보인다.

➕ humid ⓐ 습한, 눅눅한

다의어

0064 pressure
[préʃər]

ⓝ 압력, 압박   ⓥ 압력을 가하다

n. Storms occur when air **pressure** differences cause rapid air movement.
폭풍은 기**압** 차가 급속한 공기 이동을 야기할 때 발생한다.

High blood **pressure** is a risk factor for people with heart conditions.
고혈**압**은 심장 질환이 있는 사람들에게 위험 요인이다.

v. The boss **pressured** the team for better results.
상사는 팀에게 더 나은 실적을 위해 **압력을 가했다**.

0065 evaporation
[ivæpəréiʃən]

ⓝ (수분의) 증발, 발산

The water **evaporation** rate varies with the temperature.
물 **증발** 속도는 온도에 따라 다르다.

➕ evaporate ⓥ 증발하다

PLAN 1

0066 **atmospheric**
[ǽtməsférik]

ⓐ 1 **대기의, 기압의**　2 분위기 있는

Ozone is an **atmospheric** gas that surrounds the planet.
오존은 행성을 둘러싸고 있는 **대기의** 기체이다.
atmospheric setting 분위기 있는 배경

➕ high / low atmospheric pressure 고기압 / 저기압

➕ atmosphere ⓝ 1 대기　2 분위기

★★★
0067 **phenomenon**
[finámənàn]

ⓝ 현상 (*pl.* phenomena)

An aurora is a natural **phenomenon** of light in the sky.
오로라는 하늘에 빛이 나타나는 자연 **현상**이다.

➕ a natural phenomenon 자연 현상

★
0068 **centigrade**
[séntəgrèid]

ⓐ 섭씨의(℃)　🟰 Celsius

The normal body temperature is 36.5 to 37.2 degrees **centigrade**.
정상 체온은 **섭씨** 36.5에서 37.2도이다.

★ cf. Fahrenheit 화씨의(°F)

★
0069 **precipitation**
[prisìpətéiʃən]

ⓝ 강수(량), 강우(량)

Precipitation is an important factor in agriculture.
강수량은 농업에서 중요 요소이다.

★
0070 **radiation**
[rèidiéiʃən]

ⓝ (빛·열 등의) 방사(선), 복사(열, 에너지)

radiation therapy　**방사선** 치료
Solar energy is produced from solar **radiation** by solar cells.
태양 에너지는 태양광 전지에 의해 태양 **복사 에너지**로부터 생산된다.

➕ radiate ⓥ (빛·열 등을) 방사[방출]하다

★★
0071 **ultraviolet**
[ʌ̀ltrəváiəlɪt]

ⓝ 자외선　ⓐ 자외선의　🟰 UV

Most of the sun's **ultraviolet** rays are absorbed by ozone.
대부분의 태양 **자외선**은 오존에 의해 흡수된다.

➕ ultraviolet[UV] rays 자외선

★ ultra-(beyond) + violet(보라색) → 자외선
cf. infrared 적외선(의)

0072 latitude
[lǽtətjùːd]

ⓝ 위도; (특정 위도의) 지방

Temperatures get cooler as the **latitude** increases.
기온은 **위도**가 높아질수록 더 차가워진다.

➕ latitudinal ⓐ 위도(상)의

★ cf. longitude 경도

0073 altitude
[ǽltətjùːd]

ⓝ 고도(*pl.* 고지대), 해발 ⊜ elevation

As the **altitude** increases, atmospheric pressure decreases.
고도가 높아질수록, 대기 압력은 감소한다.

➕ altitude[mountain] sickness 고산병

0074 equator
[ikwéitər]

ⓝ 적도

The Sahara Desert is located near the **equator**.
사하라 사막은 **적도** 근처에 위치한다.

➕ equatorial ⓐ 적도의, 적도 부근의

0075 tropical
[trɑ́pikəl]

ⓐ 열대(성)의, 열대 지방의

Tropical regions are close to the equator.
열대 지방은 적도와 가깝다.

Tropical forests provide a variety of environmental services.
◀기출 응용▶
열대림은 다양한 환경 서비스를 제공한다.

★ cf. subtropical 아열대의

다의어

0076 temperate
[témpərit]

ⓐ 1 **온대(성)의** 2 **온화한** 3 온건한, 절제하는

1 **Temperate** forests account for about a quarter of global forests. **온대**림은 지구 삼림의 약 4분의 1을 차지한다.

2 With a **temperate** climate, Ireland has natural advantages for farming.
온화한 기후로 아일랜드는 농경을 위한 자연적 이점을 가지고 있다.

3 be **temperate** in behavior and speech
행동과 말이 **온건하다**

➕ temperate zone 온대 지역

0077 arctic
[ɑ́ːrktik]

ⓐ (종종 A-) 북극의, 북극 지방의

The **Arctic** areas are already experiencing the effects of climate change.
북극 지역은 이미 기후 변화의 영향을 경험하고 있다.

➕ the Arctic Ocean 북극해

0078 antarctic
[æntá:rktik]

ⓐ (A-) 남극의, 남극 지방의　ⓝ (the -) 남극 지역

Perhaps **Antarctic** species are best represented by penguins.
아마도 **남극 지방의** 종은 펭귄으로 가장 잘 대표될 것이다.

✚ Antarctica ⓝ 남극 대륙

0079 polar
[póulər]

ⓐ 1 <mark>극지의, 남극[북극]의</mark>　2 극과 극의[정반대의]

The **polar** regions are the coldest places on Earth.
극지방은 지구상에서 가장 추운 곳이다.

Their views are **polar** opposites.　그들의 견해는 **극과 극으로** 상반된다.

육지

0080 continental
[kɑ̀ntənéntl]

ⓐ 대륙(성)의

The **continental** climate is marked by cold winters and hot
summers.　**대륙성** 기후의 특징은 추운 겨울철과 더운 여름철이다.

➕ continental drift theory 대륙 이동설

✚ continent ⓝ 대륙

0081 terrestrial
[təréstriəl]

ⓐ 1 <mark>육생의; 지상의</mark>　2 지구(상)의　↔ extraterrestrial 외계의

Aquatic life creatures are more colorful than **terrestrial** life
creatures.　기출 응용
수중 생물은 **육생** 생명체보다 더 화려하다.

terrestrial life　**지구상의** 생명체

0082 erosion
[iróuʒən]

ⓝ 침식 (작용), 부식

Ecosystem services provided by tropical forests include
erosion prevention.　기출 응용
열대림이 제공하는 생태계 서비스는 **침식** 방지를 포함한다.

✚ erode ⓥ 침식하다, 부식하다

0083 canyon
[kǽnjən]

ⓝ 협곡

Canyons are formed by erosion, especially running water.
협곡은 침식, 특히 흐르는 물에 의해 형성된다.

➕ the Grand Canyon 그랜드 캐니언(미국 애리조나 주 북부에 위치한 대협곡)

0084 terrain
[təréin]

ⓝ 지대; 지형, 지세

Of the world's population, 10% live in mountainous **terrain**.
세계 인구 중 10퍼센트가 산악 **지대**에 살고 있다.

0085 marine
[məríːn]

ⓐ 해양의, 바다의

Dolphins are **marine** animals of great intelligence. 기출응용
돌고래는 뛰어난 지능을 가진 **해양** 동물이다.

0086 strait
[streit]

ⓝ 1 **해협** ⊜ channel 2 (pl.) 쪼들림, 궁핍

The **Strait** of Dover touches France at its northernmost tip.
도버 **해협**은 프랑스의 최북단 지점에 닿아 있다.

be in dire **straits** for money 돈에 몹시 **쪼들리다**

★ straight(똑바른)와 혼동하지 않도록 주의할 것.

0087 peninsula
[pinínsələ]

ⓝ 반도

A **peninsula** is almost entirely surrounded by water.
반도는 거의 전부 물로 둘러싸여 있다.

➕ the Korean Peninsula 한반도

0088 tidal
[táidl]

ⓐ 조수의

Tidal power plants make use of **tidal** force on the sea's surface.
조력 발전소는 바다 표면의 **조수의** 힘을 이용한다.

➕ tidal wave 해일
✚ tide ⓝ 조수

0089 current
[kə́ːrənt]

ⓝ 1 **해류**, 기류, 흐름 2 경향[추세] ⓐ 최근의, 현재의

n. 1 Ocean **currents** play a key role in the Earth's climate.
해류는 지구의 기후에서 핵심적인 역할을 한다.

2 the **current** of public opinion 여론의 **추세**

a. get **current** news from Internet news networks
인터넷의 뉴스 네트워크로부터 **최신** 뉴스를 접하다

➕ ocean[sea] current 해류 | air current 기류 | tidal current 조류

0090 glacier
[gléiʃər]

ⓝ 빙하

Jeff Orlowski tracks climate change effects on **glaciers** and coral reefs. 기출
Jeff Orlowski는 기후 변화가 **빙하**와 산호초에 미치는 영향을 추적한다.

✚ glacial ⓐ 빙하의
★ cf. iceberg 빙산 | icecap 만년설

DAILY CHECK-UP

A 빈칸에 알맞은 우리말 또는 영어 단어를 써넣으시오.

기후와 날씨

날씨와 기후

1 _____ 기후의

2 _____ meteorological

3 _____ 압력; 압력을 가하다

4 _____ atmospheric

5 _____ 섭씨의

6 _____ precipitation

7 _____ 방사(선), 복사(열)

8 _____ ultraviolet

지도 용어

9 _____ latitude

10 _____ 고도, 해발

11 _____ equator

12 _____ 열대(성)의, 열대 지방의

13 _____ temperate

14 _____ 북극의

15 _____ 남극의; 남극 지역

16 _____ polar

육지

17 _____ 대륙(성)의

18 _____ erosion

19 _____ 협곡

20 _____ 지대; 지형, 지세

해양

21 _____ strait

22 _____ 반도

23 _____ tidal

24 _____ 빙하

B 문장의 빈칸에 알맞은 말을 보기에서 골라 쓰시오.

currents	terrestrial	phenomenon	marine	evaporation	humidity

1 Dolphins are _____ animals of great intelligence.

2 The water _____ rate varies with the temperature.

3 Ocean _____ play a key role in the Earth's climate.

4 An aurora is a natural _____ of light in the sky.

5 The rainy season is characterized by high _____ .

6 Aquatic life creatures are more colorful than _____ life creatures.

환경과 재해

resource 자원   pollution 오염, 공해   destruction 파괴   eco-friendly 친환경적인
fossil fuel 화석 연료   disaster 재해, 재난   volcanic 화산의   flood 홍수

환경 보존

0091 conserve
[kənsə́ːrv]

ⓥ 보존하다, 보호하다; 절약하다

Great efforts have been made to **conserve** natural habitats.
자연 서식지를 **보존하기** 위해 커다란 노력이 기울여져 왔다.

Increasing prices drive consumers to **conserve**. ·기출 응용·
오르는 물가는 소비자들을 **절약하도록** 이끈다.

➕ conservation ⓝ 보존, 보호; 절약

다의어

0092 preserve
[prizə́ːrv]

ⓥ 보전하다, 보호하다; 보존하다   ⓝ (pl.) 자연 보호 구역

v. We should try to **preserve** the environment as it is.
우리는 환경을 있는 그대로 **보전하려고** 노력해야 한다.

preserve food in nearly its original state
식품을 거의 본래의 상태로 **보존하다**

n. wildlife **preserves** in Kenya   케냐의 야생 생물 **보호 구역**

➕ preservation ⓝ 보존, 저장 │ preservative ⓝ 방부제

0093 sustainable
[səstéinəbl]

ⓐ (환경 파괴 없이) 지속 가능한

Eco-innovation boosts a more **sustainable** way of life.
환경 혁신이 더 **환경 파괴 없이 지속 가능한** 삶의 방식을 북돋는다.

➕ sustain ⓥ 살아가게 하다, 지속시키다 │ sustainability ⓝ 지속 가능성
⭐ sustain(지속시키다) + able(~할 수 있는)

0094 capacity
[kəpǽsəti]

ⓝ 1 용량, 수용력   2 능력

In Europe, Germany has the highest **capacity** to generate renewable energy. ·기출 응용·
유럽에서 독일은 가장 높은 재생에너지 생산 **수용력**을 가지고 있다.

He doesn't have the **capacity** to handle it alone.
그는 그것을 혼자 해결할 **능력**이 없다.

0095 harness
[háːrnis]

ⓥ (자연력을) 이용하다, 동력화하다

The blades on windmills **harness** the energy of the wind.
풍차의 날개는 바람의 에너지를 **이용한다**.

PLAN 1

0096 **reclaim**
[rikléim]

Ⓥ 1 되찾다　2 (폐물을) 재생하다, 재활용하다

China **reclaimed** Hong Kong from Britain in 1997.
중국은 1997년에 영국으로부터 홍콩을 **되찾았다**.

Many **reclaimed** materials are used in new building projects.　많은 **재생** 자재가 새로운 건축 프로젝트에 사용된다.

다의어

0097 **alternative**
[ɔːltə́ːrnətiv]

Ⓝ 1 대안　2 양자택일　Ⓐ 1 대체의, 대안의　2 양자택일의

n. 1 wind power as an **alternative** for nonrenewable energy sources　비재생 에너지원의 **대안**으로서의 풍력

　 2 The **alternatives** are death or glory.
　　죽음이냐 영광이냐의 **양자택일**이다.

a. 1 We need to develop **alternative** green technologies to slow climate change.　[기출 응용]
　　우리는 기후 변화를 늦추기 위해 **대안적인** 녹색 기술을 개발할 필요가 있다.

　 2 the **alternative** courses of life or death
　　생사를 가르는 **양자택일의** 길

자연 파괴

0098 **endanger**
[indéindʒər]

Ⓥ 위태롭게 하다, 위험에 빠뜨리다

Climate change **endangers** Arctic animals by melting their icy habitats.
기후 변화는 얼음 서식지를 녹이며 북극 동물을 **위협한다**.

╋ endangered ⓐ 멸종 위기에 처한

0099 **extinction**
[ikstíŋkʃən]

Ⓝ 멸종, 절멸, 소멸

Have you ever imagined what led to the **extinction** of the dinosaurs?　무엇이 공룡의 **멸종**으로 이어졌는지 상상해 보았는가?

╋ extinct ⓐ 멸종한, 사멸한 ┃ extinguish Ⓥ 절멸시키다; 불을 끄다

★ cf. die out 절멸하다, 멸종되다

다의어

0100 **alien**
[éiljən]

Ⓐ 1 외래의, 이국의　≡ exotic　2 지구 밖의
Ⓝ 1 외국인 체류자　2 외계인

a. 1 **Alien** plants often lack natural enemies in the introduced ranges.　**외래** 식물은 흔히 유입된 서식지에 천적이 없다.

　 2 **alien** beings from another planet　다른 행성에서 온 **외계인들**

n. 1 illegal **aliens**　불법 **외국인 체류자들**

　 2 Do you believe in **aliens**?　너는 **외계인**의 존재를 믿니?

0101 invasion
[invéiʒən]

n 1 침입, 침략   2 침해

The **invasion** of alien species is a global-scale environmental problem. 기출 응용
외래종의 **침입**은 세계적 규모의 환경 문제이다.

invasion of privacy   사생활 **침해**

✚ invade ⓥ 침입[침략]하다; 침해하다

0102 disrupt
[disrʌ́pt]

v 1 붕괴[분열]시키다   2 혼란시키다, 방해하다

We fear that species loss may **disrupt** the balance of nature.
우리는 종 소실이 자연의 균형을 **붕괴시킬까** 봐 우려한다.

A phone call **disrupted** my sleep last night.
어젯밤에 전화 한 통이 내 잠을 **방해했다**.

✚ disruptive ⓐ 붕괴[분열]시키는 | disruption ⓝ 붕괴, 분열; 혼란

0103 deforestation
[difɔ̀:ristéiʃən]

n 삼림 벌채

Every year, 130,000 km² of forests are lost due to **deforestation**.
해마다 130,000km²의 숲이 **삼림 벌채**로 사라진다.

✚ deforest ⓥ 삼림을 벌채하다

★ de-(제거, 분리) + forestation(삼림 조성)

0104 desertification
[dizə̀:rtəfikéiʃən]

n 사막화

Climate change and **desertification** are closely linked.
기후 변화와 **사막화**는 밀접하게 연결되어 있다.

환경 오염

0105 deteriorate
[ditíəriərèit]

v 악화되다, 저하되다

Greenhouse gases cause the environment to **deteriorate**.
온실가스는 환경을 **악화되게** 만든다.

유의어 to become worse

✚ deterioration ⓝ 악화, 저하

0106 degradation
[dègrədéiʃən]

n 1 굴욕, 수모   2 악화, 저하

feel disgrace and **degradation**   수치와 **굴욕**을 느끼다

Environmental **degradation** leads to less and less food production.   환경 **악화**는 식량 생산이 점점 더 줄어들게 한다.

✚ degrade ⓥ 1 비하하다 2 악화[저하]시키다

0107 discard
[diská:rd]

ⓥ 폐기[처분]하다, 버리다 　ⓔ throw away

50 million metric tons of e-waste are **discarded** every year.
해마다 5억 미터 톤(1,000kg)의 전자 폐기물이 **폐기된다**.

0108 disposable
[dispóuzəbl]

ⓐ 일회용의, 사용 후 버릴 수 있는

Let's use mugs instead of **disposable** paper cups.
일회용 종이컵 대신에 머그잔을 사용하도록 하자.

➕ dispose ⓥ 처리[처분]하다 ｜ disposal ⓝ 처리, 처분

0109 pollutant
[pəlú:tənt]

ⓝ 오염 물질

Do you know cooking produces indoor air **pollutants**?
여러분은 요리가 실내 공기 **오염 물질**을 배출한다는 것을 아는가?

➕ air / water pollutant 대기 / 수질 오염 물질

➕ pollute ⓥ 오염시키다 ｜ pollution ⓝ 오염

0110 landfill
[lǽndfil]

ⓝ 쓰레기 매립(지)

Some **landfills** are causing groundwater pollution.
일부 **쓰레기 매립지**는 지하수 오염을 야기하고 있다.

★ cf. incinerator (쓰레기) 소각로

0111 contaminate
[kəntǽmənèit]

ⓥ 오염시키다, (접촉하여) 더럽히다 　ⓔ pollute

The lake was **contaminated** by heavy metals, such as copper and zinc.
그 호수는 구리와 아연 같은 중금속에 **오염되었다**.

➕ contamination ⓝ 오염

0112 emission
[imíʃən]

ⓝ 1 배출　2 배기가스, 배출물

Many companies are taking steps to reduce their carbon **emissions**. `기출 응용`
많은 기업이 탄소 **배출**을 줄이는 조치를 취하고 있다.

the amount of CO_2 **emissions**　이산화탄소 **배출량**

vehicle **emissions**　차량 **배기가스**

➕ emit ⓥ 배출하다, 내뿜다

0113 purification
[pjùərəfikéiʃən]

ⓝ 정화

Water **purification** is essential for ensuring safe drinking water. `기출 응용`
물 **정화**는 안전한 식수를 보장하기 위해 필수적이다.

➕ purify ⓥ 정화하다 ｜ purifier ⓝ 정화 장치

자연재해

0114 ★★
disastrous
[dizǽstrəs]

ⓐ 재해[재난]를 초래하는; 처참한

Earthquakes are one of the most **disastrous** threats from nature.
지진은 자연에서 오는 가장 커다란 **재난을 낳는** 위협 중 하나이다.

➕ disaster ⓝ 재난, 재해

0115 ★
catastrophe
[kətǽstrəfi]

ⓝ 큰 재해, 대재앙

Climate change is linked to erosion, floods and other **catastrophes**. 기출 응용
기후 변화는 침식, 범람, 기타의 **큰 재해**와 연결된다.

➕ catastrophic ⓐ 대재앙의

0116 ★
erupt
[irʌ́pt]

ⓥ 분화하다, 분출하다

The Kilauea volcano **erupted** after a series of earthquakes.
킬라우에아 화산이 일련의 지진 후에 **분화했다**.

➕ eruption ⓝ 분화, 분출

0117 ★
intensify
[inténsəfài]

ⓥ (정도·강도가) 심해지다, 강해지다

The typhoon rapidly **intensified** over the warm waters of the Pacific.
태풍은 태평양의 따뜻한 물 위에서 빠르게 **강해졌다**.

0118
demolition
[dèməlíʃən]

ⓝ 파괴, 폭파, 해체

The earthquake caused a huge **demolition** of houses in the city. 그 지진은 그 도시 가옥의 엄청난 **파괴**를 초래했다.

➕ demolish ⓥ 철거하다; 파괴하다

0119 ★★
devastate
[dévəstèit]

ⓥ 황폐화시키다, 완전히 파괴하다

Many villages were **devastated** by floods during the rainy season.
많은 마을이 장마철 동안 홍수로 **완전히 파괴되었다**.

➕ devastation ⓝ 황폐화, 대대적인 파괴

0120
casualty
[kǽʒuəlti]

ⓝ 1 사상자 (수) 2 재해, 사고, 재난

total **casualties** of the war 그 전쟁의 총 **사상자 수**

The government designated this year "zero wildfire **casualty** year."
정부는 올해를 '산불 **재해** 제로'의 해로 지정했다.

DAILY CHECK-UP

A 빈칸에 알맞은 우리말 또는 영어 단어를 써넣으시오.

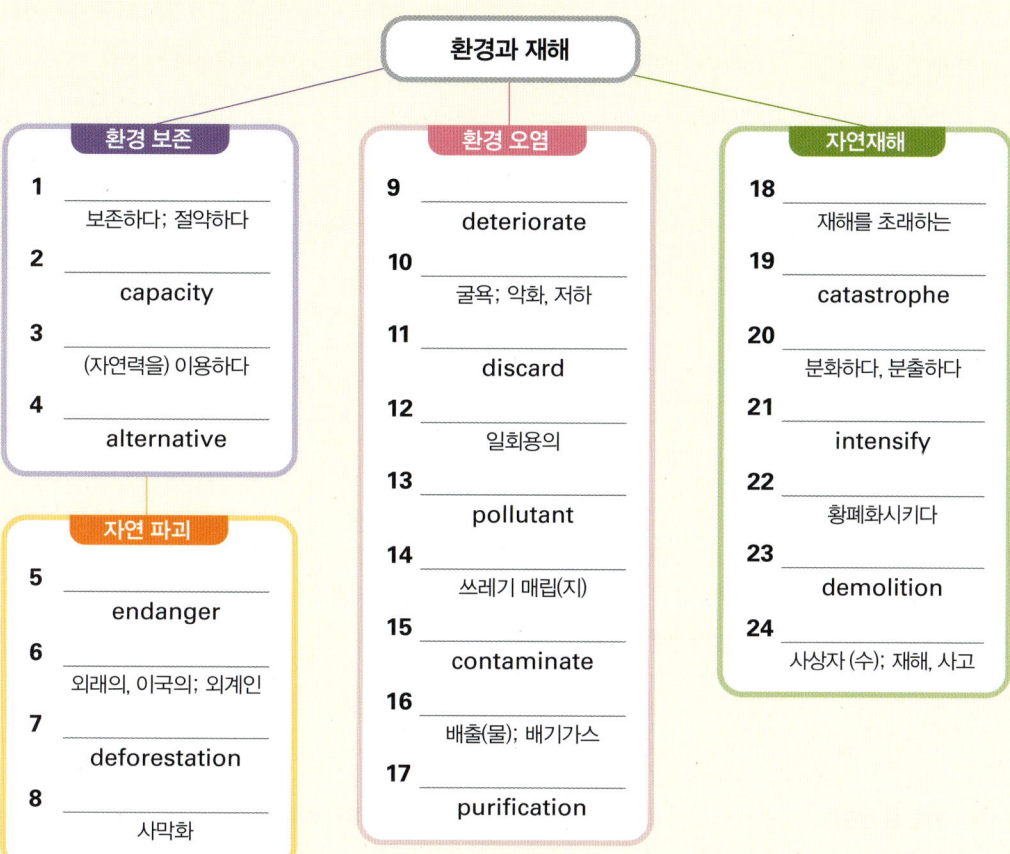

환경과 재해

환경 보존

1 _____ 보존하다; 절약하다

2 _____ capacity

3 _____ (자연력을) 이용하다

4 _____ alternative

자연 파괴

5 _____ endanger

6 _____ 외래의, 이국의; 외계인

7 _____ deforestation

8 _____ 사막화

환경 오염

9 _____ deteriorate

10 _____ 굴욕; 악화, 저하

11 _____ discard

12 _____ 일회용의

13 _____ pollutant

14 _____ 쓰레기 매립(지)

15 _____ contaminate

16 _____ 배출(물); 배기가스

17 _____ purification

자연재해

18 _____ 재해를 초래하는

19 _____ catastrophe

20 _____ 분화하다, 분출하다

21 _____ intensify

22 _____ 황폐화시키다

23 _____ demolition

24 _____ 사상자 (수); 재해, 사고

B 문장의 빈칸에 알맞은 말을 보기에서 골라 쓰시오.

preserve	invasion	disrupt	sustainable	reclaimed	extinction

1 China _____ Hong Kong from Britain in 1997.

2 Eco-innovation boosts a more _____ way of life.

3 We should try to _____ the environment as it is.

4 We fear that species loss may _____ the balance of nature.

5 The _____ of alien species is a global-scale environmental problem.

6 Have you ever imagined what led to the _____ of the dinosaurs?

영양 · 식품

영양

0121 nutritious
[nuːtríʃəs]

ⓐ 영양분이 풍부한

Even a cup of milk can be a **nutritious** snack.
한 잔의 우유도 **영양분이 풍부한** 간식이 될 수 있다.

a highly **nutritious** food 영양분이 매우 풍부한 음식

✚ nutrition ⓝ 영양 | nutritional ⓐ 영양(상)의
nutritive ⓐ 영양이 되는, 영양에 관한

0122 nutrient
[núːtriənt]

ⓝ 영양소, 영양분

During this time, the cell absorbs water, sugars, and other **nutrients**. ◀기출
이 시기에 그 세포는 물, 당분, 그리고 기타 **영양분**을 흡수한다.

be rich in **nutrients** 영양소가 풍부하다

0123 nourish
[nə́ːriʃ]

ⓥ 1 자양분을 주다 2 (감정·생각 등을) 키우다

Breast milk **nourishes** babies and protects them from illness. 모유는 아기에게 **자양분을 주고** 질병으로부터 보호한다.

nourish one's hopes and dreams 희망과 꿈을 **키우다**

✚ nourishment ⓝ 1 자양물, 음식물 2 육성, 조성
well-nourished ⓐ 영양 상태가 좋은

0124 malnutrition
[mælnjuːtríʃən]

ⓝ 영양실조, 영양 부족

Globally, half of child deaths are due to **malnutrition.**
세계적으로 아동 사망의 절반은 **영양실조**에 기인한다.

★ mal-(나쁜, 잘못된) + nutrition(영양)

0125 carbohydrate
[kàːrbouháidreit]

ⓝ 탄수화물

Stored **carbohydrates** are used for energy during exercise.
저장된 **탄수화물**은 운동하는 동안 에너지에 사용된다.

★ cf. fat 지방(= lipid) | protein 단백질

0126 saturated
[sǽtʃərèitid]

ⓐ 1 흠뻑 젖은 ⊜ soaked
2 포화의, 포화 상태의 ↔ unsaturated 불포화의

be **saturated** with rain 비로 흠뻑 젖다
Dairy products contain more **saturated** than unsaturated fat. 유제품은 불포화 지방보다 **포화** 지방을 더 많이 함유한다.

➕ saturated fat 포화 지방

➕ saturate ⓥ 1 흠뻑 적시다 2 포화시키다 ┃ saturation ⓝ 포화

0127 supplement
ⓝ [sʌ́pləmənt]
ⓥ [sʌ́pləmènt]

ⓝ 보충(제), 추가(물) ⓥ 보충하다, 추가하다

The experimental group received a vitamin C **supplement**.
기출 실험 집단은 비타민 C **보충제**를 받았다.

Vegetarians need to **supplement** their diets with vitamin B12. 채식주의자들은 비타민 B12로 식단을 **보충할** 필요가 있다.

0128 substitute
[sʌ́bstitjùːt]

ⓥ 대용하다, 바꾸다 ⓝ 대체물, 대용품

You can **substitute** beans for meat in your diet.
식단에서 고기 대신 콩을 **대용할** 수 있다.

There is no **substitute** for good health.
좋은 건강을 **대체할 것**은 아무것도 없다.

➕ substitute A for B: A로 B를 대체하다

다의어

0129 wholesome
[hóulsəm]

ⓐ 1 건강에 좋은 2 건전한, 유익한 3 신중한

1 Consume more **wholesome** foods, like fruits and vegetables. 과일과 채소 같은 **건강에 좋은** 음식을 더 많이 섭취하세요.
2 provide children a safe, **wholesome** environment
아이들에게 안전하고 **건전한** 환경을 제공하다
3 **wholesome** decisions from leaders 지도자들의 **신중한** 판단

★ cf. processed 가공 처리한 예) processed food 가공 식품

음식 · 요리

0130 dietary
[dáiətèri / -təri]

ⓐ 식사의, 음식의, 식이의

Lifestyle and **dietary** habits influence a person's health.
생활 양식과 **식습관**은 사람의 건강에 영향을 미친다.

dietary fiber in vegetables 채소에 있는 **식이** 섬유

➕ diet ⓝ 식사, 식단; 다이어트

0131 edible ★★
[édəbl]

ⓐ 식용의　↔ inedible 식용으로 적합하지 않은

Lavender is an **edible** flower which is beneficial to health.
라벤더는 건강에 이로운 **식용** 식물이다.

0132 refreshment ★
[rifréʃmənt]

ⓝ 1 (pl.) 다과, 가벼운 음식　2 원기 회복

Free drinks and **refreshments** will be provided.
무료 음료와 **다과**가 제공될 것입니다.

The food provided us with energy and **refreshment**. ◀기출 응용
그 음식은 우리에게 에너지와 **원기 회복**을 가져다주었다.

✚ refresh ⓥ 기운 나게 하다

0133 cuisine ★★
[kwizíːn]

ⓝ 요리; 요리법

People pay a premium to eat exotic **cuisines**. ◀기출
사람들은 이국적인 **요리**를 먹기 위해 웃돈을 낸다.

the traditional **cuisine** of Greece　그리스의 전통 **요리(법)**

0134 ingredient ★★★
[ingríːdiənt]

ⓝ 1 성분, 원료, 재료　2 구성 요소, 요인

The **ingredients** must be included on the label of the package.
성분[재료]은 포장의 라벨에 반드시 포함되어야 한다.

the **ingredients** of financial success　재정적 성공의 **요인**

0135 culinary
[kʌ́lənèri]

ⓐ 요리의, 조리의

The restaurant offers a very good **culinary** experience.
◀기출 응용
그 음식점은 아주 좋은 **요리** 경험을 제공한다.

0136 seasoning ★
[síːzəniŋ]

ⓝ 조미(료), 양념

Salt is the oldest **seasoning** and preservative known to man.
소금은 인류가 알고 있는 가장 오래된 **조미료**이자 방부제이다.

✚ season ⓥ 조미[양념]하다

음식의 섭취와 맛

0137 intake ★★
[íntèik]

ⓝ 섭취(량)

Food **intake** influences mood and concentration.
음식 **섭취**는 기분과 집중력에 영향을 미친다.

★ cf. take in 섭취하다

0138 **devour**
[diváuər]

ⓥ 1 게걸스럽게 먹다 **2** 집어삼키다

I **devoured** the entire plate of cookies in just a couple of minutes.
나는 단 몇 분 만에 과자 한 접시 전부를 **게걸스럽게 먹었다.**

The angry waves **devoured** the ship.
성난 파도가 그 배를 **집어삼켰다.**

0139 **texture**
[tékstʃər]

ⓝ 1 직물, 천 **2** 식감, 질감

natural **textures** such as silk and wool
비단과 모직 같은 천연 **직물**

The **texture** of this fruit is similar to that of the kiwi.
이 과일의 **식감**이 키위와 비슷하다.

0140 **bland**
[blænd]

ⓐ 1 (맛이) 밍밍한, 특별한 맛이 나지 않는 **2** 단조로운, 특징 없는

My rule for cooking: if it tastes **bland**, add salt.
나의 조리 원칙: 맛이 **밍밍하면**, 소금을 넣어라.

The movie was **bland** and forgettable.
그 영화는 **단조롭고** 기억에 남지 않았다.

0141 **crisp**
[krisp]

ⓐ 1 아삭아삭한; 바삭바삭한 **2** 상쾌한

The vegetables are **crisp**, but the sauce is a bit bland.
채소는 **아삭아삭한데** 소스는 다소 밍밍하다.

crisp autumn day **상쾌한** 가을 날

0142 **flavor**
[fléivər]

ⓝ 향미, (독특한) 맛 **ⓥ** ~에 풍미를 더하다

Fruit left on the plant until it is ripe is full of **flavor**. `기출 응용`
익을 때까지 식물에 달린 과일은 **향미**가 가득하다.

use lemon to **flavor** iced tea
아이스티에 **풍미를 더하기** 위해 레몬을 사용하다

0143 **savor**
[séivər]

ⓝ 맛, 풍미 **ⓥ** 맛보다, 음미하다; 맛이 나다

enjoy the **savor** of freshly baked bread 갓 구운 빵의 **맛**을 즐기다
The boy **savored** every bite of the chocolate cake.
그 남자아이는 초콜릿케이크를 한 입 한 입 **음미했다.**

0144 **stale**
[steil]

ⓐ (음식 따위가) 상한; 신선하지 않은

Without preservatives, bread goes **stale** in a day or two.
방부제가 없으면 식빵은 하루 이틀 사이에 **상한다.**

영영 not fresh; very unpleasant to eat

0145 gourmet
[ɡúərmei]

ⓝ 미식가

New York City is full of fancy restaurants for **gourmets**.
뉴욕 시에는 **미식가들**을 위한 고급 식당이 즐비하다.

식품의 가공과 보관

0146 refrigerate
[rifrídʒərèit]

ⓥ 냉장하다, 냉동하다

Within two hours after cooking, **refrigerate** the food.
조리 후 두 시간 이내에 음식을 **냉장하시오**.

✚ refrigeration ⓝ 냉장, 냉동 | refrigerator ⓝ 냉장고

★ cf. freeze 얼다; 냉동하다 | freezer 냉동고, 냉동실

0147 additive
[ǽdətiv]

ⓝ 첨가물, 첨가제

Color **additives** make food more appealing.
색상 **첨가제**는 음식을 더 매력적으로 보이게 한다.

artificial **additives** 인공 **첨가물**

✚ add ⓥ 추가[첨가]하다 | addition ⓝ 추가, 첨가; 덧셈

다의어

0148 ferment
ⓥ [fərmént]
ⓝ [fə́:rment]

ⓥ 발효시키다 ⓝ (사회적) 소요[동요]

v. Yogurt is a **fermented** food made from milk.
요구르트는 우유로 만들어진 **발효** 식품이다.

n. Social **ferment** spread across the country.
사회적 **소요**가 나라 전역에 퍼졌다.

✚ fermentation ⓝ 발효 (작용)

0149 expiration
[èkspəréiʃən]

ⓝ 1 만기, 만료 2 숨을 내쉼 ↔ inspiration 숨을 들이쉼

The **expiration** date must be marked on the outside of the container. 유통 **(만료)** 기한이 용기 외부에 표시되어야 한다.

Oxygen enters the lungs during inspiration, and carbon dioxide exits with **expiration.**
산소는 숨을 들이쉬는 동안 폐로 들어오고, 이산화탄소는 **숨을 내쉼**과 더불어 배출된다.

✚ expire ⓥ 1 만기가 되다 2 숨을 내쉬다

0150 spoilage
[spɔ́ilidʒ]

ⓝ 부패, 손상 ＝ decay

Salt has been used for thousands of years to prevent food **spoilage**. 소금은 수천 년 동안 식품 **부패**를 막기 위해 사용되어 왔다.

✚ spoil ⓥ 음식물을 상하게 하다; 망치다

DAILY CHECK-UP

A 빈칸에 알맞은 우리말 또는 영어 단어를 써넣으시오.

영양 · 식품

영양

1 _____
영양분이 풍부한

2 _____
nourish

3 _____
영양실조, 영양 부족

4 _____
carbohydrate

5 _____
포화의, 포화 상태의

6 _____
wholesome

음식 · 요리

7 _____
dietary

8 _____
식용의

9 _____
refreshment

10 _____
요리; 요리법

11 _____
culinary

12 _____
조미(료), 양념

음식의 섭취와 맛

13 _____
섭취(량)

14 _____
devour

15 _____
직물; 식감, 질감

16 _____
bland

17 _____
아삭아삭한

18 _____
stale

19 _____
맛; 맛보다, 음미하다

20 _____
gourmet

식품의 가공과 보관

21 _____
냉장하다, 냉동하다

22 _____
additive

23 _____
발효시키다; 소요

24 _____
expiration

B 문장의 빈칸에 알맞은 말을 보기에서 골라 쓰시오.

ingredients	nutrients	flavor	spoilage	supplement	substitute

1 You can _____ beans for meat in your diet.

2 Fruit left on the plant until it is ripe is full of _____.

3 The _____ must be included on the label of the package.

4 Vegetarians need to _____ their diets with vitamin B12.

5 During this time, the cell absorbs water, sugars, and other _____.

6 Salt has been used for thousands of years to prevent food _____.

✏️ 헷갈리는 혼동어 제대로 알기

1 **inhabit**

ⓥ 살다, 거주하다; 서식하다

Remember that nonhuman creatures **inhabit** this planet with us.
인간이 아닌 생물들이 이 행성에 우리와 함께 **서식하고** 있다는 것을 명심하라.

inhibit

ⓥ 억제하다, 방해[방지]하다

Language barriers **inhibit** patient care in emergency situations.
언어 장벽은 응급 상황에서 환자 관리를 **방해한다**.

2 **breeding**

ⓝ 번식; 사육

Penguins travel to **breeding** grounds to have babies.
펭귄은 새끼를 낳기 위해 **번식지**로 이동한다.

bleeding

ⓝ 출혈

In case of **bleeding**, stop the flow with a clean piece of fabric.
출혈이 있는 경우, 깨끗한 천으로 흐름을 막으시오.

3 **altitude**

ⓝ 고도, 해발

As the **altitude** increases, atmospheric pressure decreases.
고도가 높아질수록, 대기 압력은 감소한다.

aptitude

ⓝ 적성, 소질, 재능

Aptitude can be developed through interest.
적성은 흥미를 통해 개발될 수 있다.

4 **expiration**

ⓝ 1 만기, 만료 2 숨을 내쉼

The **expiration** date must be marked on the outside of the container.
유통 **(만료)** 기한이 용기 외부에 표시되어야 한다.

exploration

ⓝ 탐험, 탐사; 탐구

Scientific **exploration** continues to drive progress in many fields.
과학적 **탐사**는 여러 분야에서 계속 발전을 이끌어가고 있다.

PLAN 2
학문

철학·역사

philosophical 철학의
medieval 중세의; 중세풍의

고고학·인류학·심리학

arch(a)eological 고고학의
subconscious 잠재 의식(의)

학문

과학 일반·수학·생물학

measurement 측정
genetic 유전(자)의

화학·정보·기술

molecule 분자
artificial 인공의

지구과학·물리학

astronomical 천문학의
velocity 속도, 속력

DAY 6 철학 · 역사

✔️ **MUST-KNOW WORDS**

philosophy 철학	theory 이론	reasonable 합리적인	logical 논리적인
historical 역사적인	historian 역사학자	civilization 문명	ancient 고대의

철학적 사고

0151 philosophical
[fìləsáfikəl]

ⓐ 철학의, 철학적인, 철학에 관한

Free will is one of the oldest **philosophical** questions.
자유 의지는 가장 오래된 **철학적** 질문 중 하나이다.

the Western **philosophical** tradition 서구의 **철학** 전통

➕ philosophy ⓝ 철학 | philosopher ⓝ 철학자

0152 theoretical
[θì:ərétikəl]

ⓐ 이론의, 이론적인

More **theoretical** study is needed to understand such a phenomenon.
그러한 현상을 이해하려면 더 많은 **이론적** 연구가 필요하다.

➕ theory ⓝ 이론 | theorize ⓥ 이론을 세우다

0153 framework
[fréimwə̀:rk]

ⓝ (이론 등의) 틀, 뼈대; 체제

A theoretical **framework** provides guidance to research.
이론적 **뼈대**는 연구의 지침을 제공한다.

Natural objects are not understood within a **framework** of culture. ◀기출▶
자연물은 문화라는 **틀** 내에서 이해되지 않는다.

0154 proposition
[prɑ̀pəzíʃən]

ⓝ 1 제안, 제의 2 명제, 진술

a very attractive **proposition** 대단히 매력적인 **제안**

Choice theory begins with the **proposition** that our behavior is our choice.
선택 이론은 우리의 행동이 우리의 선택이라는 **명제**로 시작한다.

➕ propose ⓥ 제안하다

0155 premise
[prémis]

ⓝ 전제

Human rights laws are based on the **premise** that everyone is equal.
인권법은 모두가 평등하다는 **전제**를 기반으로 한다.

PLAN 2

0156 rationality
[ræ̀ʃənǽləti]

ⓝ 합리성

Without **rationality** it is impossible to justify a belief or action.
합리성이 없으면 믿음이나 행동을 정당화하는 것이 불가능하다.

➕ **rational** ⓐ 합리적인; 이성적인 | **rationalize** ⓥ 합리화하다

0157 idealism
[aidíːəlìzm]

ⓝ 1 이상주의　⟷ realism 현실주의
　　2 관념[유심]론; 관념주의　⟷ materialism 유물론

Idealism has played an important role in the history of Western thought.
이상주의는 서구 사상의 역사에서 중요한 역할을 해 왔다.

Idealism is the opposite of materialism.
관념론은 유물론의 정반대이다.

➕ **ideal** ⓐ 이상적인 ⓝ 이상 | **idealist** ⓝ 이상주의자

다의어

0158 establish
[istǽbliʃ]

ⓥ 1 **정립하다, 세우다**　2 설립하다　3 수립하다　4 확립하다

1 Who was the scientist that first **established** the theory of evolution? 최초로 진화론을 **정립한** 과학자는 누구였는가?
2 The Foundation was **established** to support education of the arts. `기출 응용`
　그 재단은 예술 교육을 후원하기 위해 **설립되었다**.
3 **establish** a friendly relationship 우호적 관계를 **수립하다**
4 **establish** one's fame in the fashion world
　패션계에서 명성을 **확립하다**

➕ **establishment** ⓝ 1 기관, 시설　2 설립; 수립; 확립

추론과 오류

0159 reasoning
[ríːzəniŋ]

ⓝ 추론, 추리, 논법

Reasoning requires well-organized knowledge.
추론은 잘 체계화된 지식을 필요로 한다.

➕ **reason** ⓥ 추론하다 ⓝ 1 이유　2 이성

0160 rationale
[ræ̀ʃənǽl]

ⓝ 이론적 근거[설명]

Choosing similar friends can have a **rationale**. `기출`
비슷한 친구를 선택하는 데는 **이론적 근거**가 있을 수 있다.

➕ **rationality** ⓝ 합리성, 순리성

0161 hypothesis
[haipάθəsis]

ⓝ 가설, 가정

Every theory was a **hypothesis** at some point.
모든 이론은 어느 시점에서는 **가설**이었다.

➕ hypothesize ⓥ 가설을 세우다

0162 inductive
[indʌ́ktiv]

ⓐ 귀납적인 ⟷ deductive 연역적인

Inductive reasoning moves from specific to general.
귀납적 추론은 특정한 것(정보)에서 일반적인 것(일반화)으로 나아간다.

➕ induction ⓝ 귀납법(↔ deduction 연역법)

0163 fallacy
[fǽləsi]

ⓝ 그릇된 생각; 오류 ＝ misconception, flaw

Logical **fallacies** are often used in advertising to fool consumers.
논리적 **오류**는 소비자들을 속이기 위해 광고에서 흔히 사용된다.

0164 arbitrary
[άːrbitrὲri / -rəri]

ⓐ 1 임의적인, 멋대로의 2 독단적인

Arbitrary reasoning will lead to a logical fallacy.
임의적인 추론은 논리적 오류로 귀착될 것이다.

make an **arbitrary** decision **독단적인** 결정을 내리다

★ cf. random 무작위의

존재와 윤리

0165 existence
[igzístəns]

ⓝ 존재, 실존, 현존

Kant was a philosopher who provided arguments against the **existence** of God.
칸트는 신의 **존재**를 부인하는 주장을 펼친 철학자였다.

➕ exist ⓥ 존재하다 ｜ existing ⓐ 기존의

0166 presence
[prézəns]

ⓝ 1 존재, 실재 2 출석, 참석 ⟷ absence 부재; 결석

Any theory cannot be successful without the **presence** of evidence. 증거의 **존재** 없이는 어떠한 이론도 성공할 수 없다.
Your **presence** is requested. 꼭 **참석**해 주시기 바랍니다.

➕ present ⓐ 1 현재의 2 참석한 ⓝ 1 선물 2 현재

0167 ethical
[éθikəl]

ⓐ 윤리적인, 도덕상의

Boycott goods whose production does not meet **ethical** standards. 기출 응용
생산이 **윤리적** 기준에 부합하지 않는 상품의 구매를 거부하라.

➕ ethics ⓝ 윤리학

0168 ★★ **morality**
[mɔ(:)rǽləti]

ⓝ 도덕(성), 도의(성)

Some philosophers agree that **morality** is a human invention.
일부 철학자들은 **도덕성**이 인간의 발명품이라는 것에 동의한다.

＋ moral ⓐ 도덕적인

0169 ★★ **paradox**
[pǽrədὰks]

ⓝ 역설, 패러독스

A **paradox** refers to a situation that seems strange or impossible. **역설**이란 이상하거나 불가능해 보이는 상황을 일컫는다.

＋ paradoxical ⓐ 역설적인; 모순된

0170 ★★ **dilemma**
[dilémə]

ⓝ 딜레마, 진퇴양난, 궁지

The rule fails to serve as a guide when faced with a moral **dilemma**. ◀기출 응용▶
그 법칙은 도덕적 **딜레마**에 직면했을 때 지침 역할을 하지 못한다.

have a **dilemma** regarding choosing love or a career
사랑과 일 중 하나를 택해야 하는 **진퇴양난**에 빠지다

역사

0171 **epoch**
[épək]

ⓝ (중요한 사건이 일어난) 시대, 시기 ⊜ era

The revolution marked a new **epoch** in world history.
그 혁명은 세계 역사의 새로운 **시대**를 열었다.

0172 **chronicle**
[krɑ́nikl]

ⓝ 연대기

The **chronicle** deals with historical events year by year.
그 **연대기**는 연도별로 역사적 사건을 다룬다.

＋ chronological ⓐ 연대기(순)의

0173 **antiquity**
[æntíkwəti]

ⓝ 1 고대   2 (고대) 유물

From **antiquity**, humans have used microbes to produce foods. **고대**로부터 인간은 식량을 생산하는 데 미생물을 사용했다.

preserve a rare **antiquity** 희귀한 **고대 유물**을 보존하다

＋ antique ⓝ 골동품 ⓐ 골동품의

0174 ★ **prehistoric**
[prìːhistɔ́ːrik]

ⓐ 유사 이전의, 선사 시대의

We cannot be completely sure of the purpose of **prehistoric** art. ◀기출 응용▶
우리는 **선사 시대** 예술의 목적을 완전히 확신할 수 없다.

＋ prehistory ⓝ 유사 이전; 선사 시대

★ pre-(이전의) + historic(역사의)

★★★
0175 **primitive**
[prímətiv]

ⓐ 원시의, 원시 시대의

Some **primitive** tribes are still food gatherers and firewood collectors. 일부 **원시** 부족들은 여전히 식량을 채집하고 장작을 모은다.

★
0176 **medieval**
[mìːdiíːvəl]

ⓐ 중세의; 중세풍의

There are many well-preserved **medieval** castles in England.
잉글랜드에는 잘 보존된 **중세** 성들이 많다.

영영 connected with the Middle Ages

★ cf. primeval 원시의, 원시 시대의(= prehistoric, primitive)

0177 **imperial**
[impíəriəl]

ⓐ 제국의, 제국주의의; 황제의

The European **imperial** powers acquired colonies in Asia.
유럽 **제국주의** 열강들이 아시아에서 식민지를 획득했다.

✚ imperialism ⓝ 제국주의 | empire ⓝ 제국 | emperor ⓝ 황제

★ cf. feudal 봉건의, 봉건제의 | feudalism 봉건 제도

다의어

★★★
0178 **contemporary**
[kəntémpərèri / -rəri]

ⓐ 1 현대의 2 동시대의 ⓝ 동시대인

a. 1 The art museum houses 2,000 works of **contemporary** art. 그 미술관은 2,000점의 **현대** 미술 작품을 소장하고 있다.

2 Buddhism's spread into East Asia was **contemporary** with the fall of the Han Dynasty.
불교가 동아시아로 전파된 것은 한나라의 몰락과 **동시대의** 일이었다.

n. It is said that Darwin was greatly respected by his **contemporaries**.
다윈은 **동시대인들**로부터 대단히 존경받았다고 한다.

★
0179 **causal**
[kɔ́ːzəl]

ⓐ 원인의; 인과 (관계)의

There is a **causal** relationship between the two historical events.
그 두 역사적 사건 사이에는 **인과** 관계가 있다.

✚ cause ⓝ 원인 ⓥ 일으키다 | causality ⓝ 인과 관계, 인과율

★
0180 **monument**
[mɑ́njəmənt]

ⓝ 유적, (역사적) 기념물; 기념비

Pyramids are ancient **monuments** found all over the world.
피라미드는 전 세계에서 발견되는 고대 **유적**이다.

DAILY CHECK-UP

학습 Check	본문 학습	MP3 듣기	Daily Check-up	누적 테스트 Days 5-6

A 빈칸에 알맞은 우리말 또는 영어 단어를 써넣으시오.

철학 · 역사

철학적 사고

1. _____ 철학의, 철학적인
2. theoretical
3. _____ (이론 등의) 틀, 뼈대
4. preposition
5. _____ 전제
6. rationality
7. _____ 이상주의; 관념론
8. establish

추론과 오류

9. _____ 추론, 추리
10. rationale
11. _____ 귀납적인
12. fallacy

존재와 윤리

13. _____ 존재, 실재; 출석
14. ethical
15. _____ 도덕(성), 도의(성)
16. _____ 진퇴양난, 궁지

역사

17. _____ 시대, 시기
18. chronicle
19. _____ 유사 이전의, 선사 시대의
20. primitive
21. _____ 중세의; 중세풍의
22. imperial
23. _____ 원인의; 인과 (관계)의
24. monument

B 문장의 빈칸에 알맞은 말을 보기에서 골라 쓰시오.

existence   antiquity   hypothesis   arbitrary   paradox   contemporary

1 Every theory was a(n) _____ at some point.

2 _____ reasoning will lead to a logical fallacy.

3 From _____, humans have used microbes to produce foods.

4 A(n) _____ refers to a situation that seems strange or impossible.

5 Kant was a philosopher who provided arguments against the _____ of God.

6 Buddhism's spread into East Asia was _____ with the fall of the Han Dynasty.

DAY 7 고고학 · 인류학 · 심리학

✅ MUST-KNOW WORDS

arch(a)eology 고고학   remains 유물   native 토착의; 원주민   site 유적, 장소

psychology 심리학   mental 정신의   analysis 분석   desire 욕망; 바라다

고고학 · 인류학

0181 arch(a)eological
[ɑ̀ːrkiəládʒikəl]

ⓐ 고고학의

The museum houses **archaeological** remains from ancient Rome.
그 박물관은 고대 로마의 **고고학** 유물을 소장하고 있다.

➕ arch(a)eology ⓝ 고고학 | arch(a)eologist ⓝ 고고학자

★★
0182 anthropology
[æ̀nθrəpálədʒi]

ⓝ 인류학

Anthropology covers the cultural and biological diversity of humans.
인류학은 인류의 문화적, 생물학적 다양성을 다룬다.

➕ anthropological ⓐ 인류학적인 | anthropologist ⓝ 인류학자

★★
0183 artifact
[ɑ́ːrtəfækt]

ⓝ 유물; 인공물, 공예품   ⊟ artefact

Many **artifacts** are found at archaeological sites.
많은 **유물들**이 고고학 발굴 현장에서 발견된다.

★ cf. relic 유물, 유적

★
0184 excavate
[ékskəvèit]

ⓥ 발굴하다, 파다

Hundreds of Neolithic sites have been **excavated** all over China.
수백 곳의 신석기 시대 유적이 중국 전역에서 **발굴되었다**.

➕ excavation ⓝ 발굴

★★
0185 indigenous
[indídʒənəs]

ⓐ 토착의, 원산의   ⊟ native, aboriginal

In most places, **indigenous** people see tourism as a path to economic development. ◂기출▸
대부분 지역에서 **토착**민들은 관광을 경제 발전으로 가는 길로 여긴다.

indigenous plants   토착 식물

0186 aboriginal
[æ̀bərídʒənəl]

ⓐ (호주) 원주민의, 토착민의

About 500 **aboriginal** tribes once inhabited Australia.
약 500개의 **원주민** 부족이 한때 호주에 거주했다.

0187 remnant
[rémnənt]

ⓝ 잔재, 잔존물

Some historical buildings in this country are **remnants** of colonial rule. 이 나라의 몇몇 유서 깊은 건물은 식민 통치의 **잔재**이다.

의식과 무의식

0188 cognitive
[kɑ́gnətɪv]

ⓐ 인지의, 인식의

Highly practiced skills demand relatively few **cognitive** resources. 기출
고도로 연습이 된 기술은 상대적으로 적은 **인지적** 자원을 요구한다.

➕ cognition ⓝ 인지, 인식

0189 perception
[pərsépʃən]

ⓝ 지각 (작용), 인식, 인지

The **perception** of pain occurs in the central nervous system.
고통의 **지각**은 중추 신경계에서 일어난다.

➕ perceive ⓥ 지각[인식, 인지]하다 | perceptive ⓐ 지각[감지]하는

0190 subconscious
[sʌbkɑ́nʃəs]

ⓐ 잠재의식의   ⓝ 잠재의식

Humans have **subconscious** urges to eat more during winter.
인간은 겨울철 동안 더 많이 먹으려는 **잠재의식적인** 욕구가 있다.

★ sub-(아래) + conscious(의식의)
cf. unconscious 의식이 없는; 무의식적인

0191 unveil
[ənvéil]

ⓥ 밝히다, 베일을 벗기다 = uncover

Now the time has come to **unveil** the mystery of the death.
이제 그 죽음의 비밀을 **밝힐** 때가 왔다.

0192 contextual
[kəntékstʃuəl]

ⓐ 상황적인; 문맥상의, 전후 관계상의

Subtle **contextual** factors influence our sense of right and wrong. 미묘한 **상황적** 요인이 옳고 그름에 대한 우리의 인식에 영향을 미친다.

➕ context ⓝ 상황; 문맥, 맥락

심리 작용

0193 ★★★

manipulate
[mənípjəlèit]

ⓥ 조종하다, 조작하다

Some marketing techniques **manipulate** human psychology.
일부 마케팅 기법은 인간 심리를 **조종한다**.

manipulate prices by controlling the supply
공급 통제를 통해 가격을 **조작하다**

➕ manipulation ⓝ 조작, 조종 │ manipulative ⓐ 사람을 조종[이용]하는

0194 ★★★

reinforce
[rìːinfɔ́ːrs]

ⓥ 강화하다, 보강하다

Offering a reward **reinforces** a desired behavior.
보상을 제공하는 것은 바람직한 행동을 **강화한다**.

reinforce a fence with bricks 담장을 벽돌로 **보강하다**

➕ reinforcement ⓝ 강화

0195 ★★★

motivation
[mòutəvéiʃən]

ⓝ 동기 (부여); 욕구

A lack of **motivation** leads to a lack of effort and ultimately a lack of success.
동기 부족은 노력 부족, 궁극적으로는 성공의 결여로 이어진다.

➕ motivate ⓥ 동기를 부여하다 │ motivational ⓐ 동기를 부여하는

0196 ★★

stimulus
[stímjələs]

ⓝ 자극(물), 자극제 (pl. stimuli [-lài])

Stronger **stimuli** produce stronger reactions from organisms.
더 강한 **자극**은 유기체로부터 더 강한 반응을 낳는다.

➕ stimulate ⓥ 자극하다 │ stimulation ⓝ 자극

0197 ★

persuasive
[pərswéisiv]

ⓐ 설득적인, 설득력 있는

Readers' attitudes change in the direction of the **persuasive** argument. 기출
독자의 태도는 **설득력 있는** 논거의 방향으로 바뀐다.

➕ persuade ⓥ 설득하다 │ persuasion ⓝ 설득

0198

ambivalent
[æmbívələnt]

ⓐ (태도, 의미 등이) 양면적인; 상반되는 감정을 가진

An **ambivalent** attitude results in psychological discomfort.
양면적인 태도는 심리적 불편함을 가져온다.

🔠 having two different feelings about someone or something at the same time

➕ ambivalence ⓝ 양면 가치, 양의성

본능과 사회화

0199 ★★
instinctive
[instíŋktiv]

ⓐ 본능적인, 직감적인

An **instinctive** reaction to criticism is to defend.
비판에 대한 **본능적인** 반응은 방어하는 것이다.

➕ instinct ⓝ 본능, 직감

0200 ★★
innate
[inéit]

ⓐ 타고난, 선천적인 ⊜ inborn

Human babies seem to have an **innate** drive to imitate others. ‹기출›
인간의 아기는 다른 이들을 모방하려는 **타고난** 욕구를 가진 듯하다.

Humans have the **innate** ability to learn language.
인간은 언어를 학습하는 **타고난** 능력을 가지고 있다.

★ in(안에) + nate(narci 태어나다)

0201 ★★
inherent
[inhíərənt]

ⓐ 내재하는, 본래부터의

The ability to love is **inherent** in human nature.
사랑하는 능력은 인간 본성에 **내재한다**.

inherent weaknesses **내재된** 약점

➕ inherently ⓐⓓ 본래, 타고나서

0202 ★★
intuition
[ìntjuíʃən]

ⓝ 직관(력), 직감, 육감

Can we trust our **intuition** to make an optimal choice?
‹기출 응용›
최적의 선택을 하기 위해 우리의 **직관**을 신뢰할 수 있는가?

feminine **intuition** 여자의 **직관[직감]**

➕ intuitive ⓐ 직감에 의한, 직관적인

0203
prosocial
[prousóuʃəl]

ⓐ 친사회적인 ⟷ antisocial 반사회적인

Volunteering is a **prosocial** behavior that benefits society in many ways.
자원봉사활동은 여러 면에서 사회를 이롭게 하는 **친사회적** 행동이다.

★ pro(찬성하여, 지지하여) + social(사회의)

0204 ★
intrinsic
[intrínsik / -zik]

ⓐ 내적인, 본질적인 ⟷ extrinsic 외적인, 비본질적인

Intrinsic motivation is more beneficial to learning than extrinsic motivation.
내적 동기가 외적 동기보다 학습에 더 이롭다.

the **intrinsic** beauty of mathematics 수학의 **본질적인** 아름다움

영영 belonging to the essential nature or basic part of something

0205 **assimilate**
[əsíməlèit]

Ⓥ 1 동화되다 2 받아들이다, 흡수하다 ⊜ absorb

We help newcomers **assimilate** into our society.
우리는 새로 온 사람들이 우리 사회에 **동화되도록** 돕습니다.

assimilate new ideas 새로운 사상을 **흡수하다**

➕ assimilation ⓝ 1 동화 2 흡수

0206 **socialization**
[sòuʃələizéiʃən / sòuʃələ-]

ⓝ 사회화

Socialization occurs when one interacts with other people.
사회화는 한 사람이 다른 사람들과 상호 작용을 할 때 일어난다.

➕ socialize ⓥ 사회화하다

★
0207 **internalize**
[intə́:rnəlàiz]

Ⓥ 내면화[내재화]하다

Cultural norms are **internalized** and no longer questioned.
◄기출
문화적 규범이 **내면화되고** 더는 의문이 제기되지 않는다.

➕ internal ⓐ 내부의(↔ external 외부의) | internalization ⓝ 내면화

다의어

★
0208 **attachment**
[ətǽtʃmənt]

ⓝ 1 애착, 집착 2 부착(물), 접착 3 첨부(물)

1 When a child is born, he has a natural **attachment** to his mother.
태어났을 때 아이는 어머니에 대한 타고난 **애착**이 있다.

2 the **attachment** of accessories to a vehicle
차량에의 장식물 **부착**

3 **attachment** files to an email 이메일 **첨부** 파일

➕ attach ⓥ 1 붙이다 2 첨부하다 3 애착을 느끼게 하다

★★
0209 **affection**
[əfékʃən]

ⓝ 애정, 애착

A lack of **affection** in childhood leaves a life-long emotional wound.
유년기의 **애정** 결핍은 평생 지속되는 감정적 상처를 남긴다.

➕ affectionate ⓐ 애정 어린, 다정한

★★
0210 **self-esteem**
[sèlf istí:m]

ⓝ 자긍심, 자존감

High **self-esteem** increases self-confidence.
높은 **자긍심**은 자신감을 증가시킨다.

➕ esteem ⓥ 존경하다 ⓝ 존경, 존중

DAILY CHECK-UP

A 빈칸에 알맞은 우리말 또는 영어 단어를 써넣으시오.

고고학 · 인류학 · 심리학

고고학 · 인류학

1 _____ 고고학의

2 _____ anthropology

3 _____ 유물; 공예품

4 _____ excavate

5 _____ 토착의, 원산의

6 _____ aboriginal

7 _____ 잔재, 잔존물

의식과 무의식

8 _____ 인지의, 인식의

9 _____ perception

10 _____ 밝히다, 베일을 벗기다

11 _____ contextual

심리 작용

12 _____ 동기 (부여); 욕구

13 _____ stimulus

14 _____ 설득적인, 설득력 있는

15 _____ ambivalent

본능과 사회화

16 _____ 본능적인, 직감적인

17 _____ innate

18 _____ 내재하는, 본래부터의

19 _____ prosocial

20 _____ 동화되다; 흡수하다

21 _____ socialization

22 _____ 내면화하다

23 _____ attachment

24 _____ 자긍심, 자존감

B 문장의 빈칸에 알맞은 말을 보기에서 골라 쓰시오.

manipulate	intrinsic	affection	reinforces	intuition	subconscious

1 Offering a reward _____ a desired behavior.

2 Some marketing techniques _____ human psychology.

3 Humans have _____ urges to eat more during winter.

4 Can we trust our _____ to make an optimal choice?

5 A lack of _____ in childhood leaves a life-long emotional wound.

6 _____ motivation is more beneficial to learning than extrinsic motivation.

DAY 8 · 과학 일반 · 수학 · 생물학

☑ **MUST-KNOW WORDS**

research 연구(하다) **experiment** 실험(하다) **observation** 관찰 **principle** 원리, 원칙

accurate 정확한 **mathematics** 수학 **evolution** 진화 **gene** 유전자

과학 일반

0211 empirical
[empírikəl]

ⓐ 경험적인, 실험상의

Scientific explanations organize our knowledge of the **empirical** world. <기출>
과학적 설명은 우리의 **경험적** 세계에 관한 지식을 체계화한다.

➕ empiricism ⓝ 경험주의

다의어

0212 objective
[əbdʒéktiv]

ⓐ 객관적인 ↔ subjective 주관적인 ⓝ 목적, 목표

a. It's often difficult to take an **objective** viewpoint on your own situation.
스스로의 상황에 대해 **객관적인** 견해를 갖는 것은 흔히 어렵다.

n. The **objective** of education is to draw out the best in the child. 교육의 **목표**는 아동에게서 최선을 이끌어내는 것이다.

➕ objectivity ⓝ 객관성(→ subjectivity 주관성)

0213 variable
[véəriəbəl]

ⓐ 변하기 쉬운, 일정치 않은 ⓝ 변수

March is a month of **variable** weather in the Northeast.
3월은 북동부에서 날씨 **변화가 심한** 달이다.

In an experiment, only one **variable** is allowed to change at a time. 실험에서는 한 번에 오직 하나의 **변수**만 바꾸도록 허용된다.

➕ variability ⓝ 가변성 | vary ⓥ 달라지다

0214 constant
[kánstənt]

ⓐ 변하지 않는, 일정한; 부단한 ⓝ 상수

move at a **constant** speed 일정한 속도로 움직이다
Constants are basically variables whose values can't change.
상수는 기본적으로 값이 변할 수 없는 변수이다.

➕ constancy ⓝ 불변성 | constantly ⓐⓓ 끊임없이, 항상

0215 tentative
[téntətiv]

ⓐ 임시의, 시험적인

All scientific knowledge is **tentative**, and nothing is final.
모든 과학적 지식은 **임시적이며**, 아무것도 최종이 아니다.

PLAN 2

다의어

0216
★★
probe
[proub]

ⓥ 조사하다; 탐사하다 ⓝ 1 (철저한) 조사 2 무인 우주 탐사선

v. Some scientists **probe** possible comet strikes on Earth.
몇몇 과학자들은 혜성의 지구 충돌 가능성을 **조사한다**.

n. 2 Two space **probes** reached Mars in the fall of 2014.
두 대의 **무인 우주 탐사선**이 2014년 가을에 화성에 도달했다.

0217
★★★
investigate
[invéstəgèit]

ⓥ 1 **연구하다** 2 조사하다; 수사하다

Cell biologists have **investigated** the organization of cells.
세포 생물학자들은 세포의 구성을 **연구해** 왔다.

investigate the crime scene 범죄 현장을 **조사[수사]하다** ◀기출

0218
★★
measurement
[méʒərmənt]

ⓝ 1 측정(법), 측량 2 (pl.) 치수

The gram is a basic unit of **measurement** of weight.
그램은 무게 **측정**의 기본 단위이다.

take a waist **measurement** 허리 **치수**를 재다

✚ measure ⓥ 측정하다 ⓝ 1 치수 2 기준 3 수단, 방책

수학

0219
★
arithmetic
[əríθmətik]

ⓝ 셈, 산수, 산술 ⓐ 셈의, 산수의

Arithmetic skills are necessary life tools that children must learn. **셈법**은 아이들이 반드시 배워야 할 필요한 생활 도구이다.

0220
★★★
calculate
[kǽlkjəlèit]

ⓥ 계산하다; 평가하다

This app will help you **calculate** your daily calories.
이 응용 프로그램은 일일 칼로리 섭취량 **계산**을 돕는다.

0221
★
subtract
[səbtrǽkt]

ⓥ 빼다, 뺄셈하다 ⟷ add 더하다

If we **subtract** 5 from 9, we get 4. 9에서 5를 **빼면**, 4가 남는다.

✚ subtraction ⓝ 빼기, 뺄셈(⟷ addition 덧셈)

0222
★★
division
[divíʒən]

ⓝ 1 **나눗셈** ⟷ multiplication 곱셈 2 분할; 분열

Do you know about the history of the **division** symbol ÷?
여러분은 **나눗셈** 기호 ÷의 역사에 대해 아는가?

the sharp **division** of time into past, present, and future ◀기출
과거, 현재, 그리고 미래로의 예리한 시간 **분할**

✚ divide ⓥ 나누다(⟷ multiply 곱하다)

0223 fraction
[frǽkʃən]

ⓝ 1 (수학) 분수   2 조각, 파편   3 소량, 조금

1 4th graders begin to learn **fraction** multiplication.
4학년 학생들은 **분수** 곱셈을 배우기 시작한다.

2 The small country was divided into smaller **fractions**.
그 작은 나라는 더 작은 **조각들**로 나뉘었다.

3 at a **fraction** of the cost   훨씬 **적은** 비용으로

0224 function
[fʌ́ŋkʃən]

ⓝ 1 기능   2 함수   3 행사   ⓥ 기능[작용]하다   ⊜ operate

n. 1 perform a **function**   **기능**을 수행하다
2 Everything that occurs is a **function** of a finite number of causes. 〈기출〉
발생하는 모든 것은 유한한 수의 원인들과 **함수** 관계에 있다.
3 a school **function**   학교 **행사**(학예 발표회)

v. After the surgery, his brain started to **function** normally again.   수술 후에 그의 뇌는 다시 정상적으로 **기능하기** 시작했다.

✚ functional ⓐ 1 기능의   2 함수의
★ cf. calculus 미적분학

0225 geometric(al)
[dʒì:əmétrik(əl)]

ⓐ 기하학의, 기하학적 도형의

The circle is a **geometric** shape without angles.
원은 각이 없는 **기하학적** 형태이다.

✚ geometry ⓝ 기하학
★ cf. algebra 대수학

0226 symmetry
[símətri]

ⓝ 대칭   ⟷ asymmetry 비대칭, 부조화

A butterfly's wings exhibit an appealing **symmetry**.
나비의 날개는 매력적인 **대칭**을 보인다.

✚ symmetrical ⓐ 대칭의(↔ asymmetrical 비대칭의)

0227 vertical
[və́:rtikəl]

ⓐ 수직의, 세로의   ⟷ horizontal 수평의, 가로의   ⓝ 수직선[면]

A **vertical** line divides the visual field of each eye into two halves.   **수직선**은 양쪽 눈의 시계를 절반으로 나눈다.
The **vertical** represents the Y-axis in the graph.
수직선은 그래프에서 y축을 나타낸다.

★ cf. diagonal 대각선의, 사선의

0228 diameter
[daiǽmitər]

ⓝ 지름, 직경

The moon's **diameter** is 3,474 kilometers.
달의 **지름**은 3,474킬로미터이다.

★ cf. radius 반지름

0229 statistics
[stətístiks]

ⓝ 통계(학), 통계 자료

Statistics show that people are having fewer children these days. **통계**에서 사람들이 요즘 자녀를 덜 낳고 있다는 것을 보여 준다.

➕ statistical ⓐ 통계(학)상의

0230 probability
[prὰbəbíləti]

ⓝ 확률; 있음직함, 가망; 개연성

I would say the **probability** of success is almost 0.
나는 성공 **확률**이 거의 제로라고 말하겠다.

The **probability** is that the two have the same birthday.
아마도 그 둘은 생일이 같은 것 같다.

➕ in all probability 아마, 십중팔구는

➕ probable ⓐ 있음직한, 개연적인

0231 infinite
[ínfənit]

ⓐ 무한한 ↔ finite 유한한

The world is an **infinite** chaos before it is organized by a human mind. ◀기출

세상은 그것이 인간의 정신에 의해 체계화되기 전에는 **무한한** 혼돈이다.

➕ infinity ⓝ 무한(대)

다의어

0232 figure
[fígjər]

ⓝ 1 **숫자** 2 **도형, 모양** 3 (삽화 등의) 그림
4 몸매; 사람의 모습 5 인물
ⓥ 1 생각하다 2 계산하다

n. 1 These **figures** indicate the number of visitors to the museum. 이 **숫자들**은 박물관 관람객 수를 나타낸다.

   2 There are two **figures**: a triangle and a rectangle.
   두 개의 **도형**이 있는데, 삼각형과 직사각형이다.

   3 **Figure** 3 shows a diagram of the control system.
   그림 3은 제어 시스템에 대한 도식을 보여 준다.

   4 She has a slender **figure**. 그녀의 **몸매**는 호리호리하다.

   5 a prominent **figure** 저명**인사**

v. 1 I **figure** she will be back in the office around 4.
   나는 그녀가 4시경에 사무실에 돌아올 것으로 **생각한다**.

   2 **figure** the expenses 비용을 **계산하다**

➕ figure out 이해하다

0233 converge
[kənvə́:rdʒ]

ⓥ 1 (의견 등이) 한데 모아지다, 집중되다 2 **수렴하다**

Efforts should **converge** on stronger growth and more jobs.
더 강력한 성장과 더 많은 일자리에 노력이 **모아져야** 한다.

The share of coal mining in GDP will **converge** into zero.
탄광 산업이 국내 총생산에서 차지하는 몫은 0으로 **수렴될** 것이다.

➕ convergence ⓝ 1 수렴, 일치 2 합쳐짐, 합류

***
0234 genetic
[dʒənétik]

ⓐ 유전(자)의, 유전학적인

Behavioral adaptation is more efficient than **genetic** adaptation. ◀기출
행동적 적응이 **유전적** 적응보다 더 효율적이다.

genetic engineering **유전** 공학

✚ gene ⓝ 유전자 | genetics ⓝ 유전학

0235 heredity
[hərédəti]

ⓝ (형질) 유전

Heredity explains the similarity between parents and offspring.
유전은 부모 자식 간의 유사성을 설명해 준다.

***
0236 modify
[mɑ́dəfài]

ⓥ 1 수정하다, 변경하다 2 수식하다

A genetically **modified** organism (GMO) is made in a laboratory. 유전자 **변형[조작]** 유기체는 실험실에서 만들어진다.
Adjectives **modify** nouns. 형용사는 명사를 **수식한다**.

✚ modification ⓝ 1 수정, 변경 2 수식 | modifier ⓝ 수식 어구

★
0237 replicate
[répləkèit]

ⓥ 모사하다, 복제하다

Viruses **replicate** inside host cells to produce more copies of themselves.
바이러스는 숙주 세포 안에서 **복제되어** 더 많은 자신을 만든다.

Researchers are studying how cells **replicate** their DNA.
연구원들은 세포가 DNA를 **복제하는** 방법을 연구하고 있다.

0238 botany
[bɑ́təni]

ⓝ 식물학

The scope of **botany** has enlarged to cover 550,000 species.
식물학의 범위는 55만 종을 다룰 만큼 확대되었다.

✚ botanical ⓐ 식물학의

★ cf. botanical garden 식물원, zoology 동물학

0239 degenerate
[didʒénərèit]

ⓥ 퇴화하다; 악화되다

Unused muscles quickly **degenerate**.
사용되지 않는 근육은 급속하게 **퇴화한다**.

0240 mutate
[mjúːteit]

ⓥ 돌연변이를 하다, 변화하다

The same genes may **mutate** when exposed to different factors.
동일한 유전자는 상이한 요인에 노출될 때 **돌연변이를 할** 수 있다.

✚ mutation ⓝ 돌연변이, 변종 | mutant ⓝ 돌연변이체 ⓐ 돌연변이의

DAILY CHECK-UP

A 빈칸에 알맞은 우리말 또는 영어 단어를 써넣으시오.

과학 일반 · 수학 · 생물학

과학 일반

1 _____ empirical

2 _____ 객관적인; 목적

3 _____ variable

4 _____ 변하지 않는; 상수

5 _____ tentative

6 _____ 조사[탐사]하다; 조사

7 _____ investigate

8 _____ 측정(법); 치수

수학

9 _____ arithmetic

10 _____ 계산하다; 평가하다

11 _____ division

12 _____ (수학) 분수; 조각

13 _____ 함수; 기능하다

14 _____ vertical

15 _____ 지름, 직경

16 _____ statistics

17 _____ probability

18 _____ 숫자; 도형; 생각하다

생물학

19 _____ genetic

20 _____ (형질) 유전

21 _____ modify

22 _____ 식물학

23 _____ degenerate

24 _____ 돌연변이를 하다

B 문장의 빈칸에 알맞은 말을 보기에서 골라 쓰시오.

infinite	subtract	geometric	symmetry	replicate	converge

1 If we _____ 5 from 9, we get 4.

2 The circle is a(n) _____ shape without angles.

3 A butterfly's wings exhibit an appealing _____.

4 The share of coal mining in GDP will _____ into zero.

5 The world is a(n) _____ chaos before it is organized by a human mind.

6 Viruses _____ inside host cells to produce more copies of themselves.

DAY 9 지구과학 · 물리학

☑ **MUST-KNOW WORDS**

geology 지질학	astronomy 천문학	solar 태양의	eclipse (해·달의) 식
physics 물리학	magnetic 자석의, 자기의	mass 질량; 덩어리	force 힘

천체와 지구

0241 ★★ geological
[dʒìːəládʒikəl]

ⓐ 지질학의; 지질의

Geological data comes from research on solid Earth materials.
지질학 자료는 지구의 고형 물질에 대한 연구에서 나온다.

➕ geology ⓝ 지질학 | geologist ⓝ 지질학자

0242 ★★ astronomical
[æstrənámikəl]

ⓐ 1 천문학의 2 (숫자·거리 등이) 천문학적인

A shooting star is an **astronomical** phenomenon.
유성은 **천문학** 현상이다.

the **astronomical** cost of the First World War
제1차 세계대전에 들어간 **천문학적인** 비용

➕ astronomy ⓝ 천문학 | astronomer ⓝ 천문학자

0243 constellation
[kɑ̀nstəléiʃən]

ⓝ 별자리

Why were the **constellations** named after Greek gods?
왜 **별자리들**은 그리스 신들을 따서 이름 지어졌나?

➕ constellate ⓥ 별자리를 이루다

0244 ★ celestial
[səléstʃəl]

ⓐ 하늘의; 천체의   ↔ terrestrial 지구(상)의

The moon is our closest **celestial** neighbor.
달은 우리의 가장 가까운 **하늘의** 이웃이다.

0245 fossilize
[fásəlàiz]

ⓥ 화석화하다

Over millions of years, the remains of ancient plants and animals can **fossilize**.
수백만 년에 걸쳐 고대 식물과 동물의 유해는 **화석화될** 수 있다.

➕ fossilization ⓝ 화석화 | fossil ⓝ 화석

0246 extraterrestrial
[èkstrətəréstriəl]

ⓐ 지구 밖의, 외계의　ⓝ 외계 생물, 외계인

No evidence of the existence of **extraterrestrial** life has been found.　**외계** 생명체의 존재에 대한 어떠한 증거도 발견되지 않았다.

★ extra-(~ 외의, ~을 넘어선) + terrestrial(지구의)

0247 observatory
[əbzə́ːrvətɔ̀ːri]

ⓝ 천문대, 기상[관상]대, 관측소

The Arecibo **Observatory** has the world's largest radio telescope.
아레시보 **천문대**는 세계에서 가장 큰 전파 망원경을 보유하고 있다.

✛ observe ⓥ 관찰하다 | observation ⓝ 관찰, 관측

0248 orbit
[ɔ́ːrbit]

ⓝ 궤도　ⓥ (다른 천체의) 궤도를 돌다

The **orbit** of a planet around the sun is not a perfect circle.
태양 주위를 도는 행성의 **궤도**는 완벽한 원이 아니다.

Mercury takes 88 days to **orbit** the sun.
수성은 태양의 **궤도를 도는** 데 88일이 걸린다.

✛ orbital ⓐ 궤도의

0249 satellite
[sǽtəlàit]

ⓝ 1 인공위성　2 (행성의) 위성

There are over 2,000 communications **satellites** in orbit around the Earth.
지구 주위의 궤도에는 2천 개가 넘는 통신 **위성**이 있다.

Jupiter has 67 known **satellites**, the largest of which is Ganymede.
목성의 **위성**은 알려진 것만도 67개인데, 그 중 가장 큰 것은 가니메데이다.

다의어

0250 rotation
[routéiʃən]

ⓝ 1 (지구의) 자전; 회전　= revolution　2 교대　3 윤작

1 It's the **rotation** of the Earth that causes day and night.
낮과 밤이 생기게 하는 것은 지구의 **자전**이다.
2 shift **rotation** 교대 근무
3 sustainable crop **rotation** 지속 가능한 윤작

다의어

0251 revolution
[rèvəlúːʃən]

ⓝ 1 혁명　2 공전　3 회전

1 the Industrial **Revolution** in England 영국의 산업 **혁명**
2 Why is the **revolution** of planets around the sun in the same direction? 왜 태양을 중심으로 한 행성들의 **공전**은 같은 방향인가?
3 **revolutions** per minute (RPM) (자동차 엔진 등의) 분당 **회전수**

✛ revolve ⓥ 회전하다; 공전하다

0252 particle ★★
[pάːrtikl]

ⓝ 입자, 미립자; 극히 작은 조각

We cannot say that light is waves or **particles**.
우리는 빛이 파동인지 **입자**인지 말할 수 없다.

dust **particles** 먼지 **입자**, 분진

There was not a **particle** of evidence.
티끌 만한 증거도 없었다.

➕ elementary particle (양자·중성자 따위의) 기본 입자, 소립자

0253 frequency ★★
[fríːkwənsi]

ⓝ 1 빈도, 횟수   2 <mark>진동수, 주파수</mark>

Korea has a high **frequency** of mobile phone use.
한국은 이동 전화 사용 **빈도**가 높다.

Sea mammals use high-**frequency** sound for communication.
바다 포유류는 의사소통을 위해 고**주파** 음을 사용한다.

➕ frequent ⓐ 빈번한, 잦은

0254 buoyancy
[bɔ́iənsi]

ⓝ 부력

An example of **buoyancy** is when a boat floats on water.
부력의 예는 배가 물에 뜰 때이다.

➕ buoyant ⓐ 부력이 있는, 뜨기 쉬운

0255 vacuum ★★★
[vǽkjuəm]

ⓝ 1 <mark>진공</mark>   2 공백

Sound cannot travel in a **vacuum** because there are no particles.
소리는 입자가 없기 때문에 **진공 상태**에서는 이동할 수 없다.

His retirement created a **vacuum** in the company.
그의 퇴직이 회사에 **공백**을 낳았다.

➕ a vacuum cleaner 진공 청소기

0256 spatial ★
[spéiʃəl]

ⓐ 공간의, 공간적인

Many online games are developed by using **spatial** physics.
많은 온라인 게임이 **공간** 물리학을 사용하여 개발된다.

0257 temporal ★★
[témpərəl]

ⓐ 시간의, 시간적인

Some physicists say **temporal** travel is technically possible.
일부 물리학자들은 **시간** 여행이 기술적으로 가능하다고 말한다.

the **temporal** gap between stimulus and response
자극과 반응 사이의 **시간적** 격차

⭐ temporary(일시적인)와 혼동하지 않도록 주의할 것.

0258 **fusion**
[fjúːʒən]

ⓝ 융합; 결합

Nuclear **fusion** reactions produce large amounts of energy.
핵**융합** 반응은 많은 양의 에너지를 생산한다.

a computer's natural **fusion** with our lives ·기출·
컴퓨터의 우리 생활과의 자연스러운 **결합**

★ cf. nuclear fission 핵분열

0259 **refract**
[rifrǽkt]

ⓥ 굴절하다; 굴절시키다

Light bends—or **refracts**—when it enters water.
빛은 물로 진입할 때 휘게, 즉 **굴절**하게 된다.

➕ refraction ⓝ 굴절 (작용)

움직임과 힘

0260 **ascent**
[əsént]

ⓝ 상승; 등정, 등반

A regular airplane is not capable of a sustained vertical
ascent. 보통의 항공기는 지속적인 수직 **상승**이 가능하지 않다.

the first **ascent** of Mount Everest 첫 에베레스트 **등정**

➕ ascend ⓥ 올라가다, 상승하다

0261 **descent**
[disént]

ⓝ 1 하강; 하산 2 혈통, 가문

Without air, there is nothing to slow the **descent** of the
parachute. 공기가 없으면 아무것도 낙하산의 **하강**을 늦추지 못한다.

The **descent** from the mountain was more difficult than the
ascent. 그 산에서의 **하산**은 등정보다 더 어려웠다.

a person of royal **descent** 왕족 **혈통**을 가진 사람

➕ descend ⓥ 하강하다, 내려가다

★ descendant(자손, 후손)와 혼동하지 않도록 주의할 것.

0262 **friction**
[fríkʃən]

ⓝ 1 마찰 2 (사람 사이의) 알력, 불화 ⊜ tension

When you stop, the brakes create **friction** inside the
wheels. 여러분이 차를 멈출 때, 브레이크가 바퀴 내에서 **마찰**을 일으킨다.

severe **friction** between the two families
두 가문 사이의 극심한 **알력[불화]**

0263 **vibration**
[vaibréiʃən]

ⓝ 진동, 떨림

The human voice produces sounds by **vibration.**
인간의 음성은 **진동**에 의해 소리를 낸다.

➕ vibrate ⓥ 진동하다, 떨다

0264 thrust

[θrʌst]

thrust-thrust-thrust

ⓝ 추력, 밀기 ⓥ 밀다, 밀어내다

Airplane propellers create **thrust**, which makes an airplane move forward.
항공기 프로펠러가 **추력**을 일으켜 항공기가 전진하도록 만든다.

She **thrust** the letter into my pocket.
그녀는 그 편지를 내 주머니에 **밀어 넣었다**.

0265 gravitation

[grævətéiʃən]

ⓝ 인력 (작용), 중력

Gravitation attracts everything in the universe that has mass. **인력**은 질량을 가진 우주의 모든 것을 끌어당긴다.

✛ gravitational ⓐ 중력의 | gravity ⓝ 중력

★ gravity: 지구가 물체를 끌어당기는 힘 (지구에 한정)
gravitation: 모든 물체들 간의 서로 끌어당기는 힘 (지구와 우주 전체의 물체들 사이에 적용)

0266 expansion

[ikspǽnʃən]

ⓝ 팽창; 확장, 확대

The **expansion** of gases is much larger than that of solids.
기체의 **팽창**은 고체의 팽창보다 훨씬 더 크다.

the **expansion** of a global workforce 기출 세계 노동력의 **확대**

0267 contraction

[kəntrǽkʃən]

ⓝ 1 수축 2 (병에) 걸림

When we cool something, it causes the **contraction** of the material. 우리가 뭔가를 냉각시키면 그 물질의 **수축**을 야기하게 된다.

the **contraction** of the flu 독감에 **걸림**

✛ contract ⓥ 1 수축하다 2 (병에) 걸리다

0268 accelerate

[æksélərèit]

ⓥ 가속하다; 속력을 높이다

An increase in temperature **accelerates** atomic motion.
온도 상승은 원자 운동을 **가속한다**.

✛ acceleration ⓝ 가속(도)

0269 velocity

[vəlάsəti]

ⓝ 속도, 속력, 빠르기

Velocity is the speed of an object plus its direction.
속도는 방향이 더해진 물체의 속력이다.

0270 submerge

[səbmə́:rdʒ]

ⓥ 물속에 잠그다[가라앉히다]; 잠기다, 잠수하다

Refraction makes a **submerged** object look closer than it really is. 굴절은 **물속에 잠긴** 물체가 실제보다 더 가깝게 보이게 한다.

★ sub-(아래) + merge(합치다)

DAILY CHECK-UP

A 빈칸에 알맞은 우리말 또는 영어 단어를 써넣으시오.

지구과학 · 물리학

천체와 지구

1 _____ 지질학의; 지질의
2 _____ astronomical
3 _____ 별자리
4 _____ celestial
5 _____ 화석화하다
6 _____ observatory
7 _____ 궤도; 궤도를 돌다
8 _____ satellite

9 _____ (지구의) 자전; 교대
10 _____ revolution

물질의 상태와 속성

11 _____ 입자, 미립자
12 _____ buoyancy
13 _____ 진공; 공백
14 _____ spatial
15 _____ 융합; 결합
16 _____ refract

움직임과 힘

17 _____ 상승; 등정, 등반
18 _____ vibration
19 _____ 추력; 밀어내다
20 _____ gravitation
21 _____ 수축; (병에) 걸림
22 _____ accelerate
23 _____ 속도, 속력
24 _____ submerge

B 문장의 빈칸에 알맞은 말을 보기에서 골라 쓰시오.

> friction   temporal   extraterrestrial   frequency   expansion   descent

1 The _____ of gases is much larger than that of solids.

2 No evidence of the existence of _____ life has been found.

3 Sea mammals use high-_____ sound for communication.

4 Some physicists say _____ travel is technically possible.

5 When you stop, the brakes create _____ inside the wheels.

6 Without air, there is nothing to slow the _____ of the parachute.

화학 · 정보 · 기술

☑ MUST-KNOW WORDS

chemistry 화학	**chemical** 화학의; 화학 물질	**substance** 물질	**atom** 원자
reaction 반응	**technology** 과학 기술	**virtual** 가상의	**electricity** 전기

화학

0271 dissolve
[dizálv]

ⓥ 용해되다, 녹다; 용해시키다

Oxygen does not **dissolve** rapidly into water, but carbon dioxide does.
산소는 빠르게 물에 **용해되지** 않지만 이산화탄소는 그렇다.

+ dissolution ⓝ 용해; 융해

0272 soluble
[sáljəbəl]

ⓐ 녹는, 용해할 수 있는

Salt and sugar are **soluble** in water, but sand and wheat is insoluble.
소금과 설탕은 물에 **녹지만** 모래와 밀은 녹지 않는다.

+ solution ⓝ 1 해결책 2 용액

0273 condense
[kəndéns]

ⓥ 응결되다; 응결시키다; 농축하다

Humid air **condenses** into liquid water when it cools.
습한 공기는 냉각되었을 때 액체로 **응결된다**.

sweetened **condensed** milk 가당(당분 첨가) **농축** 우유

+ condensation ⓝ 1 응결 2 농축

0274 concentration
[kὰnsəntréiʃən]

ⓝ 1 집중 2 농도, 농축(한 것)

concentration of resources and capital 자원과 자본의 **집중**
Since 1750, the atmospheric CO_2 **concentration** has increased by 31%.
1750년 이후로 대기 이산화탄소 **농도**가 31퍼센트 증가했다.

+ concentrate ⓥ 1 집중하다 2 농축시키다

0275 compress
[kəmprés]

ⓥ 압축하다, 압착하다

Scuba tanks contain **compressed** air that allows you to breathe underwater.
스쿠버용 탱크는 물속에서 호흡하도록 해주는 **압축** 공기를 담고 있다.

+ compression ⓝ 압축, 압착

0276 ★★ toxic
[tάksik]

ⓐ 독성의, 유독한 ⊜ poisonous

Highly **toxic** chemicals must be stored in sealed containers.
〈기출 응용〉
매우 **독성이** 강한 화학 물질은 밀봉된 용기에 저장되어야 한다.

✚ **toxin** ⓝ 독소

0277 ★★ molecule
[mάləkjùːl]

ⓝ 분자

Two or more atoms combine chemically to form a **molecule**.
둘 이상의 원자가 화학적으로 결합하여 **분자**를 이룬다.

✚ **molecular** ⓐ 분자의, 분자로 된

★ cf. atom 원자 | atomic 원자의

0278 ★★ synthetic
[sinθétik]

ⓐ 합성의, 인조의 ↔ natural 선연의

Synthetic fibers are made from chemicals.
합성 섬유는 화학 물질로 만들어진다.

✚ **synthesize** ⓥ 1 합성하다 2 종합하다 | **synthesis** ⓝ 1 합성 2 종합

〈다의어〉

0279 ★★ compound
ⓝ ⓐ [kάmpound]
ⓥ [kəmpáund]

ⓝ 화합물 ⓐ 합성의, 복합의 ⓥ 합성하다, 조합하다

n. Water is a **compound** made from two elements: hydrogen and oxygen.
물은 수소와 산소의 두 원소로 만들어진 **화합물**이다.

v. **compound** two words to make a new word
두 단어를 **조합하여** 새로운 한 단어를 만들다

0280 ★ formula
[fɔ́ːrmjələ]

ⓝ 식, 공식 (*pl.* formulas, formulae [-lìː])

Chemical **formulas** use element symbols from the periodic table. 화학 **공식**은 주기율표의 원소 기호를 사용한다.

0281 ★ equation
[i(ː)kwéiʒən]

ⓝ 반응식, 방정식

A chemical **equation** shows us what happens in a chemical reaction. 화학 **반응식**은 화학 반응에서 무엇이 발생하는지를 보여 준다.

An **equation** says that two things are equal.
방정식은 두 개가 같다는 것을 말한다.

0282 ★ configuration
[kənfìgjəréiʃən]

ⓝ 1 **배열, 배치** ⊜ layout 2 (컴퓨터의) 구성, 환경 설정

configuration of elements on the periodic table
주기율표에서의 원소 **배열**

Configuration changes may need a system reboot.
구성 변경을 하려면 시스템 리부팅이 필요할 수 있다.

0283 ★★
combustion
[kəmbʌ́stʃən]

ⓝ 연소; (유기체의) 산화(酸化)

The **combustion** in the engine generates the power that moves the car.
엔진에서의 **연소**가 차의 동력을 발생시킨다.

정보

0284 ★
encode
[enkóud]

ⓥ 부호화[암호화]하다; 입력하다

The keyboard is where we **encode** new information.
키보드는 우리가 새로운 정보를 **부호화하는** 곳이다.

encode information into long-term memory
정보를 장기 기억에 **입력하다**

★ cf. decode 해독하다

0285 ★
retrieve
[ritríːv]

ⓥ 1 회수하다; 복구하다   2 검색하다

retrieve the lost data 잃어버린 데이터를 **복구하다**

Search engines help **retrieve** information by using keywords. 검색 엔진은 키워드를 이용해 정보를 **검색하는** 것을 돕는다.

✛ retrieval ⓝ 1 복구, 회수   2 검색

0286
compile
[kəmpáil]

ⓥ 편집하다, 편찬하다

I **compiled** sound files for hours for a few seconds of music.
나는 몇 초간의 음악을 위해 몇 시간 동안 음향 파일을 **편집했다**.

✛ compilation ⓝ 편집, 모음집

0287 ★★
delete
[dilíːt]

ⓥ 삭제하다, 지우다

Click on the "Trash" icon to **delete** all of the emails in the inbox. 수신함에서 모든 이메일을 **삭제하려면** '휴지통' 아이콘을 클릭하시오.

✛ deletion ⓝ 삭제

0288
anonymity
[æ̀nəníməti]

ⓝ 익명(성)

Anonymity is a characteristic of online communication.
익명성은 온라인 의사소통의 특징이다.

✛ anonymous ⓐ 익명의

0289 ★★
interactive
[ìntərǽktiv]

ⓐ 상호 작용하는, 쌍방향의

The Internet is an **interactive** means of communication.
인터넷은 **쌍방향** 의사소통 수단이다.

✛ interact ⓥ 상호 작용하다 | interaction ⓝ 상호 작용

0290 **reliability**
[rilàiəbíləti]

ⓝ 신뢰성, 신빙성

We must take into account the **reliability** of a source of information. ◂기출 응용
우리는 정보 출처의 **신뢰성**을 고려해야 한다.

➕ reliable ⓐ 신뢰할 수 있는

기술

★★★
0291 **artificial**
[ὰːrtəfíʃəl]

ⓐ 인공의, 인위적인

artificial intelligence (AI) 인공 지능

Many natural habitats have been replaced with some form of **artificial** environment. ◂기출
많은 자연 서식지가 어떤 형태의 **인공** 환경으로 대체되어왔다.

다의어

★★
0292 **suspend**
[səspénd]

ⓥ 1 매달다, 달다 2 중지하다 3 정직[정학]시키다

1 Satellites are **suspended** in orbit above the Earth.
위성들이 지구 위의 궤도에 **떠 있다**.

a large chandelier **suspended** from the ceiling
천장에 **매달려 있는** 대형 샹들리에

2 A NASA project was **suspended** because of budget cuts.
미국 항공 우주국의 한 프로젝트가 예산 삭감으로 **중지되었다**.

3 He was **suspended** from school for misbehavior.
그는 부적절한 행동으로 학교에서 **정학을 당했다**.

★★
0293 **patent**
[pǽtənt / péit-]

ⓝ 특허(권) ⓥ ~의 특허를 얻다

Patent law protects the rights of inventors.
특허법은 발명자의 권리를 보호한다.

영영 ⓝ the official right to be the only person who can make, use, or sell a product or invention

0294 **state-of-the-art**
[stèitəvðiάːrt]

ⓐ 최첨단의, 최신식인 ↔outdated 구식의

We continue to serve our clients with **state-of-the-art** technology.
저희는 **최첨단** 기술로 고객들에게 계속해서 서비스합니다.

★
0295 **apparatus**
[ǽpəréitəs]

ⓝ 장치, 기기, 기구

This chemical **apparatus** synthesizes complex biochemical molecules.
이 화학 **장비**는 복잡한 생화학 분자를 합성한다.

★★
0296 **circuit**
[sə́:rkit]

ⓝ 1 순환, 순회 2 회로

The Earth takes a year to make a **circuit** of the sun.
지구가 태양의 둘레를 한 바퀴 **순환**하는 데 1년이 걸린다.

This figure shows the electrical **circuit** of a refrigerator.
이 그림은 냉장고의 전기 **회로**를 보여준다.

★★
0297 **appliance**
[əpláiəns]

ⓝ (가정용) 전기 제품[기구]

Energy efficiency requirements for **appliances** are becoming increasingly strict. ◀기출 응용▶
전기 제품에 대한 에너지 효율성 요구가 점차 엄격해지고 있다.

➕ a household[domestic] appliance 가전제품

★★★
0298 **generate**
[dʒénərèit]

ⓥ 생성하다, 창출하다; 발생시키다

Wind power is used to **generate** electricity by using turbines.
풍력은 터빈을 이용하여 전력을 **생성하는** 데 이용된다.

More travel at faster speeds **generates** greater economic success. ◀기출▶
더 빠른 속도로 더 많이 이동하는 것은 더 큰 경제적 성공을 **창출한다**.

➕ generation ⓝ 1 발생 2 세대

★★
0299 **breakthrough**
[bréikθrù:]

ⓝ 1 획기적인 발전[발견], 약진 2 타결, 돌파(구)

Vaccines are one of the greatest **breakthroughs** in modern medicine.
백신은 현대 의학에서 가장 위대한 **획기적 발전** 중 하나이다.

achieve a dramatic **breakthrough** 극적인 **타결**을 보다

★ cf. break through 돌파하다; 타개[극복]하다

다의어

★★★
0300 **feature**
[fí:tʃər]

ⓝ 1 특징, 특색 2 사양, 기능 3 이목구비, (*pl.*) 용모
ⓥ 1 ~의 특징을 이루다 2 두드러지게 하다

n. 1 The main **feature** of a medieval society was a strict class order.
중세 사회의 주요 **특징**은 엄격한 계급 질서였다.

   2 The new model has many **features** for convenience.
그 새 모델은 편의를 위한 많은 **사양**을 갖추었다.

   3 Her **features** resemble her mother's.
그녀의 **이목구비[용모]**는 어머니를 닮았다.

v. 1 The festival was **featured** by a big parade.
그 축제는 대형 퍼레이드가 **특징이었다**.

   2 a newspaper **featuring** a sporting event
스포츠 행사를 **두드러지게 다룬** 신문

DAILY CHECK-UP

PLAN 2

A 빈칸에 알맞은 우리말 또는 영어 단어를 써넣으시오.

화학 · 정보 · 기술

화학

1 _____ dissolve

2 _____ 녹는, 용해할 수 있는

3 _____ condense

4 _____ 집중; 농도

5 _____ toxic

6 _____ 분자

7 _____ compound

8 _____ 식, 공식

정보

11 _____ 부호화하다; 입력하다

12 _____ retrieve

13 _____ 편집하다, 편찬하다

14 _____ delete

15 _____ 익명(성)

16 _____ reliability

9 _____ 배열, 배치

10 _____ combustion

기술

17 _____ 인공의, 인위적인

18 _____ patent

19 _____ 최첨단의, 최신식인

20 _____ apparatus

21 _____ 순환, 순회; 회로

22 _____ appliance

23 _____ 특징; 사양;
두드러지게 하다

24 _____ generate

B 문장의 빈칸에 알맞은 말을 보기에서 골라 쓰시오.

compressed	suspended	equation	interactive	breakthroughs	synthetic

1 _____ fibers are made from chemicals.

2 The Internet is a(n) _____ means of communication.

3 A NASA project was _____ because of budget cuts.

4 Vaccines are one of the greatest _____ in modern medicine.

5 A chemical _____ shows us what happens in a chemical reaction.

6 Scuba tanks contain _____ air that allows you to breathe underwater.

✏️ 헷갈리는 혼동어 제대로 알기

1

rationale
- ⓝ 이론적 근거[설명]

Choosing similar friends can have a **rationale**.
비슷한 친구를 선택하는 데는 **이론적 근거**가 있을 수 있다.

rational
- ⓐ 합리적인, 이성적인

Rely on **rational** thinking rather than emotional reactions.
감정적 반응이 아니라 **이성적** 사고에 의지해라.

2

causal
- ⓐ 원인의; 인과 (관계)의

There is a **causal** relationship between the two historical events.
그 두 역사적 사건 사이에는 **인과** 관계가 있다.

casual
- ⓐ 우연한, 뜻밖의

The **casual** encounter soon turned into a deep relationship.
그 **우연한** 만남이 곧 깊은 관계로 변했다.

3

fraction
- ⓝ 1 (수학) 분수   2 조각, 파편   3 소량, 조금

4th graders begin to learn **fraction** multiplication.
4학년 학생들은 **분수** 곱셈을 배우기 시작한다.

friction
- ⓝ 1 마찰   2 (사람 사이의) 알력, 불화

When you stop, the brakes create **friction** inside the wheels.
여러분이 차를 멈출 때, 브레이크가 바퀴 내에서 **마찰**을 일으킨다.

4

geometric(al)
- ⓐ 기하학의, 기하학적 도형의

The circle is a **geometric** shape without angles.
원은 각이 없는 **기하학적** 형태이다.

geological
- ⓐ 지질학의; 지질의

Geological data comes from research on solid Earth materials.
지질학 자료는 지구의 고형 물질에 대한 연구에서 나온다.

geographic(al)
- ⓐ 지리학의; 지리상의

Geographic knowledge increases through travel.
지리 지식은 여행을 통해 증가한다.

PLAN 3
문화 활동

문학
literature 문학, 문예
metaphor 은유

언어·연극·출판
linguistic 언어(학)의
theatrical 무대의, 연극의

문화 활동

예술·건축
masterpiece 걸작, 명작
depict 묘사하다, 그리다

교육
curriculum 교육 과정
diploma 졸업장, 졸업 증서

문화·종교
ethnicity 민족성, 민족 의식
immortal 불멸의, 불후의

DAY 11 문학

0301 literature
[lítərətʃər]

ⓝ 1 **문학, 문예** 2 문헌

The novel is an important part of English **literature**.
그 소설은 영국 **문학**의 중요한 부분이다.

literature on sports and physical education
스포츠와 체육에 관한 **문헌**

➕ literary ⓐ 문학의, 문예의

⭐ cf. literacy 읽고 쓰는 능력

장르와 글의 구성

0302 verse
[və:rs]

ⓝ 운문, 시(詩)

Shakespeare's plays are often a mixture of **verse** and prose.
셰익스피어의 희곡은 흔히 **운문**과 산문의 혼합물이다.

`다의어`

0303 lyric
[lírik]

ⓐ **서정시의** ⓝ 1 **서정시** 2 (pl.) 노래 가사

a. Emily Dickinson, an American Poet, wrote **lyric** poems.
미국의 시인 에밀리 디킨슨은 **서정시**를 썼다.

n. 1 "Azaleas" is a famous Korean **lyric** written by Kim Sowol. '진달래꽃'은 김소월이 쓴 유명한 한국 **서정시**이다.

2 the **lyrics** of the song "Edelweiss" 노래 '에델바이스'의 **가사**

0304 rhyme
[raim]

ⓝ 운, 압운(押韻), 각운(脚韻) ⓥ 운을 맞추다

Some poems have **rhyme** as well as rhythm, but not all do.
어떤 시들은 리듬뿐 아니라 **운**도 있지만, 모든 시가 그런 것은 아니다.

`다의어`

0305 passage
[pǽsidʒ]

ⓝ 1 **(하나의) 글; 구절** 2 통행, 통로 3 (시간의) 경과[흐름]

1 Read the **passage** below and fill in the following table.
다음 **글**을 읽고 아래의 표를 완성하시오.

2 Safe **passages** enable migratory species to survive. `기출`
안전 **통로**는 이동하는 종이 생존하는 것을 가능하게 한다.

3 the **passage** of time 시간의 **경과[흐름]**

⭐ cf. paragraph 단락

0306 memoir
[mémwɑːr]

ⓝ 회고록

As a nonfiction genre, **memoir** depicts the lives of real individuals.
논픽션 장르로서 **회고록**은 실존하는 개인들의 삶을 묘사한다.

★
0307 mythology
[miθɑ́lədʒi]

ⓝ (집합적) 신화(神話), 신화집

In Greek **mythology**, Gaia was the goddess of the earth.
그리스 **신화**에서 가이아는 대지의 여신이었다.

＋ mythological ⓐ 신화의, 신화적인

★ cf. myth (개별적) 신화, 전설; (근거가 희박한) 사회적 통념

★★
0308 narrative
[nǽrətiv]

ⓝ 이야기   ⓐ 이야기의

Personal stories connect with larger **narratives** to generate new identities.
개인적인 이야기는 더 큰 **이야기**와 연결되어 새로운 정체성을 만들어낸다.

＋ narrate ⓥ 서술하다 ｜ narration ⓝ 서술, 이야기하기
narrator ⓝ (연극·영화·TV 등의) 해설자, 내레이터

다의어

★★
0309 plot
[plɑt]

ⓝ 1 (극·소설 등의) 줄거리   2 음모   3 작은 지면(地面)

1 The **plot** of the play is a series of related events.
그 연극의 **줄거리**는 일련의 관련된 사건이다.

2 a **plot** to steal valuables from the temple
사원에서 귀중품을 훔치려는 **음모**

3 a **plot** of land for growing fruits and vegetables
과일과 채소를 기르기 위한 **작은 지면**의 땅

다의어

★★★
0310 character
[kǽriktər]

ⓝ 1 성격; 특징   2 (소설의) 등장인물, (연극의) 역   3 문자, 부호

1 Honesty is an important **character** trait to teach children.
정직은 아이들에게 가르쳐야 할 중요한 **성격** 특성이다.

2 We identify with **characters** as we watch a movie.
우리는 영화를 볼 때 **등장인물들**과 일체감을 느낀다.

3 Greek **characters** are used in mathematics and science.
그리스 **문자**는 수학과 과학에서 사용된다.

0311 protagonist
[proutǽgənist]

ⓝ (연극·영화·책 속의) 주인공

The **protagonist** in the mystery novel is a detective solving a complex case.
그 미스터리 소설의 **주인공**은 복잡한 사건을 해결하는 탐정이다.

★ hero 남자 주인공 ｜ heroine 여자 주인공

0312 personify
[pəːrsɑ́nəfài]

ⓥ 의인화하다, 인격화하다

Fables **personify** animals to show human traits.
우화는 인간의 특성을 보여주기 위해 동물을 **의인화한다**.

➕ personification ⓝ 의인화

0313 metaphor
[métəfɔ̀ːr]

ⓝ 은유

The expression "He's a tiger when he's angry" is an example of a **metaphor**.
"화가 났을 때 그는 호랑이다."라는 표현은 **은유**의 한 예이다.

➕ metaphoric ⓐ 은유적인

★ cf. simile 직유

0314 literal
[lítərəl]

ⓐ 글자 그대로의, 어구에 충실한

The **literal** sense of a phrase is its most basic meaning.
어구의 **글자 그대로의** 의미는 그것의 가장 기본적인 의미이다.

➕ literally ⓐⓓ 글자 그대로

0315 figurative
[fígjərətiv]

ⓐ 1 비유적인 ⟷literal **2 수식이 많은, (문체가) 화려한**

A metaphor is a **figurative** use of language.
은유는 언어의 **비유적** 사용이다.

figurative style of writing **화려한** 문체

0316 rhetorical
[ritɔ́(ː)rikəl]

ⓐ 수사적인, 수사학의

His speech was full of **rhetorical** phrases.
그의 연설은 **수사적인** 어구로 가득했다.

➕ rhetoric ⓝ 수사(학)

0317 satire
[sǽtaiər]

ⓝ 풍자; 풍자 문학

Satire is often used in literature to show foolishness.
풍자는 문학에서 어리석음을 보여주기 위해 흔히 사용된다.

➕ satirical ⓐ 풍자적인

0318 sarcasm
[sɑ́ːrkæzm]

ⓝ 풍자, 빈정거림, 비꼼

Sarcasm is often used to veil truly hurtful criticism.
풍자는 흔히 진실로 상처를 주는 비판을 감추기 위해 사용된다.

➕ sarcastic ⓐ 풍자의, 빈정거리는

PLAN 3

0319 **ironically**
[airánikəli]

ad 아이러니하게도, 얄궂게도

Ironically, although it limits your thinking, it also makes you smart. 기출
아이러니하게도[얄궂게도], 그것이 여러분의 생각을 제한하기도 하지만 여러분을 총명하게 만들기도 한다.

+ **irony** ⓝ 아이러니, 반어법

0320 **cite**
[sait]

ⓥ 인용하다, (이유·예를) 들다　= quote

Two examples from the Bible are **cited**.
성경에서 두 가지 사례가 **인용되고** 있다.

+ **citation** ⓝ 인용, 인용구[문](= quotation)

0321 **quotation**
[kwoutéiʃən]

ⓝ 인용, 인용구[문]

All **quotations** are marked by double quotation marks.
모든 **인용구**는 큰 따옴표로 표시된다.

➕ quotation mark 따옴표, 인용 부호(' ' 또는 " ")

+ **quote** ⓥ 인용하다

0322 **anecdote**
[ǽnikdòut]

ⓝ 일화

This is a collection of **anecdotes** of famous writers.
이것은 유명한 작가들의 **일화** 모음집이다.

0323 **cliché**
[kli(ː)ʃéi]

ⓝ 진부한 표현, 상투적인 문구

It's amazing how old **clichés** still hold true.
오래된 **진부한 표현들**이 어떻게 여전히 통하는지 놀랍다.

다의어

0324 **tone**
[toun]

ⓝ 1 어조, 말투　2 (글 등의) 분위기　3 음색

1　The poet's **tone** in the poem is sad and reflective.
　　그 시에서 작가의 **어조**는 슬프고 사색적이다.
2　The **tone** of the novel shifted from hopeful to tragic.
　　소설의 **분위기**가 희망적에서 비극적으로 바뀌었다.
3　The violin has a warm, rich **tone**.
　　그 바이올린은 따뜻하고 풍부한 **음색**을 가졌다.

작품과 완성과 평가

0325 **preface**
[préfis]

ⓝ 서문, 서언, 머리말　= foreword

A **preface** shares the background behind the book.
서문은 책 배후에 있는 배경을 함께 나눈다.

0326 entitle
[entáitl]

ⓥ 1 <mark>제목을 붙이다</mark> 2 권리[자격]를 주다

In 1975, she published a novel **entitled** *Border Line*.
1975년에 그녀는 '국경선'**이라는 제목의** 소설을 출판했다.

entitle every citizen to vote and get elected
모든 시민에게 투표**권**과 피선거**권을 주다**

✚ entitlement ⓝ (공식적인) 자격, 권리

★ en-은 동사를 만드는 접두사이다. (예: enlarge, endanger)

0327 comprehension
[kàmprihénʃən]

ⓝ 이해, 이해력

Reading **comprehension** is included on the entrance exam.
독해가 입학 시험에 포함되어 있다.

✚ comprehend ⓥ 1 이해하다 2 포괄하다
comprehensive ⓐ 1 이해(력)의 2 포괄적인

0328 summary
[sʌ́məri]

ⓝ 요약, 개요   **ⓐ** 요약한, 개략의

A good **summary** attracts readers.
훌륭한 **요약문**은 독자들을 끌어들인다.

give a brief **summary** report of the project
그 프로젝트의 간단한 **개요**를 보고하다

✚ summarize ⓥ 요약하다

0329 interpret
[intə́:rprit]

ⓥ 1 <mark>해석하다, 설명하다</mark> 2 통역하다

Different people **interpret** the same poem differently.
여러 다른 사람들이 동일한 시를 다르게 **해석한다**.

interpret Korean to English 한국어를 영어로 **통역하다**

✚ interpretation ⓝ 1 해석, 풀이 2 통역 | interpreter ⓝ 통역사

★ cf. misinterpret 오해하다, 잘못 이해[해석]하다

0330 translate
[trænsléit]

ⓥ 1 <mark>번역하다</mark> 2 옮기다, 바꾸다

His books have been widely **translated** into other languages. 기출
그의 책은 다른 언어들로 널리 **번역되어**왔다.

Always **translate** your promises into actions.
항상 약속을 행동으로 **옮기도록** 하라.

✚ translation ⓝ 1 번역 2 변환, 변형

DAILY CHECK-UP

A 빈칸에 알맞은 우리말 또는 영어 단어를 써넣으시오.

```
1 _____
  문학; 문헌
```

장르와 글의 구성

```
2 _____
  verse
3 _____
  서정시(의); 노래 가사
4 _____
  rhyme
5 _____
  (하나의) 글, 구절
6 _____
  memoir
7 _____
  이야기(의)
8 _____
  plot
9 _____
  주인공
```

표현 방법

```
10 _____
   personify
11 _____
   글자 그대로의
12 _____
   figurative
13 _____
   수사적인, 수사학의
14 _____
   sarcasm
15 _____
   아이러니하게도
16 _____
   cite
17 _____
   인용, 인용구[문]
```

작품의 완성과 평가

```
21 _____
   preface
22 _____
   제목을 붙이다
23 _____
   summary
24 _____
   번역하다; 옮기다
```

```
18 _____
   anecdote
19 _____
   진부한 표현
20 _____
   tone
```

B 문장의 빈칸에 알맞은 말을 보기에서 골라 쓰시오.

interpret	satire	metaphor	characters	comprehension	mythology

1 In Greek _____, Gaia was the goddess of the earth.

2 _____ is often used in literature to show foolishness.

3 Different people _____ the same poem differently.

4 Greek _____ are used in mathematics and science.

5 Reading _____ is included on the entrance exam.

6 The expression "He's a tiger when he's angry" is an example of a _____.

DAY 12 언어 · 연극 · 출판

✔ **MUST-KNOW WORDS**

expression 표현; 표정	**symbol** 상징	**tongue** 혀; 언어	**discourse** 담론, 담화
director 연출가, 감독	**script** 대본	**edit** 편집하다	**copy** 복사본, 한 부

언어

0331
linguistic
[liŋgwístik]

ⓐ **언어의, 언어학의**

Only humans have **linguistic** abilities naturally.
오직 인간만이 선천적으로 **언어** 능력을 소유한다.

✚ linguistics ⓝ 언어학 | linguist ⓝ 언어학자, 어학자

다의어

0332
term
[tə:rm]

ⓝ 1 **용어** 2 임기, 기간, 학기 3 (계약) 조건 4 (친한) 사이

1 The Nuer, a cattle-raising people, have various **terms** related to cattle. ◀기출▶
뉴에르족은 목축 종족인데, 소와 관련된 다양한 **용어**를 가지고 있다.

   legal **terms** 법률 **용어**

2 The presidency in the U.S. is limited to two four-year **terms** in office. 미국에서 대통령직은 2회 재직 4년 **임기**로 제한된다.

3 the **terms** of employment 고용 **조건**

4 We are on good **terms** with our neighbors.
우리는 이웃과 **사이** 좋게 지낸다.

0333
idiom
[ídiəm]

ⓝ 관용 표현, 숙어

Many **idioms** have interesting stories behind them.
많은 **관용 표현**들은 이면에 재미있는 이야기가 있다.

✚ idiomatic ⓐ 관용구의

0334
synonym
[sínənim]

ⓝ 동의어, 유의어 ⟷ antonym 반의어, 반대말

"Gift" is a **synonym** for "present."
'gift'는 'present'와 **동의어**이다.

0335
phonetic
[fənétik]

ⓐ 음성의, 음성학의

There are **phonetic** similarities between English and Spanish.
영어와 스페인어 사이에는 **음성적** 유사성이 있다.

✚ phonetics ⓝ 음성학, 발음학

★
0336 **symbolic**
[simbάlik]

ⓐ 상징적인, 상징하는

Many idioms have **symbolic** meanings that differ from their direct translations.
많은 관용 표현들은 직역과는 다른 **상징적인** 의미를 가진다.

+ symbol ⓝ 상징 | symbolize ⓥ 상징하다

★
0337 **fluent**
[flú:ənt]

ⓐ 유창한, 능변의

Interpreters are **fluent** in both languages.
통역사는 두 언어에 모두 **유창하다**.

+ fluency ⓝ 유창함, 유창성

0338 **proficiency**
[prəfíʃənsi]

ⓝ 숙달(도), 능숙함, 실력

TOEIC and TOEFL are English language **proficiency** tests.
토익과 토플은 영어 **숙달도[실력]** 테스트이다.

a test of **proficiency** in Korean   한국어 **실력** 테스트

+ proficient ⓐ 숙달된, 능숙한

★★
0339 **literacy**
[lítərəsi]

ⓝ 읽고 쓰는 능력, 식자 능력   ⊖ illiteracy 문맹

The **literacy** rate in Korea is almost 100%.
한국의 **식자율**은 거의 100퍼센트이다.

+ literate ⓐ 읽고 쓸 줄 아는, 소양이 있는(↔ illiterate 문맹의)

★★
0340 **competence**
[kάmpətəns]

ⓝ 능력; 적성

Communicative **competence** is important for language learners.   의사소통 **능력**은 언어 학습자에게 중요하다.

He lacks the **competence** to perform the task.
그는 그 과업을 수행할 **능력**이 없다.

+ competent ⓐ 유능한

★
0341 **bilingual**
[bailíŋgwəl]

ⓐ 2개 국어를 사용하는   ⓝ 2개 국어를 쓰는 사람

She is **bilingual**, knowing both English and Chinese.
그녀는 영어와 중국어를 알아서 **2개 국어를 사용한다**.

⊕ bilingual education 2개 국어 병용 교육

★ bi-는 '2개'라는 의미의 접두사이다. (예: bicycle)
cf. multilingual 여러 나라 말을 하는 (사람)

0342 dialect
[dáiəlèkt]

ⓝ 사투리, 방언

Local **dialects** are sometimes incomprehensible.
지방 **사투리**는 때로 이해가 안된다.

0343 pronunciation
[prənʌ́nsiéiʃən]

ⓝ 발음, 발음법

Few people know the correct **pronunciation** of that foreign name.
그 외국 이름의 정확한 **발음**을 아는 사람은 드물다.

✚ pronounce ⓥ 1 발음하다   2 선언하다, 선고하다

0344 intonation
[ìntənéiʃən]

ⓝ 억양, 인토네이션

Intonation and stress are important for conveying meaning.
억양과 강세는 의미 전달을 위해 중요하다.

0345 intuitive
[intjúːitiv]

ⓐ 직감[직관]에 의한; 직관력이 있는

Many bilingual speakers have an **intuitive** sense of when words sound natural.
많은 이중 언어 사용자는 단어가 자연스럽게 들리는 순간을 **직관적으로** 감지한다.

연극과 영화

0346 theatrical
[θiǽtrikəl]

ⓐ 무대의, 연극의, 극장의

Operas and musicals are forms of **theatrical** performance art.
오페라와 뮤지컬은 **무대** 공연 예술의 형식이다.

✚ theater ⓝ 1 극장   2 연극, 극문학

0347 playwright
[pléirait]

ⓝ 극작가, 각본가

The most famous **playwright** may be William Shakespeare.
가장 유명한 **극작가**는 아마도 윌리엄 셰익스피어일 것이다.

★ cf. scriptwriter (영화) 각본가 | screenplay 영화 대본, 시나리오

0348 tragedy
[trǽdʒədi]

ⓝ 1 비극 (작품)   2 비극(적인 사건)

Shakespeare's **tragedies** are based on historical figures.
셰익스피어의 **비극**은 역사적인 인물들을 토대로 한다.

tragedies of modern Jewish history 현대 유대인 역사의 **비극**

✚ tragic ⓐ 비극의

★ cf. comedy 희극 | comic 희극의

0349 monologue
[mánəlɔ̀ːg]

ⓝ 독백(극), 1인극

The actor delivered a powerful **monologue** that left the audience in tears.
그 배우는 관객을 눈물짓게 만든 강력한 **독백**을 선보였다.

★ mono(혼자) + logue(말) → 혼잣말, 독백

0350 adaptation
[ædəptéiʃən]

ⓝ 1 각색, 번안 2 적응, 순응

The film is an **adaptation** of a book with the same title.
그 영화는 동명의 책을 **각색한 것**이다.

the **adaptation** of life to extreme conditions
극한 환경에 생명체의 **적응**

✚ adapt ⓥ 1 각색[번안]하다 2 적응하다; 적응시키다

0351 animate
[ǽnəmèit]

ⓥ 1 생기를 불어 넣다 2 만화 영화로 만들다

The music **animated** the entire scene, filling it with excitement and energy.
그 음악은 장면 전체에 **생기를 불어넣어** 흥분과 활기를 채웠다.

animated movies 애니메이션 영화

0352 rehearsal
[rihə́ːrsəl]

ⓝ 리허설, 예행 연습

It is normal for actors to make a mistake during **rehearsal**.
기출 응용
배우들이 **리허설[예행 연습]** 동안 실수를 하는 것은 정상이다.

✚ rehearse ⓥ 연습하다, 시연하다

출판

0353 manuscript
[mǽnjəskrìpt]

ⓝ 원고, 필사본

The **manuscript** was found after the author's death.
그 **원고**는 저자의 사후에 발견되었다.

다의어

0354 draft
[dræft]

ⓝ 1 초고, 초안 2 (the -) 징병, 징집
ⓥ 1 초고를 집필하다 2 징집하다

n. 1 The scientist's **draft** was sent to three scientists for peer review.
그 과학자의 **초고**는 동료 검토를 위한 세 명의 과학자에게 보내졌다.

2 Many Americans fled to Canada to avoid the **draft** during the Vietnam War.
많은 미국인들이 베트남전 기간 동안 **징병**을 피하기 위해 캐나다로 도주했다.

v. 1 Hemingway finished **drafting** the novel in a café in Paris.
헤밍웨이는 파리의 한 카페에서 그 소설의 **초고 집필**을 끝냈다.

0355 ★★★ **revise** [riváiz]

Ⓥ 1 <mark>개정[수정]하다</mark> 2 (시각·의견을) 바꾸다

Dictionaries are **revised** from time to time to add new words. 사전은 때때로 새 어휘 추가를 위해 **개정된다**.

revise one's view of another person
다른 사람에 대한 시각을 **바꾸다**

✚ revision ⓝ 개정, 수정

0356 **proofread** [prú:fri:d]
proofread-proofread-proofread

Ⓥ 교정보다

Proofreading is the final stage of the editing process.
교정은 편집 과정의 최종 단계이다.

✚ proofreader ⓝ 교정자

★ cf. edit 편집하다 | editor 편집자

0357 **edition** [idíʃən]

ⓝ (서적) 판

A book that corrects the mistakes of the first **edition** tends to sell better. ◀기출▶
초판의 오류를 바로잡는 책이 더 잘 팔리는 경향이 있다.

0358 **publication** [pʌ̀bləkéiʃən]

ⓝ 1 <mark>출판(물)</mark> 2 발표

Academic **publications** go through a process of peer review. ◀기출▶
학술 **출판물**은 동료 검토의 과정을 거친다.

the **publication** of the election results 선거 결과 **발표**

✚ publish Ⓥ 1 출판하다 2 발표하다

0359 ★★★ **copyright** [kápiràit]

ⓝ 저작권, 판권 Ⓥ (작품을) 저작권으로 보호하다

Copyright legally protects original works of authorship.
저작권은 법적으로 원작자의 독창적인 작품을 보호한다.

Basically, you cannot **copyright** names, ideas, or numbers.
기본적으로, 이름, 생각, 숫자를 **저작권으로 보호할** 수 없다.

➕ copyright law 저작권법

0360 ★★ **subscribe** [səbskráib]

Ⓥ 1 <mark>(정기) 구독하다</mark>(to) 2 기부하다

Quite often, your library will **subscribe** to literary journals.
매우 흔히 여러분의 도서관은 문예 잡지를 **정기 구독할** 것이다.

subscribe a large sum to charities
자선단체에 거액을 **기부하다**

영영 to pay a regular amount of money to receive or use a thing

✚ subscription ⓝ 1 (정기) 구독 2 기부(금)

DAILY CHECK-UP

A 빈칸에 알맞은 우리말 또는 영어 단어를 써넣으시오.

언어 · 연극 · 출판

언어

1 _____ 용어; 임기; 조건
2 _____ idiom
3 _____ 음성(학)의
4 _____ synonym
5 _____ 상징적인, 상징하는
6 _____ fluent
7 _____ 2개 국어를 사용하는
8 _____ literacy

연극과 영화

12 _____ 무대의, 연극의
13 _____ playwright
14 _____ 비극 (작품)
15 _____ monologue
16 _____ 리허설, 예행 연습

9 _____ 발음, 발음법
10 _____ intonation
11 _____ 직감[직관]에 의한

출판

17 _____ manuscript
18 _____ 초고; 초고를 집필하다
19 _____ revise
20 _____ 교정보다
21 _____ edition
22 _____ 출판(물); 발표
23 _____ 저작권(으로 보호하다)
24 _____ subscribe

B 문장의 빈칸에 알맞은 말을 보기에서 골라 쓰시오.

adaptation	proficiency	dialects	linguistic	animated	competence

1 He lacks the _____ to perform the task.

2 Local _____ are sometimes incomprehensible.

3 Only humans have _____ abilities naturally.

4 TOEIC and TOEFL are English language _____ tests.

5 The film is a(n) _____ of a book with the same title.

6 The music _____ the entire scene, filling it with excitement and energy.

예술 · 건축

예술 일반

0361 ★★
aesthetic
[esθétik]

ⓐ 미학의, 미술의; 심미적인

Gradually, photographs made the world visible, **aesthetic**, and desirable. ·기출·
서서히 사진은 세상을 가시적, **미학적**, 그리고 매력적으로 만들었다.

➕ aesthetics ⓝ 미학

다의어

0362 ★★★
appreciate
[əprí:ʃièit]

ⓥ 1 진가를 알아보다, 감상하다   2 인식[파악]하다   3 고마워하다

1 **Appreciating** art requires aesthetic awareness.
예술을 **감상하는** 것은 미적 의식을 필요로 한다.

2 We need to **appreciate** the current situation.
우리는 현재의 상황을 **인식할** 필요가 있다.

3 I'd **appreciate** it if you could do that for me. ·기출·
저를 위해 그것을 해 주실 수 있으면 **고맙겠습니다.**

➕ appreciation ⓝ 1 감상   2 이해, 파악   3 감사

0363 ★
applause
[əplɔ́:z]

ⓝ 박수갈채; 칭찬

The audience gave the singer a thunderous round of **applause**.
관객들은 가수에게 우레와 같은 **박수갈채**를 보냈다.

➕ applaud ⓥ 박수갈채하다 (= acclaim 갈채를 보내다)

★ cf. standing ovation 기립 박수

0364 ★★
masterpiece
[mǽstərpì:s]

ⓝ 걸작, 명작   ⊜ masterwork

Guernica is a well-known **masterpiece** created by Picasso.
'게르니카'는 피카소가 그린 유명한 **걸작**이다.

★ cf. maestro 대가, 거장

0365
craftsman
[krǽftsmən]

ⓝ 공예가

Those leather bags are handcrafted by local **craftsmen**.
저 가죽 가방은 지역 **공예가들**에 의해 수공 제작된다.

➕ craft ⓝ 공예, 기교

미술

0366 depict
[dipíkt]

ⓥ (그림·글·영상으로) 묘사하다, 그리다 ⊜ describe

The painting **depicts** Jesus's last meal.
그 그림은 예수의 최후의 만찬을 **묘사한다**.

➕ depiction ⓝ 묘사, 서술(= description)

0367 restoration
[rèstəréiʃən]

ⓝ 1 복원, 복구 2 회복

Some artists work on the **restoration** of old works of art.
일부 예술가들은 오래된 예술품의 **복원** 작업을 한다.

the **restoration** of peace and order 평화와 질서 **회복**

➕ restore ⓥ 복원하다; 회복하다

다의어

0368 abstract
[ǽbstrækt]

ⓐ 추상적인 ⊷ concrete 구체적인

ⓝ 1 추상화 2 개요, 요약 ⓥ 추출하다

a. Cubism was the first **abstract** art style.
큐비즘(입체파)은 최초의 **추상** 미술 양식이었다.

n. 2 write an **abstract** for a research paper
연구 논문의 **개요**를 작성하다

v. The scientist **abstracted** key data from the report.
그 과학자는 보고서에서 핵심 정보를 **추출했다**.

➕ abstraction ⓝ 추상, 추상 작품[개념]

0369 sculpture
[skʌ́lptʃər]

ⓝ 조각품, 조각, 조소(彫塑)

Henry Moore began to study **sculpture** at the Leeds School of Art. 기출
Henry Moore는 Leeds 예술학교에서 **조각**을 공부하기 시작했다.

➕ sculptor ⓝ 조각가

0370 statue
[stǽtʃuː]

ⓝ 상(像), 조각상

The **Statue** of Liberty welcomes ships entering New York Harbor. 자유의 여신**상**은 뉴욕항으로 들어오는 배들을 맞이한다.

다의어

0371 perspective
[pəːrspéktiv]

ⓝ 1 시야, 관점, 시각 ⊜ viewpoint 2 원근(화)법

I believe traveling broadens your **perspective**. 기출
나는 여행이 여러분의 **시야**를 넓혀준다고 생각한다.

There was no **perspective** in ancient Egyptian paintings.
고대 이집트 그림에는 **원근법**이 없었다.

0372 conductor
[kəndʌ́ktər]

🅝 1 **지휘자** 2 (물리학) 전도체, 도체

I was the student **conductor** of the school choir.
나는 학교 합창단의 학생 **지휘자**였다.

Metals are good **conductors** of heat.
금속은 우수한 열 **전도체**이다.

➕ conduct ⓥ 1 지휘[안내]하다 2 (열·전기를) 전도하다 3 (연구를) 수행하다
　　　　　 🅝 1 행동 2 지휘, 안내

★ cf. semiconductor 반도체

`다의어`

0373 composition
[kàmpəzíʃən]

🅝 1 구성 2 **작곡, 작문** 3 **곡, 작품**

1 Some chemists try to find a way to change the **composition** of atoms.
일부 화학자들은 원자의 **구성**을 변화시키는 방법을 찾으려고 노력한다.

3 Most accomplished musicians can play **compositions** from memory. `기출`
대부분의 숙달된 음악가들은 기억을 통해 **곡**을 연주할 수 있다.

➕ compose ⓥ 1 구성하다 2 작곡[작문]하다 | composer 🅝 작곡가

`다의어`

0374 score
[skɔːr]

🅝 1 득점, 점수 2 **악보** 3 20(명, 개) ⓥ 득점하다

n. 1 win by a **score** of 5 to 3 5 대 3의 **득점**으로 이기다
2 Play the piece from memory without looking at the **score**.
악보를 보지 않고 기억해서 그 곡을 연주해라.
3 more than a **score** of nations 20개가 넘는 국가

0375 improvise
[ímprəvàiz]

ⓥ (시·곡·연주 등을) 즉흥적으로 하다

Jazz musicians often **improvise** on basic tunes.
재즈 음악가들은 흔히 기본 곡조에 **즉흥 연주를 한다**.

➕ improvisation 🅝 즉흥 연주

0376 repertoire
[répərtwàːr]

🅝 연주[노래] 목록, 레퍼토리 🟰 repertory

The singer has a large **repertoire** in his memory.
그 가수는 아주 긴 **노래 목록**을 기억하고 있다.

0377 instrument
[ínstrəmənt]

🅝 1 **악기** 2 기구, 도구

Learning a musical **instrument** is good for developing the brain. **악기**를 배우는 것은 뇌를 발달시키는 데 좋다.

A thermometer is an **instrument** for measuring temperature. 온도계는 온도를 재는 **도구**이다.

➕ stringed instrument 현악기 | wind instrument 관악기

0378 **accompany**
[əkʌ́mpəni]

ⓥ 1 동반하다 2 <mark>반주하다</mark>

Children under 12 must be **accompanied** by an adult.
12세 미만의 아동은 성인이 **동반해야** 한다.

The musician will **accompany** the choir on the piano.
그 음악가는 피아노로 합창단의 **반주를 할** 것이다.

0379 **variation**
[vɛ̀əriéiʃən]

ⓝ 1 변화; 변형 2 변주; 변주곡

There is a slight **variation** in each painting.
각 그림에는 약간의 **변화**가 있다.

The composer introduced a beautiful **variation** of the main melody. 작곡가는 주요 멜로디의 아름다운 **변주**를 선보였다.

0380 **discord**
[dískɔːrd]

ⓝ 1 불화, 다툼 2 <mark>불협화음</mark>

political **discord** between the neighboring countries
이웃 국가들 사이의 정치적인 **불화**

The sudden **discord** in the orchestra created a tense atmosphere.
오케스트라에서 갑작스러운 **불협화음**이 긴장감을 조성했다.

건축

0381 **architecture**
[ɑ́ːrkətèktʃər]

ⓝ 1 건축(물), 건축학[술] 2 건축 양식

New York is known for its impressive **architecture**, especially its skyscrapers.
뉴욕은 인상적인 **건축**, 특히 고층빌딩으로 유명하다.

Modern **architecture** focuses on simplicity.
현대 **건축 양식**은 단순함에 중점을 둔다.

➕ architect ⓝ 건축가 | architectural ⓐ 건축의

0382 **landscape**
[lǽndskèip]

ⓝ 풍경, 경치 **ⓥ** 조경하다

The beach is surrounded by a beautiful tropical **landscape**.
그 해변은 아름다운 열대의 **풍경**으로 둘러싸여 있다.

Beautiful **landscaping** makes a place seem more inviting.
아름다운 **조경**은 한 장소를 더 매력적으로 보이게 만든다.

0383 **adjacent**
[ədʒéisənt]

ⓐ 인접한, 가까운

The city built a new library **adjacent** to the park.
그 시는 공원 **가까이**에 새 도서관을 지었다.

The architect designed the **adjacent** buildings to work well together. 그 건축가는 **인접한** 건물들이 서로 잘 어울리도록 설계했다.

0384 illumination
[ilùːmənéiʃən]

ⓝ 조명

Use the benefits of sunlight and natural **illumination**.
햇빛과 자연 **조명**의 이점을 이용하라.

➕ illuminate ⓥ 조명하다, 밝게 비추다

0385 ventilation
[vèntəléiʃən]

ⓝ 통풍, 환기 (장치)

Poor **ventilation** is a primary cause of indoor air pollution.
통풍이 잘 안 되는 것은 실내 공기 오염의 주요 원인이다.

➕ ventilate ⓥ 환기하다

★★
0386 renovate
[rénəvèit]

ⓥ 새로 단장하다, 보수하다

We will be **renovating** some areas of the resort. ◦기출◦
우리는 리조트의 일부 지역을 **새로 단장할** 것입니다.

➕ renovation ⓝ 새 단장, 보수

0387 adorn
[ədɔ́ːrn]

ⓥ 꾸미다, 장식하다 ＝ decorate

Internally, the church is **adorned** with frescos.
그 교회는 내부가 프레스코화로 **장식되어** 있다.

➕ adornment ⓝ 장식(품), 꾸미기

0388 ornament
[ɔ́ːrnəmənt]

ⓝ 꾸밈, 장식(품) ＝ decoration

Beautiful **ornaments** decorated a large Christmas tree.
아름다운 **장식품**이 커다란 크리스마스트리를 장식했다.

★
0389 insulation
[ìnsəléiʃən]

ⓝ 절연, 단열, 방음

Heat **insulation** saves energy and heating costs.
단열은 에너지와 난방비를 절감시켜 준다.

➕ insulate ⓥ 절연[단열, 방음]하다

0390 exterior
[ikstíəriər]

ⓝ 외부, 외면 ⓐ 바깥쪽의, 외부의 ↔ interior 내부(의)

The **exterior** of the museum is as grand as the interior.
그 박물관의 **외부**는 내부만큼이나 웅장하다.

The building is hot in summer because its **exterior** walls are mostly glass.
그 건물은 **외벽**이 대부분 유리라서 여름에 덥다.

PLAN 3

A 빈칸에 알맞은 우리말 또는 영어 단어를 써넣으시오.

예술 · 건축

예술 일반

1 _____ aesthetic
2 _____ 감상하다; 인식하다
3 _____ masterpiece
4 _____ 공예가

미술

5 _____ depict
6 _____ 추상적인; 추상화
7 _____ sculpture
8 _____ 시야, 관점; 원근(화)법

음악

9 _____ 구성; 작곡; 곡
10 _____ conductor
11 _____ 득점; 악보; 득점하다
12 _____ improvise
13 _____ 연주[노래] 목록
14 _____ accompany
15 _____ 변화; 변형; 변주
16 _____ discord

건축

17 _____ 건축(물); 건축 양식
18 _____ landscape
19 _____ 인접한, 가까운
20 _____ ventilation
21 _____ 새로 단장하다, 보수하다
22 _____ adorn
23 _____ 절연, 단열, 방음
24 _____ exterior

B 문장의 빈칸에 알맞은 말을 보기에서 골라 쓰시오.

illumination	ornaments	Statue	applause	instrument	restoration

1 Use the benefits of sunlight and natural _____.

2 Beautiful _____ decorated a large Christmas tree.

3 Some artists work on the _____ of old works of art.

4 The audience gave the singer a thunderous round of _____.

5 Learning a musical _____ is good for developing the brain.

6 The _____ of Liberty welcomes ships entering New York Harbor.

DAY 14 문화 · 종교

✔ MUST-KNOW WORDS

distinct 뚜렷한, 별개의   race 인종   ethnic 민족의   diversity 다양성
religious 종교의, 종교적인   spiritual 영적인   faith 신앙(심)   priest 성직자

문화의 존속과 변화

0391 heritage
[héritidʒ]

ⓝ (문화)유산, (문화적) 전통

We must restore our cultural **heritages** that have long been neglected. ◀기출
우리는 오랫동안 방치되어온 우리의 문화**유산**을 복원해야 한다.

➕ cultural heritage 문화적 전통, 문화유산

0392 norm
[nɔ:rm]

ⓝ (pl.) 규범, 기준; 표준

People in different societies have different cultural **norms**.
상이한 사회의 사람들은 상이한 문화적 **규범**을 가지고 있다.

➕ social / cultural norms 사회적 / 문화적 규범
영영 something that is usual, expected, or standard in a group or society

---

0393 conform
[kənfɔ́:rm]

ⓥ 순응하다, 따르다(to)   ↔ rebel 반항하다

Norms emerge as a result of people **conforming** to the behavior of others. ◀기출
규범은 사람들이 다른 이들의 행동에 **순응한** 결과로 나타난다.

➕ conformity ⓝ 순응, 따름
★ confirm(확인하다)과 혼동하지 않도록 주의할 것.

0394 ethnicity
[eθnísəti]

ⓝ 민족성, 민족 의식

The study shows the trends in height by gender and **ethnicity**.
그 연구는 성별 · **민족**별 신장 경향을 보여 준다.

➕ ethnic ⓐ 민족의, 종족의
★ cf. ethnocentrism 자민족 중심주의 | race 인종 | nationality 국적

0395 ritual
[rítʃuəl]

ⓝ 의식, 제식   ＝ rite   ⓐ 의식의, 제식의

Funeral service is a cultural **ritual** found in every culture.
장례식은 모든 문화에서 발견되는 문화적 **의식**이다.

the **ritual** practices of Native Americans
아메리카 원주민의 **제식** 관례[행위]

0396 diffusion
[difjúːʒən]

ⓝ 전파, 확산

Cultural **diffusion** occurs through trade and migration.
문화적 **확산**은 무역과 이주를 통해 발생한다.

➕ diffuse ⓥ 전파시키다, 확산하다

0397 transition
[trænzíʃən]

ⓝ 이행, 변천; 과도기

A major cultural **transition** takes place every 500 or so years.
주요 문화 **이행**은 500년 정도에 한 번씩 일어난다.

The country is in a period of political **transition**.
그 나라는 정치적 **과도기**에 있다.

➕ transit ⓝ 1 운송 2 환승 | transitional ⓐ 과도기의

소수 집단 · 타 문화

0398 immigrant
[ímigrənt]

ⓝ 이민자, 이주자   ⓐ 이민자의, 이주자의

Immigrants retain some of their customs, beliefs, and language. 기출
이민자들은 자신들의 관습, 믿음, 그리고 언어의 일부를 간직한다.

the Korean **immigrant** community in Hawaii
하와이의 한국 **이민자** 사회(한인 사회)

➕ immigrate ⓥ 이민 오다, 이주해 오다 | immigration ⓝ 이민

★ cf. migrate 이주[이동]하다 | emigrate 타국으로 이주하다

다의어

0399 minority
[mainɔ́ːriti]

ⓝ 1 소수, 소수재[당] ↔ majority 다수 **2 소수 민족** 3 미성년

1 The majority must include the **minority** in the decision-making process.
   다수는 의사 결정 과정에서 **소수**를 포함해야 한다.

2 There are so many **minority** cultures in America.
   미국에는 너무나도 많은 **소수 민족** 문화가 있다.

3 throughout one's **minority** **미성년** 기간 동안 내내

➕ minor ⓐ 1 소수의, 중요하지 않은 2 (음악이) 단조의
       ⓝ 1 미성년자 2 부전공

0400 bias
[báiəs]

ⓝ 편견, 선입견   ⓥ 편견을 갖게 하다

There is a cultural **bias** against saying no in Japan.
일본에는 '아니요'라고 말하는 것에 대한 문화적 **편견**이 있다.

be **biased** against certain ethnic groups
특정 민족 집단에 대한 **편견을 가지고 있다**

0401 ★★
prejudice
[prédʒədis]

ⓝ 편견, 선입관   ⓥ 편견을 갖게 하다

Some people still have **prejudice** against female leaders.
어떤 사람들은 여전히 여성 지도자에 대한 **편견**을 가지고 있다.

In American culture, a weak handshake can **prejudice** people against you.
미국 문화에서는 약한 악수가 사람들에게 당신에 대한 **편견을** 심어줄 수 있다.

0402 ★
stereotype
[stériətàip]

ⓝ 고정 관념, 정형화된 이미지   ⓥ 정형화하다

For most people, the word **stereotype** implies a negative bias. ◀기출▶
대부분 사람에게 **고정관념**이란 단어는 부정적인 편견을 내포한다.

Women are often **stereotyped** as bad drivers.
여성은 종종 운전을 잘 못하는 것으로 **정형화되어 있다**.

0403 ★
alienate
[éiljənèit]

ⓥ 소원하게 하다; 소외시키다

None of our employees should be **alienated** or excluded.
우리 직원 중 그 누구도 **소외되거나** 배제되어서는 안 된다.

✦ alienation ⓝ 소외

0404 ★
discriminate
[diskrímənèit]

ⓥ 1 차별하다 2 구별하다   ⚌ distinguish, differentiate

It is illegal to **discriminate** against a person due to his or her gender.
성별을 이유로 사람을 **차별하는** 것은 위법이다.

discriminate between letters and numbers
글자와 숫자를 **구별하다**

✦ discrimination ⓝ 1 차별 2 구별

0405
segregation
[sègrigéiʃən]

ⓝ 인종 차별 (대우), 분리 정책

After slavery ended, **segregation** continued.
노예 제도가 끝난 후에도 **인종 차별[분리 정책]**은 계속 지속되었다.

✦ segregate ⓥ 차별 대우하다, 분리하다

0406 ★★★
adjust
[ədʒʌ́st]

ⓥ 1 적응하다(to)   ⚌ adapt 2 조절하다, 맞추다

Immigrants struggle to **adjust** to unfamiliar cultures.
이민자들은 친숙지 않은 문화에 **적응하려** 애쓴다.

adjust the volume of the TV
TV 소리를 **조절하다**

People can **adjust** their own behavior to be in harmony with the group. ◀기출▶
사람들은 집단과 조화를 이루기 위해 자기 자신의 행동을 **맞출 수** 있다.

✦ adjustment ⓝ 1 적응 2 조절

0407 ★★
tolerate
[tάlərèit]

ⓥ 용인하다; 참다

Don't just **tolerate** cultural differences; celebrate them.
단지 문화적 차이를 **포용하지** 말라. 그것을 축하하라.

➕ toleration ⓝ 관용, 묵인 | tolerant ⓐ 관대한, 관용하는
tolerance ⓝ 관용, 포용력

종교와 미신

0408 ★★
superstition
[sù:pərstíʃən]

ⓝ 미신

Superstitions are nonsense, but many people believe them.
미신은 터무니없는 생각이지만 많은 사람들이 그것을 믿는다.

➕ superstitious ⓐ 미신적인, 미신에 사로잡힌

0409 ★★
worship
[wə́:rʃip]

ⓝ 예배(식); 숭배   ⓥ 예배하다; 숭배하다

Church music is intended to be one aspect of Christian **worship** at churches.
교회 음악은 교회에서의 기독교 **예배**의 일부가 되도록 의도된다.

The prophet refused to **worship** the idols.
그 선지자는 우상 **숭배**를 거부했다.

0410
sermon
[sə́:rmən]

ⓝ 설교

Pope Francis delivered a **sermon** in St. Peter's Square on Friday morning.
프란치스코 교황이 금요일 아침에 성 베드로 광장에서 **설교**를 했다.

0411
preach
[pri:tʃ]

ⓥ 설교하다, 전도하다

The priest **preached** a sermon on forgiveness.
신부는 용서에 관한 **설교를 했다**.

0412
congregation
[kɑ̀ŋgrigéiʃən]

ⓝ (집합적) 신도들; 모임, 집합

The **congregation** listened to a familiar story about the creation of the world.
신도들은 창세에 관한 친숙한 이야기를 들었다.

➕ congregate ⓥ 모이다, 집합하다

0413 ★
divine
[diváin]

ⓐ 신의, 신성의

Not all religions believe in **divine** beings: Buddhism, for example, does not.
모든 종교가 **신적인** 존재를 믿는 것은 아닌데, 예를 들어 불교가 그렇다.

➕ divinity ⓝ 1 신성, 신격 2 신학

0414 **sacred**
[séikrid]

ⓐ 신성한, 성스러운

Muktinath Temple is a **sacred** site for Hinduism and Buddhism.
묵티나트 사원은 불교와 힌두교에서 **신성한** 장소이다.

📖 worthy of religious worship; very holy

★ scared(겁먹은)와 혼동하지 않도록 주의할 것.

0415 **secular**
[sékjələr]

ⓐ 세속의; 비종교적인

Gospel music is very different from **secular** music.
복음 음악은 **세속의** 음악과 매우 다르다.

the **secular** world we live in 우리가 살아가는 **속세**

0416 **immortal**
[imɔ́ːrtl]

ⓐ 불멸의, 불후의   ↔ mortal 죽을 운명의

The gods are **immortal** while human beings are mortal.
신들은 **불멸하지만** 인간은 죽을 운명이다.

✛ immortality ⓝ 불멸

0417 **prophecy**
[prάfəsi]

ⓝ 예언; 예언력

His **prophecy** of war and destruction came true.
전쟁과 파괴가 일어나리라는 그의 **예언**이 들어맞았다.

✛ prophet ⓝ 예언자, 선지자 | prophetic ⓐ 예언의, 예언적인

0418 **foretell**
[fɔːrtél]
foretell-foretold-foretold

ⓥ 예언하다   ⩦ predict

The prophecy **foretells** a time of peace and harmony.
그 예언은 평화와 조화의 시대를 **예고하고** 있다.

➕ foretell the future 미래를 예언하다

0419 **pilgrimage**
[pílgrimidʒ]

ⓝ 순례 여행, 성지 순례

In the past, a **pilgrimage** to Jerusalem used to take months to complete.
예전에는 예루살렘 **순례 여행**을 마치는 데 몇 달이 걸렸었다.

✛ pilgrim ⓝ 순례자

0420 **missionary**
[míʃənèri / -nəri]

ⓝ 선교사, 전도사   ⓐ 선교의, 전도의

Missionaries have contributed to local health care and education. **선교사들**은 지역 의료와 교육에 기여해 왔다.
missionary work **선교** 활동

✛ mission ⓝ 1 임무, 사명 2 전도[선교]단

PLAN 3

A 빈칸에 알맞은 우리말 또는 영어 단어를 써넣으시오.

문화 · 종교

문화의 존속과 변화

1 _____ (문화)유산, 전통

2 _____ norm

3 _____ 순응하다, 따르다

4 _____ ethnicity

5 _____ 의식(의), 제식(의)

6 _____ diffusion

7 _____ 이행, 변천; 과도기

소수 집단 · 타 문화

8 _____ 이민자(의), 이주자(의)

9 _____ minority

10 _____ 고정 관념; 정형화하다

11 _____ bias

12 _____ 인종 차별 (대우)

13 _____ adjust

14 _____ 용인하다; 참다

종교와 미신

15 _____ worship

16 _____ 설교

17 _____ preach

18 _____ 신도들; 모임, 집합

19 _____ divine

20 _____ 세속의; 비종교적인

21 _____ immortal

22 _____ 예언하다

23 _____ pilgrimage

24 _____ 선교사, 전도사; 선교의

B 문장의 빈칸에 알맞은 말을 보기에서 골라 쓰시오.

superstitions	sacred	discriminate	prophecy	prejudice	alienated

1 His _____ of war and destruction came true.

2 _____ are nonsense, but many people believe them.

3 None of our employees should be _____ or excluded.

4 Muktinath Temple is a _____ site for Hinduism and Buddhism.

5 It is illegal to _____ against a person due to his or her gender.

6 In American culture, a weak handshake can _____ people against you.

DAY 15 교육

교육 일반

0421 curriculum
[kəríkjələm]

ⓝ 교육[교과] 과정 (*pl.* curricula, curriculums)

The school **curriculum** consists of core subjects.
학교 **교육 과정**은 핵심 과목들로 구성된다.

➕ curricular ⓐ 교육 과정의

★ cf. extracurricular 과외의

0422 rigorous
[rígərəs]

ⓐ 철저한, 엄격한; 엄한

rigorous admission process **엄격한** 입학 절차

The school follows a **rigorous** curriculum to ensure academic excellence.
그 학교는 학문적 우수성을 보장하기 위해 **엄격한** 교육과정을 따른다.

다의어

0423 discipline
[dísəplin]

ⓝ 1 훈육, 규율 2 학문 분야, 학과 ⓥ 훈육하다

n. 1 The school has high standards of **discipline**.
그 학교는 **규율** 기준이 높다.

2 Different **disciplines** attempt to understand the meaning of sustainable development. 기출
여러 다른 **학문 분야**가 지속 가능한 발전의 의미를 이해하고자 시도한다.

➕ disciplinary ⓐ 1 규율의, 훈육의 2 학과의, 학문 분야의

0424 compulsory
[kəmpʌ́lsəri]

ⓐ 의무적인, 필수의 ≡ mandatory ↔ voluntary 자발적인

Elementary education is **compulsory** and free.
초등 교육은 **의무적이며** 무상이다.

0425 secondary
[sékəndèri / -dəri]

ⓐ 1 중등의, 중등학교의 2 제2의, 부차적인

Secondary education should be free for all students.
중등 교육은 모든 학생들에게 무상이어야 한다.

be of **secondary** importance 두 번째로 중요하다

★ cf. elementary[primary] education 초등 교육
   higher education 고등 교육

0426 ★★ intermediate
[ìntərmíːdiət]

ⓐ 중급의; 중간의

This course is designed for novices and **intermediate** level climbers.
이 강좌는 초보자와 **중급** 수준의 등반가를 위해 고안되었다.

★ cf. advanced 고급의

0427 ★ tuition
[tjuːíʃən]

ⓝ 1 수업료, 등록금　2 수업, 교습

Some students work part time to pay for their **tuition**.
일부 학생들은 **수업료**를 내기 위해 시간제로 일한다.

Many Korean students attend extra **tuition** classes after school.　많은 한국 학생들은 방과 후에 추가 **교습**을 듣는다.

0428 ★★★ scholarship
[skɑ́lərʃip]

ⓝ 1 장학금　2 학문, 학식

Buckland won a **scholarship** and was admitted to Corpus Christi College. 기출
Buckland는 **장학금**을 탔고 Corpus Christi 대학에 입학했다.

an unbroken tradition of great **scholarship**
위대한 **학문**의 깨지지 않는 전통

0429 ★★ privilege
[prívəlidʒ]

ⓝ 특권; 특전　ⓥ 특권[특전]을 주다

A long time ago, education was a **privilege** of the rich.
오래 전에는 교육이 부유한 사람들의 **특권**이었다.

The company **privileges** experienced candidates over fresh graduates.
그 회사는 신입 졸업생보다 경험이 있는 지원자를 **우대한다**.

✚ privileged ⓐ 특권[특전]이 있는

학교 생활

0430 ★★ enroll
[enróul]

ⓥ 입학하다, 등록하다; 입학[등록]시키다

Students **enroll** in college to obtain higher education.
학생들은 고등 교육을 받고자 대학에 **입학한다**.

My parents **enrolled** me in a boarding school when I was 13.　내가 13살 때 부모님이 나를 기숙 학교에 **입학시키셨다**.

0431 ★★★ semester
[siméstər]

ⓝ 한 학기

I decided to take psychology this **semester**.
나는 이번 **학기**에 심리학을 듣기로 결정했다.

✚ the spring/fall semester 봄/가을 학기

0432 commence
[kəméns]

ⓥ 시작되다[하다], 개시하다

The new school year **commences** at summer's end.
여름이 끝나면서 새 학년이 **시작된다**.

0433 recess
[ríːses]

ⓝ **(학교의) 휴식 시간**; (의회·법정 등의) 휴회

Pupils have a 10-minute **recess** every hour.
학생들은 매시간 10분의 **휴식 시간**을 갖는다.

The court is in **recess** until October 6.
법정은 10월 6일까지 **휴정**한다.

0434 attendance
[əténdəns]

ⓝ **출석, 출근, 참석**; 참석자[관객] 수

Students and their parents are responsible for **attendance**.
학생과 학부모에게 **출석**에 대한 책임이 있다.

The last game of the season had an **attendance** of 11,500 fans. 시즌 마지막 경기는 11,500명의 **관중 수**를 기록했다.

✚ attend ⓥ 출석[참석]하다 | attendee ⓝ 출석자

0435 absence
[ǽbsəns]

ⓝ 1 **결석, 결근** 2 결여, 부재 ⊟ lack ↔ presence 있음, 존재

Inform the school of the student's **absence** before 9 a.m.
오전 9시 전에 학교에 학생의 **결석**을 알리십시오.

In the **absence** of threat, natural selection tends to resist change. 기출
위협의 **부재** 속에서 자연 선택은 변화를 거부하는 경향이 있다.

✚ absent ⓐ 결석한, 결근한 | absentee ⓝ 결석자, 부재자

0436 excursion
[ikskə́ːrʒən]

ⓝ 수학여행, 소풍, 단체 관광

Schools plan **excursions** for their students every year.
학교는 매년 학생들의 **수학여행[소풍]**을 계획한다.

The tour includes an **excursion** to the city of Verona.
그 투어는 베로나 시로의 **소풍[단체 관광]**을 포함한다.

★ cf. field trip 현장 학습

0437 auditorium
[ɔ̀ːditɔ́ːriəm]

ⓝ 강당, 대형 강의실

The graduation ceremony will be held in the **auditorium** at 11:00.
졸업식이 11시에 **강당**에서 개최될 것이다.

⊕ the school auditorium 학교 강당

★ cf. dormitory 기숙사 | gymnasium (= gym) 체육관
cafeteria 구내식당

0438 transfer
ⓥ [trænsfə́:r]
ⓝ [trǽnsfə:r]

ⓥ 1 옮기다; 전학[전임]하다　2 갈아타다　ⓝ 1 전학, 전근　2 환승

v. 1 I **transferred** to a new school because my family moved.
나는 가족이 이사해서 새 학교로 **전학**을 갔다.

2 You should **transfer** to another subway line.
다른 지하철 노선으로 **갈아타셔야** 해요.

n. 1 She got a job **transfer** to the Seoul office.
그녀는 서울 사무소로 **전근**을 갔다.

0439 consecutive
[kənsékjətiv]

ⓐ 연속적인, 연이은

She received a full scholarship for two **consecutive** years.
그녀는 2년 **연속** 전액 장학금을 받았다.

0440 tedious
[tí:diəs]

ⓐ 지루한, 싫증나는

Solving the same type of math problem repeatedly felt
tedious to the students.
같은 유형의 수학 문제를 반복적으로 푸는 것은 학생들에게 **지루하게** 느껴졌다.

0441 expel
[ikspél]

ⓥ 퇴학시키다; 퇴출시키다, 쫓아내다

Two students were **expelled** for disciplinary reasons.
두 명의 학생이 규율상의 이유로 **퇴학당했다**.

고등 교육

0442 sophomore
[sáfəmɔ̀:r]

ⓝ (4년제 학교·고등학교의) 2학년생

Your **sophomore** year is the time to start thinking about
your major.　**2학년**은 전공에 관해 생각하기 시작할 때이다.

➕ sophomore year 2학년

★ cf. freshman 1학년생(신입생) | junior 3학년생 | senior 4학년생

0443 major
[méidʒər]

ⓥ 전공하다(in)　ⓝ 전공 (과목, 분야); 전공자
ⓐ 주요한, 중요한　↔minor 중요하지 않은

v. I **majored** in art history at college.
나는 대학에서 예술사를 **전공했다**.

n. a computer science **major** 컴퓨터 과학 **전공자**

a. Smoking is a **major** cause of lung cancer.
흡연은 폐암의 **주요** 원인이다.

➕ majority ⓝ 다수

0444 **undergraduate**
[ʌ̀ndərgrǽdʒuit]

ⓐ 대학생의, 학부생의 ⓝ 대학생, 학부생

Many **undergraduate** students live in the dormitory.
많은 **학부생**들이 기숙사에서 생활한다.

★ cf. graduate 졸업자, 대학원 학생; 대학원의; 졸업하다
  postgraduate 대학 졸업 후의, 대학원의; 대학원 학생

0445 **diploma**
[diplóumə]

ⓝ 졸업장, 졸업 증서

She proudly showed her college **diploma** to her family.
그녀는 가족에게 자랑스럽게 대학 **졸업장**을 보여주었다.

0446 **doctoral**
[dɑ́ktərəl]

ⓐ 박사의, 박사 학위의

He earned his **doctoral** degree in French literature at
Princeton University. 기출
그는 Princeton 대학교에서 프랑스 문학 **박사** 학위를 취득했다.

✚ doctorate ⓝ 박사 학위

0447 **thesis**
[θíːsis]

ⓝ 1 논제, 주제 2 (졸업, 학위) 논문 (*pl.* theses [-siz])

Darwin came up with a **thesis** about the evolution of
animals.
다윈은 동물의 진화에 대한 **논제**를 생각해 냈다.

In my **thesis**, I focused on high-latitude ocean dynamics.
학위 논문에서 나는 고도가 높은 지방의 해양 역학에 초점을 맞추었다.

0448 **vocational**
[voukéiʃənəl]

ⓐ 직업(상)의

Many community colleges provide **vocational** training.
많은 (2년제) 전문대학들이 **직업** 훈련을 제공한다.

✚ vocation ⓝ 직업, 생업; 천직

다의어

0449 **institute**
[ínstətjùːt]

ⓝ 연구소, 학원 ⓥ 개설하다, 설립하다

n. Many universities have language **institutes** on campus.
많은 대학교들이 교내에 어**학원**을 가지고 있다.

v. **institute** a new course in American literature
미국 문학에서 새 강좌를 **개설하다**

0450 **faculty**
[fǽkəlti]

ⓝ 1 <mark>교직원, 교수진</mark> 2 기능, (정신) 능력

Faculty members help students reach their potential.
교직원들은 학생들이 자신의 잠재력에 이르도록 돕는다.

Only humans have the **faculties** of language and culture.
오직 인간만이 언어와 문화 **능력**을 가지고 있다.

DAILY CHECK-UP

A 빈칸에 알맞은 우리말 또는 영어 단어를 써넣으시오.

교육

교육 일반

1 _____ curriculum
2 _____ 철저한, 엄격한
3 _____ compulsory
4 _____ 중등의, 중등학교의
5 _____ tuition
6 _____ 특권; 특전을 주다

15 _____ expel
16 _____ 지루한, 싫증나는

학교 생활

7 _____ semester
8 _____ 휴식 시간; 휴회
9 _____ attendance
10 _____ 결석; 결여
11 _____ excursion
12 _____ 강당, 대형 강의실
13 _____ consecutive
14 _____ 전학(하다); 갈아타다

고등 교육

17 _____ sophomore
18 _____ 전공하다; 전공(자)
19 _____ undergraduate
20 _____ 졸업장, 졸업 증서
21 _____ doctoral
22 _____ 논제, 주제; 논문
23 _____ institute
24 _____ 교직원, 교수진; 기능

B 문장의 빈칸에 알맞은 말을 보기에서 골라 쓰시오.

intermediate	vocational	commences	scholarship	disciplines	enroll

1 The new school year _____ at summer's end.

2 Many community colleges provide _____ training.

3 Students _____ in college to obtain higher education.

4 This course is designed for novices and _____ level climbers.

5 Buckland won a _____ and was admitted to Corpus Christi College.

6 Different _____ attempt to understand the meaning of sustainable development.

헷갈리는 혼동어 제대로 알기

1

literal

ⓐ 글자 그대로의, 어구에 충실한

The **literal** sense of a phrase is its most basic meaning.
어구의 **글자 그대로의** 의미는 그것의 가장 기본적인 의미이다.

literary

ⓐ 문학의, 문예의

Literary works reflect the social life at the time.
문학 작품은 그 당시의 사회생활을 반영한다.

literate

ⓐ 읽고 쓸 줄 아는, 소양이 있는

Only **literate** people can extend the knowledge of a society.
읽고 쓸 줄 아는 사람들만이 사회의 지식을 확장할 수 있다.

2

interpret

ⓥ 1 해석하다, 설명하다 2 통역하다

Different people **interpret** the same poem differently.
여러 다른 사람들이 동일한 시를 다르게 **해석한다.**

interrupt

ⓥ 방해하다, 중단시키다

Do not **interrupt** your children while they are playing.
자녀들이 놀고 있는 동안 **방해하지** 마세요.

3

perspective

ⓝ 1 시야, 관점, 시각 2 원근(화)법

I believe traveling broadens your **perspective**.
나는 여행이 여러분의 **시야**를 넓혀준다고 생각한다.

prospective

ⓐ 예상[전망]되는, 장래의

How can you catch the eye of your **prospective** customers?
여러분은 어떻게 **예상[잠재]** 고객의 눈길을 끌 수 있는가?

4

commence

ⓥ 시작되다[하다], 개시하다

The new school year **commences** at summer's end.
여름이 끝나면서 새 학년이 **시작된다.**

commerce

ⓝ 상업, 통상, 무역

Without **commerce**, industry can't keep the pace of production.
상업이 없으면 산업은 생산 속도를 유지할 수 없다.

PLAN 4
경제

1차 산업
agricultural 농업의
fishery 어업, 수산업

경제 일반 · 제조업
currency 통화, 화폐
merchandise 상품

경제

기업 활동
recruit 채용하다
accounting 회계(학)

운송 · 관광
freight 화물 (운송)
itinerary 여행 일정 계획(서)

직장 · 금융
personnel 전 직원
transaction 거래

DAY 16 1차 산업

✓ **MUST-KNOW WORDS**

fertile 비옥한	peasant 농민	pesticide 농약, 살충제	crop 농작물
harvest 수확(하다)	dairy 낙농(업), 낙농장	reap 수확하다	mine 광산; 채광하다

농업

0451
agricultural
[ǽgrikʌ́ltʃərl]

ⓐ 농업의, 농경의

A reliable calendar is needed to perform **agricultural** activity. 기출 응용
농업 활동을 수행하려면 신뢰할 만한 달력이 필요하다.

╋ agriculture ⓝ 농업, 농경

0452
agrarian
[əgréəriən]

ⓐ 농경의, 농업의 ⊜ agricultural

Four of the earliest **agrarian** societies developed in fertile river valleys.
최초의 4대 **농경** 사회는 비옥한 강 유역에서 발달했다.

0453
cultivate
[kʌ́ltəvèit]

ⓥ 1 경작하다, 재배하다 2 신장하다, 계발하다

Rice was first **cultivated** as far back as 10,000 B.C.
쌀은 일찍이 기원전 1만 년에 처음으로 **재배되었다**.

cultivate creativity through problem-solving
문제 해결을 통해 창의력을 **신장하다**

╋ cultivation ⓝ 1 경작, 재배 2 양성

0454
irrigation
[ìrəgéiʃən]

ⓝ 물을 댐, 관개

Sprinklers are commonly used in lawn **irrigation** systems.
스프링클러는 보통 잔디밭 **관개** 시스템에 사용된다.

영영 the act of using pipes, channels, and canals to supply water to a place in order to grow crops

╋ irrigate ⓥ 물을 대다, 관개하다

0455
reservoir
[rézərvwɑ̀:r]

ⓝ 저수지

These **reservoirs** supply water for irrigation.
이 **저수지들**은 관개를 위한 물을 공급한다.

★★★
0456 **variety**
[vəráiəti]

ⓝ 1 다양성　2 (농업) 품종

Variety is the spice of life.　**다양성**은 삶의 양념이다.

Genetic engineering develops improved crop **varieties**.
유전 공학은 개선된 농작물 **품종**을 개발한다.

➕ a variety of ~: 다양한, 여러 가지의

➕ various ⓐ 다양한

0457 **labor-intensive**
[lèibərinténsiv]

ⓐ 노동 집약적인

Fruit and vegetable production is a **labor-intensive** process.
과일과 채소 생산은 **노동 집약적인** 과정이다.

★ cf. intensive 집중[집약]적인 | extensive 넓은, 대규모의

★
0458 **fertilizer**
[fə́:rtəlàizər]

ⓝ 비료

Eggshells can be used as natural **fertilizer** for potted plants.
달걀 껍데기는 화분에 심은 식물을 위한 천연 **비료**로 사용될 수 있다.

➕ fertile ⓐ 비옥한 | fertilize ⓥ 비옥하게 하다 | fertility ⓝ 비옥함

다의어

★★
0459 **degrade**
[digréid]

ⓥ 1 비하하다　2 (화학적으로) 분해되다　3 (질적으로) 저하시키다

2 Plastic takes hundreds of years to **degrade** in the ocean.
플라스틱은 바다에서 **분해되는** 데 수백 년이 걸린다.

3 Excessive use of chemical fertilizers can **degrade** the soil over time.
화학 비료의 과도한 사용은 시간이 지나면서 토양을 **악화시킬** 수 있다.

0460 **compost**
[kámpoust]

ⓝ 퇴비　ⓥ 퇴비로 만들다

Compost can be made from your kitchen scraps.
퇴비는 부엌 음식 찌꺼기로 만들어질 수 있다.

Many gardeners **compost** fallen leaves to make fertilizer.
많은 정원사들이 비료를 만들기 위해 낙엽을 **퇴비로 만든다**.

다의어

★★★
0461 **produce**
ⓥ [prədjú:s]
ⓝ [prádju:s]

ⓥ 생산하다, 산출하다　ⓝ (집합적) 농산물

v. The region **produces** fine fruits, especially grapes.
그 지역은 좋은 과일, 특히 포도를 **생산한다**.

n. Buying local **produce** reduces a person's carbon footprint.
지역 **농산물**을 구매하는 것은 한 사람의 탄소 발자국을 줄인다.

➕ production ⓝ 생산 | product ⓝ 상품, 제품

★★★
0462 yield
[jiːld]

ⓝ 산출(량); 수확(량) ⓥ 1 산출하다 2 양보[양도]하다

n. Poor soil quality leads to low crop **yields**.
토양의 낮은 질은 적은 작물 **수확량**으로 이어진다.

v. 1 The farm **yields** more than 10 tons of beans every
   year. 그 농장은 매해 10톤 이상의 콩을 **산출한다**.
2 **yield** to another driver 다른 운전자에게 **양보하다**

★
0463 ripen
[ráipən]

ⓥ 익다, 원숙하다

If left to **ripen** on trees, lemons can get a bit sweet.
나무에서 **익게** 놔두면 레몬은 약간 단맛이 날 수 있다.

➕ ripe ⓐ 익은, 여문 | unripe ⓐ 익지 않은

★★★
0464 organic
[ɔːrɡǽnik]

ⓐ 1 유기농의 2 유기체[물]의 ↔ inorganic 무기물의

Large-scale adoption of **organic** farming methods would
reduce yields. ◀기출▶
대규모 **유기농법**의 채택은 수확량을 감소시킬 것이다.

Organic matter has long been known to improve soil
fertility. 유기물은 토양의 비옥함을 향상시킨다고 오랫동안 알려져 왔다.

➕ organically ⓐⓓ 유기적으로, 유기 재배로

축산 · 양봉

★★
0465 livestock
[láivstɒk]

ⓝ (집합적) 가축(류)

Leather is made from **livestock** such as goat, cattle, and
sheep. 가죽은 염소, 소, 양 같은 **가축**으로부터 만들어진다.

0466 poultry
[póultri]

ⓝ (집합적) 가금; 새[닭]고기

Poultry meat is so much leaner than beef.
가금육은 쇠고기보다 기름기가 훨씬 더 적다.

0467 ranch
[rænʧ]

ⓝ 목장, 사육장

Texas is known for cattle **ranches** and oil wells.
텍사스는 소 **목장**과 유전으로 유명하다.

★★
0468 domesticate
[douméstəkèit]

ⓥ 1 (동물을) 길들이다, 사육하다 2 (작물을) 재배하다

Dogs were first **domesticated** about 15,000 years ago.
개는 약 1만5천 년 전에 처음으로 **길들여졌다**.

Humans have **domesticated** wild plants for food.
인류는 식량원으로 야생 식물을 **재배해** 왔다.

➕ domestication ⓝ 길들이기, 가축화

다의어

0469 range

[reindʒ]

ⓝ 1 범위, 구역   2 산맥   **ⓥ** (범위가 ~에) 이르다

n. 1 The cattle roam freely across a vast **range** of grassland. 소들이 초원의 넓은 **범위**를 자유롭게 돌아다닌다.

2 the peaks of a mountain **range** 산맥의 봉우리들

v. The temperatures in this region **range** from -10°C to 35°C. 이 지역의 기온은 영하 10도에서 영상 35도에 까지 **이른다.**

0470 pollinate

[pάlənèit]

ⓥ 수분[가루받이]하다

Honeybees **pollinate** a number of different plant species.
꿀벌은 많은 수의 상이한 식물 종을 **수분한다.**

+ pollination ⓝ 수분 (작용) | pollinator ⓝ 꽃가루 매개자

어업 · 임업 · 광업

0471 fishery

[fíʃəri]

ⓝ 1 어업, 수산업   2 어장, 양어장

Tons of **fishery** products are imported frozen each day.
수 톤의 **수산물**이 냉동 상태로 매일 수입된다.

This tuna **fishery** is one of the largest in the world.
이 참치 **어장**은 세계에서 가장 큰 것 중 하나이다.

다의어

0472 culture

[kΛltʃər]

ⓝ 1 문화   2 양식, 재배; 배양   **ⓥ** 양식하다; (세균을) 배양하다

n. 1 Rome was greatly influenced by Greek **culture**.
로마는 그리스 **문화**에 의해 많은 영향을 받았다.

2 Oyster **culture** is one way of producing food from the sea. 굴 **양식**은 바다에서 식량을 생산하는 한 방법이다.

v. **cultured** pearls 양식 진주

Scientists observed how test cells were **cultured**.
과학자들은 어떻게 실험용 세포들이 **배양되는지** 관찰했다.

0473 eradicate

[irǽdəkèit]

ⓥ 근절하다, 뿌리 뽑다

Eradicating illegal fishing is crucial for sustainable fish populations.
불법 어획을 **뿌리 뽑는** 것은 지속가능한 어류 개체 수에 중요하다.

eradicate discrimination / infectious diseases
차별/감염병을 **근절하다**

0474 timber

[tímbər]

ⓝ 목재

China exports **timber** products mainly to the United States.
중국은 **목재** 제품을 주로 미국에 수출한다.

+ timberland ⓝ 삼림지

★ cf. lumber (미국) 목재

0475 **stack**
[stæk]

ⓝ 무더기, 더미   ⓥ (깔끔하게) 쌓다, 포개다

A **stack** of logs was piled up to be turned into timber.
통나무 **더미**가 목재로 만들어지기 위해 쌓여 있었다.

The farmers **stacked** the harvested crops carefully to avoid damage.
농부들은 수확한 농작물이 손상되지 않도록 조심스럽게 **쌓았다**.

0476 **mining**
[máiniŋ]

ⓝ 광업, 채광, 채굴

The **mining** industry is struggling with the decreasing price of coal.
광업은 석탄 가격 하락으로 고전하고 있다.

➕ mining industry 광(산)업

➕ mine ⓝ 광산 ⓥ 채굴하다

★★
0477 **mineral**
[mínərəl]

ⓝ 1 광물, 광석 ⊜ ore   2 미네랄, 무기질

This area is rich in **minerals** such as iron ore and copper.
이 지역은 철광석과 구리 같은 **광물**이 풍부하다.

Fruit is a rich source of vitamins and **minerals**.
과일은 비타민과 **미네랄**의 풍부한 원천이다.

➕ mineral resources 광물 자원 | mineral water 광천수, 생수

★★
0478 **exploitation**
[èksplɔitéiʃən]

ⓝ 1 이용; 개발   2 착취

Markets provide financial rewards for the **exploitation** of natural resources. ◀기출 응용▶
시장은 천연자원 **이용**에 대한 금전적 보상을 제공한다.

The **exploitation** of child labor still occurs in a number of countries.
아동 노동 **착취**는 여전히 많은 나라에서 일어나고 있다.

➕ exploit ⓥ 1 (부당하게) 이용하다 2 착취하다

★★
0479 **extract**
ⓥ [ikstrǽkt]
ⓝ [ékstrækt]

ⓥ 추출하다, 채취하다; 발췌하다   ⓝ 추출물; 발췌한 부분

Crude oil is **extracted** with giant drilling machines.
원유는 거대한 시추기로 **추출된다**.

I bought this book after reading short **extracts** from it.
나는 짧은 **발췌 부분**을 읽고 나서 이 책을 샀다.

➕ extraction ⓝ 추출, 채취

★
0480 **deplete**
[diplíːt]

ⓥ 고갈시키다, 소모시키다

Oil will have been **depleted** in fewer than 50 years.
석유는 50년 이내에 **고갈될** 것이다.

➕ depletion ⓝ 고갈, 소모

DAILY CHECK-UP

A 빈칸에 알맞은 우리말 또는 영어 단어를 써넣으시오.

1차 산업

농업

1 _____
농업의, 농경의

2 _____
agrarian

3 _____
물을 댐, 관개

4 _____
reservoir

5 _____
다양성; (농업) 품종

6 _____
labor-intensive

7 _____
분해되다; 저하시키다

8 _____
compost

축산 · 양봉

13 _____
가금; 새[닭]고기

14 _____
ranch

15 _____
범위, 구역; 이르다

16 _____
pollinate

9 _____
produce

10 _____
산출(량); 산출하다

11 _____
ripen

12 _____
유기농의; 유기체[물]의

어업 · 임업 · 광업

17 _____
fishery

18 _____
양식, 재배; 양식하다

19 _____
eradicate

20 _____
목재

21 _____
stack

22 _____
광업, 채광

23 _____
mineral

24 _____
추출[채취]하다; 추출물

B 문장의 빈칸에 알맞은 말을 보기에서 골라 쓰시오.

livestock	exploitation	domesticated	depleted	cultivated	fertilizer

1 Rice was first _____ as far back as 10,000 B.C.

2 Oil will have been _____ in fewer than 50 years.

3 Dogs were first _____ about 15,000 years ago.

4 Eggshells can be used as natural _____ for potted plants.

5 The _____ of child labor still occurs in a number of countries.

6 Leather is made from _____ such as goat, cattle, and sheep.

경제 일반 · 제조업

✔️ **MUST-KNOW WORDS**

economic 경제의	tax 세금	inflation 통화 팽창	depression 불황
demand 수요; 요구하다	supply 공급; 공급하다	trade 거래, 무역; 거래하다	production 생산

경제 일반

0481 ★ **sector**
[séktər]

ⓝ (경제) 부문, 분야, 영역

In economic systems, what takes place in one **sector** has impacts on another. ·기출
경제 체제에서는 한 **부문**에서 일어나는 일이 다른 부문에 영향을 준다.

➕ public sector 공공 부문 | private sector 민간 부문

0482 **prototype**
[próutoutàip]

ⓝ 원형, 기본형; 견본

Once the **prototype** of the product is made, the evaluation phase begins.
상품의 **원형**이 만들어지면 평가 단계가 시작된다.

Investors wanted to see a **prototype** before funding the startup.
투자자들은 그 스타트업에 자금 지원을 하기 전에 **견본**을 보고 싶어 했다.

★ proto(처음의) + type(형태)

0483 **tariff**
[tǽrif]

ⓝ 관세

22 countries agreed to remove **tariffs** on 7,000 products.
22개국이 7천 개의 제품에 대한 **관세**를 없애기로 합의했다.

➕ import tariff 수입 관세

0484 ★★★ **barrier**
[bǽriər]

ⓝ 장벽, 장애(물), 방해(물)

Every country would need to lower its tariff **barriers**.
모든 나라는 자국의 관세 **장벽**을 낮출 필요가 있을 것이다.

★ cf. barrier-free 장애물이 없는; 장애자 친화적인

다의어

0485 ★★ **domestic**
[douméstik]

ⓐ 1 **국내의** 2 가정의 3 (동물이) 사육되는, 길든

1 Trade barriers are put up to protect **domestic** industries.
무역 장벽은 **국내** 산업 보호를 위해 세워진다.

2 **domestic** violence **가정** 폭력

3 **domestic** animals 가축

0486 recession
[riséʃən]

ⓝ (경기) 후퇴, 침체, 불황

The country is facing its worst economic **recession** in half a century.
그 나라는 반세기 동안 최악의 경기 **후퇴**에 직면하고 있다.

➕ economic recession 경기 침체[후퇴]

0487 gross
[grous]

ⓐ 총체의, 총계의   ⊜ total

Russia's **gross** domestic product has been stable for the last decade.
러시아의 국내 **총**생산은 지난 10년간 안정적이었다.

➕ gross domestic product (GDP) 국내 총생산

0488 workforce
[wɔ́ːrkfɔ̀ːrs]

ⓝ 노동 인구, 노동력   ⊜ labor force

The U.S. **workforce** is aging, and it will continue to get older.
미국 **노동 인구**는 노령화되고 있고 계속 노령화될 것이다.

the expansion of a global **workforce** 〈기출〉
세계 **노동력**의 팽창

0489 unemployment
[ʌ̀nimplɔ́imənt]

ⓝ 실업   ↔ employment 고용

A long period of **unemployment** leads to the loss of skills and experience.
장기간의 **실업**은 기술과 경험의 상실로 이어진다.

➕ unemployment rate 실업률

★ cf. employ 고용하다 | employer 고용주 | employee 직원
underemployment 불완전 고용, 하향 취업

0490 skyrocket
[skáirɑ̀kit]

ⓥ 급상승하다, 치솟다   ⊜ soar, surge

Oil prices **skyrocketed** 9.36 percent in Friday's trading.
유가가 금요일 거래에서 9.36퍼센트 **급상승했다**.

skyrocketing inflation   **치솟는** 물가

0491 royalty
[rɔ́iəlti]

ⓝ 1 (특허권·저작권) 사용료   2 왕족, 왕권

A patent holder earns a **royalty** on the patented technology.
특허 보유자는 특허 받은 기술에 대한 **사용료**를 번다.

These pyramids may have been tombs for **royalty**.
이 피라미드들은 **왕족**의 무덤이었을 것이다.

0492 monetary
[mánətèri]

ⓐ 1 금전의 2 통화[화폐]의

Benefits may include short-term and long-term **monetary** gains. 〔기출〕
이점에는 단기와 장기적인 **금전적** 이득이 포함될 것이다.

The **monetary** unit of Iceland is the krona (ISK).
아이슬란드의 **화폐** 단위는 크로나(ISK)이다.

➕ International Monetary Fund (IMF) 국제 통화 기금

0493 incentive
[inséntiv]

ⓝ 동기, 유인, 장려(책, 금)

Owners of forest lands have a market **incentive** to cut down trees. 〔기출〕
산림지 소유자들에게는 나무를 베게 하는 시장 **유인**이 있다.

offer cashback as an **incentive** **장려책**으로 캐시백을 제공하다

0494 currency
[kə́:rənsi]

ⓝ 통화, 화폐

Foreign **currency** exchange rates change each day.
외국 **통화** 환율은 매일 변한다.

➕ currency exchange 환전

★ cf. e-currency 전자 화폐

0495 circulation
[sə̀:rkjəléiʃən]

ⓝ 1 유통, 순환 2 발행 부수

Too much currency in **circulation** would drive prices up.
너무 많은 화폐가 **유통**되면 물가가 상승하게 될 것이다.

The magazine has a large **circulation**.
그 잡지는 **발행 부수**가 많다.

➕ circulate ⓥ 순환하다; 유통하다

0496 deflation
[difléiʃən]

ⓝ 통화 수축, 물가 하락 ⟷ inflation 통화 팽창, 물가 상승

Deflation occurs when the inflation rate falls below 0%.
통화 수축은 통화 팽창률이 0 이하로 떨어질 때 발생한다.

➕ deflate ⓥ (통화를) 수축시키다(↔ inflate (통화를) 팽창시키다)

★ cf. stagnation 불황, 침체 | depression 불황

0497 fiscal
[fískəl]

ⓐ 국고의; 재정상의, 회계의

The government announced new **fiscal** policies to boost the economy.
정부는 경기를 신장하기 위해 새로운 **재정** 정책을 발표했다.

The company's **fiscal** year ends in December.
그 기업의 **회계** 연도는 12월에 끝난다.

건설 · 제조업

0498 construction
[kənstrʌ́kʃən]

ⓝ 건설, 건조; 건축(물)

Many **construction** companies worked together to build the dam. 그 댐을 짓기 위해 많은 **건설** 회사들이 협력했다.

man-made **constructions** such as the Eiffel Tower `기출`
에펠탑과 같은 인공 **건축물**

+ construct ⓥ 건설[건조, 건축]하다

다의어

0499 assembly
[əsémbli]

ⓝ 1 <mark>조립</mark> 2 집회, 회합 3 의회, 입법 기관

1 Conveyor belts make **assembly** line production possible.
컨베이어 벨트가 **조립** 라인 생산을 가능하게 한다.

2 freedom of **assembly** 결사[집회]의 자유

3 the National **Assembly** 국회

+ assemble ⓥ 1 조립하다 2 모이다

0500 automation
[ɔ̀:təméiʃən]

ⓝ 자동화

Robots facilitate the **automation** of production plants.
로봇은 생산 시설의 **자동화**를 촉진한다.

+ automate ⓥ 자동화하다

★ cf. automated teller machine (ATM) 자동 현금 인출기

0501 installation
[ìnstəléiʃən]

ⓝ 1 <mark>설치, 설비</mark> 2 임명, 취임

Retailers often boost sales with **installation** services. `기출`
소매업자들은 흔히 **설치** 서비스로 판매를 끌어올린다.

the date of his or her **installation** as Chairman
어떤 사람의 의장 **취임**일

+ install ⓥ 1 설치하다, 설비하다 2 임명하다

0502 maintenance
[méintənəns]

ⓝ 유지, 보수, 관리

All facilities will require **maintenance** and repair.
모든 시설은 **유지** 및 수리를 필요로 할 것이다.

상품의 유통과 판매

0503 warehouse
[wéərhàus]

ⓝ 창고; 창고형 상점[매장]

Parts and materials are stocked in the **warehouse**.
부속과 자재는 **창고**에 보관되어 있다.

Warehouse stores sell recognized brands at lower prices.
창고형 상점은 유명 브랜드를 저렴한 가격에 판매한다.

다의어

0504
★★
distribute
[distríbjuːt]

ⓥ 1 유통시키다   2 나누어주다, 분배하다   3 분포시키다

1 Transportation services are needed to **distribute** goods.
상품을 **유통시키려면** 운송 서비스가 필요하다.

2 We'll **distribute** the food to our neighbors. ◀기출
우리는 그 음식을 우리의 이웃들에게 **나누어줄** 것입니다.

3 Most farms were **distributed** along the coast.
대부분의 농장들은 해안가를 따라 **분포하고** 있었다.

✚ distribution ⓝ 1 유통   2 분배, 배포   3 분포

다의어

0505
★★
merchandise
[mə́ːrtʃəndàiz]

ⓝ (집합적) 상품   **ⓥ** (상품을) 매매[거래]하다

n. All of the **merchandise** is on display in our store.
모든 **상품**은 저희 매장에 전시되어 있습니다.

v. The company **merchandises** products across various platforms.
그 회사는 다양한 플랫폼에서 제품을 **거래한다.**

0506
★★
merchant
[mə́ːrtʃənt]

ⓝ 상인, 무역 상인   **ⓐ** 상선의, 해운의

Many online **merchants** sell their products overseas.
많은 온라인 **상인들**이 상품을 해외에 판매한다.

a **merchant** ship 상선

0507
★
commodity
[kəmɑ́dəti]

ⓝ 상품, 물자; 일용품

As the prices of **commodities** change, so do consumption patterns. **물가**가 변하면 소비 패턴도 변한다.

0508
★★
wholesale
[hóulsèil]

ⓝ 도매   **ⓐ** 도매의

Wholesale prices are always much lower than retail prices.
도매가는 항상 소매가보다 훨씬 낮다.

✚ wholesaler ⓝ 도매상(인)

★ cf. retail 소매; 소매의 | retailer 소매상, 소매 업체

0509
★★★
guarantee
[gæ̀rəntíː]

ⓝ 보증(서)   **ⓥ** 보증하다, 보장하다

Our products carry a 30-day money-back **guarantee**.
저희 제품은 30일 환불 **보증**이 됩니다.

Even a well-developed plan does not **guarantee** success.
◀기출 응용
잘 짜인 계획조차도 성공을 **보장하지는** 않는다.

0510
★★
warranty
[wɔ́(ː)rənti]

ⓝ (품질) 보증(서)

The **warranty** period is one year after the date of shipment.
품질 보증 기간은 발송일 후 1년이다.

DAILY CHECK-UP

A 빈칸에 알맞은 우리말 또는 영어 단어를 써넣으시오.

경제 일반 · 제조업

경제 일반

1 _____ (경제) 부문, 분야

2 _____ prototype

3 _____ 관세

4 _____ domestic

5 _____ (경기) 후퇴, 침체

6 _____ gross

7 _____ 노동 인구, 노동력

8 _____ unemployment

9 _____ 급상승하다, 치솟다

10 _____ royalty

자본 · 통화

11 _____ 금전의; 통화의

12 _____ incentive

13 _____ 통화, 화폐

14 _____ circulation

15 _____ 통화 수축

16 _____ fiscal

건설 · 제조업

17 _____ 건설, 건조; 건축(물)

18 _____ automation

19 _____ 조립; 집회; 의회

상품의 유통과 판매

20 _____ warehouse

21 _____ 상품; 매매하다

22 _____ merchant

23 _____ 상품, 물자; 일용품

24 _____ warranty

B 문장의 빈칸에 알맞은 말을 보기에서 골라 쓰시오.

> maintenance   distribute   barriers   installation   guarantee   wholesale

1 All facilities will require _____ and repair.

2 Retailers often boost sales with _____ services.

3 Every country would need to lower its tariff _____.

4 _____ prices are always much lower than retail prices.

5 Transportation services are needed to _____ goods.

6 Even a well-developed plan does not _____ success.

DAY 18 기업 활동

✅ MUST-KNOW WORDS

income 수입   budget 예산   manufacture 제조하다   productivity 생산성

employee 직원   organization 조직   investment 투자   debt 채무

기업 일반

0511 ★★
corporation
[kɔ̀:rpəréiʃən]

ⓝ (큰 규모의) 기업, 주식회사; 법인

Multinational **corporations** affect international politics.
▸기출 응용
다국적 **기업들**이 국제 정치에 영향을 준다.

➕ **corporate** ⓐ 기업의, 법인의

0512 ★★
enterprise
[éntərpràiz]

ⓝ 1 기업(체), 회사   2 (모험적인) 사업   ⊜ initiative

The company, now a large **enterprise**, started out with just four workers.
지금은 대**기업**인 그 회사는 겨우 네 명의 직원으로 시작했다.

a joint **enterprise** 합작[공동] 사업

➕ a large[large-scale] enterprise 대기업
     a small[small-scale] enterprise (중)소기업

➕ **entrepreneur** ⓝ 기업가

0513 ★★
headquarters
[hédkwɔ̀:rtərz]

ⓝ 본사, 본부

The **headquarters** of the company is located in New York.
그 회사의 **본사**는 뉴욕에 위치해 있다.

★ cf. an overseas branch[office] 해외 지점

0514 ★
incorporated
[inkɔ́:rpərèitid]

ⓐ 주식회사의, 법인 조직의

Buscomm **Incorporated** has been in business for 36 years.
Buscomm **주식회사**는 36년간 사업을 해왔다.

★ incorporated는 약어로 Inc.로 표기한다. 영국에서는 Ltd. (limited)를 쓴다.

0515 ★
recruit
[rikrú:t]

ⓥ 채용하다, 모집하다   ⓝ 신입 사원; 신병

The airline **recruits** only experienced pilots.
그 항공사는 오직 경험 있는 조종사들만 **채용한다**.

train new **recruits** 신입 사원을 교육하다

➕ **recruitment** ⓝ 채용, 모집, 보충

0516 monopoly
[mənάpəli]

ⓝ 독점, 전매

A **monopoly** affects prices through the limitation of supply.
독점은 공급 제한을 통해 가격에 영향을 미친다.

➕ monopolize ⓥ 독점하다

★ mono(혼자서) + poly(팔다)

0517 privatize
[práivətàiz]

ⓥ 민영화하다   ↔ nationalize 국영화하다

Today, most Russian companies have been **privatized**.
오늘날 대부분의 러시아 회사들이 **민영화되었다**.

➕ privatization ⓝ 민영화(↔ nationalization 국영화)

★★
0518 utility
[juːtíləti]

ⓝ 1 (전기·수도·가스 등) 공공 설비, 공익사업   2 유용, 유익

In this country, **utilities** are provided by the government.
이 나라에서 **공공 설비**는 정부에 의해 공급된다.

the **utility** of space exploration   우주 탐사의 **유용성**

[영영] 1 a service such as electricity or water that is provided to the public, usually for a fee

0519 stockholder
[stάkhòuldər]

ⓝ 주주   ＝ shareholder

Often overlooked, but just as important a **stockholder**, is the consumer. 〈기출〉
흔히 간과되지만, **주주**만큼이나 중요한 것은 소비자이다.

➕ stock ⓝ 주식 ＝ share

★ cf. stakeholder 이해 당사자

★★
0520 diversify
[divə́ːrsəfài]

ⓥ 다양화하다, 다각화하다

diversify its product line   상품 라인을 **다양화하다**

The government **diversified** the economy by investing in technology.
정부는 기술에 투자하여 경제를 **다각화했다**.

기업의 재정 상태

★★
0521 accounting
[əkáuntiŋ]

ⓝ 회계, 회계학

Most budgets are prepared by **accounting** staff members.
대부분의 예산은 **회계** 직원들에 의해 준비된다.

➕ accountant ⓝ 회계사

★★
0522 revenue
[révənjùː]

ⓝ 수익, 소득; 세입

One important drug generates most of the **revenues** of the pharmaceutical company.
하나의 중요한 약품이 그 제약 회사의 **수익**의 대부분을 창출한다.

➕ tax revenue 세입

★★★
0523 profitable
[práfitəbəl]

ⓐ 수익성이 있는　↔ unprofitable 수익성이 없는

Broadcasters sought to make their music radio for **profitable** ends. ◀기출 응용▶
방송국들은 자사 음악 라디오가 **수익성** 목적을 이루도록 애썼다.

➕ profit ⓝ 수익, 이윤 ｜ profitability ⓝ 수익성

★★
0524 asset
[ǽset]

ⓝ 자산, 재산

Human resources are the most valued **assets** of an organization.
인력은 조직의 가장 귀중한 **자산**이다.

★
0525 bankruptcy
[bǽŋkrʌptsi]

ⓝ 파산 (상태), 도산

The economic crisis led to the **bankruptcy** of many businesses.　경제 위기로 많은 기업들이 **파산**했다.

➕ bankrupt ⓐ 파산한; 지급 능력이 없는

★ cf. go bankrupt 파산하다

기업 활동

★
0526 inventory
[ínvəntɔ̀ːri]

ⓝ 재고품, 재고 목록

Inventory is an asset from an accounting perspective.
재고품은 회계의 관점에서 볼 때 자산이다.

★
0527 defective
[diféktiv]

ⓐ 결함이 있는, 하자가 있는　≒ faulty　↔ faultless 흠잡을 데 없는

Return a **defective** product for replacement or refund.
결함이 있는 제품은 교환이나 환불을 위해 반송해 주십시오.

➕ defect ⓝ 결함, 하자, 흠

★★
0528 fulfill
[fulfíl]

ⓥ 이행하다, 완수하다

The contractor should **fulfill** all the conditions of the contract.
계약자는 계약의 모든 조건을 **이행해야** 한다.

➕ fulfillment ⓝ 이행, 완수, 완료

0529 ★★

implement

ⓥ [ímpləmènt]
ⓝ [ímpləmənt]

ⓥ <mark>시행하다, 이행하다</mark> ⓝ 도구, 기구

v. The delivery service has been successfully **implemented** in France. ◀기출▶
그 배송 서비스는 프랑스에서 성공적으로 **시행되어왔다.**

n. agricultural **implements** 농기구

+ implementation ⓝ 실행, 이행

0530 ★★

speculate

[spékjəlèit]

ⓥ 1 추측하다, 추정하다 2 투기하다

speculate on the future of the company
회사의 미래에 대해 **추측하다**

The difference between **speculating** and investing is the amount of risk.
투기와 투자 사이의 차이는 위험 수위이다.

+ speculation ⓝ 1 추측, 추정 2 투기, 사행

0531 ★

tactics

[tæktiks]

ⓝ 방책, 전술, 작전

Advertisers use **tactics** to get customers to buy products and services.
광고주들은 소비자들이 상품과 서비스를 구매하도록 만드는 **방책**을 사용한다.

★ cf. strategy 전략, 책략

0532 ★

retention

[riténʃən]

ⓝ 보유, 유지

Audience **retention** is a key value for many music programmers. ◀기출▶
청취자 **보유**는 많은 음악 프로그램 담당자에게 핵심 가치이다.

customer **retention** strategies for business success
사업 성공을 위한 고객 **유지** 전략

+ retain ⓥ 보유하다, 유지하다

0533 ★★★

commercial

[kəmə́ːrʃəl]

ⓐ 상업의 ⓝ 상업 광고

a. Boeing produces **commercial** airliners, satellites, and military aircraft.
보잉사는 **상업용** 항공기, 위성, 그리고 군용 비행기를 생산한다.

n. The majority of TV **commercials** last 30 seconds.
대다수의 TV **상업 광고**는 30초간 지속된다.

+ commerce ⓝ 상업, 무역

0534 ★

inspection

[inspékʃən]

ⓝ 검사, 조사; 시찰, 검열

Quality **inspection** is an important stage in the production process.
품질 **검사**는 생산 공정의 중요한 단계이다.

+ inspect ⓥ 검사하다, 조사하다 | inspector ⓝ 검사관, 검열관

0535 **publicize**

[pʌ́bləsàiz]

ⓥ 홍보[선전, 광고]하다 ⊜ advertise

Automobile manufacturers **publicize** the safety characteristics of their cars. 기출
자동차 제조사들은 자사 차량의 안전 특성을 **홍보한다**.

✚ **publicity** ⓝ 홍보, 선전, 광고

0536 **optimize**

[ɑ́ptəmàiz]

ⓥ 최적화하다

The airline **optimized** its flight schedules to reduce operational costs.
그 항공사는 운영 비용을 줄이기 위해 비행 일정을 **최적화했다**.

다의어

0537 **release**

[rilíːs]

ⓥ 1 **출시[공개]하다** 2 놓다, 방출하다 3 석방하다
ⓝ 1 **발표, 개봉** 2 방출 3 석방, 해방

v. 1 The new brand will be **released** later this year.
그 새로운 브랜드는 올해 말에 **출시될** 것이다.

2 **release** bombs from an airplane 비행기에서 폭탄을 **투하하다**

3 He was **released** after three years in prison.
그는 3년간 수감 생활 후에 **석방되었다**.

n. 1 Congratulations on the successful **release** of your new book. 기출 귀하의 신간의 성공적인 **출간**에 축하의 말을 전합니다.

0538 **certificate**

[sərtífəkit]

ⓝ 증명서, 증서

A marriage **certificate** is an official document stating that two people are married.
혼인 **증명서**는 두 사람이 결혼했다는 것을 진술하는 공식 문서이다.

You can purchase items by using the gift **certificate** code.
상품**권** 번호를 이용하여 물건을 구매하실 수 있습니다.

✚ marriage / birth / death certificate 혼인 / 출생 / 사망 증명서

0539 **merger**

[mə́ːrdʒər]

ⓝ (흡수) 합병

The **merger** of the two companies would result in a gain.
그 두 회사의 **합병**은 이득이 될 것이다.

✚ **merge** ⓥ 합병하다, 합체시키다

다의어

0540 **commission**

[kəmíʃən]

ⓝ 1 위원회, 위원단 2 **수수료** 3 의뢰, 위임
ⓥ 의뢰하다, 주문하다

n. 1 The election **commission** decided to cancel the vote.
선거 **위원회**가 투표를 취소하기로 결정했다.

2 What **commission** rate do you charge? **수수료**가 얼마입니까?

3 The artist received a **commission** for a mural.
그 화가는 벽화를 **의뢰**받았다.

DAILY CHECK-UP

A 빈칸에 알맞은 우리말 또는 영어 단어를 써넣으시오.

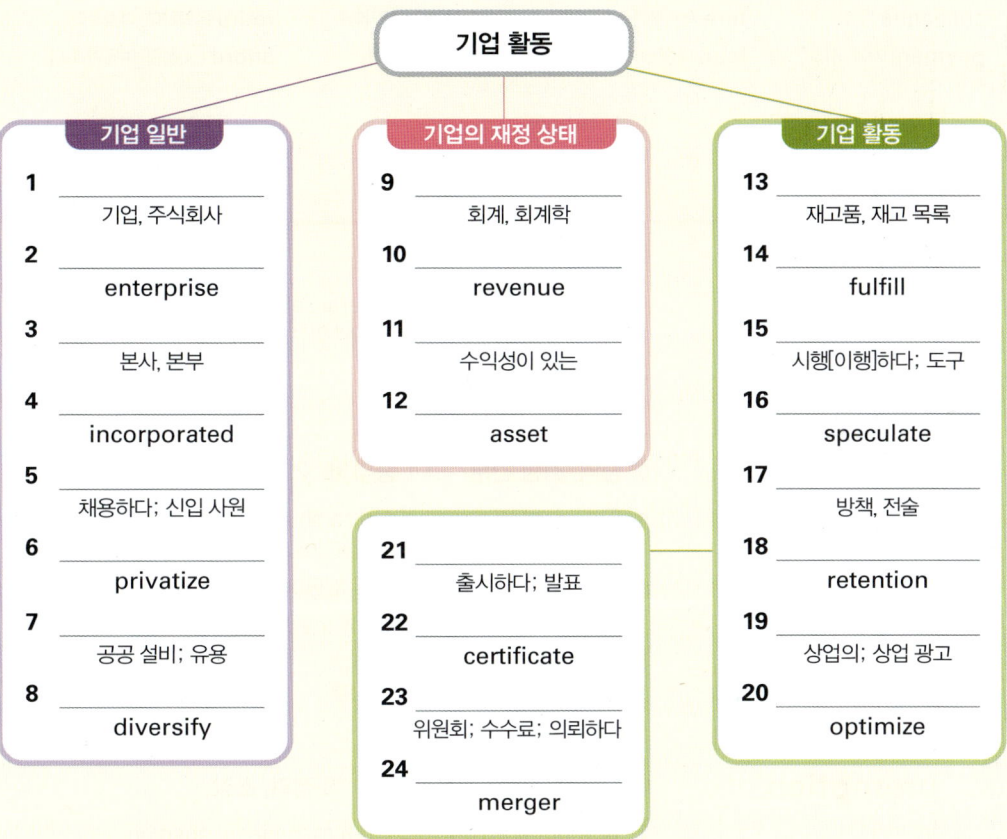

기업 활동

기업 일반

1 _____
기업, 주식회사

2 _____
enterprise

3 _____
본사, 본부

4 _____
incorporated

5 _____
채용하다; 신입 사원

6 _____
privatize

7 _____
공공 설비; 유용

8 _____
diversify

기업의 재정 상태

9 _____
회계, 회계학

10 _____
revenue

11 _____
수익성이 있는

12 _____
asset

21 _____
출시하다; 발표

22 _____
certificate

23 _____
위원회; 수수료; 의뢰하다

24 _____
merger

기업 활동

13 _____
재고품, 재고 목록

14 _____
fulfill

15 _____
시행[이행]하다; 도구

16 _____
speculate

17 _____
방책, 전술

18 _____
retention

19 _____
상업의; 상업 광고

20 _____
optimize

B 문장의 빈칸에 알맞은 말을 보기에서 골라 쓰시오.

inspection	publicize	bankruptcy	stockholder	defective	monopoly

1 Return a _____ product for replacement or refund.

2 A _____ affects prices through the limitation of supply.

3 The economic crisis led to the _____ of many businesses.

4 Often overlooked, but just as important a _____, is the consumer.

5 Quality _____ is an important stage in the production process.

6 Automobile manufacturers _____ the safety characteristics of their cars.

 DAY **19**

직장 · 금융

✔️ **MUST-KNOW WORDS**

colleague 동료	**hire** 채용하다, 고용하다	**contract** 계약(서)	**retire** 은퇴하다, 퇴직하다
payment 지불, 지급	**loan** 대출(금); 대출하다	**account** 계좌	**afford** (~을 할) 여유가 되다

직장 생활

★
0541 **personnel**
[pə̀ːrsənél]

ⓝ (집합적) 전 직원; 인사과

All **personnel** take the general safety training course once a year. 모든 **직원**이 1년에 한 번씩 일반 안전 연수를 받는다.

★ cf. staff (전체) 직원

다의어

★
0542 **executive**
[igzékjətiv]

ⓝ **중역, 경영 간부** ⓐ 1 **중역의** 2 집행의, 실행의

n. The **executives** decided to shut down four U.S. stores.
중역들이 네 곳의 미국 점포를 폐점하기로 결정했다.

a. 1 chief **executive** officer (CEO) 최고 **경영자**

2 the **executive** power of the president 대통령의 **집행권**

✚ execute ⓥ 1 실행하다 2 사형시키다
execution ⓝ 1 실행 2 사형 집행

다의어

★★
0543 **promotion**
[prəmóuʃən]

ⓝ 1 **승진, 진급** 2 판매 촉진 3 장려, 조장

1 She got a **promotion** to a managerial position.
그녀는 관리직으로 **승진**했다.

2 Advertising plays a key role in effective **promotions**.
광고는 효과적인 **판매 촉진**에서 핵심적인 역할을 한다.

3 the **promotion** of the use of biofuels 생물 연료 사용 **장려**

✚ promote ⓥ 1 판매를 촉진하다 2 승진시키다 3 조장하다, 장려하다

★★
0544 **entail**
[intéil]

ⓥ 수반하다

A promotion to a managerial position **entails** more responsibility.
관리직으로의 승진은 더 많은 책임을 **수반한다**.

★★
0545 **subordinate**
[səbɔ́ːrdənit]

ⓝ 부하 (직원) ⓐ 하급의, 아래의

Managers must understand their **subordinates**' personalities.
관리자는 **부하 직원들**의 개성을 이해해야 한다.

a **subordinate** position 하급 직위

0546 department
[dipá:rtmənt]

ⓝ 1 (공공 기관·회사 등의) **부, 부서**; (대학의) 학부, 과
2 (백화점의) 매장

Firms set up market-research **departments** to explore the needs of users. ◀기출
기업들은 사용자들의 필요를 탐색하기 위해 시장 연구 **부서**를 설립한다.

the personnel **department** 인사부

a **department** store 백화점

PLAN 4

0547 wage
[weidʒ]

ⓝ (시간·일·주 단위의) 임금, 급료

The average **wages** doubled over 10 years.
평균 **임금**이 10년에 걸쳐 두 배가 되었다.

⊕ the minimum wage system 최저 임금제

★ cf. salary (주·월·연 단위의) 급료

0548 subsidy
[sʌ́bsidi]

ⓝ (국가의) 보조금

The service would be impossible without the **subsidy** from the government.
그 서비스는 정부로부터의 **보조금** 없이는 불가능할 것이다.

0549 allowance
[əláuəns]

ⓝ 1 **수당** 2 용돈 ⊜ pocket money

The rate of a family **allowance** depends on the number of children. 가족 **수당** 액수는 자녀의 수에 따라 달라진다.

live on an **allowance** of $100 a week
일주일에 1백 달러의 **용돈**으로 생활하다

0550 maternity
[mətə́:rnəti]

ⓝ 어머니임; 모성 ⊜ motherhood

Most large companies offer paid **maternity** leave.
대부분의 대기업들은 유급 **출산** 휴가를 제공한다.

⊕ maternity leave 출산 휴가, 육아 휴직

★ cf. paternity 아버지임, 부권 | paternal 아버지의

0551 union
[júːnjən]

ⓝ 조합, 동맹, 협회

A labor **union** works to achieve higher wages and better working conditions.
노동**조합**은 임금 인상과 근로 조건 개선을 이루기 위해 일한다.

⊕ labor union 노동조합, 노조

0552 ★★
applicant
[ǽplikənt]

ⓝ 지원자, 신청자

In a job interview, salary is an important issue for an **applicant**. 기출 응용
구직 면접에서 급여는 **지원자**에게 중요한 사안이다.

➕ apply ⓥ 1 지원하다, 신청하다 2 적용하다

0553
layoff
[léiɔ̀f]

ⓝ (일시) 해고 (기간)

Every year, millions of people lose their jobs due to **layoffs**.
해마다 수백만 명이 **해고**로 인해 일자리를 잃는다.

★ cf. lay off ~을 해고하다

0554 ★
termination
[tə̀rmənéiʃən]

ⓝ 종료, 종결

This is to inform you of the **termination** of your employment.
이 글은 귀하에게 고용 **종료**를 알리기 위함입니다.

➕ terminate ⓥ 종료하다, 종결하다

0555 ★★
resign
[rizáin]

ⓥ 사임하다, 그만두다

After Kidd **resigned** his position, Buckland was appointed to the position. 기출 응용
Kidd가 그 직위에서 **사임한** 후에, Buckland가 그 직위에 임명되었다.

➕ resignation ⓝ 사임, 사직

0556 ★★
retirement
[ritáiərmənt]

ⓝ 퇴직, 은퇴

Early **retirement** will decrease one's social security benefit.
조기 **퇴직**을 하면 사회 보장 보조금이 줄어들 것이다.

0557 ★★
transaction
[trænzǽkʃən]

ⓝ 거래; 업무 처리

More and more business **transactions** are made online.
점점 더 많은 사업 **거래**가 온라인으로 이루어지고 있다.

0558 ★★
withdraw
[wiðdrɔ́ː]
withdraw-withdrew-withdrawn

ⓥ 1 물러나다; 철회하다 2 인출하다

withdraw a proposal 제안을 **철회하다**
Today, most people **withdraw** cash by using an ATM.
오늘날 대부분의 사람들은 자동 현금 인출기를 이용하여 현금을 **인출한다**.

➕ withdrawal ⓝ 1 철수; 철회 2 인출

0559 ★★
deposit
[dipázit]

Ⓥ 1 <mark>(돈을) 예치하다, 예금하다</mark> 2 퇴적시키다
Ⓝ 1 <mark>예금, 예치금</mark> 2 매장량[층], 퇴적물

v. 1 **Depositing** money in an account is a basic banking transaction.
계좌에 돈을 **예치하는** 것은 기본적인 금융 거래이다.

2 A river **deposits** soil and other materials in the downstream area.
강은 하류 부분에 흙과 다른 물질들을 **퇴적시킨다.**

n. 1 I made a $5,000 **deposit** in the bank.
나는 은행에 5천 달러를 **예금**했다.

2 the natural gas **deposits** in the United States
미국의 천연가스 **매장량[층]**

0560 ★★
expenditure
[ikspénditʃər]

Ⓝ 지출, 소비; 비용

Keep a balance between **expenditures** and income.
지출과 수입 사이의 균형을 유지하라.

➕ expend Ⓥ 소비하다

0561
mortgage
[mɔ́ːrgidʒ]

Ⓝ 담보, 저당, 융자

A **mortgage** gives the lender the right to collect payment.
담보는 대부자(빌려주는 사람)에게 지불금을 수거할 권리를 준다.

0562 ★★★
property
[prápərti]

Ⓝ 1 <mark>재산, 자산</mark> 2 특성, 속성 ⩰ quality, characteristic

Industrial accidents result in the loss of life and **property**.
산업 재해는 생명과 **재산**의 손실을 초래한다.

The **properties** of a material could be altered by heat treatments. 〔기출〕
한 물질의 **속성**은 열처리에 의해 달라질 수 있다.

➕ personal property 사유 재산

0563 ★★
estate
[istéit]

Ⓝ 토지, 사유지

Railway development impacts the prices of real **estate**.
철도 개발은 **부동산** 가격에 영향을 준다.

➕ real estate 부동산 | real estate agent 부동산 중개인

0564
default
[difɔ́ːlt]

Ⓝ 1 <mark>채무 불이행</mark> 2 디폴트, 초기값 ⩰ default value

Default risk will decrease as the business behavior is adjusted.
채무 불이행 위험은 기업 행동이 조정됨에 따라 감소할 것이다.

The computer will take 0 as the **default** value.
컴퓨터는 0을 **디폴트**로 취할 것이다.

0565 ★★
lease
[li:s]

ⓝ 임대차 계약 ⓥ 임대하다, 임차하다

The firm signed a five-year **lease** for the property.
그 회사는 그 부동산에 대해 5년 **임대차 계약**을 했다.

lease an office space and hire staff
사무실 공간을 **임대하고** 직원을 고용하다

➕ sign a lease 임대 계약에 서명하다
renew a lease 임대 계약을 갱신하다

0566 ★
installment
[instɔ́:lmənt]

ⓝ 할부, 월부; 할부금

The loan is to be repaid in 36 monthly **installments**.
그 대출금은 36개월 **월부**로 상환될 예정이다.

➕ install ⓥ 설치하다
★ cf. installation 설치, 설비

보험 · 연금

0567 ★★
pension
[pénʃən]

ⓝ 연금, 장려금

Research shows that few retirees are living on a **pension** alone.
연금만으로 생활하는 퇴직자는 거의 없다고 연구는 보여준다.

0568 ★★★
insurance
[inʃúərəns]

ⓝ 보험, 보험 계약

All drivers must purchase automobile **insurance**.
모든 운전자는 자동차 **보험**에 가입해야 한다.

➕ insure ⓥ 보험에 가입하다[시키다]

0569
coverage
[kʌ́vəridʒ]

ⓝ 1 적용[보증] 범위 2 보도, 취재

Summaries of the insurance **coverage** are listed below.
보험 **적용 범위**의 요약이 아래에 실려 있습니다.

the racial bias associated with media **coverage** of crime
◀기출 응용▶
범죄에 대한 언론 **보도**와 관련된 인종 편견

0570 ★
recipient
[risípiənt]

ⓝ 수령인; 수상자

Be sure to advise the **recipient** of the delivery date.
수령인에게 배달 일자를 꼭 알려주십시오.

the **recipient** of the Nobel Peace Prize 노벨 평화상 **수상자**

★ cf. receipt 영수증

DAILY CHECK-UP

A 빈칸에 알맞은 우리말 또는 영어 단어를 써넣으시오.

직장 · 금융

직장 생활

1 _____
　중역(의); 경영 간부

2 _____
　subordinate

3 _____
　수반하다

4 _____
　department

5 _____
　임금, 급료

6 _____
　subsidy

7 _____
　수당; 용돈

8 _____
　union

입사와 퇴사

9 _____
　지원자, 신청자

10 _____
　layoff

11 _____
　사임하다, 그만두다

12 _____
　retirement

보험 · 연금

21 _____
　pension

22 _____
　보험, 보험 계약

23 _____
　coverage

24 _____
　수령인; 수상자

금융

13 _____
　withdraw

14 _____
　예치하다; 예금(하다)

15 _____
　mortgage

16 _____
　재산, 자산; 속성

17 _____
　estate

18 _____
　채무 불이행

19 _____
　lease

20 _____
　할부, 월부; 할부금

B 문장의 빈칸에 알맞은 말을 보기에서 골라 쓰시오.

transactions	promotion	termination	personnel	expenditures	maternity

1 She got a _____ to a managerial position.

2 Most large companies offer paid _____ leave.

3 Keep a balance between _____ and income.

4 More and more business _____ are made online.

5 This is to inform you of the _____ of your employment.

6 All _____ take the general safety training course once a year.

운송 · 관광

☑ **MUST-KNOW WORDS**

transportation 교통(수단)　**vehicle** 차량　**commute** 통근(하다)　**pedestrian** 보행자
passenger 승객, 탑승객　**sightseeing** 관광　**souvenir** 기념품, 선물　**overseas** 해외의; 해외로

운송 · 교통

0571 ★★
infrastructure
[ínfrəstrʌ̀ktʃər]

ⓝ (사회) 기반 시설

The port requires additional **infrastructure**, especially railroads. 그 항구는 추가 **기반 시설**, 특히 철도가 필요하다.

★ infra(= below, beneath) + structure(구조)

0572 ★★
congestion
[kəndʒéstʃən]

ⓝ 혼잡, 정체, 밀집

Traffic **congestion** causes the loss of economic productivity.
교통 **혼잡**은 경제적 생산성의 손실을 초래한다.

✚ congest ⓥ 혼잡하게 하다, 정체시키다

0573 ★★★
efficiency
[ifíʃənsi]

ⓝ 효율(성); 능률　↔ inefficiency 비효율(성)

The auto industry looks for ways to improve fuel **efficiency**.
자동차 산업은 연료 **효율**을 개선할 방법을 모색한다.

maximize one's work **efficiency**
작업 **능률**을 극대화하다

✚ efficient ⓐ 효율적인, 능률적인(↔ inefficient 비효율[비능률]적인)

★ cf. effectiveness 유효성, 효과적임 | effective 효과가 있는, 효과적인

0574 ★
transit
[trǽnzit / -sit]

ⓝ (대중)교통, 운송

The **transit** project can speed travel for tens of thousands of people. ◂기출
그 **대중교통** 계획은 수만 명에게 이동 속도를 높일 수 있다.

0575 ★
shipment
[ʃípmənt]

ⓝ 선적; 수송, 발송, 출하

Please check the **shipment** tracking number.
선적 추적 번호를 확인해 주세요.

Shipment by train is the cheapest way to transport goods.
철도 **수송**은 상품을 운송하는 데 가장 저렴한 방법이다.

✚ ship ⓥ 발송[수송]하다

0576 freight
[freit]

ⓝ 화물; 화물 운송

Freight movement will rise threefold in the next 30 years.
•기출 응용
화물 이동(물동량)이 향후 30년간 세 배로 높아질 것이다.

★ cf. cargo 화물

0577 dispatch
[dispǽtʃ]

ⓥ 급파하다; 발송하다   ⓝ 급파; 발송, 급송

All of your orders will be **dispatched** within 48 hours.
고객님의 모든 주문품은 48시간 이내에 **발송될** 것입니다.

The foreign minister called for an urgent **dispatch** of relief supplies to survivors.
외교부 장관은 생존자들에게 줄 구호물자의 긴급 **발송**을 촉구했다.

0578 intersection
[ìntərsékʃən]

ⓝ 교차로, 교차점

Drive safely in **intersections**, checking to the left.
교차로 내에서는 왼쪽을 살피면서 안전하게 운전하시오.

➕ intersect ⓥ 가로지르다, 교차하다

0579 toll
[toul]

ⓝ 1 통행료   2 사상자[희생자] 수

The highway **toll** increased by 1 percent this year.
고속도로 **통행료**가 올해 1 퍼센트 상승했다.

The death **toll** from the earthquake has risen to over 200.
그 지진으로 인한 **사망자 수**가 200명을 넘었다.

0580 displace
[displéis]

ⓥ 1 쫓아내다; 옮겨 놓다   2 대신[대체]하다

Expanding the airport will **displace** many residents living nearby.
공항 확장은 인근에 거주하는 많은 주민들을 **내몰 것**이다.

Electric cars are **displacing** gasoline-powered vehicles.
전기차가 휘발유차를 **대체하고** 있다.

관광 · 여행

0581 expense
[ikspéns]

ⓝ 비용, 지출

Meals and transportation **expenses** are not included in our fees.
식사와 교통 **비용**은 우리의 요금에 포함되어 있지 않습니다.

➕ the extra[additional] expense 추가 비용

➕ expend ⓥ 지출하다, 쓰다

0582 ★

accommodation
[əkàmədéiʃən]

ⓝ (pl.) 숙박[수용, 편의] (시설)

Accommodations: Healfit Hotel offers rooms at a special rate. 기출
숙박: Healfit 호텔은 객실을 특별 가격으로 제공합니다. (안내문)

영영 a place such as a hotel room where travelers can sleep and receive other services

✚ accommodate ⓥ 숙박시키다, 수용하다

0583

amenity
[əménəti]

ⓝ 편의 시설[설비]

The hotel offers great **amenities**, including a spa and a rooftop pool.
그 호텔은 스파와 루프탑 수영장을 포함한 훌륭한 **편의 시설**을 제공한다.

0584 ★

cancellation
[kӕnsəléiʃən]

ⓝ 취소; 해제

Cancellations must be made 24 hours before check-in.
취소는 체크인[입실] 24시간 전에 하셔야 합니다.

✚ cancel ⓥ 취소하다, 무효로 하다

0585 ★★★

confirm
[kənfə́ːrm]

ⓥ 확인하다, 확실히 하다

I'd like to **confirm** my reservation for my flight tomorrow.
저는 내일 항공편 예약을 **확인하고** 싶습니다.

Both studies **confirmed** the hypothesis. 기출 응용
두 연구 모두 그 가설을 **확인했다**.

✚ confirmation ⓝ 확인, 확정

★ conform(순응하다)과 혼동하지 않도록 주의할 것.

0586 ★

prolong
[prouló:ŋ]

ⓥ 늘이다, 연장하다 =lengthen ↔shorten

We **prolonged** our stay in Milan beyond our intended time.
우리는 의도한 시간을 넘어 밀라노에서의 체류를 **연장했다**.

0587 ★

pervade
[pərvéid]

ⓥ 만연하다; 스며들다, 가득 차다

Excitement **pervades** the airport during the holiday season.
휴가철에는 공항에 활기가 **가득하다**.

A sense of uncertainty **pervades** the economy these days.
요즘 경제에 불확실성이 **만연해 있다**.

영영 to spread or fill every part of something

0588 itinerary
[aitínərèri]

ⓝ 여정, 여행 일정 계획(서)

The **itinerary** includes stops in Rome, Amsterdam, and Prague.
여정에는 로마, 암스테르담, 그리고 프라하에서 잠시 체류가 포함된다.

★
0589 vendor
[véndər]

ⓝ 노점상, 행상인

Many tourists buy souvenirs from street **vendors**.
많은 관광객들이 거리의 **노점상**들에게 기념품을 산다.

★ cf. vending machine 자동판매기

다의어

★★★
0590 attraction
[ətrǽkʃən]

ⓝ 1 (감정의) 끌림 2 (관광) 명소 3 매력 4 끌어당김, 인력

1 **attraction** between two people 두 사람 사이의 **끌림**
2 Are Tourist **Attractions** Winners or Losers of Overtourism? ◀기출▶
  관광 명소는 과잉 관광의 승자인가 아니면 패자인가? (제목)
3 possess a unique **attraction** 고유한 **매력**을 소유하다
4 the **attraction** between the moon and the Earth
  달과 지구 사이의 **인력**

➕ tourist attraction 관광 명소

➕ attract ⓥ 1 끌어당기다 2 매혹하다

0591 duty-free
[du:tifrí:]

ⓐ 면세의, 세금 없는

Travelers can purchase goods at the **duty-free** shop.
여행객들은 **면세**점에서 상품을 구매할 수 있다.

★ -free가 붙으면 '~이 없는'이라는 뜻이 된다. 예) carefree 걱정 없는, 느긋한

이동

★★
0592 departure
[dipá:rtʃər]

ⓝ 출발, 떠남 ↔arrival 도착

Please note that no refunds can be made after the **departure** time. ◀기출 응용▶
출발 시각 후에는 환급되지 않는다는 점에 유의해 주십시오.

➕ depart ⓥ 출발하다

0593 embark
[embá:rk]

ⓥ 1 탑승하다, 출항하다 2 (사업에) 착수하다

We **embarked** on a flight from San Francisco to Atlanta.
우리는 샌프란시스코에서 애틀랜타로 가는 항공편에 **탑승했**다.

Our team will **embark** on a new project next month.
우리 팀은 다음 달에 새로운 프로젝트에 **착수할** 것이다.

➕ embarkation ⓝ 탑승, 승선

***
0594 **haste**
[heist]

ⓝ 서두름, 급함

In his **haste** to catch the train, he forgot his jacket on the platform.
그는 기차를 타려고 **서두르다**가 플랫폼에 재킷을 둔 것을 잊었다.

Haste makes waste. **급할**수록 돌아가라. (**서두르면** 일을 그르친다.)

0595 **compartment**
[kəmpάːrtmənt]

ⓝ 구획, 칸막이; (기차의) 칸막이 한 객실

Place all of your items in the overhead **compartment**.
갖고 계신 모든 물품을 머리 위의 **짐칸**에 넣어 주십시오.

➕ overhead compartment (기차·비행기 등의) 짐칸

다의어

**
0596 **attendant**
[əténdənt]

ⓝ 승무원; 수행원 ⓐ 수반되는

n. Our flight **attendants** will help you find your seat.
저희 기내 **승무원들**이 고객님이 좌석을 찾는 것을 도울 것입니다.

a. **attendant** problems **수반되는** 문제들

➕ flight attendant 기내 승무원

***
0597 **destination**
[dèstənéiʃən]

ⓝ (여행의) 목적지, 행선지

What makes popular **destinations** attractive to visitors? ◀기출▶
무엇이 인기 있는 **목적지**를 방문객들에게 매력적으로 만드는가?

➕ a holiday [tourist] destination 휴양[관광]지
the final destination 최종 목적지

**
0598 **allocate**
[æləkèit]

ⓥ 배정하다, 할당하다

Your seat will be **allocated** to you at check-in on the day of departure.
여러분의 좌석은 출발 당일에 탑승대에서 **배정됩니다.**

➕ allocation ⓝ 배정, 배치

---

*
0599 **belongings**
[bilɔ́(ː)ŋiŋz]

ⓝ (pl.) 소지품, 소유물 ＝possessions

Be careful to take all your **belongings** with you.
소지품을 빠짐없이 챙겨 가시도록 주의해 주십시오.

➕ personal belongings 개인 소지품

➕ belong ⓥ 속하다(to)

0600 **turbulence**
[tə́ːrbjələns]

ⓝ 난기류

When the seat belt sign is on or during **turbulence**, remain seated.
좌석벨트 신호가 들어오거나 **난기류** 동안에는 좌석에 남아계십시오.

DAILY CHECK-UP

A 빈칸에 알맞은 우리말 또는 영어 단어를 써넣으시오.

운송 · 관광

운송 · 교통

1 _____ infrastructure

2 _____ 혼잡, 정체

3 _____ efficiency

4 _____ (대중)교통, 운송

5 _____ dispatch

6 _____ 화물; 화물 운송

7 _____ toll

8 _____ 교차로, 교차점

관광 · 여행

9 _____ 숙박[편의] (시설)

10 _____ amenity

11 _____ 취소; 해제

12 _____ confirm

13 _____ 늘이다, 연장하다

14 _____ pervade

15 _____ 여행 일정 계획(서)

16 _____ vendor

이동

19 _____ 서두름, 급함

20 _____ compartment

21 _____ attendant

22 _____ 배정하다, 할당하다

23 _____ belongings

24 _____ 난기류

17 _____ 끌림; (관광) 명소

18 _____ duty-free

B 문장의 빈칸에 알맞은 말을 보기에서 골라 쓰시오.

destinations	embarked	expenses	departure	shipment	displace

1 What makes popular _____ attractive to visitors?

2 _____ by train is the cheapest way to transport goods.

3 We _____ on a flight from San Francisco to Atlanta.

4 Please note that no refunds can be made after the _____ time.

5 Expanding the airport will _____ many residents living nearby.

6 Meals and transportation _____ are not included in our fees.

🖋 헷갈리는 혼동어 제대로 알기

1

deplete	**ⓥ** 고갈시키다, 소모시키다
	Oil will have been **depleted** in fewer than 50 years.
	석유는 50년 이내에 **고갈될** 것이다.

deflate	**ⓥ** (통화를) 수축시키다
	The government **deflated** the currency to control inflation.
	정부는 인플레이션을 잡기 위해 통화를 **수축시켰다.**

delete	**ⓥ** 삭제하다, 지우다
	Click on the "Trash" icon to **delete** all of the emails in the inbox.
	수신함에서 모든 이메일을 **삭제하려면** '휴지통' 아이콘을 클릭하시오.

2

royalty	**ⓝ** 1 (특허권·저작권) 사용료 2 왕족, 왕권
	A patent holder earns a **royalty** on the patented technology.
	특허 보유자는 특허 받은 기술에 대한 **사용료**를 번다.

loyalty	**ⓝ** 충성(심), 충의, 충절
	a duty of **loyalty** to one's home country
	조국에 대한 **충성**의 의무

3

circulation	**ⓝ** 1 유통, 순환 2 발행 부수
	Too much currency in **circulation** would drive prices up.
	너무 많은 화폐가 **유통**되면 물가가 상승하게 될 것이다.

calculation	**ⓝ** 계산, 셈
	She made a detailed **calculation** before starting the project.
	그녀는 프로젝트를 시작하기 전에 상세한 **계산**을 했다.

4

confirm	**ⓥ** 확인하다, 확실히 하다
	Both studies **confirmed** the hypothesis.
	두 연구 모두 그 가설을 **확인했다.**

conform	**ⓥ** 순응하다, 따르다
	Norms emerge as a result of people **conforming** to the behavior of others.
	규범은 사람들이 다른 이들의 행동에 **순응한** 결과로 나타난다.

PLAN 5
사회

통치
govern 통치하다
authority 권한; 당국

입법·선거
constitution 헌법
electoral 선거의

사회

사법
jurisdiction 사법(권)
observance 준수, 지킴

외교·군사
diplomacy 외교(술)
conquest 정복

행정·치안
administration 행정(부)
imprison 투옥하다

통치

nation 국가   republic 공화국   kingdom 왕국   empire 제국

democracy 민주주의   president 대통령   throne 왕좌, 왕위   politician 정치가

통치 일반

0601 monarchy
[mάnərki]

ⓝ 군주제, 군주 국가

Both the U.K. and Japan have a constitutional **monarchy.**
영국과 일본 둘 다 입헌 **군주제**이다.

➕ monarch ⓝ 군주

0602 govern
[gʌ́vərn]

ⓥ 통치하다, 다스리다

A monarchy is **governed** by one person, the monarch—a king or queen.
군주국은 한 사람, 군주(왕 또는 여왕)에 의해 **통치된다.**

➕ governor ⓝ 통치자; (미국) 주지사 | government ⓝ 정부
governance ⓝ 통치, 관리

0603 regime
[reiʒíːm]

ⓝ 1 정권   2 제도

During the early 1980s, a military **regime** controlled Suriname.
1980년대 초 동안 군사 **정권**이 수리남을 통치했다.

the importance of the tax **regime** to attract foreign investments
해외 투자 유치를 위한 세금 **제도**의 중요성

0604 reign
[rein]

ⓝ 치세, 통치, 지배   ⓥ 군림하다, 지배하다

The college was founded in 1571 under the **reign** of Elizabeth I.
그 대학은 엘리자베스 1세가 **통치**하던 1571년에 설립되었다.

Septimius **reigned** in the Roman Empire from 193 to 211 A.D. 셉티미우스가 서기 193년부터 211년까지 로마 제국을 **통치했다.**

0605 territory
[térətɔ̀ːri]

ⓝ 영토; 세력권

All nations are willing to go to war to protect their **territories**.
모든 국가는 자국의 **영토** 보호를 위해 전쟁도 불사한다.

➕ territorial ⓐ 영토의

0606 boundary
[báundəri]

ⓝ 경계(선); 한계, 범위

Consumer communities go beyond national **boundaries**. 〈기출〉
소비자 사회는 국경을 초월한다.

★ cf. border 국경, 경계 | borderline 국경선, 경계선

0607 founder
[fáundər]

ⓝ 창립자, 설립자

Most of the **founders** of America were anti-slavery.
미국 **건국자**들의 대부분은 노예제를 반대했다.

✛ found ⓥ 창립하다, 설립하다 | foundation ⓝ 창립, 설립; 재단

★ found를 동사 find(찾다)의 과거(분사)형과 혼동하지 않도록 주의할 것.

다의어

0608 institution
[ìnstətjúːʃən]

ⓝ 1 **제도**　2 기관　3 시행, 도입

1 It assumes that social **institutions** determine culture. 〈기출〉
　사회 **제도**가 문화를 결정하는 것으로 가정된다.

2 Universities are research-oriented educational
　institutions.　대학은 연구 지향적인 교육 **기관**이다.

3 the **institution** of a new healthcare system
　새로운 의료 제도의 **시행**

✛ institutional ⓐ 1 제도의　2 기관의

0609 legacy
[légəsi]

ⓝ 유산, 이어[물려]받은 것

Abraham Lincoln left behind a **legacy** of strong leadership.
에이브러햄 링컨은 강력한 리더십이라는 **유산**을 남겼다.

폭정 · 반란 · 통일

0610 tyranny
[tírəni]

ⓝ 폭정, 폭압; 독재 (정치)

He fought to free people from a cruel **tyranny**.
그는 잔인한 **폭정**으로부터 민중을 해방시키기 위해 싸웠다.

✛ tyrant ⓝ 폭군

0611 dictator
[díkteitər / diktéitər]

ⓝ 독재자, 절대 권력자

Many people still live under the tyranny of **dictators**.
많은 사람들이 여전히 **독재자**의 폭정 하에 살고 있다.

✛ dictate ⓥ 명령[지시]하다; 받아쓰게 하다
　dictation ⓝ 명령, 지시; 받아쓰기 | dictatorship ⓝ 독재 (정부)

0612 oppression
[əpréʃən]

ⓝ 탄압, 억압

Various social sciences investigate the causes of political **oppression**. `기출`
다양한 사회 과학이 정치적 **탄압**의 원인을 조사한다.

➕ oppress ⓥ 탄압하다, 억압하다 | oppressive ⓐ 탄압하는, 억압하는

0613 liberation
[lìbəréiʃən]

ⓝ 해방, 석방

The abolitionists sought support for the **liberation** of slaves.
(노예제) 폐지론자들은 노예 **해방**에 대한 지지를 구했다.

➕ liberate ⓥ 해방하다, 석방하다(= free) | liberty ⓝ 자유(= freedom)

0614 riot
[ráiət]

ⓝ 폭동 ⓥ 폭동을 일으키다

The **riot** was put down by troops at the cost of about 300 lives.
그 **폭동**은 약 300명의 목숨을 희생하고 군대에 의해 진압되었다.

The fans **rioted** when their team lost 3–0.
팬들은 자신들의 팀이 3 대 0으로 패하자 **폭동을 일으켰다**.

➕ rioter ⓝ 폭도

0615 anarchy
[ǽnərki]

ⓝ 무정부 상태

The order was recovered, and the state of **anarchy** ended.
질서가 회복되었고 **무정부 상태**가 종료되었다.

➕ anarchism ⓝ 무정부주의 | anarchist ⓝ 무정부주의자, 폭력 혁명가

0616 chaotic
[keiátik]

ⓐ 혼돈된, 무질서한 ⊜ disorderly

Leadership failure drove the country into **chaotic** political disorder.
지도력의 실패가 그 나라를 **혼돈된** 정치적 무질서로 몰아넣었다.

➕ chaos ⓝ 혼돈, 무질서(= disorder)

0617 persecution
[pə̀ːrsikjúːʃən]

ⓝ 박해

They could not return to their country of origin out of fear of **persecution**.
그들은 **박해**가 두려워 고국으로 돌아갈 수 없었다.

➕ persecute ⓥ 박해하다

0618 betray
[bitréi]

ⓥ 배반하다, 배신하다

If they flee, they are traitors who **betray** their own country.
달아난다면 그들은 조국을 **배신하는** 반역자이다.

➕ betrayal ⓝ 배반, 배신 | betrayer ⓝ 배신자, 배반자 (= traitor)

0619 **refugee**
[rèfjudʒíː]

ⓝ 난민, 피난민; 망명자

A great number of political **refugees** entered Sweden in the 1980s.
1980년대에 많은 정치 **망명자들**이 스웨덴으로 입국했다.

a **refugee** camp 난민 수용소

➕ refuge ⓝ 피난; 피난처

0620 **exile**
[égzail]

ⓥ 추방하다 ⓝ 망명 (생활); 추방

The dictator and his family were **exiled** from their home country.
그 독재자와 가족은 조국에서 **추방당했다**.

The king was forced into **exile** in Normandy.
왕은 노르망디에서 **망명 생활**을 하게 되었다.

0621 **banish**
[bǽniʃ]

ⓥ 추방하다, 내쫓다 ＝ exile

The king decided to **banish** the traitor from the kingdom.
왕은 왕국에서 그 반역자를 **추방하기로** 결정했다.

➕ banishment ⓝ 추방

★ vanish(사라지다)와 혼동하지 않도록 주의할 것.

0622 **unification**
[jùːnəfikéiʃən]

ⓝ 통일, 단일화; 통합

In 1989, the Berlin Wall came down, and German **unification** soon followed.
1989년에 베를린 장벽이 무너졌고, 곧 독일 **통일**이 뒤따랐다.

➕ unify ⓥ 통합[통일]하다

★ cf. reunification 재통일   예) Korean reunification 남북통일

0623 **united**
[juːnáitid]

ⓐ 연합한, 단결된

UN stands for **United** Nations, and EU stands for European Union. UN은 국제 **연합**을 의미하고, EU는 유럽 연합을 의미한다.

united efforts to help world refugees
세계 난민들을 돕기 위한 **단결된** 노력

➕ unite ⓥ 연합하다[시키다], 결속하다 ┃ unity ⓝ 단일(체), 단결

통치 권력

0624 **statesman**
[stéitsmən]

ⓝ (경험 많고 존경받는) 정치가

Thomas More was an English **statesman** and philosopher.
◀기출 응용▶
Thomas More는 영국 **정치가**이자 철학자이다.

0625 authority
[əθɔ́ːriti]

🅝 1 권한, 권위   2 (*pl.*) **당국**   3 권위자

1 The president has the **authority** to pardon prisoners.
대통령은 죄수를 사면할 **권한**이 있다.

2 Anyone who sees smoke must report it to local **authorities**.
연기를 보시는 분은 지역 **당국**에 신고해 주셔야 합니다.

3 an **authority** on classical music   고전 음악의 **권위자**

➕ authorize ⓥ 권한을 부여하다 | authoritative ⓐ 권위적인, 권위 있는

0626 office
[ɔ́(ː)fis]

🅝 1 사무실   2 **관직, 공직; (공직의) 지위; 직무, 임무**

The candidate spent hours in his **office** preparing for the election campaign.
그 후보자는 선거 운동을 준비하느라 **사무실**에서 몇 시간을 보냈다.

In the United States, the **office** of president was established in 1789.
미국에서 대통령**직**은 1789년에 제정되었다.

He assumed the **office** of chairman in March of 2025.
그는 2025년 3월에 의장의 **직무**(의장**직**)를 맡았다.

➕ official ⓐ 공식적인, 관리의 ⓝ 관리, 공무원

0627 inaugurate
[inɔ́ːgjərèit]

🅥 취임시키다, 취임식을 하다

Each new American president is **inaugurated** on January 20.   모든 신임 미국 대통령은 1월 20일에 **취임한다**.

➕ inauguration ⓝ 취임(식)

0628 appoint
[əpɔ́int]

🅥 1 **임명하다, 지명하다**   2 (시간·장소 등을) 정하다

Many U.S. corporations **appointed** a vice president for sustainability. 기출
많은 미국 기업들은 지속 가능성을 위해 부회장을 **임명했다**.

appoint a date for the meeting   회의 날짜를 **정하다**

➕ appointment ⓝ 1 임명, 지명   2 (회합·방문의) 약속, 예약

0629 nominee
[nὰməníː]

🅝 지명[추천]된 사람, 후보

He was elected to be the party's **nominee** for president.
그는 그 당의 대통령 **후보**로 선출되었다.

➕ nominate ⓥ 지명[추천]하다 | nomination ⓝ 지명, 추천

0630 deputy
[dépjəti]

🅐 부의; 대리의 🅝 대리(인)

The **deputy** mayor will attend on behalf of the mayor.
부시장이 시장을 대신하여 참석할 것이다.

act as a **deputy**   대행하다

DAILY CHECK-UP

A 빈칸에 알맞은 우리말 또는 영어 단어를 써넣으시오.

통치

통치 일반

1 _____
　monarchy
2 _____
　정권; 제도
3 _____
　reign
4 _____
　영토; 세력권
5 _____
　boundary
6 _____
　창립자, 설립자
7 _____
　institution
8 _____
　유산, 이어받은 것

폭정 · 반란 · 통일

9 _____
　tyranny
10 _____
　독재자, 절대 권력자
11 _____
　oppression
12 _____
　폭동; 폭동을 일으키다
13 _____
　anarchy
14 _____
　혼돈된, 무질서한
15 _____
　persecution
16 _____
　난민, 피난민

통치 권력

19 _____
　statesman
20 _____
　관직, 공직; 직무
21 _____
　inaugurate
22 _____
　임명하다; 정하다
23 _____
　nominee
24 _____
　부의; 대리(인)

17 _____
　exile
18 _____
　연합한, 단결된

B 문장의 빈칸에 알맞은 말을 보기에서 골라 쓰시오.

> banish　　unification　　betray　　liberation　　governed　　authority

1 The president has the _____ to pardon prisoners.

2 The abolitionists sought support for the _____ of slaves.

3 If they flee, they are traitors who _____ their own country.

4 The king decided to _____ the traitor from the kingdom.

5 In 1989, the Berlin Wall came down, and German _____ soon followed.

6 A monarchy is _____ by one person, the monarch—a king or queen.

입법 · 선거

✔ MUST-KNOW WORDS

act 법, 법령	bill 법안	propose 제안하다	election 선거
candidate 후보자	campaign (선거) 운동	vote 표, 투표; 투표하다	party 당, 정당

입법

0631 legislate
[lédʒislèit]

ⓥ 법률을 제정하다

The first animal-rights law was **legislated** as late as 1821.
최초의 동물 권리 법은 1821년이 되어서야 **제정되었다.**

✛ legislation ⓝ 입법, 법률 제정 | legislative ⓐ 입법(부)의

0632 legitimate
[lidʒítəmit]

ⓐ 합법의, 적법의

Are there perfectly **legitimate** uses of guns for self-defense? 자기 방어를 위한 완벽하게 **합법적인** 총기 사용이 있는가?

✛ legitimacy ⓝ 합법(성), 적법(성)

★ leg는 라틴어로 'law'의 뜻이다.

0633 constitution
[kànstətjúːʃən]

ⓝ 1 헌법 2 구성

Most modern countries have a written **constitution**.
대부분의 현대 국가들은 성문 **헌법**을 가지고 있다.

the **constitution** of scientific knowledge 과학 지식의 **구성**

✛ constitute ⓥ 구성하다

0634 code
[koud]

ⓝ 1 법전, 법규; 규정, 강령 2 암호

"An eye for an eye and a tooth for a tooth" was part of Hammurabi's **Code**.
'눈에는 눈, 이에는 이'는 함무라비 **법전**의 일부였다.

a dress **code** 복장 **규정**
a secret **code** 암호

0635 enact
[inǽkt]

ⓥ 1 (법을) 제정하다 2 상연[연기]하다

The Forest Law was **enacted** in 1961 to protect the forests.
산림법은 숲을 보호하기 위해 1961년에 **제정되었다.**

They **enacted** a scene from *Hamlet*.
그들은 햄릿의 한 장면을 **상연했다.**

✛ enactment ⓝ (법률의) 제정; 법규, 조례

0636 amendment
[əmén(d)mənt]

ⓝ 수정(안), 개정(안)

An **amendment** is a formal change made to a law.
수정안은 법률의 공식적 변화이다.

Amendment of Building Codes 건축법 **개정**

✚ amend ⓥ 개정[수정]하다

0637 abolish
[əbáliʃ]

ⓥ (법률·제도 등을) 폐지하다, 철폐하다

Slavery was **abolished** in 1865 with the end of the Civil War.
노예제는 남북 전쟁의 종료와 함께 1865년에 **폐지되었다**.

✚ abolition ⓝ 폐지, 철폐 | abolitionist ⓝ 폐지론자

0038 ban
[bæn]

ⓥ 금지하다 〓prohibit ↔allow 허락하다 ⓝ 금지(령)

Single-use plastics will be **banned** in this country.
일회용 플라스틱은 이 나라에서 **금지될** 것이다.

a comprehensive nuclear test **ban** 포괄적인 핵 실험 **금지**

0639 provision
[prəvíʒən]

ⓝ 1 공급, 지급 2 **조항, 규정**

the **provision** of food for refugees 난민들을 위한 식량 **공급**
This **provision** includes the right to hold public office.
이 **조항**에는 공직을 맡을 권리가 포함되어 있다.

✚ provide ⓥ 1 공급하다 2 (법률을) 규정하다

다의어

0640 regulation
[règjəléiʃən]

ⓝ 1 **규정, 규칙** 2 규제 3 조절

1 There are specific **regulations** for using drones in various fields. ◀기출 응용▶
다양한 분야에서 드론을 사용하는 데 대한 특정한 **규정들**이 있다.

2 the **regulation** of sales promotion of alcoholic beverages
주류의 판촉 활동 **규제**

3 the **regulation** of body temperature 체온 **조절**

✚ regulate ⓥ 1 규제하다 2 조절하다

0641 clause
[klɔːz]

ⓝ 1 **(조약·법률 등의) 조목, 조항** 2 (문법) 절

Article 2, **clause** 1 states that every citizen has the same rights. 2조 1항은 모든 시민이 동일한 권리를 가지고 있다고 명시한다.

a noun **clause** 명사**절**

0642 statute
[stǽtʃuːt]

ⓝ 법령, 법규

Wyoming **statute** gives citizens the right to access government information.
와이오밍주 **법령**은 시민들에게 정부 정보에 접근할 권리를 준다.

★
0643 precedent
[présədənt]

ⓝ 1 선례, 판례 2 전례

The court's decision established a new **precedent**.
법원의 결정은 새로운 **선례**를 세웠다.

The development of AI has no historical **precedent**.
인공지능의 발전에는 역사적인 **전례**가 없다.

의회

0644 congress
[kάŋgrəs]

ⓝ (C-) 의회, 국회

Congress, courts, and police are the main institutions of state. **의회**, 법원, 경찰은 국가의 주요 기관이다.

✚ congressman ⓝ (하원) 의원

★
0645 parliament
[pά:rləmənt]

ⓝ (영국) 의회, 국회; 하원

The British **Parliament** is the legislative branch of the government of the U.K. <기출 응용>
영국 **의회**는 영국 정부의 입법부이다.

★★
0646 representative
[rèprizéntətiv]

ⓝ 대표(자); (미국) 하원 의원 ⓐ 대표하는

a union **representative** 노조 측 **대표**
There are 535 **representatives** in the United States Congress. 미국 의회에는 535명의 **하원 의원**이 있다.

✚ represent ⓥ 1 대표하다 2 나타내다

0647 senate
[sénət]

ⓝ (S-) (미국·캐나다·프랑스 등의) 상원

A **Senate** hearing will be held to decide how to take action.
어떻게 조치할 것인가를 결정하기 위해 **상원** 청문회가 열릴 것이다.

✚ senator ⓝ 상원 의원
★ cf. the House of Representatives (미국) 하원

★★
0648 session
[séʃən]

ⓝ 1 (의회 등의) 개회 중; 회기 2 수업 시간, (특정 활동) 시간

The 114th Congress was in its first **session**.
114대 의회가 첫 번째 **회기** 중에 있었다.

The lecture will be followed by a Q&A **session**. <기출>
그 강의 후 질의응답 **시간**이 이어질 것이다.

0649 **agenda**
[ədʒéndə]

ⓝ 안건, 의사일정

The Senate president organizes all **agendas**.
상원 의장이 모든 **안건**을 정리한다.

the committee meeting **agendas** 위원회 회의 **의사일정**

0650 **unanimous**
[ju:nǽnəməs]

ⓐ 만장일치의, 이의 없는

Congress passed the act in a **unanimous** vote.
의회는 **만장일치의** 투표로 그 법령을 통과시켰다.

+ unanimously ⓐⓓ 만장일치로

0651 **partisan**
[pá:rtəzən]

ⓐ 당파심이 강한 ⓝ 당파심이 강한 사람, 열렬한 지지자

I don't think **partisan** politics is good for the country.
나는 **당파** 정치가 그 나라에 유익하다고 생각하지 않는다.

★ cf. (political) party 정당

0652 **opposition**
[àpəzíʃən]

ⓝ 1 반대, 대립 2 야당 ⓔ opposition party

opposition to the military dictatorship
군사 독재에 대한 **반대**

The **opposition** party continued to criticize the ruling party.
야당은 계속해서 여당을 비판했다.

+ oppose ⓥ 반대하다 | opposite ⓐ 반대의

다의어

0653 **republican**
[ripʌ́blikən]

ⓐ 1 공화국의; 공화주의자의 2 (R-) (미국) 공화당의
ⓝ 1 공화주의자 2 (R-) (미국) 공화당원

a. 1 the **republican** system of government 공화 체제의 정부
　 2 She is the **Republican** representative of Texas.
　　그녀는 텍사스주의 **공화당** 하원 의원이다.

n. 2 Abraham Lincoln was a **Republican**.
　　에이브러햄 링컨은 **공화당원**이었다.

+ republic ⓝ 공화국

0654 **democratic**
[dèməkrǽtik]

ⓐ 1 민주주의의, 민주적인 2 (D-) (미국) 민주당의

We emphasize the importance of **democratic** decision processes. ◀기출
우리는 **민주적인** 의사 결정 과정의 중요성을 강조한다.

It is said that the early **Democratic** Party opposed civil rights. 초기의 **민주**당은 시민 권리에 반대했다고 한다.

+ democracy ⓝ 민주주의 | democrat ⓝ (D-) (미국) 민주당원

0655 **electoral**
[iléktərəl]

ⓐ 선거의, 선거인의

Electoral campaigns lasted 30 days for presidential elections.
대통령 선거를 위한 **선거** 운동이 30일간 지속되었다.

➕ electorate ⓝ (집합적) 유권자

0656 **district**
[dístrikt]

ⓝ (행정·사법·선거·교육 등을 위해 나눈) 지구, 지역

the **District** of Columbia
(미국) 컬럼비아 특별**구**(미국 연방 정부 소재지)

There are 308 electoral **districts** in Canada.
캐나다에는 308개의 선거**구**가 있다.

0657 **endorse**
[endɔ́ːrs]

ⓥ 1 (공개적으로) 지지하다   2 보증하다

The party officially **endorsed** a new candidate for the upcoming election.
그 당은 다가오는 선거의 새 후보자를 공식적으로 **지지했다**.

I cannot **endorse** a product I haven't used myself.
나는 직접 사용해 보지 않은 제품을 **보증할** 수 없다.

다의어

0658 **ballot**
[bǽlət]

ⓝ 1 비밀[무기명] 투표   2 투표용지
ⓥ (무기명) 투표하다

n. 1 Voting in every election shall be by secret **ballot**.
모든 선거에서의 투표는 **비밀 투표**여야 할 것이다.
➕ by secret ballot 비밀 투표로

2 count the **ballots** after the polls
투표 후에 **투표용지**를 세다

v. The union members **balloted** for a strike.
노조원들은 파업을 위해 **투표했다**.

0659 **preliminary**
[prilímənèri]

ⓐ 예비의, 준비의   ⓝ (보통 pl.) 준비 (행동), 예비 행위

Candidates must win a **preliminary** election before the main election. 후보자는 주 선거 전에 **예비** 선거에서 승리해야 한다.
skip the usual **preliminaries** 통상의 준비를 생략하다

➕ preliminary election 예비 선거 | preliminary competition 예선

0660 **constituent**
[kənstítʃuənt]

ⓝ 유권자, 선거인

Elected officials rely on feedback from their **constituents** to make decisions. 선출직 공직자들은 의사 결정을 하기 위해 자신의 **유권자**들로부터의 의견에 의존한다.

A 빈칸에 알맞은 우리말 또는 영어 단어를 써넣으시오.

입법 · 선거

입법

1 _____ legitimate

2 _____ 헌법; 구성

3 _____ code

4 _____ (법을) 제정하다; 상연하다

5 _____ amendment

6 _____ 금지하다; 금지(령)

7 _____ provision

8 _____ 조목, 조항; 절

선거

11 _____ electoral

12 _____ 지구, 지역

13 _____ endorse

14 _____ 비밀 투표; 투표하다

15 _____ preliminary

16 _____ 유권자, 선거인

9 _____ statute

10 _____ 선례, 판례; 전례

의회

17 _____ congress

18 _____ (영국) 의회; 하원

19 _____ representative

20 _____ 상원

21 _____ agenda

22 _____ 당파심이 강한 (사람)

23 _____ democratic

24 _____ 공화국의; 공화당원

B 문장의 빈칸에 알맞은 말을 보기에서 골라 쓰시오.

abolished	session	opposition	regulations	legislated	unanimous

1 The 114th Congress was in its first _____.

2 Congress passed the act in a _____ vote.

3 The _____ party continued to criticize the ruling party.

4 The first animal-rights law was _____ as late as 1821.

5 Slavery was _____ in 1865 with the end of the Civil War.

6 There are specific _____ for using drones in various fields.

DAY 23 사법

✔**MUST-KNOW WORDS**

judge 판사; 판결하다 | **lawyer** 변호사 | **sue** 고소하다 | **court** 법정, 법원
case 소송; 주장, 논거 | **jury** 배심원단 | **witness** 목격하다; 증인 | **fine** 벌금

사법 일반

0661 jurisdiction
[dʒùərisdíkʃən]

ⓝ 사법(권), 재판권

The powers of legislation and **jurisdiction** are independent of each other.
입법권과 **사법권**은 서로 분립되어 있다.

✚ jurisdictional ⓐ 사법권의, 재판권의
★ cf. juridical 법률상의, 사법상의

0662 justice
[dʒʌ́stis]

ⓝ 1 재판, 사법 2 정의, 공정

Many corrupt officials have not yet been brought to **justice**.
많은 부패한 관리들이 아직 **재판**에 회부되지 않았다.

Tax is the application of a society's theories of distributive **justice**. ◀기출
세금은 분배적 **정의**라는 사회의 이론을 적용한 것이다.

➕ the Minister of Justice 법무부 장관
✚ just ⓐ 정당한 | unjust ⓐ 부당한

0663 dignity
[dígnəti]

ⓝ 존엄(성); 품위

The purpose of human rights law is to protect human **dignity**. 인권법의 목적은 인간 **존엄성**을 보호하는 것이다.

✚ dignify ⓥ 위엄 있어 보이게 하다

0664 supreme
[səprí:m]

ⓐ 최고의, 최상의

A monarchy is governed by a **supreme** ruler.
군주국은 한 명의 **최고** 통치자에 의해 통치된다.

the **supreme** court (미국) 연방 **대법원**

0665 juvenile
[dʒú:vənəl / -nàil]

ⓐ (청)소년의, 어린

Juvenile courts deal with young offenders.
소년 법원은 어린 법법자들을 다룬다.

➕ juvenile crime 소년 범죄 | juvenile court 소년 법원

법의 준수

0666
observance
[əbzə́ːrvəns]

ⓝ (법률·규칙·관습 등의) 준수, 지킴

The **observance** of rules is fundamental to all sports.
규칙 **준수**는 모든 스포츠의 기본이다.

observance of traffic regulations   교통 법규의 **준수**

➕ observe ⓥ 1 관찰하다 2 준수하다 | observant ⓐ 1 관찰력 있는
2 준수하는 | observation ⓝ 관찰

★ 동사 observe의 두 가지 뜻에 각각의 명사형이 있음에 주의할 것.

0667
comply
[kəmplái]

ⓥ (법·규칙 등에) 따르다, 응하다(with)

All students are expected to **comply** with the school dress
code. 모든 학생들은 학교 복장 규정을 **따르기**를 기대받는다.

comply with a customer's request
고객의 요구에 **응하다**

🔲 to do something that a person asks or orders one to do

➕ compliance ⓝ 준수, 따름

0668
abide
[əbáid]

ⓥ 준수하다, 지키다(by)

Drivers must **abide** by traffic laws and speed limits.
운전자들은 교통 법규와 속도 제한을 **준수해야** 한다.

0669
mandatory
[mǽndətɔ̀ːri]

ⓐ 의무적인, 필수의 ⊜ compulsory, obligatory

It is **mandatory** that all drivers wear seat belts.
모든 운전자가 안전벨트를 착용하는 것은 **의무이다.**

0670
obligation
[ὰbləgéiʃən]

ⓝ 의무, 책무

A debtor has the legal **obligation** to pay their debts. 기출 응용
채무자는 채무를 값을 법적 **의무**가 있다.

➕ obligatory ⓐ 의무적인, 필수의

다의어

0671
imperative
[impérətiv]

ⓝ 명령; 의무, 책임 ⓐ 반드시 해야 하는

n. Legal **imperatives** are rooted principally in the
Constitution. 법적 **명령(법령)**은 원칙적으로 헌법에 뿌리를 두고 있다.

a. It is **imperative** that politicians listen to their constituents.
정치가들은 **반드시** 유권자의 말에 귀 기울여**야 한다.**

0672 ★★ **liable**
[láiəbl]

ⓐ 1 **(법적) 책임이 있는** 2 ~하기 쉬운(to *do*)

Dog owners are legally **liable** for injuries their dogs cause.
개 주인은 자신의 개가 유발한 부상에 대해 법적으로 **책임이 있다.**

be **liable** to be damaged by water 물에 의해 손상되기 **쉽다**

✚ liability ⓝ 1 책임, 의무 2 경향(이 있음)

0673 ★ **accountable**
[əkáuntəbl]

ⓐ 1 **책임이 있는, 설명할 의무가 있는** 2 설명할 수 있는

The provider is **accountable** for the breaking of products during shipment.
공급자는 배송 중의 제품 손상에 대한 **책임이 있다.**

These findings are easily **accountable** under my hypothesis.
이 연구 결과는 내 가설 하에서 쉽게 **설명될 수 있다.**

0674 ★★ **enforce**
[infɔ́:rs]

ⓥ 1 **(법률 등을) 집행하다, 시행하다** 2 강요하다

One of the leader's jobs is to **enforce** interactions between people. ·기출 응용·
지도자의 일 중 하나는 사람들 사이의 교류를 **시행하는** 것이다.

enforce strict rules 엄격한 규칙을 **강요하다**

✚ enforcement ⓝ 집행, 시행

재판

0675 ★ **lawsuit**
[lɔ́:su:t]

ⓝ 소송, 고소 ⊜ suit

You can file a **lawsuit** against those responsible for any harm. 해를 입힌 책임이 있는 사람들 상대로 **소송**을 제기할 수 있다.

다의어

0676 ★★ **trial**
[tráiəl]

ⓝ 1 **재판, 공판** 2 시행, 시도 3 고난

1 He was found guilty after a long **trial**.
그는 긴 **재판** 끝에 유죄 판결을 받았다.

2 learn by **trial** and error **시행**착오를 통해 배우다

0677 ★★★ **accuse**
[əkjú:z]

ⓥ 1 **고소하다, 고발하다** 2 비난하다

The customers **accused** the company of false advertising.
고객들이 그 회사를 허위 광고로 **고발했다.**

He **accused** me of having stolen his money.
그는 내가 자신의 돈을 훔쳤다고 **비난했다.**

➌ accuse *A* of *B*: A를 B로 고발[비난]하다

✚ accusation ⓝ 1 고발, 고소 2 비난

0678 charge
[tʃɑːrdʒ]

ⓥ 1 <mark>기소[고소]하다</mark> 2 청구하다 3 책임을 지우다 4 충전하다
ⓝ 1 <mark>고소, 고발</mark>; 비난 2 요금 3 책임 4 충전

v. 1 A young man was **charged** with selling drugs.
한 젊은 남성이 마약을 판매한 것으로 **기소되었다**.

4 The battery needs to be **charged**.
배터리가 **충전될** 필요가 있다.

n. 2 free of **charge** (= with no **charge**) 요금 없이, 무료로

3 Niklas Luhmann was in **charge** of educational reform.
◀기출▶ 니클라스 루만은 교육 개혁의 **책임**을 맡고 있었다.

0679 defendant
[diféndənt]

ⓝ 피고 ⓐ 피고의

The **defendant** insisted on his innocence.
피고는 자신의 무고를 주장했다.

✛ defend ⓥ 방어하다, 변호하다

0680 plaintiff
[pléintif]

ⓝ 원고, 고소인

The **plaintiff** must prove his case on the strength of his own evidence.
원고는 자기 자신의 증거의 힘으로 자신의 주장을 입증해야 한다.

0681 prosecutor
[prɑ́səkjùːtər]

ⓝ (기소) 검사, 기소자, 검찰관

There is always tension between the **prosecutor** and the defense lawyer ◀기출▶
기소 검사와 피고측 변호인 사이에는 항상 긴장감이 팽배하다.

✛ prosecute ⓥ 기소하다 | prosecution ⓝ 기소

★ persecutor(박해자)와 혼동하지 않도록 주의할 것.

0682 attorney
[ətə́ːrni]

ⓝ 변호사, (법률) 대리인 ⊜ lawyer

The defendant's **attorney** has brought up new evidence.
피고 측 **변호사**가 새로운 증거를 제기했다.

0683 testimony
[téstəmòuni]

ⓝ 증언, 증거, 증명

How much can we really trust eyewitness **testimony**?
우리는 목격자의 **증언**을 진정 얼마나 신뢰할 수 있는가?

0684 sentence
[séntəns]

ⓥ ~에게 <mark>판결[형]을 내리다</mark> ⓝ 1 <mark>판결, 형(량)</mark> 2 문장

v. The criminal was **sentenced** to life in prison.
그 범죄자에게 종신형 **판결이** 내려졌다.

n. 1 He was given a three-year **sentence** for possession of drugs. 그는 마약 소지로 3년 **형**에 처해졌다.

0685 ★ **verdict**
[və́:rdikt]

ⓝ 1 (배심원의) 평결   2 판단, 의견

The jury's **verdict** was not supported by the evidence.
배심원단의 **평결**은 증거에 의해 뒷받침되지 않았다.

What is your **verdict** on this matter?
이 문제에 대한 당신의 **판단**은 뭔가요?

0686 ★ **petition**
[pətíʃən]

ⓝ 청원(서), 탄원(서)   ⓥ (~에게) 청원하다

Millions of people signed the **petition** to save the park.
수백만 명의 사람들이 그 공원을 구하기 위한 **청원서**에 서명했다.

Local residents **petitioned** for the street to be renamed.
지역 주민들은 그 도로의 개명을 **청원했다**.

0687 ★ **penalty**
[pénəlti]

ⓝ 형, 형벌, 처벌

Some American states have no death **penalty**.
일부 미국 주에는 사형이 없다.

a financial **penalty** 벌금형

다의어

0688 ★★ **convict**
ⓥ [kənvíkt]
ⓝ [kánvikt]

ⓥ ~의 유죄를 입증[선고]하다   ⓝ 죄인, 죄수

v. be **convicted** of robbery
강도죄로 **유죄를 선고받다**

n. The ex-**convict** had difficulty finding employment.
그 전**과자**는 일을 찾는 데 어려움을 겪었다.

➕ conviction ⓝ 1 신념   2 유죄 판결

★ cf. ex-는 '이전의'라는 뜻을 나타내는 접두사로, ex-convict는 '전과자'라는 뜻이다.

다의어

0689 **appeal**
[əpí:l]

ⓥ 1 관심을 끌다   2 호소하다   3 항소[상고]하다
ⓝ 1 호소; 간청   2 매력   3 항소, 상고

v. 2 The politician **appealed** to the public for support.
그 정치인은 대중에게 지지를 **호소했다**.

3 She lost the case, but plans to **appeal** to a higher court.
그녀는 소송에서 졌지만, 상급 법원에 **항소할** 계획이다.

n. 2 mass **appeal** 대중적인 매력

0690 **bribery**
[bráibəri]

ⓝ 뇌물 수수 (행위)

Lobbyists may use **bribery** to guide government actions.
로비스트들은 정부 활동을 유도하기 위해 **뇌물**을 사용할지도 모른다.

➕ bribe ⓥ 뇌물을 주다   ⓝ 뇌물

DAILY CHECK-UP

A 빈칸에 알맞은 우리말 또는 영어 단어를 써넣으시오.

사법

사법 일반

1 _____ jurisdiction

2 _____ 재판, 사법; 정의

3 _____ dignity

4 _____ 최고의, 최상의

5 _____ juvenile

법의 준수

6 _____ 준수, 지킴

7 _____ comply

8 _____ (법적) 책임이 있는

9 _____ imperative

10 _____ 집행하다; 강요하다

재판

11 _____ lawsuit

12 _____ 재판, 공판; 시도

13 _____ accuse

14 _____ 기소하다; 고소

15 _____ defendant

16 _____ 원고, 고소인

17 _____ prosecutor

18 _____ 변호사, (법률) 대리인

19 _____ ~에게 판결을 내리다

20 _____ verdict

21 _____ 청원(서); (~에게) 청원하다

22 _____ convict

23 _____ 항소[상고]하다

24 _____ bribery

B 문장의 빈칸에 알맞은 말을 보기에서 골라 쓰시오.

testimony	abide	mandatory	obligation	penalty	accountable

1 It is _____ that all drivers wear seat belts.

2 Some American states have no death _____.

3 Drivers must _____ by traffic laws and speed limits.

4 A debtor has the legal _____ to pay their debts.

5 How much can we really trust eyewitness _____?

6 The provider is _____ for the breaking of products during shipment.

DAY 24 행정 · 치안

행정 체제와 조직

0691 administration
[ədmìnəstréiʃən]

ⓝ 행정(부), 관리, 경영

Nations introduce a system of public **administration** to keep order. 기출
국가들은 질서를 유지하기 위해 공공 **행정** 체제를 도입한다.

➕ Master of Business Administration (MBA) 경영학 석사 학위

➕ administer ⓥ 관리하다, 지배하다 | administrator ⓝ 관리자, 행정관

0692 federal
[fédərəl]

ⓐ 연방의, 연방 정부의, 합중국의

The **federal** government provides funds to state governments.
연방 정부는 주 정부들에 기금을 제공한다.

0693 cabinet
[kǽbənit]

ⓝ 1 (보통 the C-) (정부의) 내각   2 캐비닛, 보관장

She was in Obama's **cabinet** as one of his policy advisors.
그녀는 정책 자문 위원의 일원으로 오바마 **내각**에 있었다.

a kitchen **cabinet** 부엌 찬장

0694 ministry
[mínistri]

ⓝ 1 (보통 M-) (정부의) 부 ⊜ department   2 내각 ⊜ cabinet

The **Ministry** of Education plans to build five schools this year. 교육부는 올해 다섯 개의 학교를 지을 계획이다.
Everyone in the **ministry** has resigned.
내각은 총사퇴했다.

➕ minister ⓝ (종종 M-) 장관, 대신, 각료

★ cf. prime minister 수상, 총리

0695 secretary
[sékrətèri]

ⓝ 1 비서, 서기   2 (S-) 장관

The boss asked his **secretary** to send the email right away.
상사는 **비서**에게 즉시 이메일을 보내 달라고 요청했다.

Colin Powell served as **Secretary** of State under Bush.
콜린 파월은 부시 대통령 당시 국무 **장관**으로 봉직했다.

0696 **municipal**
[mjuːnísəpəl]

ⓐ 자치 도시의, 지방 자치의

The **municipal** budget is prepared by the mayor.
자치 도시의 예산안은 시장에 의해 마련된다.

0697 **autonomy**
[ɔːtánəmi]

ⓝ 자치(권); 자율성

The constitution gives **autonomy** to local governments.
헌법은 지방 정부에게 **자치권**을 부여한다.

We have respect for the **autonomy** of individual decision-making. ◀기출▶
우리는 개인적 의사 결정의 **자율성**을 존중한다.

╋ autonomous ⓐ 자치의, 자율의

0698 **county**
[káunti]

ⓝ 군 (주 아래의 행정 구획)

The U.S. state of California is divided into 58 **counties**.
미국 캘리포니아주는 58개의 **군**으로 나누어져 있다.

0699 **province**
[právins]

ⓝ 1 (행정 구역으로서의) 주; 성, 도　2 지방, 지역

Alberta is a **province** found in the nation of Canada.
앨버타는 캐나다 국가에 있는 **주**이다.

the northern **provinces** of Italy　이탈리아 북부 **지방**

0700 **council**
[káunsəl]

ⓝ (지방) 의회; 평의회

The city **council** deals with the city's main issues.
시**의회**는 도시의 주요 사안들을 다룬다.

0701 **bureau**
[bjúərou]

ⓝ (관청의) 국, 청

The Health **Bureau** is working to prevent the spread of disease.　보건**국**은 질병의 확산을 막기 위해 노력하고 있다.

the Federal **Bureau** of Investigation (FBI)　미국 연방 수사**국**

범법 행위·범죄

0702 **infringement**
[infríndʒmənt]

ⓝ (특허권 등의) 침해, (법규의) 위반, 위배

All piracy is copyright **infringement**.
모든 해적판 제작(불법 복제)은 저작권 **침해**이다.

infringement of safety regulations　안전 규정 **위반**

╋ infringe ⓥ (권리를) 침해하다, (법규를) 어기다

0703 **offense**
[əféns / ɑ́fens]

ⓝ 1 위반, 범죄 2 기분 상함 3 공격 ↔defense 방어

1 Smoking in a park is a serious **offense** in this country.
공원에서 흡연하는 것은 이 나라에서는 중**범죄**이다.

2 She is over-sensitive and easily takes **offense**.
그녀는 과도하게 민감하고 쉽게 **기분이 상한다**.

3 Any player on **offense** must be able to catch the ball.
공격 팀의 어느 선수라도 공을 잡을 수 있어야 한다.

+ offensive ⓐ 1 불쾌한, 무례한 2 공격의

0704 **intrude**
[intrúːd]

ⓥ 침해[침범]하다, 방해하다(on/upon/into)

The media should not **intrude** on people's private lives.
미디어는 사람들의 사생활을 **침해하지** 말아야 한다.

+ intrusion ⓝ 침해[침범], 침입 | intrusive ⓐ 침입하는

0705 **suspect**
ⓝ [sʌ́spekt]
ⓥ [səspékt]

ⓝ (범죄의) 용의자 ⓥ 의심하다

n. In this workshop, you will learn how to find traces of **suspects**. 기출
이 워크숍에서 여러분은 **용의자**의 흔적을 찾는 방법을 배울 것입니다.

v. Police **suspect** that the wildfire was started by human error.
경찰은 그 들불이 사람의 실수로 시작되었다고 **의심한다**.

+ suspicion ⓝ 의심 | suspicious ⓐ 의심스러운

0706 **interrogate**
[intérəgèit]

ⓥ 심문하다, 추궁하다

The police **interrogated** the witness to gather more details about the robbery.
경찰은 강도에 대한 더 자세한 정보를 얻기 위해 목격자를 **심문했다**.

0707 **criminal**
[krímənl]

ⓐ 1 범죄의 2 형사상의 ↔civil 민사상의 ⓝ 범인, 범죄자

a. 1 Animal cruelty is a clear **criminal** act that needs to be punished. 동물 학대는 처벌받아야 할 명백한 **범죄** 행위이다.
2 differences between **criminal** law and civil law
형법과 민법 사이의 다른 점

n. a convicted **criminal** 유죄 판결을 받은 **범죄자**

➕ criminal law 형법 | a criminal case 형사 사건

0708 **homicide**
[hɑ́məsàid]

ⓝ 살인(죄), 살인 행위

Homicide is indeed more serious than any other crime.
살인은 진정 다른 어떤 범죄보다도 더 중범죄이다.

+ homicidal ⓐ 살인의

0709 hostage
[hάstidʒ]

ⓝ 인질, 볼모

A bank robbery turned into a **hostage** situation at the Com First Bank.
Com First 은행에서의 은행 강도가 **인질**극으로 비화되었다.

➕ be holding ~ hostage: ~을 인질로 잡고 있다

★ cf. kidnap 납치하다

0710 corrupt
[kərʌ́pt]

ⓐ 부패한, 부정한 ⓥ 부패[타락]시키다

Corrupt officials should be sent to jail.
부패한 관리들은 감옥에 보내져야 한다.

Absolute authority will **corrupt** the government.
절대 권력은 정부를 **부패하게 할** 것이다.

➕ corruption ⓝ 부패, 타락

0711 burglary
[bə́:rgləri]

ⓝ (범죄 목적의) 주거 침입(죄)

Burglaries and robberies increase with the unemployment rate.
주거 침입과 강도 사건은 실업률과 함께 증가한다.

➕ burglar ⓝ 주거 침입 강도, 빈집 털이범

★ cf. robbery 강도 (행위), 약탈; 강도죄

0712 smuggle
[smʌ́gəl]

ⓥ 밀반입[출]하다, 밀수하다

The police caught a man trying to **smuggle** weapons into the city.
경찰은 그 도시로 무기를 **밀반입하려**는 남자를 잡았다.

➕ smuggling ⓝ 밀수, 밀반입[출]

0713 theft
[θeft]

ⓝ 절도(죄)

attempted **theft** 절도 미수
Should an employee report on a co-worker engaging in time **theft**? ‹기출›
직원은 동료 직원이 시간 **절도**에 관여하는 것을 보고해야 하는가?

➕ thief ⓝ 도둑

0714 fraud
[frɔ:d]

ⓝ 사기, 협잡

What should you do if you're a victim of online credit card **fraud**?
여러분이 온라인 신용 카드 **사기**의 희생자라면 어떻게 해야 하는가?

0715 harassment
[hərǽsmənt]

ⓝ 희롱, 괴롭힘

report sexual **harassment** to the authorities
성희롱을 당국에 신고하다

He was charged with **harassment** for sending threatening messages.
그는 협박성 메시지를 보내서 **괴롭힘** 혐의로 기소되었다.

+ **harass** ⓥ 괴롭히다, 희롱하다

치안

0716 suburban
[səbə́:rbən]

ⓐ 교외의, 근교의

There was a mass migration from the central cities to the new **suburban** areas. ◀기출

도심으로부터 새로운 **교외** 지역으로의 대규모 이주가 있었다.

+ **suburb** ⓝ 교외, 근교
★ cf. urban 도시의

0717 urbanization
[ə̀:rbənizéiʃən / -nai-]

ⓝ 도시화

Globalization often leads to **urbanization** in developing countries.
세계화는 개발 도상국에서 흔히 **도시화**로 이어진다.

0718 metropolitan
[mètrəpɑ́litən]

ⓐ 대도시의; 수도(권)의

Bangkok is a **metropolitan** city with over ten million inhabitants.
방콕은 거주자가 1천만 명이 넘는 **대도시**이다.

★ cf. cosmopolitan 세계주의의, 세계적인

0719 detective
[ditéktiv]

ⓝ 1 형사 2 탐정

Detectives and police officers were hidden in and around the building.
형사들과 경찰들이 그 건물 내부와 주위에 잠복하고 있었다.

She hired a **detective** to find her missing daughter.
그녀는 실종된 딸을 찾기 위해 **탐정**을 고용했다.

0720 imprison
[imprízən]

ⓥ 투옥하다, 수감하다

Brunel was **imprisoned** for several months because of his debt. ◀기출

Brunel은 자신의 빚 때문에 여러 달 동안 **수감되었다**.

+ **imprisonment** ⓝ 투옥, 수감

DAILY CHECK-UP

A 빈칸에 알맞은 우리말 또는 영어 단어를 써넣으시오.

행정 · 치안

행정 체제와 조직

1 _____ cabinet

2 _____ 비서; 장관

3 _____ municipal

4 _____ (정부의) 부; 내각

5 _____ county

6 _____ 주; 지방, 지역

7 _____ council

8 _____ (관청의) 국, 청

범법 행위 · 범죄

9 _____ infringement

10 _____ 범죄의; 범인

11 _____ interrogate

12 _____ 살인(죄), 살인 행위

13 _____ hostage

14 _____ 부패한; 부패시키다

15 _____ smuggle

16 _____ 주거 침입(죄)

치안

20 _____ suburban

21 _____ 도시화

22 _____ metropolitan

23 _____ 형사; 탐정

24 _____ imprison

17 _____ 절도(죄)

18 _____ fraud

19 _____ 희롱, 괴롭힘

B 문장의 빈칸에 알맞은 말을 보기에서 골라 쓰시오.

> suspect   autonomy   intrude   offense   administration   federal

1 She is over-sensitive and easily takes _____.

2 Nations introduce a system of public _____ to keep order.

3 The media should not _____ on people's private lives.

4 Police _____ that the wildfire was started by human error.

5 We have respect for the _____ of individual decision-making.

6 The _____ government provides funds to state governments.

DAY 25 외교 · 군사

✔ **MUST-KNOW WORDS**

independence 독립 　 neutral 중립의 　 ally 동맹국; 연합하다 　 ambassador 대사, 특사
military 군사의; 군대 　 army 육군 　 battle 전투; 싸우다 　 invade 침략하다

외교 행위

0721 diplomacy
[diplóuməsi]

ⓝ 외교(술)

We should urge our leaders to choose **diplomacy**, not war.
우리는 지도자들이 전쟁이 아니라 **외교**를 선택하도록 촉구해야 한다.

➕ diplomatic ⓐ 외교의 | diplomat ⓝ 외교관

★★
0722 summit
[sʌmit]

ⓝ 1 **수뇌, 정상** 2 정점, 꼭대기

The Inter-Korean **Summit** Talks were held in Pyongyang.
남북 **정상** 회담이 평양에서 열렸다.

the **summit** of Mount Everest 에베레스트산 **정상**

★★
0723 negotiation
[nigòuʃiéiʃən]

ⓝ 협상, 교섭

Negotiation explores conflicting positions to reach an acceptable outcome. 기출
협상은 받아들일 수 있는 결과에 도달하기 위해 상충하는 입장을 탐색한다.

★
0724 reconciliation
[rèkənsìliéiʃən]

ⓝ 1 **화해, 조정** 2 조화

The UN plays an important role in national **reconciliation** after a war.
국제 연합은 전쟁 후에 국가의 **화해**에서 중요한 역할을 한다.

a **reconciliation** between theory and practice
이론과 실제 사이의 **조화**

➕ reconcile ⓥ 1 화해시키다 2 조화시키다

★
0725 treaty
[trí:ti]

ⓝ 조약, 협정

The peace **treaty** between the two countries was signed.
양국 사이의 평화 **조약**이 조인되었다.

★
0726 alliance
[əláiəns]

ⓝ 동맹(국), 제휴, 연합

NATO is a military **alliance** between nations and now includes 32 states.
나토는 국가 간의 군사 **동맹**으로 현재 32개국을 포함한다.

다의어

★★
0727 **resolution**

[rèzəlú:ʃən]

ⓝ 1 **결의(안)** 2 **해결(책)** 3 결심

1 A majority of UN nations adopted a **resolution** to ban nuclear weapons.
국제 연합 회원국 대다수가 핵무기 금지를 위한 **결의안**을 채택했다.

2 Democracy is seen as a system for peaceful **resolution** of conflicts.
민주주의는 분쟁의 평화로운 **해결책**을 위한 체제로 여겨진다.

3 New Year's **resolutions** 새해 **결심**

✚ resolve ⓥ 1 해결하다 2 결심하다 3 결의하다

전략 · 갈등

0728 **sovereignty**

[sávərinti]

ⓝ 주권, 통치권

Sovereignty and citizenship require freedom from the past. ◀기출
주권과 시민권은 과거로부터의 자유를 필요로 한다.

✚ sovereign ⓝ 군주 ⓐ 절대 권력을 지닌

다의어

0729 **sanction**

[sǽŋkʃən]

ⓝ 1 (*pl.*) 제재 2 재가, 인가 ⓥ 1 제재하다 2 재가하다

n. 1 The president must impose trade **sanctions** on produce imports. 대통령은 농산물 수입에 무역 **제재**를 가해야 한다.

2 get formal **sanction** for a project
프로젝트에 대한 공식 **재가**를 얻다

v. 1 She may threaten to **sanction** them for not behaving as she wishes. ◀기출
그녀는 자신이 원하는 대로 행동하지 않은 것에 대해 그들에게 **제재를 가하겠다고** 위협할지도 모른다.

★ 상반되는 두 가지 뜻을 갖는 단어이므로 문맥에 따라 뜻을 잘 파악해야 한다.

★★
0730 **confront**

[kənfrʌ́nt]

ⓥ 맞서다, 대치하다; 직면하다

The two armies **confronted** each other on the battlefield.
그 두 군대는 전장에서 서로 **대치했다**.

Confronted by a strange object, an inexperienced animal may freeze. ◀기출
낯선 물체에 **직면하게** 되면 경험이 없는 동물은 얼어붙을 수도 있다.

✚ confrontation ⓝ 대치; 직면

★★
0731 **security**

[sikjúəriti]

ⓝ 안보, 안전; 보안

Do you believe national **security** is more important than privacy? 국가 **안보**가 개인적 자유보다 더 중요하다고 생각하니?

0732 **rivalry**
[ráivəlri]

ⓝ 경쟁, 대항

The Cold War refers to the **rivalry** between the U.S. and the Soviet Union. 냉전은 미국과 구소련 사이의 **경쟁**을 말한다.

＋ rival ⓝ 경쟁자 ⓥ ~와 경쟁하다, 맞겨루다

다의어

0733 **delegate**
ⓝ [déligit]
ⓥ [déligèit]

ⓝ 대표(자), 대리인　ⓥ (권한을) 위임하다 ; (대표를) 파견하다

n. Over 200 **delegates** from OECD countries will meet in Helsinki.
OECD 회원국의 200명이 넘는 **대표들**이 헬싱키에서 만날 것이다.

v. **delegate** authority to the UN　유엔에 권한을 **위임하다**

＋ delegation ⓝ 1 대표단　2 위임

군사 행동

0734 **conquest**
[kάŋkwest]

ⓝ 정복

In history, **conquests** are about military victories.
역사적으로 **정복**은 군사적 승리에 관한 것이다.

＋ conquer ⓥ 정복하다

다의어

0735 **engagement**
[engéidʒmənt]

ⓝ 1 약혼　2 교전, 싸움　3 관여, 참여　4 고용

1　a collection of **engagement** rings　**약혼** 반지 컬렉션
2　The ship was sunk during an **engagement** with enemy ships.　그 함선은 적함들과의 **교전** 숭에 침몰하였다.
3　continued **engagement** in altered forms of play after childhood 기출
유년기 이후 변형된 형태의 놀이에의 지속적 **참여**
4　enter into an **engagement** contract　**고용** 계약에 들어가다

＋ engage ⓥ 1 (관심 등을) 끌다　2 고용하다　3 교전하다　4 관계를 맺다

0736 **escalate**
[éskəlèit]

ⓥ (단계적으로) 확대[증가]되다

The tension **escalated** as both sides began using heavy weapons.
양측이 중화기를 사용하기 시작하면서 긴장이 **증가되었다**.

＋ escalation ⓝ (단계적인) 확대, 증대

0737 **overthrow**
[òuvərθróu]
overthrow-overthrew-overthrown

ⓥ (정부·국가 등을) 전복시키다, 타도하다

The rebels aimed to **overthrow** the government and establish a new regime.
그 반란군은 정부를 **전복시키고** 새로운 정권을 세우는 것을 목표로 했다.

★★★
0738 occupy
[ákjəpài]

Ⓥ 1 점령하다, 점거하다 2 차지하다

The city was once **occupied** by the Ottoman Empire.
그 도시는 한때 오스만 제국에 **점령당했다**.

Tourists **occupy** all the hotels in the town during summer.
관광객들이 여름에는 그 마을의 모든 호텔을 **차지한다**.

➕ occupancy ⓝ 점유; 점거 | occupant ⓝ 점유자, 거주자

0739 subdue
[səbdjú:]

Ⓥ 진압하다; 정복하다 ⊜ conquer

Emperor Augustus **subdued** the Germanic tribes.
아우구스투스 황제는 게르만 종족을 **정복했다**.

★
0740 deploy
[diplɔ́i]

Ⓥ (군대 등을) 배치하다, 전개하다

In October, 172,800 soldiers were **deployed** to the war zones. 10월에 172,800명의 병력이 전쟁 지역에 **배치되었다**.

➕ deployment ⓝ 배치, 전개

0741 provocation
[prɑ̀vəkéiʃən]

ⓝ 도발, 자극

The naval drills were seen as a military **provocation**.
그 해군 훈련은 군사적 **도발**로 간주되었다.

➕ provoke Ⓥ 도발하다, 화나게 하다 | provocative ⓐ 도발하는

0742 counterattack
[káuntərətæk]

ⓝ 반격, 역습 Ⓥ 반격[역습]하다

The general was gathering his troops for a **counterattack**.
그 장군은 **역습**을 위해 군대를 소집하고 있었다.

★ counter(반대[대항]하여) + attack(공격하다)

0743 bombard
[bɑmbá:rd]

Ⓥ 1 폭격하다, 포격하다 2 (질문 등을) 퍼붓다

The Germans **bombarded** London on June 13, 1944.
1944년 6월 13일에 독일군은 런던을 **폭격했다**.

Reporters **bombarded** the president with questions related to his new policy.
기자들은 대통령에게 그의 새로운 정책과 관련된 질문을 **퍼부었다**.

★
0744 triumph
[tráiəmf]

ⓝ 승리; 대성공 Ⓥ 승리를 거두다

Cinco de Mayo celebrates Mexico's **triumph** over French forces.
Cinco de Mayo(국경일)는 프랑스 군에 대한 멕시코의 **승리**를 기념한다.

Spain **triumphed** over Brazil 3–1 in the final.
스페인은 결승전에서 브라질에 3–1로 **승리를 거두었다**.

★★★
0745 **defeat**
[difí:t]

ⓥ 패배시키다; 좌절시키다 ＝beat ⓝ 패배; 좌절, 실패

He who triumphs rises, and he who is **defeated** falls.
승리한 자는 흥하고, **패배한** 자는 몰락한다.

A proposal may be **defeated** because it breaks a link with tradition. •기출
그 제안은 전통과의 연결을 깨기 때문에 **좌절될** 수도 있을 것이다.

The party suffered a major **defeat** in the election of 2020.
그 당은 2020년 선거에서 참**패**를 당했다.

★ defeat가 동사로 쓰일 때 뜻이 '패배하다'가 아니라 '패배시키다(= 이기다)'인 것에 주의할 것.

★★
0746 **retreat**
[ritrí:t]

ⓥ 철수하다, 퇴각하다 ⓝ 철수, 퇴각 ↔advance 전진[진격](하다)

The U.S. army **retreated** from Vietnam in 1973.
미군은 1973년에 베트남에서 **철수했다.**

The German army was in full **retreat** northward.
독일군이 북쪽으로 완전히 **철수했다.**

다의어

★★
0747 **surrender**
[səréndər]

ⓥ 1 항복하다, 굴복하다 2 포기하다, 단념하다 ⓝ 항복, 굴복

v. 1 Napoleon Ⅲ **surrendered** to the enemy on September 2, 1870.
나폴레옹 3세는 1870년 9월 2일에 적군에게 **항복했다.**

2 We should not **surrender** our freedom of expression.
우리는 우리의 표현의 자유를 **포기하지** 말아야 한다.

n. Unconditional **surrender** of the enemy forces
적군의 무조건적인 **항복**

다의어

★★
0748 **troop**
[tru:p]

ⓝ 1 군대, 병력 2 떼, 무리 ⓥ 무리 짓다

n. 1 The British government decided to send more **troops** to Bosnia.
영국 정부는 보스니아에 더 많은 **군대**를 파병하기로 결정했다.

2 a **troop** of elephants 한 **떼**의 코끼리

v. A group of soldiers **trooped** into the house.
한 무리의 군인들이 그 집 안으로 **무리 지어 들어갔다.**

0749 **admiral**
[ǽdmərəl]

ⓝ 해군 제독[장성]

The **admiral** ordered his ships to prepare for action.
그 **해군 제독**은 자신의 함대들에게 전투 준비를 명했다.

★ cf. general 육군[공군] 장성, 장군

★
0750 **veteran**
[vétərən]

ⓝ 퇴역 군인; 베테랑, 노련가 ⓐ 노련한

The **veteran** participated in multiple combat operations.
그 **퇴역 군인**은 여러 차례의 전투 작전에 참여했다.

a **veteran** politician **노련한** 정치인

DAILY CHECK-UP

A 빈칸에 알맞은 우리말 또는 영어 단어를 써넣으시오.

외교 · 군사

외교 행위
1 _____ 수뇌, 정상; 정점
2 _____ negotiation
3 _____ 화해, 조정; 조화
4 _____ treaty
5 _____ 결의(안); 해결(책)
6 _____ alliance

전략 · 갈등
7 _____ 제재(하다); 재개(하다)
8 _____ sovereignty
9 _____ 안보, 안전; 보안
10 _____ rivalry
11 _____ 대표(자); 위임하다

군사 행동
12 _____ 교전, 싸움; 관여
13 _____ escalate
14 _____ 전복시키다, 타도하다
15 _____ occupy
16 _____ 진압하다; 정복하다
17 _____ counterattack
18 _____ 폭격하다; 퍼붓다
19 _____ triumph
20 _____ 패배(시키다); 좌절

21 _____ retreat
22 _____ 군대, 병력; 무리 짓다
23 _____ admiral
24 _____ 퇴역 군인; 노련한

B 문장의 빈칸에 알맞은 말을 보기에서 골라 쓰시오.

provocation	diplomacy	surrendered	conquests	confronted	deployed

1 In history, _____ are about military victories.

2 The naval drills were seen as a military _____.

3 The two armies _____ each other on the battlefield.

4 We should urge our leaders to choose _____, not war.

5 NapoleonⅢ _____ to the enemy on September 2, 1870.

6 In October, 172,800 soldiers were _____ to the war zones.

☑ 헷갈리는 혼동어 제대로 알기

1

persecution
ⓝ 박해

They could not return to their country of origin out of fear of **persecution**.
그들은 **박해**가 두려워 고국으로 돌아갈 수 없었다.

prosecution
ⓝ 기소, 고발, 소추

The manager faced **prosecution** for stealing company funds. 그 관리자는 회사 자금을 훔친 혐의로 **기소**되었다.

2

banish
ⓥ 추방하다, 내쫓다

The king decided to **banish** the traitor from the kingdom.
왕은 왕국에서 그 반역자를 **추방하기로** 결정했다.

vanish
ⓥ 사라지다, 자취를 감추다

The residents **vanished** as if they had never been.
주민들이 마치 전혀 없었던 것처럼 **사라져버렸다**.

3

statute
ⓝ 법령, 법규

Wyoming **statute** gives citizens the right to access government information.
와이오밍주 **법령**은 시민들에게 정부 정보에 접근할 권리를 준다.

statue
ⓝ 상(像), 조각상

The **Statue** of Liberty welcomes ships entering New York Harbor.
자유의 여신**상**은 뉴욕항으로 들어오는 배들을 맞이한다.

status
ⓝ 지위, 신분

The refugee applied for legal **status** in the country.
그 난민은 그 나라에서 합법적인 **지위**를 신청했다.

4

detective
ⓝ 1 형사 2 탐정

Detectives and police officers were hidden in and around the building.
형사들과 경찰들이 그 건물 내부와 주위에 잠복하고 있었다.

defective
ⓐ 결함이 있는, 하자가 있는

Return a **defective** product for replacement or refund.
결함이 있는 제품은 교환이나 환불을 위해 반송해 주십시오.

PLAN 6
사물

수량·밀도
quantify 수량화하다
adequate 충분한; 적당한

규모·정도·세기
magnitude 규모; 진도
diminish 줄다; 폄하하다

사물

물리적 속성
flexible 유연성이 있는
transparent 투명한

상황적 특성
persistent 지속적인
ambiguous 애매[모호]한

양상
splendid 좋은, 훌륭한
accuracy 정확(도)

DAY 26 수량 · 밀도

quantity 양, 수량	amount 양	quite a few 꽤 많은	enormous 매우 큰, 거대한
dozen 12개[명]	lack 부족; ~이 없다	shortage 부족	be short of ~이 부족하다

★
0751 quantify
[kwántəfài]

ⓥ 수량화하다

The benefits of good habits are difficult to **quantify**.
좋은 습관의 이점은 **수량화하기** 힘들다.

➕ quantity ⓝ 양 | quantification ⓝ 수량화, 정량화
quantifiable ⓐ 수량화할 수 있는

★★
0752 density
[dénsəti]

ⓝ 1 밀도 2 농도

Density is a measure of mass per unit of volume.
밀도는 단위 부피당 질량을 나타내는 값이다.

the **density** of a solution 용액의 **농도**

➕ dense ⓐ 밀집된, 조밀한, 짙은

많음 · 풍부함

0753 multitude
[mʌ́ltitjùːd]

ⓝ 다수, (수가) 많음

Waikiki has a **multitude** of activities for you to enjoy.
와이키키에는 여러분이 즐길 **많은** 활동이 있습니다.

➕ a multitude of ~ : 다수의, 수많은
➕ multiple ⓐ 다수의

★★★
0754 abundant
[əbʌ́ndənt]

ⓐ 풍부한, 많은

Africa has **abundant** natural resources.
아프리카는 **풍부한** 천연자원을 가지고 있다.

➕ abundance ⓝ 풍부, 다수

★
0755 abound
[əbáund]

ⓥ 풍부하다, 많이 있다

Boats are produced where water **abounds**.
선박은 물이 **풍부한** 곳에서 생산된다.

The region **abounds** with rare species of plants.
그 지역은 희귀 식물종이 **풍부하다**.

➕ abound in/with ~이 풍부하다

PLAN 6

★
0756 **plentiful**

[pléntifəl]

ⓐ 풍부한, 많은 ＝abundant

Vegetables are **plentiful** in summer months.
채소는 여름철에 **풍부하다**.

✚ plenty ⓝ 풍부함, 충분함

★ cf. plenty of ~: 많은, 충분한　예) plenty of time 많은[충분한] 시간

★
0757 **ample**

[ǽmpl]

ⓐ 1 <mark>충분한, 넉넉한</mark>　2 광대한, 넓은

There is **ample** evidence of global warming.
지구 온난화의 **충분한** 증거가 있다.

ample space in the cupboards　찬장의 **넓은** 공간

✚ ampleness ⓝ 풍부함

★★★
0758 **considerable**

[kənsídərəbəl]

ⓐ 상당한, 꽤 많은

Consumers gain **considerable** benefits from price competition. <기출 응용>
소비자들은 가격 경쟁에서 **상당한** 혜택을 얻는다.

considerable time and effort　**상당한** 시간과 노력

★ cf. considerate 사려 깊은

0759 **profuse**

[prəfjúːs]

ⓐ 아낌없는, 풍부한

I'm very grateful for the **profuse** support from my family and friends.
나는 내 가족과 친구들로부터의 **아낌없는** 후원에 깊이 감사한다.

profuse sweating　**과도한** 땀 흘림

✚ profusion ⓝ 풍부, 대량

★
0760 **affluent**

[ǽflu(ː)ənt]

ⓐ 풍요로운, 유복한

Poverty still exists in **affluent** societies.
빈곤은 **풍요로운** 사회에서도 여전히 존재한다.

She enjoyed an **affluent** lifestyle with expensive cars and vacations.
그녀는 비싼 차와 여행을 즐기며 **부유한** 삶을 누렸다.

✚ affluence ⓝ 풍요, 유복함

★★★
0761 **numerous**

[njúːmərəs]

ⓐ 다수의, 많은

There are **numerous** ways to solve this problem.
이 문제를 해결하는 **다수의** 방법이 있다.

✚ numerously ⓐⓓ 다수로, 무수하게

0762 countless
[káuntlis]

ⓐ 무수한, 셀 수 없이 많은

We have not found such a case in **countless** examinations.
〈기출〉
우리는 **무수한** 검사에서 그런 사례를 발견하지 못했다.

★ count(셈) + -less(없는)

0763 innumerable
[injú:mərəbəl]

ⓐ 무수한, 셀 수 없이 많은 ≡ countless

Innumerable products are made from oil.
셀 수 없이 많은 상품들이 석유로 만들어진다.

0764 immense
[iméns]

ⓐ 막대한 ≡ enormous, 광대한

Humans produce an **immense** amount of waste every day.
인간은 매일 **막대한** 양의 쓰레기를 양산하고 있다.

✚ immensity ⓝ 광대함, 무한함

0765 lavish
[lǽviʃ]

ⓐ 풍부한; 사치스러운

Parents want to buy **lavish** gifts for their children.
부모는 자녀들에게 **풍성한** 선물을 사주고 싶어 한다.

lavish lifestyles of billionaires 억만장자들의 **사치스러운** 생활방식

0766 vast
[væst]

ⓐ 1 막대한 2 광대한, 방대한

The U.S. has spent a **vast** sum of money on space exploration.
미국은 우주 탐사에 **막대한** 금액의 돈을 써 왔다.

The fields were **vast**, but hardly appealed to him. 〈기출〉
들판은 **광대했으나** 그에게 거의 매력적이지 않았다.

✚ vastness ⓝ 광대함, 방대함

0767 redundant
[ridʌ́ndənt]

ⓐ 필요 이상의, 과다한

There are too many **redundant** steps in the process.
그 과정에 너무 많은 **필요 이상의** 단계가 있다.

✚ redundancy ⓝ 과잉, 불필요한 중복

0768 excessive
[iksésiv]

ⓐ 과도한, 지나친

Excessive help causes people to be dependent on others.
과도한 도움은 사람들을 다른 이들에게 의존하게 한다.

✚ exceed ⓥ 초과하다 | excess ⓝ 초과, 과다

0769 surplus ★★
[sə́:rplʌs]

ⓐ 잉여의, 과잉의   ⓝ 1 잉여, 과잉 ⊜ excess   2 흑자

a. Exercising burns the **surplus** fat in the body.
운동은 몸의 **잉여** 지방을 연소시킨다.

n. 2 The state budget will end in a **surplus** this year.
주 예산이 올해에는 **흑자**로 끝날 것이다.

적당함 · 충분함

0770 sufficient ★★★
[səfíʃənt]

ⓐ 충분한, 족한 ↔ insufficient, deficient 불충분한, 부족한

Sufficient scientific evidence has not been available for many decades. ◀기출 응용
충분한 과학적 증거가 수십 년간 이용 가능하지 않았다.

0771 adequate ★★
[ǽdɪkwət]

ⓐ 충분한; 적당한, 적절한 ↔ inadequate 불충분한, 부적절한

Get an **adequate** amount of sleep every night.
매일 밤 **충분한** 수면을 취하라.

We take **adequate** steps to prevent accidents.
우리는 사고를 막기 위해 **적절한** 조치를 취한다.

✚ adequacy ⓝ 적절함, 적합성

0772 substantial ★★
[səbstǽnʃəl]

ⓐ 1 상당한, 꽤 많은   2 실제적인

The data provides **substantial** evidence of the value of the new approach. ◀기출
그 자료는 그 새로운 접근법의 가치에 대한 **상당한** 증거를 제공한다.

substantial possibility for continued development
지속적인 발전의 **실제적인** 가능성

✚ substance ⓝ 물질, 실체

0773 moderate ★★★
ⓐ [mɑ́dərət]
ⓥ [mɑ́dərèit]

ⓐ 1 알맞은, 적당한   2 절제하는   3 (기후가) 온화한
ⓥ 완화되다; 누그러뜨리다

a. 1 Nitrogen supplies are essential for **moderate** to high levels of productivity. ◀기출
질소 공급물은 **적당한** 수준에서 높은 수준에 이르는 생산성에 필수적이다.

2 I try to be **moderate** in all my eating habits.
나는 모든 식습관에서 **절제하려고** 노력한다.

3 a very pleasant and **moderate** climate
매우 쾌적하고 **온화한** 기후

v. I took medicine to **moderate** the pain.
나는 통증을 **누그러뜨리기** 위해 약을 먹었다.

0774 replenish
[ripléniʃ]

ⓥ (원래처럼) 다시 채우다, 보충하다

Energy sources, once used up, cannot be **replenished**.
에너지원은 일단 다 소모되면 **다시 채워질** 수 없다.

적음 · 부족

★★★
0775 scarce
[skɛərs]

ⓐ 부족한, 드문 ↔ abundant 풍부한

Food is **scarce** for birds in the winter.
겨울에는 새들의 먹이가 **부족하다**.

➕ scarcity ⓝ 부족, 결핍 | scarcely ⓐⓓ 거의 ~않다(= hardly)

0776 rarity
[réərəti]

ⓝ 드묾, 희소성, 희귀

Rarity plays a big role in driving up the prices of antiques.
희소성은 골동품 가격 상승에 커다란 역할을 한다.

➕ rare ⓐ 드문, 진기한

★★
0777 deficiency
[difíʃənsi]

ⓝ 결핍, 부족 = shortage

Vitamin D **deficiency** causes muscle weakness.
비타민 D의 **결핍**은 근육 약화를 초래한다.

➕ deficient ⓐ 부족한, 불충분한

★ cf. AIDS (= acquired immune deficiency syndrome) 후천성 면역 결핍증

0778 sparse
[spɑːrs]

ⓐ 희박한, 드문드문한

Mongolia has the **sparsest** population in Asia.
몽골이 아시아에서 가장 인구 밀도가 **희박하다**.

➕ a sparse population 희박한 인구 (밀도)

0779 meager
[míːgər]

ⓐ 빈약한, 불충분한, 마른

I can't support my family with my **meager** income.
나는 내 **빈약한** 수입으로 가족을 부양할 수 없다.

meager resources **빈약한** 자원

★★
0780 deficit
[défəsit]

ⓝ 적자, 부족 ↔ surplus 흑자

A large budget **deficit** can lead to higher national debt.
큰 예산 **적자**는 국가 부채 증가로 이어질 수 있다.

➕ a budget deficit 예산 적자
a trade deficit 무역 (수지) 적자

★ cf. ADHD (= attention deficit hyperactivity disorder)
주의력 결핍 과다, 행동 장애

A 빈칸에 알맞은 우리말 또는 영어 단어를 써넣으시오.

1 _____ 수량화하다

많음 · 풍부함

2 _____ multitude
3 _____ 풍부하다, 많이 있다
4 _____ plentiful
5 _____ 충분한, 넉넉한; 광대한
6 _____ considerable
7 _____ 아낌없는, 풍부한
8 _____ affluent
9 _____ 다수의, 많은

매우 많음 · 과다

10 _____ countless
11 _____ innumerable
12 _____ 막대한, 광대한
13 _____ lavish
14 _____ vast
15 _____ 과도한, 지나친
16 _____ surplus

적당함 · 충분함

17 _____ sufficient
18 _____ 충분한; 적절한
19 _____ substantial
20 _____ 알맞은; 완화되다

적음 · 부족

21 _____ 부족한, 드문
22 _____ rarity
23 _____ 희박한, 드문드문한
24 _____ meager

B 문장의 빈칸에 알맞은 말을 보기에서 골라 쓰시오.

deficit	replenished	redundant	density	abundant	deficiency

1 Africa has _____ natural resources.

2 Vitamin D _____ causes muscle weakness.

3 Energy sources, once used up, cannot be _____ .

4 There are too many _____ steps in the process.

5 _____ is a measure of mass per unit of volume.

6 A large budget _____ can lead to higher national debt.

✓ MUST-KNOW WORDS

force 힘	**volume** 용량, 양; 음량	**depth** 깊이	**strength** 힘; 강도, 세기
multiply 증식하다	**reduce** 줄(이)다	**increase** 증가(하다)	**decrease** 감소(하다)

0781 ★
scope
[skoup]

ⓝ 1 영역, 범위 2 여지, 기회

The **scope** of technology is much broader than that of engineering.
기술의 **영역**은 공학의 영역보다 훨씬 더 넓다.

The country widened the **scope** of its international relations.
그 나라는 국제 관계의 **범위**를 넓혔다.

There is plenty of **scope** for improvement in the project.
그 프로젝트에는 개선의 **여지**가 많다.

0782 ★★★
extent
[ikstént]

ⓝ 1 정도, 범위 ≡ degree 2 넓이, 크기, 규모

The trees, usually in lines, were used to declare the **extent** of their property. ◀기출
그 나무들은 보통 줄지어져 그들 소유지의 **범위**를 나타내는 데 사용되었다.

the **extent** of the museum's collection 박물관의 수집품 **규모**

➕ to some extent 어느 정도는

다의어

0783 ★★
dimension
[diménʃən / dai-]

ⓝ 1 크기, 치수 2 차원 3 관점, 양상

1 The **dimensions** of the room are 8m by 9m by 3m.
그 방의 **크기**는 가로 8미터, 세로 9미터, 높이 3미터이다.

2 Preschoolers confuse temporal and spatial **dimensions**.
◀기출 취학 전 아동들은 시간적 **차원**과 공간적 **차원**을 혼동한다.

3 Traveling adds a new **dimension** to life.
여행은 삶에 새로운 **관점**을 더해 준다

➕ dimensional ⓐ 차원의 | two-dimensional ⓐ 2차원의, 평면의
three-dimensional ⓐ 3차원의, 입체의

다의어

0784 ★★
magnitude
[mǽgnətjùːd]

ⓝ 1 규모 2 중요성 3 (지진) 진도

1 The **magnitude** of the damage is getting bigger.
피해의 **규모**가 더 커지고 있다.

2 We didn't grasp the **magnitude** of the situation.
우리는 상황의 **중요성**을 깨닫지 못했다.

3 an earthquake with a **magnitude** of 2.0
진도 2.0의 지진

넓음 · 강함

0785 ★★
gigantic
[dʒaigǽntik]

ⓐ 거대한   ≡ huge

The pyramids of Giza were created as **gigantic** tombs.
기자의 피라미드들은 **거대한** 무덤으로 만들어졌다.

0786 ★★
massive
[mǽsiv]

ⓐ 1 <mark>거대한, 육중한</mark> 2 대량의, 대규모의

Massive stones were used to build the temple.
거대한 돌덩이들이 그 신전을 짓기 위해 사용되었다.

a **massive** amount of information **대량의** 정보

0787 ★★★
tremendous
[triméndəs]

ⓐ 1 <mark>거대한, 엄청난</mark> ≡ huge   2 굉장한; 훌륭한

A **tremendous** earthquake struck Japan years ago.
거대한 지진이 수년 전에 일본을 강타했다.

That was a **tremendous** idea. **굉장한** 아이디어였어.

0788 ★
spacious
[spéiʃəs]

ⓐ 넓은

The mansion has **spacious**, well-lit rooms.
그 저택에는 햇빛이 잘 드는 **넓은** 방들이 있다.

➕ space ⓝ 공간 | spatial ⓐ 공간의

0789 ★★
extensive
[iksténsiv]

ⓐ 광범위한, 광대한

The artist is known for his **extensive** use of computers in the art-making process. •기출
그 예술가는 예술 작품 제작 과정에서 **광범위한** 컴퓨터 사용으로 유명하다.

➕ extensively ⓐⓓ 광범위하게

0790 ★★★
intense
[inténs]

ⓐ 강렬한, 극심한

The **intense** heat from the fire cracked the windows.
불에서 나오는 **강렬한** 열기가 유리창들에 금이 가게 했다.

feel **intense** pain in the stomach 복부에 **극심한** 통증을 느끼다

➕ intensity ⓝ 강도, 세기 | intensify ⓥ 강렬하게 하다

0791 ★
potent
[póutənt]

ⓐ 강력한, 센   ≡ powerful

Religion can have a **potent** influence on people's behavior.
종교는 사람들의 행동에 **강력한** 영향을 미칠 수 있다.

0792 robust
[roubʌ́st]

ⓐ 원기 왕성한, 강건한, 튼튼한

China has been showing **robust** economic growth.
중국은 **왕성한** 경제 성장을 보여 오고 있다.

the **robust** body of the warrior   전사의 **강건한** 신체

증가 · 강화

0793 enlarge
[enlɑ́:rdʒ]

ⓥ 확대[증대]하다, 넓히다

The company will continue to **enlarge** the production line.
그 회사는 계속해서 생산 라인을 **확대할** 것이다.

enlarge the storage space   저장 공간을 **넓히다**

✛ enlargement ⓝ 확대, 확장

★ 명사나 형용사의 앞 또는 뒤에 접사 en이 붙으면 동사가 된다.
예) endanger, strengthen

0794 enrich
[enrítʃ]

ⓥ 풍요롭게 하다, (내용 · 가치 등을) 높이다

Friendships **enrich** your life and improve your health.
우정은 삶을 **풍요롭게 하고** 건강을 증진시킨다.

✛ enrichment ⓝ 풍요롭게 하기, 질적 향상

0795 magnify
[mǽgnəfài]

ⓥ 확대하다, 증대시키다

A microscope **magnifies** the image of an object.
현미경은 물체의 이미지를 **확대한다.**

✛ magnification ⓝ 1 확대   2 (광학) 배율

0796 amplify
[ǽmpləfài]

ⓥ 1 확대[확장]하다   2 (전기) 증폭하다

We must **amplify** our support for stopping crime.
우리는 범죄 방지에 대한 우리의 지지를 **확대해야** 한다.

Sounds are **amplified** by a microphone.
소리는 마이크로 **증폭된다.**

✛ amplification ⓝ 1 확대   2 증폭 | amplifier ⓝ 증폭기, 앰프

0797 accumulate
[əkjú:mjəlèit]

ⓥ 축적되다; 축적하다, 모으다

Body fat tends to **accumulate** on the hips and thighs.
체지방은 둔부와 대퇴부에 **축적되는** 경향이 있다.

accumulate knowledge and experience   지식과 경험을 **축적하다**

✛ accumulation ⓝ 축적, 누적 | cumulative ⓐ 누적하는, 누적의

0798 ★★
recharge
[ri:tʃɑ́:rdʒ]

Ⓥ 재충전하다

The batteries must be **recharged** for at least 6 hours.
그 배터리는 최소 6시간 동안 **재충전되어야** 한다.

The trip served as the perfect way to **recharge** my batteries.
그 여행은 내가 **재충전하는** 완벽한 방법이 되었다.

➕ recharge one's batteries (원기 회복을 위해) 휴식을 취하다, 재충전하다

➕ rechargeable ⓐ 재충전이 가능한

0799
aggregate
[ǽgrigèit]

Ⓥ 모으다, 집합시키다

An audience **aggregated** as a mass is the most significant metric for broadcasters. 〈기출〉
대규모로 **모인** 청취자는 방송국에게 가장 중요한 측정 기준이다.

➕ aggregation ⓝ 운집, 집합

0800 ★
fortify
[fɔ́:rtəfài]

Ⓥ 1 **튼튼히 하다, 강화하다** 2 요새화하다

With good habits, **fortify** your body against illness.
좋은 습관으로 병에 걸리지 않도록 몸을 **튼튼히 하라**.

fortify a castle against attack   공격을 대비해 섬을 **요새화하다**

➕ fort, fortress ⓝ 요새, 성채 | fortification ⓝ 강화, 요새화

0801 ★★★
enhance
[inhǽns]

Ⓥ (능력·질 등을) 향상시키다, 높이다   ⊜ improve

Science **enhances** our understanding of nature.
과학은 자연에 대한 우리의 이해를 **향상시킨다**.

enhance one's reputation   명성[평판]을 **높이다**

➕ enhancement ⓝ 향상, 증대, 고양

0802 ★★★
strengthen
[stréŋkθən]

Ⓥ 강화하다

R&D **strengthens** the innovative capability and competitiveness of firms.
연구 및 개발은 기업의 혁신 역량과 경쟁력을 **강화한다**.

➕ strength ⓝ 힘, 세기

0803 ★★
complement
Ⓥ [kɑ́mpləmènt]
ⓝ [kɑ́mpləmənt]

Ⓥ 보충[보완]하다   ⓝ 보충(물), 보완(물)

In picture books, words and pictures **complement** and enhance each other. 〈기출 응용〉
그림책에서 글과 그림은 서로를 **보충하고** 향상시킨다.

Music is a good **complement** to silence.
음악은 고요함에 대한 좋은 **보완물**이다.

➕ complementary ⓐ 보충하는, 보완적인

★ cf. compliment(칭찬; 칭찬하다)와 혼동하지 않도록 주의할 것.

0804 ★★ **lessen**
[lésn]

ⓥ 줄다, 줄어들다; 줄이다 ═reduce, decrease

Competition **lessens** when there are fewer competitors.
경쟁자들이 더 적을 때 경쟁은 **줄어든다**.

lessen the burden of tax on companies
기업에 대한 세금 부담을 **줄이다**

0805 ★★★ **diminish**
[dimíniʃ]

ⓥ 1 줄다, 작아지다 2 폄하하다, 깎아내리다

The sense of community is therefore **diminishing**. ◀기출
따라서 공동체 의식이 **줄어들고** 있다.

diminish others' achievements 다른 사람들의 성취를 **폄하하다**

0806 ★ **dwindle**
[dwíndl]

ⓥ 점점 줄다, 감소되다

My monthly income **dwindled** from about $2,000 to $200.
나의 월 소득이 2천 달러에서 2백 달러로 **점점 줄었다**.

✚ dwindling ⓐ (점차) 줄어드는

0807 ★★ **shrink**
[ʃriŋk]
shrink-shrank/shrunk-
shrunk

ⓥ 줄다; 위축되다

My sweater **shrank** in the wash.
세탁했더니 내 스웨터가 **줄었다**.

Recessions occur when economic activities **shrink**.
경제 활동이 **줄어들** 때 경기 침체가 일어난다.

★ 숙어로 '정신과 의사'라는 의미도 있다.

0808 **curtail**
[kəːrtéil]

ⓥ 삭감하다, 단축하다 ═cut

The government **curtailed** spending on space research.
정부는 우주 연구에 대한 지출을 **삭감했다**.

Organizers **curtailed** the event on safety grounds.
주최 측은 안전상의 이유로 행사를 **단축했다**.

✚ curtailment ⓝ 줄임, 단축, 삭감

0809 ★ **undermine**
[ʌ̀ndərmáin]

ⓥ 손상시키다, 약화시키다

Too much emotional language **undermines** your authority.
너무 과한 감정적 언어는 당신의 권위를 **손상시킨다**.

0810 ★ **aggravate**
[ǽɡrəvèit]

ⓥ 악화시키다 ═worsen ↔improve 향상시키다

Stress **aggravates** many skin diseases, including acne.
스트레스는 여드름을 포함하여 여러 피부병을 **악화시킨다**.

✚ aggravation ⓝ 악화, 격화

DAILY CHECK-UP

학습 Check	본문 학습	MP3 듣기	Daily Check-up	누적 테스트 Days 26-27

A 빈칸에 알맞은 우리말 또는 영어 단어를 써넣으시오.

> 1 _____ 정도, 범위; 넓이, 크기   2 _____ dimension

넓음 · 강함

3 _____ gigantic

4 _____ 거대한; 대량의

5 _____ tremendous

6 _____ 넓은

7 _____ extensive

8 _____ 강렬한, 극심한

9 _____ potent

10 _____ 원기 왕성한, 강건한

증가 · 강화

11 _____ enlarge

12 _____ 확대하다, 증대시키다

13 _____ amplify

14 _____ 튼튼히 하다; 요새화하다

15 _____ aggregate

16 s_____ 강화하다

17 _____ enhance

18 _____ 보충하다; 보완(물)

감소 · 약화

19 _____ lessen

20 _____ 줄다; 평하하다

21 _____ dwindle

22 _____ 삭감하다, 단축하다

23 _____ shrink

24 _____ 악화시키다

B 문장의 빈칸에 알맞은 말을 보기에서 골라 쓰시오.

> recharged   enrich   scope   undermines   accumulate   magnitude

1 The _____ of the damage is getting bigger.

2 Body fat tends to _____ on the hips and thighs.

3 The batteries must be _____ for at least 6 hours.

4 Friendships _____ your life and improve your health.

5 Too much emotional language _____ your authority.

6 The _____ of technology is much broader than that of engineering.

DAY 28 물리적 속성

☑ **MUST-KNOW WORDS**

weakness 약함　　**firm** 단단한　　**harden** 굳다; 굳히다　　**soften** 부드러워지다; 부드럽게 하다

tender 부드러운　　**surface** 표면　　**similarity** 비슷함, 유사성　　**motion** 움직임

단단한 정도

★
0811 **fragile**
[frǽdʒəl / -dʒail]

ⓐ 연약한, 망가지기 쉬운

Her skin is as **fragile** as a butterfly's wings.
그녀의 피부는 나비의 날개만큼이나 **연약하다**.

➕ fragility ⓝ 연약함, 허약

★ cf. frail ⓐ (체질이) 허약한; 연약한 | vulnerable ⓐ 상처받기 쉬운

★★
0812 **delicate**
[délikət]

ⓐ 1 섬세한　2 가냘픈, 연약한

The gold ring has **delicate** designs carved on it.
그 금반지에는 **섬세한** 도안이 새겨져 있다.

the **delicate** petals of a tulip　튤립의 **가냘픈** 꽃잎

➕ delicacy ⓝ 1 섬세함　2 연약함

0813 **feeble**
[fíːbl]

ⓐ 기력이 없는, 연약한

The old man was **feeble** and could no longer earn a living.
그 노인은 **기력이 없었고** 더 이상 생계를 꾸릴 수 없었다.

영영 physically weak because one is old or ill

0814 **brittle**
[brítl]

ⓐ 부서지기[깨지기] 쉬운

The rock became **brittle** and cracked eventually.
그 바위는 **부서지기 쉬워졌고** 급기야 쪼개졌다.

★
0815 **sturdy**
[stə́ːrdi]

ⓐ 튼튼한, 억센, 건장한

The stool is **sturdy** enough to support an adult.
그 의자는 어른을 지탱할 만큼 **튼튼하다**.

The athlete has a **sturdy** build.
그 운동선수는 **튼튼한** 체격을 가졌다.

0816 stout
[staut]

ⓐ 1 (사람이) 건장한, 살집 있는 　 2 (물건이) 튼튼한, 억센

The hunter was a **stout** man with a thick black beard.
사냥꾼은 짙은 검은색 턱수염을 기른 **건장한** 남자였다.

a **stout** stick　**튼튼한** 지팡이

0817 cohesive
[kouhíːsiv]

ⓐ 1 점착력이 있는 　 2 결합력 있는, 단결된

The glue formed a **cohesive** bond between the two pieces of wood.
그 접착제는 두 나무 조각을 **단단히 결합**시켰다.

The team worked as a **cohesive** unit.
그 팀은 **단결된** 조직처럼 일했다.

0818 flexible
[fléksəbl]

ⓐ 1 유연성이 있는
2 융통성이 있는　↔ rigid, inflexible 엄격한, 융통성이 없는

Most fishing rods are **flexible**, light, and hard.
대부분의 낚싯대는 **유연성이 있고** 가벼우며 단단하다.

Bazaar economies feature an apparently **flexible** price-setting mechanism. 기출
시장(장터) 경제는 겉보기에 **융통성 있는** 가격 책정 구조를 특징으로 한다.

➕ **flexibility** ⓝ 1 유연성　2 융통성

0819 elastic
[ilǽstik]

ⓐ 탄력(성)이 있는

Natural rubber is an **elastic** substance.
천연 고무는 **탄력성이 있는** 물질이다.

➕ **elasticity** ⓝ 탄력, 신축성

0820 rigidity
[ridʒídəti]

ⓝ 1 단단함 　 2 엄격함, 엄중함

Metal frames give **rigidity** to a structure.
금속 골조는 구조물을 **단단하게** 만든다.

the **rigidity** of legal systems　법률 제도의 **엄중함**

➕ **rigid** ⓐ 1 단단한　2 엄격한

표면

0821 slippery
[slípəri]

ⓐ 미끄러운, 미끈거리는

Watch Your Step. Rocks Are **Slippery**. 기출
발밑을 조심하세요. 바위가 **미끄럽습니다**. (표지판)

➕ **slip** ⓥ 미끄러지다

adhere
[ədhíər]

ⓥ 1 부착되다, 들러붙다(to)   2 고수하다(to)

Scotch tape **adheres** well to a variety of surfaces.
스카치테이프는 다양한 표면에 잘 **부착된다**.

adhere to the rules 규칙을 **고수하다**

+ adherence ⓝ 1 부착 2 고수 | adhesion ⓝ 접착력
  adhesive ⓐ 접착성의 ⓝ 접착제

★★
0823
detach
[ditǽtʃ]

ⓥ 분리하다, 떼어내다 ↔attach 붙이다

Many Americans feel **detached** from most others. 〔기출〕
많은 미국인은 다른 사람들 대다수와 **동떨어져 있다고** 느낀다.

detach the hood from the jacket
재킷에서 후드(모자)를 **떼어내다**

+ detachment ⓝ 분리, 이탈

★
0824
transparent
[trænspéərənt]

ⓐ 투명한 ↔opaque 불투명한

Ordinary window glass is **transparent** to visible light.
보통의 유리창은 가시광선에 **투명하다**.

The government should be **transparent** and open to the
public. 정부는 **투명하고** 국민에게 열려있어야 한다.

+ transparency ⓝ 투명(성)

★
0825
blur
[blə:r]

ⓥ 흐릿해지다; 흐리다 **ⓝ** 흐릿한 것

The rain **blurred** the view outside the window.
비가 창밖의 풍경을 **흐리게 했다**.

Without my glasses, everything is just a **blur**.
안경이 없으면 모든 것이 그냥 **흐릿하게** 보인다.

★★★
0826
superficial
[sùːpərfíʃəl]

ⓐ 1 피상적인, 얄팍한   2 표면(상)의, 외면의

Superficial understanding is not enough.
피상적인 이해만으로는 충분치 않다.

Despite the similarity of their **superficial** appearance, the
two brothers are very different.
표면적인 외모의 비슷함에도 불구하고, 그 두 형제는 매우 다르다.

0827
peripheral
[pərífərəl]

ⓐ 주변적인, 지엽적인

She noticed a strange movement in her **peripheral** vision.
그녀는 **주변** 시야에서 이상한 움직임을 감지했다.

peripheral devices like keyboards and mice
키보드와 마우스와 같은 **주변** 기기

0828 ★★★ **identical**
[aidéntikəl]

ⓐ 동일한, 똑같은

Genetic engineering has resulted in distributing many **identical** animals or plants. 〈기출〉
유전 공학은 많은 **동일한** 동식물을 퍼뜨리는 결과를 낳았다.

identical twins **일란성** 쌍둥이

0829 **homogeneous**
[hòumədʒíːniəs]

ⓐ 단일의, 동종[동질]의

No nation-state is founded on a **homogeneous** ethnic group.
어떤 국가도 **단일** 민족 집단으로 세워지지 않는다.

✚ homogeneity ⓝ 동종(성), 동질(성)
★ homo-는 '같은'이라는 뜻, hetero-는 '다른'이라는 뜻의 접두사이다.
   cf. heterogeneous 이종의, 이질의

0830 ★ **equivalent**
[ikwívələnt]

ⓐ 같은, 등가의; 상당하는

The two proverbs are **equivalent** in meaning.
그 두 속담은 의미에 있어서 **같다**.

✚ equivalence ⓝ 같음, 등가, 동량

0831 ★ **analogy**
[ənǽlədʒi]

ⓝ 비유, 유사(점), 유추

You can draw an **analogy** between football and war.
축구와 전쟁 사이에서 **유사점**을 끌어낼 수 있다.

✚ analogous ⓐ 유사한

0832 **resemblance**
[rizémbləns]

ⓝ 유사(점), 닮음

There is a striking **resemblance** between the two sisters.
그 두 자매는 뚜렷하게 **닮았다**.

✚ resemble ⓥ ~와 유사하다, 닮다

0833 ★ **parallel**
[pǽrəlèl]

ⓐ 1 유사한 2 평행하는 ⓥ 1 ~와 유사하다 2 ~에 필적하다
ⓝ 유사점

a. 1 His career was **parallel** to that of his father's.
     그의 경력은 부친의 경력과 **유사했다**.

   2 In the experiment, two toy cars were running on **parallel** tracks. 〈기출〉
     그 실험에서 두 대의 장난감 자동차가 **평행하는** 트랙을 달리고 있었다.

v. 1 Their healthcare system **parallels** our own.
     그들의 의료 시스템은 우리 것과 **유사하다**.

   2 No one can **parallel** him in knowledge of movies.
     영화에 관한 지식에서 그에 **필적할** 사람은 없다.

n. the **parallels** between brains and computers
   뇌와 컴퓨터의 **유사점**

0834 **coincidence**
[kouínsədəns]

ⓝ (우연의) 일치, 동시 발생

By **coincidence**, we both aimed for the same university.
우연의 일치로 우리 둘은 같은 대학교를 목표로 했다.

➕ coincide ⓥ 동시에 일어나다

0835 **synchronize**
[síŋkrənàiz]

ⓥ 동시성을 가지다, 동시에 발생하다

The sound on a film must **synchronize** with the action.
영화에서 음향은 동작과 **동시성을 가져야** 한다.

➕ synchronized swimming 싱크로나이즈드 스위밍, 수중 발레

➕ synchronization ⓝ 동시에 하기, 동기화

움직임 · 위치

0836 **static**
[stǽtik]

ⓐ 고정된, 정적인

Far from being **static**, the environment is constantly changing. ◀기출▶
결코 **정적이지** 않고, 환경은 끊임없이 변하고 있다.

➕ static electricity 정전기

0837 **stationary**
[stéiʃənèri]

ⓐ 움직이지 않는, 정지한

A **stationary** target is easy to aim at.
움직이지 않는 표적은 겨냥하기 쉽다.

★ 철자와 발음이 비슷한 stationery(문방구, 문구)와 혼동하지 않도록 주의할 것.

0838 **stagnant**
[stǽgnənt]

ⓐ (물·공기가) 고여 있는; 침체된

The **stagnant** water in the pool began to smell unpleasant.
웅덩이의 **고여 있는** 물은 불쾌한 냄새가 나기 시작했다.

stagnant job market **침체된** 취업 시장

0839 **tangible**
[tǽndʒəbl]

ⓐ 유형적인; 명백한 ⟷ intangible 무형적인

tangible assets like buildings 건물과 같은 **유형** 자산
Without **tangible** evidence, I can't believe your story.
명백한 증거가 없으면, 나는 너의 이야기를 믿을 수 없어.

0840 **volatile**
[válətil]

ⓐ 1 변동하는, 변덕스러운 2 휘발성의

Oil prices were very **volatile** in 2016, showing a drop of 17% in annual average.
석유 가격은 2016년에 **변동성이 심했는데**, 연평균 17% 하락했다.

a **volatile** organic compound **휘발성** 유기 화합물

DAILY CHECK-UP

A 빈칸에 알맞은 우리말 또는 영어 단어를 써넣으시오.

물리적 속성

단단한 정도

1 _____
연약한, 망가지기 쉬운

2 _____
feeble

3 _____
튼튼한, 억센

4 _____
stout

5 _____
점착력이 있는; 단결된

6 _____
flexible

7 _____
탄력(성)이 있는

8 _____
rigidity

표면

9 _____
slippery

10 _____
분리하다, 떼어내다

11 _____
transparent

12 _____
흐릿해지다; 흐릿한 것

13 _____
superficial

14 _____
주변적인, 지엽적인

유사성

15 _____
identical

16 _____
단일의, 동종의

17 _____
equivalent

18 _____
유사한; ~와 유사하다

19 _____
resemblance

20 _____
동시성을 가지다

움직임·위치

21 _____
stationary

22 _____
고여 있는; 침체된

23 _____
tangible

24 _____
변동하는; 휘발성의

B 문장의 빈칸에 알맞은 말을 보기에서 골라 쓰시오.

| static   delice   analogy   adheres   brittle   coincidence |

1 The gold ring has _____ designs carved on it.

2 Scotch tape _____ well to a variety of surfaces.

3 The rock became _____ and cracked eventually.

4 By _____, we both aimed for the same university.

5 You can draw a(n) _____ between football and war.

6 Far from being _____, the environment is constantly changing.

DAY 29 상황적 특성

✔ **MUST-KNOW WORDS**

continue 계속하다	lasting 오래 지속되는	never-ending 끝없는	temporary 일시적인
clarity 명료성, 명확성	obvious 명백한, 명료한	chaos 혼란	confusing 헷갈리는

항상성

0841 persistent
[pərsístənt]

ⓐ 끈질긴; 지속적인, 계속적인

Persistent pesticides can damage non-target organisms in the ecosystem. 〈기출〉
지속적인 농약은 생태계에 있는 표적이 아닌 유기체를 손상할 수 있다.

╋ persist ⓥ 고집하다; 지속하다 ｜ persistence ⓝ 지속, 끈덕짐

0842 consistent
[kənsístənt]

ⓐ 1 일관된 2 일치되는   ↔ inconsistent 모순되는, 일관성 없는

There should be **consistent** rules for all members.
모든 구성원들을 위한 **일관된** 규칙이 있어야 한다.

a manner **consistent** with broader social values 〈기출〉
더 넓은 사회적 가치와 **일치하는** 방식

➕ be consistent with ~: ~와 일치하다

╋ consistency ⓝ 일관성 ｜ consistently ⓐⓓ 한결같이

0843 continuity
[kὰntənjúːəti]

ⓝ 연속(성)

Leaders need to find a balance between **continuity** and change for team members. 〈기출〉
지도자는 팀 구성원들을 위해 **연속성**과 변화 사이의 균형을 찾을 필요가 있다.

╋ continue ⓥ 계속하다 ｜ continuing ⓐ 계속적인
continuous ⓐ 연속의, 지속의 ｜ continuously ⓐⓓ 끊임없이

0844 permanent
[pə́ːrmənənt]

ⓐ 영구적인, 불변의   ↔ temporary 일시적인

At times, noise may lead to the **permanent** loss of hearing.
때때로 소음은 **영구적인** 청력 상실로 이어질 수 있다.

╋ permanently ⓐⓓ 영구적으로, 영원히

0845 eternal
[itə́ːrnəl]

ⓐ 영구[영원]한, 불멸의

We all long for **eternal** peace of mind.
우리 모두는 **영원한** 마음의 평화를 갈망한다.

╋ eternity ⓝ 영원, 무궁

0846 ★
perpetual
[pərpétʃuəl]

ⓐ 영속하는, 끊임없는 = continuous

The Earth is in **perpetual** motion around the sun.
지구는 태양 주위를 도는 **영속적인** 운동을 한다.

영영 continuing all the time without changing or stopping

✚ perpetuate ⓥ 영속시키다 | perpetuation ⓝ 영구화

0847 ★★
stability
[stəbíləti]

ⓝ 안정; 안정성 ↔ instability 불안정(성)

Good weather increases the **stability** of crop production.
좋은 날씨는 곡물 생산의 **안정성**을 증가시킨다.

✚ stable ⓐ 안정된(↔ unstable 불안정한)

0848 ★
equilibrium
[ì:kwəlíbriəm]

ⓝ 균형, 평형 상태

We need an **equilibrium** between our rights and duties.
우리는 권리와 의무 사이의 **균형**이 필요하다.

Equilibrium is reached when both price and quantity sold cease to change. ◀기출 응용
평형 상태는 가격과 판매량이 모두 변하는 것을 멈출 때 도달한다.

0849 ★★★
universal
[jù:nəvə́:rsəl]

ⓐ 보편적인; 전 세계적인

In ancient times, there was a **universal** belief in magic.
고대에는 마법에 대한 **보편적인** 믿음이 있었다.

free **universal** health care 보편적 무상 의료

✚ universality ⓝ 보편(타당)성, 일반성 | universe ⓝ 우주

0850 ★
ubiquitous
[ju:bíkwətəs]

ⓐ 흔히 볼 수 있는, 도처에 있는

Skyscrapers are becoming increasingly **ubiquitous**.
초고층 건물이 점점 더 **흔히 볼 수 있어**지고 있다.

영영 seeming to be everywhere

✚ ubiquitously ⓐⓓ 어디든지, 도처에 | ubiquity ⓝ 도처에 있음, 편재

즉흥 · 불확실성

0851 ★
instantaneous
[ìnstəntéiniəs]

ⓐ 즉각적인, 즉시의; 순간의

Fear is an **instantaneous** reaction to a threat.
두려움은 위협에 대한 **즉각적인** 반응이다.

✚ instant ⓐ 1 즉각적인 2 인스턴트의, 즉석의 ⓝ 순간, 즉시

★ cf. instance 예, 사례, 경우

0852 ★

mobility
[moubíləti]

ⓝ 이동성, 가동성

Mobility flows have become a key dynamic of urbanization. 기출
이동성의 흐름은 도시화의 핵심 역학이 되었다.

✚ mobile ⓐ 이동의, 움직이는 | mobilize ⓥ 동원하다

0853 ★

fluctuate
[flʌ́ktʃuèit]

ⓥ 오르내리다, 변동하다 ⸗ vary

Temperatures **fluctuate** between day and night.
기온은 낮과 밤 사이에 **오르내린다**.

✚ fluctuation ⓝ 오르내림, 변동

0854 ★★

occasional
[əkéiʒənəl]

ⓐ 가끔씩의, 때때로의

It will stay cloudy, and **occasional** rainfall will still be possible.
날씨가 계속 흐릴 것이며 **때때로** 비가 여전히 올 가능성이 있다.

✚ occasion ⓝ 1 경우, 때 2 (특별) 행사 | occasionally ⓐⓓ 가끔, 때때로

0855 ★★

ambiguous
[æmbígjuəs]

ⓐ 애매[모호]한, 분명하지 않은

The evidence must not be **ambiguous**; it must be clear.
증거가 **애매해서는** 안 되며, 분명해야 한다.

✚ ambiguity ⓝ 애매함, 모호함

0856

vagueness
[véignis]

ⓝ 막연함, 애매함, 어렴풋함

Excessive generality causes chaos and **vagueness**. 기출
과도한 일반론은 혼란과 **막연함**을 초래한다.

✚ vague ⓐ 희미한, 모호한

0857 ★★

obscure
[əbskjúər]

ⓥ 모호하게 하다 ⓐ 불명료한, 모호한

Too much information may **obscure** your message.
너무 많은 정보는 여러분의 메시지를 **모호하게 할** 수 있다.

Asking **obscure** questions will lead to wrong answers.
불명료한 질문을 하면 잘못된 답변으로 이어질 것이다.

✚ obscurity ⓝ 불명료함, 애매함

0858 ★★

perish
[périʃ]

ⓥ 1 죽다 2 멸망하다

perish because of lack of food 식량 부족으로 **죽다**
The Western Roman Empire **perished** in 476.
서로마 제국은 476년에 **멸망했다**.

0859 alternate

ⓥ [ɔ́ːltərnèit]
ⓐ [ɔ́ːltərnit]

ⓥ 번갈아 일어나다
ⓐ 1 번갈아 하는, 교대의 2 하나 걸러서의

v. Rain and sun **alternate** during rainy seasons.
장마철에는 비가 오고 햇빛이 나는 일이 **번갈아 일어난다**.

a. 1 **alternate** layers of cheese and potatoes
치즈와 감자가 **번갈아** 겹겹이 놓인 것

2 The art gallery is open to the public only on **alternate** days.
그 미술관은 **하루 걸러서**만 대중에게 개방된다.

+ alternation ⓝ 교대, 번갈아 일어남

진행성 · 확실성

0860 ongoing

[ángòuiŋ]

ⓐ 계속되는, 진행 중의

Scientific progress is the **ongoing** process of achieving ever greater precision. 기출
과학적 진보는 이전보다 더 큰 정밀함을 성취해 나가는 **계속되는** 과정이다.

0861 prosper

[práspər]

ⓥ 번영하다, 번창하다, 번성하다

Those who work hard will **prosper** and be satisfied.
열심히 일하는 사람들이 **번영하고** 만족할 것이다.

+ prosperous ⓐ 번영하는, 성공한 | prosperity ⓝ 번영, 번창, 융성

0862 flourish

[fláːriʃ]

ⓥ 번영[번성]하다; (식물이) 잘 자라다, 우거지다 = thrive

Renaissance art **flourished** in Florence, Italy.
르네상스 예술은 이탈리아의 플로렌스[피렌체]에서 **번영했다**.

0863 thrive

[θraiv]

ⓥ 번성하다, 번창하다; 잘 자라다

Online stores are **thriving** as more people shop from home.
더 많은 사람들이 집에서 쇼핑을 하면서 온라인 상점이 **번성하고 있다**.

+ thriving ⓐ 왕성하게 자라는; 번영하는

0864 proliferate

[proulífərèit]

ⓥ 급증하다, (빠르게) 확산되다; 번식하다

False information can **proliferate** quickly on social media.
잘못된 정보가 소셜 미디어에서 급속히 **확산될** 수 있다.

Bacteria **proliferate** in warm and humid conditions.
박테리아는 따뜻하고 습한 환경에서 **번식한다**.

0865 overt
[óuvə:rt]

ⓐ 공공연한, 명백한 ↔covert 은밀한, 암암리의

Their actions were **overt** or covert depending on the goal.
그들의 행동은 목표에 따라 **드러나기도** 하고 숨겨지기도 했다.

0866 compelling
[kəmpéliŋ]

ⓐ 설득력 있는, 강력한

give a **compelling** argument **강력한** 주장을 하다
There is a **compelling** need to act quickly during the crisis.
위기 동안 신속하게 행동해야 할 **강력한** 필요성이 있다.

0867 vigorous
[vígərəs]

ⓐ 1 활발한, 격렬한 2 원기 왕성한

Vigorous exercise is good for almost every part of the body.
활발한 운동은 몸의 거의 모든 부분에 좋다.

He is a **vigorous** old man, looking much younger than his age.
그는 **원기 왕성한** 노인으로, 나이보다 훨씬 젊어 보인다.

✚ vigor ⓝ 힘, 활력

0868 conspicuous
[kənspíkjuəs]

ⓐ 1 눈에 잘 띄는, 잘 보이는 2 두드러진, 현저한

The **conspicuous** road signs make it easy to get directions.
눈에 잘 띄는 도로 표지판들이 있어 길 찾기가 쉽다.

conspicuous achievement **두드러진** 업적[성취]

★ con(완전히) + spicuous(보이다)

0869 spontaneous
[spɑntéiniəs]

ⓐ 자발적인, 자연히 일어나는

spontaneous participation in discussion **자발적인** 토론 참여
Love should be **spontaneous**, not planned.
사랑은 **자연스럽게 일어나야** 하며, 계획되어서는 안 된다.

✚ spontaneity ⓝ 자연스러움, 자발성

0870 simultaneous
[sàiməltéiniəs]

ⓐ 동시에 일어나는, 동시의

The breaststroke requires **simultaneous** movements of the arms.
평영은 두 팔의 **동시** 동작을 필요로 한다.

simultaneous interpretation **동시** 통역

✚ simultaneously ⓐⓓ 동시에

★ cf. at the same time 동시에

DAILY CHECK-UP

A 빈칸에 알맞은 우리말 또는 영어 단어를 써넣으시오.

상황적 특성

항상성

1 _____ persistent
2 _____ 연속(성)
3 _____ permanent
4 _____ 영원한, 불멸의
5 _____ perpetual
6 _____ 안정; 안정성
7 _____ universal
8 _____ 흔히 볼 수 있는

즉흥 · 불확실성

9 _____ instantaneous
10 _____ 이동성, 가동성
11 _____ fluctuate
12 _____ 가끔씩의, 때때로의
13 _____ vagueness
14 _____ 모호하게 하다; 모호한
15 _____ perish
16 _____ 번갈아 일어나다; 교대의

진행성 · 확실성

17 _____ 계속되는, 진행 중의
18 _____ prosper
19 _____ thrive
20 _____ 급증하다, 확산되다
21 _____ overt
22 _____ 설득력 있는, 강력한
23 _____ conspicuous
24 _____ 자발적인

B 문장의 빈칸에 알맞은 말을 보기에서 골라 쓰시오.

equilibrium	vigorous	flourished	consistent	ambiguous	simultaneous

1 Renaissance art _____ in Florence, Italy.

2 There should be _____ rules for all members.

3 The evidence must not be _____; it must be clear.

4 The breaststroke requires _____ movements of the arms.

5 _____ exercise is good for almost every part of the body.

6 _____ is reached when both price and quantity sold cease to change.

PLAN 6

✅ MUST-KNOW WORDS

excellent 훌륭한	ordinary 평범한, 보통의	impressive 인상적인	intensive 집중적인
exact 정확한	correct 정확한; 바로잡다	precise 정확한	particular 특정한

탁월함 · 복잡함

★
0871 spectacle
[spéktəkl]

ⓝ 장관, 구경거리

The Independence Day fireworks show was quite a **spectacle**.
독립 기념일 불꽃놀이 쇼는 정말 **장관**이었다.

➕ spectacular ⓐ 구경거리의, 장관의 ┃ spectator ⓝ 관중, 구경꾼

★★
0872 magnificent
[mægnífəsənt]

ⓐ 장대한, 웅장한

Our tour offers a **magnificent** view of Niagara Falls.
저희 관광은 나이아가라 폭포의 **장대한** 풍경을 제공합니다.

➕ magnificence ⓝ 장대함, 장엄함 ┃ magnify ⓥ 확대하다

★
0873 splendid
[spléndid]

ⓐ 좋은, 훌륭한; 멋진, 근사한

What a **splendid** day for a picnic at the beach!
해변에서 소풍하기에 정말 **훌륭한** 날이야!

Suddenly, a **splendid** idea came into my head.
갑자기 **멋진** 생각이 내 머릿속에 떠올랐다.

★★
0874 extraordinary
[ikstrɔ́:rdənèri]

ⓐ 1 기이한, 놀라운 2 비상한, 비범한 ＝ incredible

Climate change reveals itself as a series of **extraordinary** events. 기출
기후 변화는 일련의 **기이한** 사건들로 드러난다.

Dogs have an **extraordinary** sense of smell.
개는 **비범한** 후각을 갖고 있다.

★ extra(특별한, 대단한) + ordinary(평범한)

0875 salient
[séiliənt]

ⓐ 현저한, 두드러진 ＝ outstanding

Human judgement is easily influenced by particularly **salient** considerations. 기출
인간의 판단은 특히 **두드러진** 고려사항에 쉽게 영향을 받는다.

➕ salience ⓝ 두드러짐, 특징

다의어

0876 brilliant ★★
[bríljənt]

ⓐ 1 눈부신, 찬란한 2 뛰어난, 훌륭한 3 총명한

1 The **brilliant** gems were shining as stars.
눈부신 보석들이 별처럼 빛나고 있었다.

2 create a **brilliant** business plan 기출
뛰어난 사업 계획을 작성하다

3 a **brilliant** student with all A's
전 과목 A 학점을 받은 **총명한** 학생

0877 complicated ★★★
[kámplikèitid]

ⓐ 복잡한 ⊜ complex ⟷ simple 단순한

Building the canal presented a **complicated** engineering problem. 기출
그 운하를 건설하는 것은 **복잡한** 공학적 문제를 제기했다.

0878 sophisticated ★★
[səfístəkòitid]

ⓐ 1 정교한, 복잡한 2 세련된

The human visual system is a very **sophisticated** device.
인간의 시각 체계는 매우 **정교한** 장치이다.

a **sophisticated** fashion style **세련된** 패션 스타일

➕ sophistication ⓝ 정교함, 복잡함

0879 intricate ★
[íntrəkit]

ⓐ 복잡한, 뒤얽힌 ⊜ complicated

The human body is like a highly **intricate** machine.
인간의 신체는 매우 **복잡한** 기계와 같다.

0880 elaborate ★★★
ⓐ [ilǽbərit]
ⓥ [ilǽbərèit]

ⓐ 공들인, 정교한 ⓥ 정교하게 만들다

prepare a very **elaborate** meal 아주 **정성 들인** 식사를 준비하다
We need to **elaborate** our plan further.
우리는 계획을 더욱 **정교하게 만들** 필요가 있다.

정확성 · 일관성

0881 concise
[kənsáis]

ⓐ 간결한, 간명한 ⊜ brief

The guide provides a clear and **concise** description of what is expected. 기출 응용
그 지침은 무엇이 기대되는가에 대한 명확하고 **간결한** 설명을 제공한다.

0882 succinct
[səksíŋkt]

ⓐ 간결한, 간단명료한

An opinion paper should be **succinct** and focused on a particular topic.
소견서는 **간결하면서** 특정 주제에 중점을 두어야 한다.

0883 **precision**
[prisíʒən]

ⓝ 정확(성), 정밀(성)

The **precision** of weather prediction was extremely low.
날씨 예측의 **정확성**은 극히 낮았다.

➕ precise ⓐ 정확한, 정밀한 | precisely ⓐⓓ 정확히

0884 **accuracy**
[ǽkjərəsi]

ⓝ 정확(도), 정밀(도) ↔ inaccuracy 부정확

The **accuracy** of this experiment depends on many factors, including good technique.
이 실험의 **정확도**는 좋은 기술을 포함한 여러 요인에 달려 있다.

➕ accurate ⓐ 정확한, 정밀한 | accurately ⓐⓓ 정확하게

0885 **coherent**
[kouhíərənt]

ⓐ 통일성 있는, 논리[조리] 정연한

Coherent writing requires concentration and focus.
통일성 있는 글은 집중과 초점을 필요로 한다.

She gave a **coherent** summary of the events.
그녀는 그 사건들을 **조리 있게** 요약했다.

➕ coherence ⓝ 통일성, 응집성 | cohesion ⓝ 결합; 응집력

0886 **thorough**
[θə́:rou]

ⓐ 철저한, 완전한

Do you have a **thorough** understanding of your organization's objectives? 기출
여러분은 여러분 단체의 목표에 대한 **철저한** 이해를 하고 있는가?

➕ thoroughly ⓐⓓ 철저히

★ 철자가 유사한 through(~을 통해)나 though(~에도 불구하고)와 혼동하지 않도록 주의할 것.

0887 **specific**
[spisífik]

ⓐ 1 특정한 ＝ particular ↔ general 일반적인   2 구체적인, 명확한

The fund can only be used for a **specific** purpose.
그 기금은 오직 **특정한** 목적에만 사용될 수 있다.

Questions should be **specific**, not vague.
질문은 **구체적이어야** 하며, 막연해서는 안 된다.

➕ specify ⓥ 구체적으로 말하다[쓰다]

0888 **peculiar**
[pikjú:ljər]

ⓐ 특이한, 독특한

Garlic has a **peculiar** taste and smell.
마늘은 **특이한** 맛과 냄새를 가지고 있다.

➕ peculiarity ⓝ 특이함, 특색

0889 ★

sheer

[ʃiər]

ⓐ 1 순전한   2 순수한

The branch of the tree broke with the **sheer** weight of the fruit. 그 나무의 가지는 **순전한** 과실의 무게로 부러졌다.

the **sheer** delight and beauty of classical ballet
고전 발레의 **순수한** 즐거움과 아름다움

부정적 어휘

0890

absurdity

[əbsə́ːrdəti]

ⓝ 어리석음, 불합리

I do not understand the **absurdity** of risking death.
나는 죽음을 무릅쓰는 **어리석음**을 이해하지 못한다.

➕ absurd ⓐ 어리석은, 불합리한

0891 ★★

ridiculous

[ridíkjələs]

ⓐ 우스꽝스러운, 터무니없는

Everyone in the room laughed at her **ridiculous** dress.
방에 있던 모든 이가 그녀의 **우스꽝스러운** 드레스에 웃음을 터뜨렸다.

a **ridiculous** idea **터무니없는** 생각

➕ ridicule ⓝ 비웃음, 조소 ⓥ 비웃다, 조소하다

0892 ★★

abrupt

[əbrʌ́pt]

ⓐ 1 느닷없는, 갑작스러운   2 퉁명스러운

The president's **abrupt** retirement was due to his health issues.
회장의 **갑작스러운** 퇴직은 건강 문제 때문이었다.

an **abrupt** response **퉁명스러운** 대답

반의어

0893 ★★★

external

[ikstə́ːrnəl]

ⓐ 외부의, 밖의

Both art and science are involved in describing the **external** world.
예술과 과학 둘 다 **외부** 세계를 기술하는 데 관련이 있다.

➕ externalize ⓥ 외면화[표면화]하다

★ ex-는 '밖으로, 밖의'를 의미하는 접두사이다.   예) exterior 외부(의)

0894 ★★★

internal

[intə́ːrnəl]

ⓐ 1 내부의, 안의   2 (의약) 내복용의

Civil wars are defined as **internal** conflicts within a state.
내전은 한 국가 내에서의 **내부적** 갈등으로 정의된다.

drugs for **internal** use **내복약**

➕ internalize ⓥ 내면화하다

0895 ★
shallow
[ʃǽlou]

ⓐ 1 얕은 ⟷ deep 깊은 2 피상적인 ⸗ superficial

Huge ships cannot travel on **shallow** rivers.
거대한 선박들은 **얕은** 하천에서 이동할 수 없다.

the danger of **shallow** understanding
피상적인 이해의 위험성

0896 ★★★
profound
[prəfáund]

ⓐ 1 지대한, 엄청난 2 깊은, 심오한 ⸗ deep

Education has **profound** effects on individual earnings.
교육은 개인의 소득에 **지대한** 영향을 미친다.

feel a **profound** sense of guilt **깊은** 죄책감을 느끼다

a **profound** question **심오한** 질문

0897 ★★★
superior
[səpíəriər]

ⓐ 우월한, 우수한, 우위의(to) ⓝ 상관, 상급자

Knowing the information, he may feel **superior** to those who
do not know it. ⟨기출 응용⟩
그 정보를 알기에, 그는 그것을 모르는 사람들보다 **우월하다고** 느낄 수 있을 것이다.

Your boss is your **superior**.
여러분의 고용주는 여러분의 **상관**이다.

＋ superiority ⓝ 우월함, 우위

0898 ★★
inferior
[infíəriər]

ⓐ 열등한, 하위의, 하등의(to) ⓝ 후배, 하급자

Those restrictions make green products **inferior** to
mainstream products. ⟨기출 응용⟩
그러한 제한은 친환경 상품을 주류 상품보다 **열등하게** 만든다.

I was in an **inferior** position within the company.
나는 회사 내에서 **하위** 직책에 있었다.

＋ inferiority ⓝ 열등함, 열세

0899
exquisite
[ikskwízit]

ⓐ 정교한, 절묘한; 매우 아름다운

Golf requires **exquisite** control and a perfect lack of tension.
골프는 **정교한** 제어와 완벽한 긴장 부재를 요한다.

0900 ★
crude
[kru:d]

ⓐ 1 천연 그대로의; 가공하지 않은 2 대충의, 미완성의

Crude oil is processed to produce gasoline and other fuels.
원유는 휘발유 및 기타 연료를 생산하기 위해 정제된다.

The prototype was still **crude**, but it showed potential.
그 시제품은 여전히 **완성도가 낮았지만**, 가능성을 보여줬다.

DAILY CHECK-UP

A 빈칸에 알맞은 우리말 또는 영어 단어를 써넣으시오.

양상

탁월함 · 복잡함

1 _____ magnificent

2 _____ 좋은, 훌륭한; 멋진

3 _____ extraordinary

4 _____ 현저한, 두드러진

5 _____ 눈부신; 뛰어난

6 _____ complicated

7 _____ intricate

8 _____ 공들인; 정교하게 만들다

정확성 · 일관성

9 _____ concise

10 _____ 간결한, 간단명료한

11 _____ accuracy

12 _____ 통일성 있는, 논리 정연한

13 _____ thorough

14 _____ 특정한; 구체적인

15 _____ peculiar

16 _____ 순전한; 순수한

부정적 어휘

17 _____ ridiculous

18 _____ 느닷없는; 퉁명스러운

반의어

19 _____ external

20 _____ 내부의, 안의

21 _____ profound

22 _____ 우월한; 상관

23 _____ exquisite

24 _____ 천연 그대로의; 대충의

B 문장의 빈칸에 알맞은 말을 보기에서 골라 쓰시오.

absurdity	inferior	precision	spectacle	sophisticated	shallow

1 Huge ships cannot travel on _____ rivers.

2 The human visual system is a very _____ device.

3 I do not understand the _____ of risking death.

4 The _____ of weather prediction was extremely low.

5 The Independence Day fireworks show was quite a(n) _____ .

6 Those restrictions make green products _____ to mainstream products.

☑ 헷갈리는 혼동어 제대로 알기

1

quantify
ⓥ 수량화하다
The benefits of good habits are difficult to **quantify**.
좋은 습관의 이점은 **수량화하기** 힘들다.

qualify
ⓥ 자격을 얻다; 자격을 주다
You need at least two years of experience to **qualify** for this position.
이 직책에 **자격을 갖추려면** 최소 2년의 경력이 필요하다.

2

extensive
ⓐ 광범위한, 광대한
The artist is known for his **extensive** use of computers in the art-making process.
그 예술가는 예술 작품 제작 과정에서 **광범위한** 컴퓨터 사용으로 유명하다.

exclusive
ⓐ 독점적인; 배타적인
The brand sells **exclusive** products online.
그 브랜드는 **독점** 상품을 온라인에서 판매한다.

intensive
ⓐ 집중적인, 철저한
An elite athlete needs **intensive** training.
엘리트 운동선수는 **집중** 훈련이 필요하다.

3

stationary
ⓐ 움직이지 않는, 정지한
A **stationary** target is easy to aim at.
움직이지 않는 표적은 겨냥하기 쉽다.

stationery
ⓝ 문구류, 문방구
Schools provide basic **stationery** for students.
학교는 학생들에게 기본적인 **문구류**를 제공한다.

4

vigorous
ⓐ 1 활발한, 격렬한 2 원기 왕성한
Vigorous exercise is good for almost every part of the body.
활발한 운동은 몸의 거의 모든 부분에 좋다.

rigorous
ⓐ 철저한, 엄격한
The court applied a **rigorous** standard of review to the case.
법원은 그 사건에 **엄격한** 검토 기준을 적용했다.

PLAN 7
판단

태도·자세
enthusiastic 열성적인
prudent 신중한, 조심성 있는

성격·성향
extrovert 외향적인 사람
pessimistic 비관적인

판단

기질
industrious 근면한
vanity 허영; 허무

의사 표현
advocate 옹호[변호]하다
reluctant 마음 내키지 않는

위상·능력·의지
prominent 저명한, 걸출한
expertise 전문 지식[기술]

DAY 31 태도 · 자세

✅ **MUST-KNOW WORDS**

attitude 태도, 자세 | helpful 기꺼이 돕는 | considerate 사려 깊은 | respectful 존중하는
selfish 이기적인 | objective 객관적인 | decent 품위 있는, 예의 바른 | impolite 무례한

열정 · 솔직함

0901 ★★
passionate
[pǽʃənit]

ⓐ 열정적인, 열의에 찬

Some sport followers are very **passionate** about players and teams. 기출
어떤 스포츠 추종자들은 선수와 팀에 대해 매우 **열정적이다.**

➕ passionate about ~: ~에 대해 열정적인

✚ passion ⓝ 열정 | passionately ⓐⓓ 열정적으로

0902 ★★
enthusiastic
[enθùːziǽstik]

ⓐ 열성적인, 열광적인

Enthusiastic teachers always help students learn.
열성적인 교사는 항상 학생들이 배우도록 돕는다.

➕ enthusiastic about ~: ~에 대해 열광[열성]적인

✚ enthusiasm ⓝ 열광, 열심 | enthusiastically ⓐⓓ 열성적으로

0903 ★
earnest
[ə́ːrnist]

ⓐ 성실한, 착실한

Despite his **earnest** efforts, he failed to get a job.
성실한 노력에도 불구하고 그는 직장을 얻지 못했다.

영영 very serious and sincere

✚ earnestly ⓐⓓ 성실하게

0904
conscientious
[kànʃiénʃəs]

ⓐ 성실한, 양심적인

He is a responsible, **conscientious** worker with a strong work ethic.
그는 그는 확고한 직업 의식을 가진 책임감 있고 **성실한** 직원이다.

➕ a conscientious objector 양심적 병역 거부자

✚ conscience ⓝ 양심 | conscientiously ⓐⓓ 성실하게, 양심적으로

0905 ★
candid
[kǽndid]

ⓐ 솔직한, 정직한 ⊜ frank

Candid people are not afraid to say what they feel.
솔직한 사람들은 자신이 느끼는 것을 말하는 데 두려워하지 않는다.

✚ candidly ⓐⓓ 솔직하게, 정직하게

신중함 · 실용적 태도

0906 prudent
[prúːdənt]

ⓐ 신중한, 조심성 있는   ↔ imprudent 경솔한

I am always **prudent** in what I post on social media.
나는 소셜 미디어에 게시하는 것에 항상 **신중하다**.

➕ prudence ⓝ 신중함, 빈틈없음

0907 punctual
[pʌ́ŋktʃuəl]

ⓐ 시간을 엄수하는

Being **punctual** is a basic piece of good manners.
시간을 준수하는 것은 좋은 예절의 기본 요소이다.

➕ punctuality ⓝ 시간 엄수

0908 meticulous
[mətíkjələs]

ⓐ 꼼꼼한, 세심한

The chef was **meticulous** with my meal preparation.
요리사는 **세심하게** 내 식사를 준비해 주었다.

0909 alert
[ələ́ːrt]

ⓐ 경계하는   ⓝ 경보, 경계   ⓥ 경계시키다, 경고하다

Your bank is keeping **alert** to protect you from a suspected fraud. 기출 여러분의 은행은 의심되는 사기 행위로부터 여러분을 보호하기 위해 계속 **경계한다**.

be on the **alert** for wildfires   들불을 대비해 **경계하다**

This navigation app **alerts** drivers to nearby ambulances.
이 내비게이션 앱은 운전자들에게 근처에 있는 구급차에 대해 **경고해 준다**.

0910 vigilant
[vídʒələnt]

ⓐ 경계하는, 조심성 있는

Prey animals are constantly **vigilant** of potential predators.
먹잇감 동물은 잠재적 포식자를 끊임없이 **경계한다**.

➕ vigilance ⓝ 경계, 조심

0911 cautious
[kɔ́ːʃəs]

ⓐ 주의하는, 조심하는, 신중한

Please be **cautious** not to make that mistake again.
그 실수를 다시 하지 않도록 **주의하세요**.

➕ caution ⓝ 주의, 조심 | cautiously ⓐⓓ 조심스럽게

0912 discreet
[diskríːt]

ⓐ 신중한, 분별 있는   ↔ indiscreet 경솔한

Be **discreet** in words and cautious in action.
말을 **신중하게** 하고 행동에 주의를 기울여라.

➕ discretion ⓝ 1 결정권 2 분별력, 신중함 | discreetly ⓐⓓ 신중하게

0913 precaution
[prikɔ́ːʃən]

ⓝ 예방 조치, 예방책

Every homeowner should take **precautions** against fire.
모든 주택 소유자는 화재 방지를 위한 **예방 조치**를 취해야 한다.

✚ precautious ⓐ 조심하는, 경계하는

★ pre-(미리, 앞서서) + caution(주의)

0914 pragmatic
[prægmǽtik]

ⓐ 실용주의적인, 현실적인

Americans are **pragmatic** people who want practical solutions.
미국인들은 실용적인 해결책을 원하는 **실용주의적인** 사람들이다.

✚ pragmatism ⓝ 실용주의, 프래그머티즘

공감 · 정중함

0915 attentive
[əténtiv]

ⓐ 주의를 기울이는; 경청하는

Be **attentive** to what you're doing in that moment.
여러분이 그 순간 하고 있는 것에 **주의를 기울여라**.

An **attentive** listener always asks questions.
경청하는 청자는 항상 질문을 한다.

✚ attentiveness ⓝ 주의 집중 | attention ⓝ 주의, 주목
attentively ⓐⓓ 주의 깊게

0916 compassion
[kəmpǽʃən]

ⓝ 연민, 동정심

We all feel **compassion** for endangered animals.
우리 모두는 멸종 위기에 처한 동물들에 **연민**을 느낀다.

✚ compassionate ⓐ 동정심이 있는

0917 empathy
[émpəθi]

ⓝ 공감, 감정 이입

Our abilities — **empathy**, communication, and grief— "make us human." ◀기출
우리의 **공감**, 소통, 비통 능력은 '우리를 인간으로 만든다.'

영영 the ability to understand other people's feelings and problems

✚ empathetic ⓐ 공감하는 | empathize ⓥ 공감하다, 감정 이입하다

★ cf. sympathy 동정심, 연민

0918 altruistic
[æltruːístik]

ⓐ 이타적인 ↔ selfish 이기적인

Is human nature fundamentally **altruistic** or selfish?
인간의 본성은 근본적으로 **이타적인가** 아니면 이기적인가?

✚ altruism ⓝ 이타심, 이타주의

★
0919 **impartial**
[impá:rʃəl]

ⓐ **공평한, 편견 없는** ⊜ fair, neutral ⊗ biased, partial 편향된

To be **impartial** is to act free of favor for either party.
공평한 것은 어느 측에 대한 호의도 없이 행동하는 것이다.

✚ impartiality ⓝ 공명정대

★ 반의어인 partial에는 '편파적인' 외에 '부분적인'이라는 의미도 있다.

★
0920 **tolerant**
[tálərənt]

ⓐ 1 <mark>관대한, 아량 있는</mark> 2 내성이 있는

Globalization requires that you be **tolerant** of cultural differences.
세계화는 여러분이 문화적 차이에 대해 **관대할** 것을 요구한다.

Some plants are **tolerant** of acidic soil.
어떤 식물들은 산성 토양에 **내성이 있다**.

✚ tolerance ⓝ 1 관용, 아량, 포용력 2 내성 | tolerate ⓥ 참다, 인내하다

0921 **cordial**
[kɔ́:rdʒəl / kɔ́:rdiəl]

ⓐ **충심 어린; 따뜻한**

Each guest received a **cordial** welcome from the host.
각 손님은 주인으로부터 **충심 어린** 환영을 받았다.

give a **cordial** greeting to everyone
모든 이와 **따뜻한** 인사를 나누다

✚ cordially ⓐⓓ 진심으로, 공손하게

0922 **courteous**
[kə́:rtiəs]

ⓐ 예의 바른, 정중한

The hostess welcomed her guests with **courteous** words.
그 여주인은 손님들을 **정중한** 말로 환영했다.

✚ courtesy ⓝ 예의 바름, 정중함 | courteously ⓐⓓ 예의 바르게, 정중하게

0923 **decency**
[dí:snsi]

ⓝ 품위, 고상, 예의 바름

Each person has a basic **decency** and goodness inside.
모든 사람은 내면에 기본적인 **품위**와 선의를 갖고 있다.

🔍 the personal qualities of honesty, good manners, and respect for other people

✚ decent ⓐ 1 품위 있는, 단정한 2 (수입 등이) 어지간한

오만함 · 반항적 태도

★★★
0924 **arrogant**
[ǽrəgənt]

ⓐ 교만한, 오만한, 건방진

The youth was too **arrogant** to listen to his mentor's advice.
그 젊은이는 너무 **교만하여** 스승의 조언을 듣지 않았다.

✚ arrogance ⓝ 오만, 거만 | arrogantly ⓐⓓ 오만하게, 거만하게

0925 **boastful**
[bóustfəl]

ⓐ 자랑하는, 허풍 떠는

Most parents will be **boastful** of their child's achievements.
대부분의 부모들은 자녀의 성취를 **자랑할** 것이다.

➕ boast ⓥ 자랑하다, 허풍 떨다

0926 **rebellious**
[ribéljəs]

ⓐ 반항적인, 다루기 힘든

He is **rebellious** and refuses to follow anyone's lead.
그는 **반항적이고** 누구의 주도도 따르기를 거부한다.

➕ rebel ⓥ 모반[반역]하다 ⓝ 반역자 | rebellion ⓝ 모반, 반란, 폭동

0927 **defiant**
[difáiənt]

ⓐ 도전적인; 반항적인

Teens are often **defiant** and like to break rules at times.
십대는 흔히 **반항적이며** 때로 규칙을 깨고 싶어 한다.

➕ defiance ⓝ 도전, 저항, 반항 | defy ⓥ 반항하다

다의어

0928 **radical**
[rǽdikəl]

ⓐ 1 급진적인, 과격한 ↔ conservative 보수적인
　2 근본적인, 철저한
ⓝ 1 급진파[주의자] 2 (화학) -기

a. 1 France experienced a **radical** revolution in the 1790s.
프랑스는 1790년대에 **급진적인** 혁명을 경험했다.

　2 a **radical** reform of the court system
사법 체계의 **근본적** 개혁

n. 1 be sided with cither **radicals** or conservatives
급진파와 보수파 중 한 쪽을 편들다

　2 Free **radicals** are unstable molecules that damage
cells. 유리기는 세포를 파괴하는 불안정한 분자이다.

0929 **authoritative**
[əθɔ́:ritèitiv / -tətiv]

ⓐ 1 권위적인, 위압적인 2 권위 있는

Authoritative leaders make all the decisions themselves.
권위적인 지도자는 모든 결정을 스스로 내린다.

A quiet, **authoritative** and measured tone has much more
impact. 〈기출〉
조용하고 **권위 있으며** 신중한 어조가 훨씬 더 영향력이 강하다.

➕ authority ⓝ 1 권위 2.(정부) 당국

0930 **subjective**
[səbdʒéktiv]

ⓐ 주관적인 ↔ objective 객관적인

Probability sampling does not depend on your **subjective**
judgment.
확률 표집은 여러분의 **주관적** 판단에 좌우되지 않는다.

➕ subjectivity ⓝ 주관성

DAILY CHECK-UP

A 빈칸에 알맞은 우리말 또는 영어 단어를 써넣으시오.

태도 · 자세

열정 · 솔직함

1 _____ 열성적인, 열광적인

2 _____ earnest

3 _____ 성실한, 양심적인

오만한 · 반항적 태도

20 _____ 교만한, 오만한

21 _____ boastful

22 _____ 급진적인; 급진파

23 _____ rebellious

24 _____ 주관적인

신중함 · 실용적 태도

4 _____ prudent

5 _____ 시간을 엄수하는

6 _____ meticulous

7 _____ 경계(하는); 견고하다

8 _____ vigilant

9 _____ 주의하는, 조심하는

10 _____ discreet

11 _____ 실용주의적인, 현실적인

공감 · 정중함

12 _____ attentive

13 _____ 연민, 동정심

14 _____ empathy

15 _____ 이타적인

16 _____ 관대한; 내성이 있는

17 _____ cordial

18 _____ 예의 바른, 정중한

19 _____ decency

B 문장의 빈칸에 알맞은 말을 보기에서 골라 쓰시오.

candid   impartial   authoritative   passionate   defiant   precautions

1 Every homeowner should take _____ against fire.

2 To be _____ is to act free of favor for either party.

3 _____ people are not afraid to say what they feel.

4 _____ leaders make all the decisions themselves.

5 Teens are often _____ and like to break rules at times.

6 Some sport followers are very _____ about players and teams.

성격 · 성향

✅ MUST-KNOW WORDS

character 성격　　　personality 성격, 인성　　nature 성격, 천성　　sincere 진심 어린, 진실한
energetic 활력이 넘치는　　cheerful 쾌활한　　　independent 독립적인　　shyness 수줍음, 부끄러움

★
0931 **inclination**
[ìnklənéiʃən]

ⓝ 1 **성향, 경향**　2 기울기, 경사

Everybody expects products to serve his or her **inclinations**. ◀기출
모든 이가 상품이 자신의 **성향**에 맞기를 기대한다.

The east side of the mountain has a steeper **inclination** than the west side.　그 산의 동쪽은 서쪽보다 **경사**가 더 가파르다.

➕ incline ⓥ 1 경향이 있다　2 기울다; 기울이다　ⓝ 경사

★★★
0932 **tendency**
[téndənsi]

ⓝ 1 **경향, 성향**　2 추세　＝ trend

Children show a **tendency** to learn nouns first and then verbs.
아이들은 명사를 먼저 배우고 그 다음에 동사를 배우는 **경향**을 보인다.

There is an increasing **tendency** for old people to live alone.
노인들이 독거하는 **추세**가 증가하고 있다.

➕ a tendency to do: ～하는 경향[성향]

★ cf. tend to do: ～하는 경향이 있다

선함 · 진실함

0933 **virtuous**
[vɜ́ːrtʃuəs]

ⓐ 덕망 높은, 고결한　↔ wicked 사악한

Patience is one of the most **virtuous** traits in today's world.
인내는 오늘날의 세계에서 가장 **고결한** 특성 중 하나다.

➕ virtue ⓝ 1 선　2 미덕　3 장점

★
0934 **integrity**
[intégrəti]

ⓝ 진실성, 정직

Behaving with **integrity** means acting honestly.
진실성 있게 행동하는 것은 정직하게 행동하는 것을 의미한다.

★★
0935 **sincerity**
[sinsérəti]

ⓝ 진심, 진실성

I have no doubt in the **sincerity** of his words.
나는 그의 말의 **진실성**에 추호의 의심도 없다.

➕ sincere ⓐ 진심 어린, 진실한

0936 righteous
[ráitʃəs]

ⓐ 올바른, 정직한

A **righteous** politician will make all his citizens leaders.
올바른 정치인은 모든 시민들을 지도자로 삼는다.

✚ righteousness ⓝ 정의로움, 올바름

★ cf. self-righteous 독선적인

0937 genuine
[dʒénjuin]

ⓐ 1 진정한, 진심에서 우러난 ⊜ sincere   2 진짜의 ⊜ real

Toward **Genuine** Liberty, Beyond Fear and Violence 〈기출〉
진정한 자유를 향해, 두려움과 폭력을 넘어서 (제목)

Genuine pearls are heavier than fake pearls.
진짜 진주는 모조 진주보다 무겁다.

➕ a genuine love / interest / desire 진정한 사랑 / 관심 / 바람

0938 sober
[sóubər]

ⓐ 1 술에 취하지 않은, 맑은 정신의   2 냉철한, 진지한

If you are driving, you must be **sober**.
여러분이 운전을 하고 있다면, 여러분은 **술에 취해 있지 않아야** 한다.

He was a **sober** man, businesslike and efficient.
그는 **냉철한** 사람으로서 사무적이며 유능했다.

0939 benevolent
[bənévələnt]

ⓐ 자비심 많은, 인정 많은

A **benevolent** donor gave a large amount of money to charity.
한 **자비심 많은** 기부자가 자선 단체에 거액을 기부했다.

✚ benevolence ⓝ 자비심, 박애

★ bene(well 잘, 좋게) + volent(to wish 원하다)

0940 generosity
[dʒènərásəti]

ⓝ 관대함, 아량, 너그러움

Your **generosity** feeds hungry children in Africa.
여러분의 **관대함**이 아프리카의 굶주린 아이들에게 먹을 것을 줍니다.

✚ generous ⓐ 관대한, 너그러운

0941 merciful
[mə́:rsifəl]

ⓐ 자비로운, 인정 많은 ⟷ merciless 무자비한, 냉혹한

Merciful acts can heal wounds and warm hearts.
자비로운 행동은 상처를 치유하고 가슴을 따뜻하게 할 수 있다.

✚ mercy ⓝ 자비, 인정

사교성 · 비사교성

0942 amicable
[ǽmikəbl]

ⓐ 우호적인, 친화적인

The U.S. and China have maintained an **amicable** relationship.
미국과 중국은 **우호적인** 관계를 유지해 왔다.

+ amicably ⓐⓓ 우호적으로

0943 sociable ★★
[sóuʃəbl]

ⓐ 사교적인, 붙임성이 있는

He is **sociable** and has many good friends in class.
그는 **사교적이어서** 학급에 좋은 친구가 많다.

+ sociability ⓝ 사교성, 붙임성

0944 outgoing ★★
[autgóuiŋ]

ⓐ 외향적인, 사교적인

She is **outgoing** and enjoys meeting new people.
그녀는 **외향적이며** 새로운 사람들을 만나는 것을 즐긴다.

★ cf. easygoing 태평한, 느긋한

0945 extrovert ★★
[ékstrouvə̀:rt]

ⓝ 외향적인 사람

Extroverts are happiest when working with others.
외향적인 사람들은 다른 이들과 일할 때 가장 행복하다.

My sister is a natural **extrovert** whereas I am not.
나는 그렇지 않은데 내 여동생[언니]은 타고난 **외향적인 사람**이다.

+ extroverted ⓐ 외향적인

0946 introvert ★★
[íntrəvə̀:rt]

ⓝ 내향적[내성적]인 사람

Being an **introvert**, he rarely expresses his feelings.
그는 **내향적인 사람**이라 좀처럼 자신의 감정을 표현하지 않는다.

+ introverted ⓐ 내향적인, 내성적인

0947 reserved ★
[rizə́:rvd]

ⓐ 1 말수가 적은, 내성적인 ↔ talkative 수다스러운   2 예약된

The husband was talkative and the wife **reserved**.
남편은 수다스러웠고 아내는 **말수가 적었다**.

I'm sorry, but this table is **reserved**.
죄송하지만 이 테이블은 **예약되어** 있습니다.

0948 stubborn ★★
[stʌ́bərn]

ⓐ 완고한, 고집 센

She was **stubborn** and would not listen to anyone.
그녀는 **완고했고** 누구의 말도 들으려 하지 않았다.

+ stubbornly ⓐⓓ 완고하게 | stubbornness ⓝ 완고함

0949 timidity
[timídəti]

ⓝ 소심함, 겁 ↔ confidence 자신감

In the story, the shy Yuki tries to overcome her **timidity**.
이야기에서, 숫기 없는 Yuki는 자신의 **소심함**을 극복하려고 애쓴다.

➕ timid ⓐ 소심한, 겁 많은(↔ confident)
  intimidate ⓥ 겁을 먹게 하다

0950 cowardly
[káuərdli]

ⓐ 비겁한, 소심한

You make up excuses and engage in **cowardly** lies.
너는 변명을 늘어놓고 **비겁한** 거짓말을 하고 있어.

➕ coward ⓝ 비겁한 사람, 겁쟁이 | cowardice ⓝ 비겁함, 소심함

★ 명사에 -ly가 붙으면 형용사가 된다.
  예) friendly, lovely

★★★
0951 passive
[pǽsiv]

ⓐ 수동적인, 소극적인 ↔ active 능동적인

She is always **passive** regarding her life decisions.
그녀는 항상 자신의 삶에 대한 결정과 관련하여 **수동적이다**.

The consumer is moving from **passive** bystander to active participant. 〈기출〉
소비자는 **소극적인** 구경꾼에서 적극적인 참가자로 이동하고 있다.

➕ passivity ⓝ 수동성 | passively ⓐⓓ 수동적으로, 소극적으로

0952 indecisive
[ìndisáisiv]

ⓐ 1 <mark>우유부단한, 결단성이 없는</mark> 2 (결과가) 분명하지 않은

I was **indecisive** and unsure of what I wanted.
나는 **우유부단하고** 내가 무엇을 원하는지 확신하지 못했다.

The election results were **indecisive**, and no clear winner emerged.
그 선거 결과는 **분명하지 않았고**, 어떤 뚜렷한 승자도 나타나지 않았다.

➕ indecisiveness ⓝ 우유부단 | indecision ⓝ 우유부단

★ in-(반대) + decisive(결단력 있는, 단호한)

★
0953 negligent
[néglidʒənt]

ⓐ 소홀한, 태만한

I've never be **negligent** of my duties as a husband and father.
나는 남편이자 아버지로서의 내 의무에 결코 **소홀한** 적이 없었다.

➕ neglect ⓥ 게을리하다, 무시하다 | negligence ⓝ 소홀, 태만

0954 mischievous
[místʃivəs]

ⓐ 1 장난기 어린, 장난기 있는   2 악의적인

His **mischievous** humor was never mean, just funny.
그의 **장난기 어린** 유머는 결코 비열하지 않았고 그저 재미있었다.

a **mischievous** remark   **악의적** 발언

+ mischief ⓝ 1 장난 2 해악

0955 easygoing
[ì:zigóuiŋ]

ⓐ 태평한, 느긋한

He is an **easygoing** person who gets along with everyone.
그는 누구와도 잘 지내는 **태평한** 사람이다.

0956 optimistic
[àptəmístik]

ⓐ 낙관적인, 낙천적인

Be **optimistic** and confident about your future.
여러분의 미래에 대해 **낙관적으로** 생각하고 자신감을 가져라.

+ optimism ⓝ 낙천주의, 낙관론 | optimist ⓝ 낙천자, 낙관주의자

0957 pessimistic
[pèsəmístik]

ⓐ 비관적인, 염세적인

Being too **pessimistic** is just as wrong as being too optimistic.
너무 **비관적인** 것은 너무 낙관적인 것만큼 잘못이다.

+ pessimism ⓝ 비관, 염세주의 | pessimist ⓝ 비관론자, 염세주의자

0958 reckless
[réklis]

ⓐ 난폭한, 무모한, 무분별한

Reckless driving puts other drivers and pedestrians at risk.
난폭 운전은 다른 운전자와 보행자를 위험에 처하게 한다.

Such **reckless** behavior is likely to lead to injuries.
그런 **무분별한** 행동은 부상으로 이어질 가능성이 크다.

0959 insane
[inséin]

ⓐ 제정신이 아닌, 어리석은   ↔ sane 제정신의

You must be **insane** to pay $3,800 for a laptop.
노트북 컴퓨터 한 대에 3천8백 달러를 지불하다니 너는 **제정신이 아니구나**.

⊕ go insane 미치다

+ insanity ⓝ 미친 짓, 광기(↔ sanity 제정신)

0960 eccentric
[ikséntrik]

ⓐ 괴팍한, 괴짜인   ⓝ 괴짜

The common view is that Einstein was an **eccentric** genius.
일반적인 견해는 아인슈타인이 **괴팍한** 천재였다는 것이다.

Joe is an **eccentric** who often refers to himself in the third person.
Joe는 종종 자신을 3인칭으로 지칭하는 **괴짜**이다.

+ eccentricity ⓝ 별난 행동, 기행

DAILY CHECK-UP

A 빈칸에 알맞은 우리말 또는 영어 단어를 써넣으시오.

1 _____ 성향, 경향; 경사

2 _____ tendency

선함 · 진실함

3 _____ virtuous

4 _____ 진실성, 정직

5 _____ righteous

6 _____ 진정한; 진짜의

7 _____ sober

8 _____ 자비심 많은, 인정 많은

9 _____ merciful

사교성 · 비사교성

10 _____ 우호적인, 친화적인

11 _____ sociable

12 _____ 외향적인, 사교적인

13 _____ introvert

14 _____ 외향적인 사람

15 _____ reserved

16 _____ 완고한, 고집 센

소심함 · 수동성

17 _____ cowardly

18 _____ 우유부단한

기타

19 _____ mischievous

20 _____ 태평한, 느긋한

21 _____ optimistic

22 _____ 비관적인, 염세적인

23 _____ insane

24 _____ 괴팍한; 괴짜

B 문장의 빈칸에 알맞은 말을 보기에서 골라 쓰시오.

timidity	reckless	sincerity	negligent	passive	generosity

1 I have no doubt in the _____ of his words.

2 Your _____ feeds hungry children in Africa.

3 Such _____ behavior is likely to lead to injuries.

4 In the story, the shy Yuki tries to overcome her _____.

5 I've never be _____ of my duties as a husband and father.

6 The consumer is moving from _____ bystander to active participant.

DAY 33 기질

temper 욱하는 성질, 화   patience 인내심, 참을성   impatient 참을성이 없는   reliable 신뢰할 수 있는
moody 감정 기복이 심한   wicked 사악한   mean 못된, 심술궂은   cruelty 잔인함

0961 temperament
[témpərəmənt]

ⓝ 기질, 성질

By **temperament**, Biki was unsuited to that job.
기질로 볼 때 Biki는 그 일에 적합하지 않았다.

0962 disposition
[dìspəzíʃən]

ⓝ 1 기질, 성격 ⊜ temperament 2 경향, 성향 ⊜ inclination

The rides are unsuitable for people of a nervous **disposition**.
그 놀이기구들은 신경 과민성 **기질**을 지닌 사람들에게는 부적절하다.

a human **disposition** to respond differentially to social stimuli 〈기출〉
사회적 자극에 달리 반응하는 인간 **성향**

★ cf. predisposition 경향, 성향

성실 · 겸손 · 순종

0963 industrious
[indʌ́striəs]

ⓐ 근면한, 부지런한 ⊜ hardworking

The **industrious** writer has published one book each year.
그 **근면한** 작가는 매해 책을 한 권씩 출간해 왔다.

➕ industriousness ⓝ 근면, 열심

★ cf. industrial 산업의

0964 diligence
[dílədʒəns]

ⓝ 근면 (성실)

Diligence helps the team build mutual trust and achieve great results.
근면 성실은 팀이 상호 신뢰를 쌓고 훌륭한 결과를 이루는 데 도움을 준다.

➕ diligent ⓐ 근면한, 부지런한

0965 perseverance
[pə̀ːrsəví:rəns]

ⓝ 인내(력), 참을성, 끈기

Talent without **perseverance** will not accomplish much.
인내력이 없는 재능은 많은 것을 성취하지 못할 것이다.

➕ persevere ⓥ 참다, 인내하다

0966 endurance
[indjúərəns]

ⓝ 1 <mark>인내(력)</mark>　2 지구력

Your **endurance** determines the end result.
인내력이 최종 결과를 결정한다.

Better breathing improves your **endurance** in every sport.
호흡 개선은 모든 스포츠에서 **지구력**을 향상시킨다.

＋ endure ⓥ 인내하다, 견디다 │ endurable ⓐ 감내할 수 있는
　enduring ⓐ 오래가는, 지속되는

다의어

0967 humble
[hʌ́mbl]

ⓐ 1 <mark>겸손한, 겸허한</mark>　2 (신분 등이) 비천한　3 초라한, 시시한

1　The champion is always **humble** in his victories.
　그 챔피언은 항상 자신의 승리에 대해 **겸손하다**.

2　She was a poor servant-girl of very **humble** birth.
　그녀는 아주 **비천한** 태생의 가난한 하녀였다.

3　She is a self-made billionaire from **humble** beginnings.
　그녀는 **초라하게** 시작해서 자수성가한 억만장자이다.

0968 humility
[hju:míləti]

ⓝ 겸손, 겸양

Humility and kindness are the most important values in my life.
겸손과 친절은 내 삶에서 가장 중요한 가치들이다.

0969 modesty
[mɑ́disti]

ⓝ 겸손; 수수함

His **modesty** led him to underrate the value of his work.
그는 **겸손**하여 자신의 작품 가치를 과소평가했다.

＋ modest ⓐ 겸손한, 수수한

0970 obedient
[oubí:diənt]

ⓐ 순종하는, 유순한　⟷ disobedient 순종하지 않는

Can you expect your children to always be **obedient**?
당신은 자녀가 항상 **순종하기**를 기대할 수 있는가?

＋ obey ⓥ 순종하다 │ obedience ⓝ 순종, 복종

0971 loyalty
[lɔ́iəlti]

ⓝ 충성(심), 충의, 충절

Fans maintains **loyalty** to their team even in the face of on-field failure. ◁기출
팬들은 경기장에서의 실패에 직면해서조차도 자기 팀에 대한 **충성심**을 유지한다.

brand **loyalty** 특정 상표에 대한 **충성도**

＋ loyal ⓐ 충성스러운, 충직한

★ royal(왕족의), royalty(인세, 저작권료)와 혼동하지 않도록 주의할 것.

0972 patriotic
[pèitriátik / pæ̀triɔ́tik]

ⓐ 애국적인, 애국[우국]의

In 17th and 18th century, planting trees was regarded as a **patriotic** act. 〈기출〉
17세기와 18세기에는 나무를 심는 것이 **애국적인** 행동으로 여겨졌다.

➕ patriot ⓝ 애국자 | patriotism ⓝ 애국심

0973 thrifty
[θrífti]

ⓐ 알뜰한, 절약하는, 검소한

Hundreds of bargains are here for **thrifty** housewives.
여기에 **알뜰한** 주부들을 위한 저렴한 물건들이 많이 있습니다.

➕ thrift ⓝ 검약, 검소

0974 frugal
[frú:gəl]

ⓐ 검약한, 소박한

A **frugal** lifestyle requires not wasting a penny.
검소한 생활 방식은 한 푼도 낭비하지 않는 것을 필요로 한다.

➕ frugality ⓝ 검약, 검소

허영 · 세련됨 · 섬세함

0975 luxurious
[lʌgʒúəriəs]

ⓐ 호화스러운, 사치스러운

Rich people show off their social status by purchasing **luxurious** items. 〈기출〉
부자들은 **사치품**을 구매함으로써 자신들의 사회적 지위를 뽐낸다.

➕ luxury ⓝ 사치, 호사

0976 extravagant
[ikstrǽvəgənt]

ⓐ 낭비벽이 심한; 사치스러운, 호화로운

Some royal families are particularly more **extravagant** than others.
일부 왕족은 다른 이들보다 특히 더 **낭비벽이 심하다**.

The **extravagant** wedding cost millions of dollars.
그 **사치스러운** 결혼식에 수백만 달러가 들었다.

➕ extravagance ⓝ 사치, 낭비

0977 vanity
[vǽnəti]

ⓝ 1 허영 2 허무, 덧없음

Vanity makes you want to be famous and admired.
허영은 여러분을 유명하고 칭송받고 싶게 만든다.

In the poem, Samuel Johnson reflects upon the **vanity** of wealth. 그 시에서 새뮤얼 존슨은 부의 **덧없음**에 대해 숙고한다.

➕ vain ⓐ 1 허영심이 많은 2 헛된

★★
0978 **refined**
[rifáind]

ⓐ 1 정제된 2 <mark>세련된, 품위 있는</mark>

Eating too much **refined** sugar causes many health problems.
정제된 설탕을 너무 많이 섭취하는 것은 많은 건강 문제를 일으킨다.

His **refined** manners made him very popular.
그의 **세련된** 태도는 그를 매우 인기 있게 만들었다.

+ refine ⓥ 1 정제하다 2 세련되게 하다

0979 **elegance**
[éligəns]

ⓝ 우아(함), 고상, 기품

Well-chosen jewelry emphasized the queen's **elegance**.
엄선된 장신구가 그 여왕의 **우아함**을 두드러지게 했다.

+ elegant ⓐ 우아한, 기품 있는

0980 **sensitivity**
[sènsətívəti]

ⓝ 민감(성), 예민

Becoming socially skilled, young children grow cultural **sensitivity**. ·기출 응용·
사회적으로 기술을 익히면서, 어린아이들은 문화적 **민감성**을 기른다.

+ sensitive ⓐ 민감한, 예민한

★ cf. sensible 분별 있는

0981 **susceptible**
[səséptəbəl]

ⓐ 1 <mark>~에 민감한</mark>(to) 2 ~에 걸리기[영향받기] 쉬운(to)

She is **susceptible** to criticism due to low self-esteem.
그녀는 낮은 자존감 때문에 비판에 **민감하다**.

Why are the elderly more **susceptible** to Alzheimer's?
왜 노인들이 알츠하이머병에 더 **걸리기 쉬운가**?

+ susceptibility ⓝ 감염되기[걸리기] 쉬움

★★
0982 **vulnerable**
[vʌ́lnərəbl]

ⓐ 상처받기 쉬운, 취약한

Happiness is often found in those moments when we are most **vulnerable**. ·기출·
행복은 우리가 가장 **상처받기 쉬운** 그 순간에 흔히 발견된다.

Our skin is **vulnerable** to damage by ultraviolet rays.
우리의 피부는 자외선으로 인한 손상에 **취약하다**.

+ vulnerability ⓝ 취약성

★
0983 **sentimental**
[sèntəméntəl]

ⓐ 감상에 젖는, 다정다감한

I often become **sentimental** upon remembering my childhood.
나는 종종 어린 시절을 회상하며 **감상에 젖는다**.

⊕ for sentimental reasons 감정적인 이유로

+ sentiment ⓝ 정서, 감정

0984 barbaric
[bɑ:rbǽrik]

ⓐ 야만스러운, 미개한 = savage

Spanking is a **barbaric** practice in and of itself.
체벌은 그 자체가 **야만스러운** 행위이다.

+ barbarian ⓝ 야만인, 미개인 | barbarous ⓐ 미개한, 잔인한

0985 savage
[sǽvidʒ]

ⓐ 1 <mark>잔인한, 사나운</mark> 2 야만의, 미개한

Those who support their **savage** practice have questionable morality.
그들의 **잔인한** 관습을 지지하는 사람들은 의심스러운 도덕성을 가지고 있다.

There are still some **savage** tribes on that island.
그 섬에는 여전히 일부 **야만** 부족들이 있다.

0986 brutality
[bru:tǽləti]

ⓝ 잔혹함, 잔인함

Stanley Kubrick's *Paths of Glory* depicts the **brutality** of war.
스탠리 큐브릭의 〈영광의 길〉은 전쟁의 **잔혹함**을 묘사한다.

+ brutal ⓐ 잔혹한, 잔인한

0987 relentless
[riléntlis]

ⓐ 잔인한; 가차 없는

Hundreds of people left the country to escape from the **relentless** tyrant.
그 **잔인한** 폭군으로부터 벗어나기 위해 수백 명의 사람들이 그 나라를 떠났다.

Many lives were lost in the **relentless** earthquake.
그 **가차 없는** 지진 속에서 많은 사람들이 생명을 잃었다.

+ relentlessly ⓐⓓ 가차 없이, 집요하게

0988 ruthless
[rú:θlis]

ⓐ 무정한, 무자비한

The country was destroyed by the **ruthless** enemy.
그 나라는 **무자비한** 적에 의해 파괴되었다.

+ ruthlessly ⓐⓓ 무자비하게

0989 malicious
[məlíʃəs]

ⓐ 악의적인, 심술궂은

How can we prevent **malicious** replies on the Internet?
우리가 어떻게 인터넷상의 **악의적인** 댓글을 막을 수 있을까?

+ malice ⓝ 악의, 적의 | maliciously ⓐⓓ 악의적으로

0990 cunning
[kʌ́niŋ]

ⓐ 교활한; 약삭빠른

He was a **cunning** liar who had committed many crimes.
그는 많은 범죄를 저지른 **교활한** 거짓말쟁이였다.

DAILY CHECK-UP

A 빈칸에 알맞은 우리말 또는 영어 단어를 써넣으시오.

1 _____ 기질, 성질   2 _____ disposition

성실 · 겸손 · 순종

3 _____ industrious

4 _____ 근면 (성실)

5 _____ endurance

6 _____ 겸손, 겸양

7 _____ obedient

8 _____ 충성(심), 충의

9 _____ patriotic

10 _____ 알뜰한, 검소한

허영 · 세련됨 · 섬세함

11 _____ extravagant

12 _____ 허영; 허무

13 _____ refined

14 _____ 우아(함), 고상

15 _____ sensitivity

16 _____ ~에 민감한;
~에 걸리기 쉬운

17 _____ sentimental

잔인함 · 사악함

18 _____ 야만스러운, 미개한

19 _____ savage

20 _____ 잔혹함, 잔인함

21 _____ relentless

22 _____ 무정한, 무자비한

23 _____ malicious

24 _____ 교활한; 약삭빠른

B 문장의 빈칸에 알맞은 말을 보기에서 골라 쓰시오.

luxurious	frugal	perseverance	modesty	vulnerable	humble

1 A _____ lifestyle requires not wasting a penny.

2 Talent without _____ will not accomplish much.

3 Our skin is _____ to damage by ultraviolet rays.

4 She is a self-made billionaire from _____ beginnings.

5 His _____ led him to underrate the value of his work.

6 Rich people show off their social status by purchasing _____ items.

위상 · 능력 · 의지

☑ MUST-KNOW WORDS

fame 명성	celebrity 유명인, 인사	capability 능력	skillful 솜씨 좋은, 능숙한
firm 굳은; 단호한	appeal 호소(하다)	keen 간절히 바라는	anxious 열망하는; 걱정하는

위상

0991 renowned
[rináund]

ⓐ 유명한, 명성이 있는

Train companies in Japan are **renowned** for their punctuality.
일본 철도 회사들은 시간 엄수로 **유명하다**.

➕ renowned for ~: ~로 유명한 | renowned as ~: ~로 알려진

➕ renown ⓝ 명성(= fame)

다의어

0992 prominent
[prámənənt]

ⓐ 1 저명한, 걸출한 2 돌출한, 튀어나온 3 두드러지는

1 Darwin had relationships with other **prominent** scientists.
   다윈은 다른 **저명한** 과학자들과 관계를 맺었다.

2 a **prominent** nose **튀어나온** 코

3 The most **prominent** feature of the building is the central
   garden. 그 건물의 가장 **두드러진** 특징은 중앙 정원이다.

➕ prominence ⓝ 1 저명함, 걸출 2 돌출

0993 eminent
[émənənt]

ⓐ 1 저명한 2 걸출한, 탁월한

Braun is known today as an **eminent** sculptor of his age.
Braun은 오늘날 당대의 **저명한** 조각가로 알려져 있다.

an **eminent** achievement **걸출한** 업적

🟩영영 1 famous, respected, and regarded as important

0994 prestigious
[prestídʒiəs]

ⓐ 명문의, 명성 있는

The Ivy League consists of eight **prestigious** universities.
아이비리그는 8개의 **명문** 대학교로 구성되어 있다.

➕ prestige ⓝ 명성, 신망

0995 distinguished
[distíŋgwiʃt]

ⓐ 1 두드러진, 뛰어난 2 저명한, 유명한

Her **distinguished** contributions to the arts inspired many
young artists.
그녀의 예술에 대한 **뛰어난** 공헌이 많은 젊은 예술가들에게 영감을 주었다.

He is a **distinguished** author who has won the Nobel Prize.
그는 노벨상을 수상한 **저명한** 작가이다.

★★
0996 **notable**
[nóutəbl]

ⓐ 저명한, 유명한; 주목할 만한, 두드러진

Even those with average talent can produce **notable** work.
<기출> 평범한 재능을 가진 이들도 **저명한** 작품을 만들어낼 수 있다.

a **notable** feature 두드러진 특징

➕ note ⓥ 주목하다

★★
0997 **reputation**
[rèpjətéiʃən]

ⓝ 평판; 명성

They have a good **reputation** for offering quality services.
그들은 질 높은 서비스를 제공한다는 좋은 **평판**을 가지고 있다.

His theory of social comparison earned him a good
reputation. <기출>
자신의 사회 비교 이론으로 그는 좋은 **명성**을 얻었다.

➕ repute ⓥ 평하다, 여기다 ⓝ 평판, 명성

★
0998 **notorious**
[noutɔ́:riəs]

ⓐ 악명 높은 ＝ infamous

The **notorious** thief was caught stealing a Picasso.
그 **악명 높은** 도둑은 피카소 작품을 훔치다가 붙잡혔다.

The city is **notorious** for its high crime rate.
그 도시는 높은 범죄율로 **악명이 높다**.

➕ be notorious for ~로 악명 높다

능력

★★
0999 **qualified**
[kwάləfàid]

ⓐ 자격을 갖춘, 적임의

She is well **qualified** for the position because of her
experience.
그녀는 경험이 있으므로 그 직위에 충분한 **자격을 갖추었다**.

➕ qualification ⓝ 자격

1000 **novice**
[nάvis]

ⓝ 초보자, 초심자 ＝ beginner

Novice writers often pack too much into a single sentence.
초보 작가들은 흔히 너무 많은 것을 단 하나의 문장에 집어넣는다.

1001 **ingenious**
[indʒí:njəs]

ⓐ 기발한, 창의력이 풍부한

Her novel has an **ingenious** plot filled with surprises.
그녀의 소설은 놀라운 일들로 가득 찬 **기발한** 줄거리를 가지고 있다.

➕ ingenuity ⓝ 기발한 재주, 재간

★ in(안으로) + geni(낳다, 태어나다) + ous(성질의) → 날 때부터 재능이 있는
→ 기발한

1002 ★★
expertise
[èkspərtíːz]

ⓝ 전문 지식[기술]

In many domains, **expertise** requires considerable training and effort. 〈기출〉
많은 영역에서 **전문 지식[기술]**은 상당한 훈련과 노력을 필요로 한다.

✚ expert ⓝ 전문가

1003
tactful
[tǽktfəl]

ⓐ 재치 있는, 꾀바른

Her **tactful** answer brought a smile to my face.
그녀의 **재치 있는** 답변이 내 얼굴에 웃음을 가져다주었다.

✚ tactics ⓝ 전술, 책략

1004
resourceful
[risɔ́ːrsfəl / rizɔ́-]

ⓐ 기략[지략]이 풍부한, 수완이 좋은

A **resourceful** leader is able to develop new strategies.
기략이 풍부한 지도자는 새로운 전략을 개발할 줄 안다.

✚ resource ⓝ 1 자원 2 기략, 기지

1005
adept
[ədépt]

ⓐ 능숙한, 숙련된, 정통한   ⊜ skillful   ⊖ inept 서투른, 무능한

Magicians are **adept** at creating visual illusions.
마술사들은 시각적 착각을 일으키는 데 **능숙하다**.

1006 ★★
clumsy
[klʌ́mzi]

ⓐ 어설픈, 서투른, 솜씨 없는

Beavers are smooth in the water but **clumsy** on land.
비버는 (움직임이) 물에서는 부드럽지만 땅에서는 **서툴다**.

✚ clumsiness ⓝ 어색함, 서투름, 솜씨 없음

1007 ★
helpless
[hélplis]

ⓐ 무력한, 무기력한

Human babies are **helpless** when they are born.
인간의 아기는 태어났을 때 **무력하다**.

✚ helplessness ⓝ 무력함, 무기력함

의지

1008 ★★★
dedicate
[dédikèit]

ⓥ 바치다, 전념하다; 헌납하다(to)

Mother Teresa **dedicated** her life to assisting the poor.
테레사 수녀는 가난한 이들을 돕는 데 평생을 **바쳤다**.

This building was **dedicated** to the use of society.
이 건물은 사회의 사용에 **헌납되었다**.

✚ dedication ⓝ 공헌, 헌신, 이바지

1009 ★★

commitment
[kəmítmənt]

ⓝ 1 서약, 공약   2 전념, 헌신

We question the government's **commitment** to media freedom.
우리는 미디어의 자유에 대한 정부의 **약속**에 의문을 제기한다.

Most newcomers don't keep their **commitment** to the club. ·기출·
대부분 새내기는 동아리에 계속 **전념**하지 못한다.

➕ commit ⓥ 1 (범죄를) 저지르다   2 확실히 약속하다   3 전념하다
committed ⓐ 헌신적인, 열성적인

1010 ★

devotion
[divóuʃən]

ⓝ 헌신, 전념

Mom will be remembered for her **devotion** to our family.
엄마는 가족에 대한 **헌신**으로 기억될 것이다.

➕ devote ⓥ 헌신하다, 바치다 | devoted ⓐ 헌신적인

★ cf. devote oneself to ~: ~에 헌신하다

1011 ★★★

determined
[ditə́:rmind]

ⓐ (굳게) 결심한, 결의에 찬

I was **determined** to care for her the best I could.
나는 최선을 다해 그녀를 돌보겠노라고 **굳게 결심했다**.

➕ determined to *do*: ~하기로 (굳게) 결심한

➕ determination ⓝ 결의, 결단 | determine ⓥ 결정하다, 결심하다

1012

resolute
[rézəlù:t]

ⓐ 단호한, 확고한   ═determined

Her **resolute** determination to succeed helped her overcome all obstacles.
그녀의 성공을 향한 **확고한** 결의가 모든 장애물을 극복하는 데 도움이 되었다.

➕ resolution ⓝ 결의, 결심

1013 ★

plead
[pli:d]

ⓥ 애원하다, 간청하다   ═beg

He **pleaded** with the judge not to send him to prison.
그는 판사에게 자신을 감옥에 보내지 말아달라고 **간청했다**.

plead for help   도움을 애타게 요청하다

➕ plead with ~ to *do*: ~에게 …해달라고 애원하다
plead for ~: ~을 간청하다

1014

solicit
[səlísit]

ⓥ 청하다, 간청하다, 졸라대다

The charity **solicited** support from local businesses.
그 자선 단체는 지역 기업들로부터의 지원을 **청했다**.

➕ solicitation ⓝ 간청, 간원

1015 **impulsive**
[impʌ́lsiv]

ⓐ 충동적인

Impulsive behavior often results in wasted energy and disappointment.
충동적인 행동은 흔히 에너지 소모와 실망이라는 결과를 낳는다.

make an **impulsive** purchase **충동** 구매하다

➕ impulse ⓝ 충동

1016 **zealous**
[zéləs]

ⓐ 열성적인, 열심인

My three-year-old is **zealous** about learning new words.
내 세 살배기 아이는 새로운 말을 배우는 데 **열심이다.**

➕ zeal ⓝ 열성, 열심

1017 **yearn**
[jəːrn]

ⓥ 갈망하다, 열망하다(for) ≡ long (for)

Everyone **yearns** for freedom from the world's chaos.
모든 이는 세상의 혼돈으로부터의 자유를 **갈망한다.**

➕ yearning ⓝ 열망, 동경

1018 **aspire**
[əspáiər]

ⓥ 열망하다, 대망을 품다

Every major movement **aspires** to be called a socioeconomic revolution. ◀기출
모든 주요한 운동은 사회경제적 혁명이라고 불리기를 **열망한다.**

➕ aspire to *do*: ~하기를 열망하다

➕ aspiration ⓝ 열망, 포부 | aspiring ⓐ 포부가 큰, 야심 찬

1019 **conviction**
[kənvíkʃən]

ⓝ 1 신념, 확신 2 유죄 판결

Gandhi did not give up his **conviction** of freedom.
간디는 자유에 대한 자신의 **신념**을 포기하지 않았다.

a criminal **conviction** 형법상의 **유죄 판결**

➕ convict ⓥ 유죄 판결을 내리다 ⓝ 죄인

1020 **abandon**
[əbǽndən]

ⓥ 1 단념하다 ≡ give up 2 버리다, 버리고 떠나다 ≡ leave

Do not **abandon** your dreams to satisfy other people's demands. ◀기출
다른 사람들의 요구를 충족하려고 여러분의 꿈을 **단념하지** 마라.

The captain ordered his men to **abandon** the ship immediately.
선장은 선원들에게 즉시 배를 **버리라고** 명령했다.

➕ abandonment ⓝ 1 포기 2 유기

학습 Check	본문 학습	MP3 듣기	Daily Check-up	누적 테스트 Days 33-34

A 빈칸에 알맞은 우리말 또는 영어 단어를 써넣으시오.

위상 · 능력 · 의지

위상

1 _____
   renowned
2 _____
   저명한; 돌출한
3 _____
   eminent
4 _____
   두드러진, 뛰어난; 저명한
5 _____
   notable
6 _____
   평판; 명성
7 _____
   notorious

능력

8 _____
   자격을 갖춘, 적임의
9 _____
   novice
10 _____
   기발한, 창의력이 풍부한
11 _____
   tactful
12 _____
   기략이 풍부한
13 _____
   adept
14 _____
   어설픈, 서투른
15 _____
   helpless

의지

16 _____
   dedicate
17 d_____
   헌신, 전념
18 _____
   determined
19 _____
   난호한, 확고한
20 _____
   plead
21 _____
   열성적인, 열심인
22 _____
   yearn
23 _____
   열망하다, 대망을 품다
24 _____
   conviction

B 문장의 빈칸에 알맞은 말을 보기에서 골라 쓰시오.

solicited	abandon	impulsive	prestigious	expertise	commitment

1 The Ivy League consists of eight _____ universities.

2 The charity _____ support from local businesses.

3 Most newcomers don't keep their _____ to the club.

4 Do not _____ your dreams to satisfy other people's demands.

5 In many domains, _____ requires considerable training and effort.

6 _____ behavior often results in wasted energy and disappointment.

DAY 35 의사 표현

✔ MUST-KNOW WORDS

argue 주장하다	**insist** 고집하다, 주장하다	**opinion** 의견	**support** 지지(하다)
quarrel 말다툼(하다)	**disagreement** 의견 불일치	**refusal** 거절, 거부	**oppose** 반대하다

주장

1021 assertive
[əsə́:rtiv]

ⓐ 단호한, 확신에 찬

A great leader is **assertive** in every decision made.
위대한 지도자는 내려지는 모든 결정에 **단호하다**.

➕ **assert** ⓥ 단언하다, 주장하다 | **assertion** ⓝ 단언, 주장

1022 insistent
[insístənt]

ⓐ 고집하는, 우기는

The kids were **insistent** on doing it themselves.
아이들은 그것을 직접 해보겠다고 **고집했다**.

➕ insistent on ~: ~을 고집하는 | insistent on *doing*: ~하겠다고 우기는

➕ **insist** ⓥ 고집하다, 주장하다 | **insistence** ⓝ 고집, 주장

1023 refute
[rifjú:t]

ⓥ 반박[논박]하다

To **refute** anything you must first fully understand it.
무언가를 **반박하려면** 먼저 그것을 온전히 이해해야만 한다.

➕ **refutation** ⓝ 반박, 논박

1024 initiative
[iníʃiətiv]

ⓝ 1 주도, 선도, 솔선 2 계획, 구상

An environmentalist took the **initiative** to guard the forests.
한 환경 보호론자가 그 숲을 지키는 일을 **주도했다**.

a new **initiative** for peace on the Korean Peninsula
한반도의 평화를 위한 새로운 **계획[구상]**

➕ take the initiative 주도권을 잡다, 주도하다

➕ **initiate** ⓥ 시작하다, 개시하다 | **initiation** ⓝ 개시, 착수

1025 contend
[kənténd]

ⓥ 1 주장하다 2 경쟁하다, 다투다

The defendant **contended** that he had not been at the crime scene.
피고는 자신이 범죄 현장에 있지 않았다고 **주장했다**.

contend for the state championship
주 선수권을 차지하기 위해 **경쟁하다**

동의 · 옹호

1026 approval
[əprúːvəl]

ⓝ 승인, 찬성

You must gain government **approval** for new pesticides. 〈기출〉
신규 농약에 대해 정부의 **승인**을 받아야 한다.

➕ approve ⓥ 승인하다; 찬성하다(of)

1027 consent
[kənsént]

ⓝ 동의, 승낙　ⓥ 동의하다

Students under 18 need their parents' **consent** before joining.
18세 미만 학생은 참가 전에 부모의 **동의**가 필요하다.

Some users won't **consent** to having their data collected.
일부 사용자들은 자신들이 자료가 수집되는 것에 **동의하지** 않을 것이다.

1028 assent
[əsént]

ⓥ 동의하다, 찬성하다　ⓝ 동의, 찬성

She **assented** to all I proposed with a nod of her head.
그녀는 고개를 끄덕여 내가 제안한 모든 것에 **동의했다**.

Congress gave its **assent** to the new welfare reform bill.
의회는 새로운 복지 개혁 법안에 **찬성했다**.

➕ give one's assent to ~ : ~에 동의하다

1029 consensus
[kənsénsəs]

ⓝ 합의, 일치

Access to this type of knowledge establishes a price **consensus**. 〈기출〉
이런 유형의 지식에 대한 접근은 가격 **합의**를 수립한다.

a **consensus** of opinion about desired changes
바람직한 변화에 대한 의견 **일치**

1030 affirmative
[əfə́ːrmətiv]

ⓐ 1 긍정의, 승낙의 ↔ negative 부정의　2 확언하는

I had an **affirmative** answer for my request.
나는 내 요청에 대한 **긍정적인** 답변을 들었다.

She was **affirmative** that she did not want to quit.
그녀는 그만두고 싶지 않다고 **확언했다**.

➕ affirm ⓥ 1 긍정하다　2 확언하다 ｜ affirmation ⓝ 1 긍정　2 확언, 단언

1031 advocate
ⓥ [ǽdvəkèit]
ⓝ [ǽdvəkit]

ⓥ 옹호하다; 변호하다　ⓝ 옹호자; 변호사

We **advocate** for greater investment in disaster risk reduction.　우리는 재난 위험 감소에의 더 많은 투자를 **옹호한다**.

a zealous **advocate** for pension reform
연금 개혁의 열성적인 **옹호자**

1032 proponent
[prəpóunənt]

ⓝ 지지자, 옹호자 ⊜ supporter, advocate ⟷ opponent 반대자

The number of **proponents** is greater than that of the opponents.
지지자의 수가 반대자의 수보다 더 많다.

1033 favorable
[féivərəbl]

ⓐ 1 호의적인 2 알맞은

Many customers posted **favorable** comments about the service. 기출
많은 고객이 그 서비스에 대해 호의적인 의견을 달았다.

provide a **favorable** environment for investors
투자자들에게 알맞은 환경을 제공하다

✚ favor ⓝ 호의, 친절 ⓥ 선호하다

1034 hospitable
[haspítəbl / háspitəbl]

ⓐ 1 환대하는 2 (환경이) 쾌적한, 알맞은

It is not easy to be **hospitable** to new ideas and ways.
새로운 생각과 방식을 환대하는 것은 쉽지 않다.

The climate here is quite **hospitable** during spring.
여기 기후가 봄 동안에 꽤 쾌적하다.

✚ hospitality ⓝ 환대, 후한 대접

반대 · 거부

1035 objection
[əbdʒékʃən]

ⓝ 반대, 이의

The project was stopped by **objections** to the loss of parking spaces. 기출
그 계획은 주차 공간 감소에 대한 반대로 중단되었다.

✚ object ⓥ 반대하다(to)

1036 disapprove
[dìsəprúːv]

ⓥ 승인[인가]하지 않다, 찬성하지 않다(of)

20% of voters approved of the bill while 47% **disapproved**.
투표자의 20퍼센트가 그 법안에 찬성한 반면 47%는 찬성하지 않았다.

✚ disapproval ⓝ 불승인, 반대

1037 dissent
[disént]

ⓥ 의견을 달리하다 ⓝ 불찬성, 이의

The minority are those who **dissent** from the decision made by the majority.
소수는 다수에 의한 결정과 의견을 달리하는 이들이다.

political **dissent** 정치적 이의

★ dis(반대하여) + sent(느끼다, 생각하다)

1038 ★
rejection
[ridʒékʃən]

ⓝ 거절, 기각 ⟷ acceptance 수락, 승인

Silence can imply either **rejection** or acceptance.
침묵은 **거절**을 암시할 수도 있고 수락을 암시할 수도 있다.

➕ a rejection letter 불합격 통지서

➕ reject ⓥ 거절하다, 거부하다

다의어

1039 ★★★
dismiss
[dismís]

ⓥ 1 (의견 등을) 일축하다 2 해산시키다 3 해고하다

1 She **dismissed** my suggestion with a wave of her hand.
그녀는 손을 흔들어 나의 제안을 **일축했다**.

2 The class was **dismissed** early today.
수업이 오늘 일찍 **파했다**.

3 Those workers were unfairly **dismissed** for refusing to do overtime. 그 근로자들은 초과 근무를 거부하여 부당하게 **해고되었다**.

1040 ★★
reluctant
[rilʌ́ktənt]

ⓐ 마음 내키지 않는, 꺼리는 ⓔ unwilling

We are usually **reluctant** to give up our own ideas.
우리는 보통 자신의 생각을 포기하는 것을 **마음 내켜하지 않는다**.

➕ reluctant to *do*: ~하는 것을 마음 내켜하지 않는

➕ reluctance ⓝ 마음이 내키지 않음, 꺼려함

1041
unwilling
[ʌnwíliŋ]

ⓐ 꺼리는, 내키지 않는 ⟷ willing 꺼리지 않는

Investors are **unwilling** to accept a very low interest rate.
투자자들은 매우 낮은 이자율을 받아들이는 것을 **꺼린다**.

➕ unwilling to *do*: ~하는 것을 꺼리는

1042 ★
hesitant
[hézətənt]

ⓐ 주저하는, 머뭇거리는

At first, I was **hesitant** to do it, but I ended up enjoying it.
나는 처음엔 그것을 하는 것을 **주저했으나** 결국엔 즐기게 되었다.

➕ hesitant to *do*: ~하는 것을 주저하는

➕ hesitate ⓥ 주저하다, 망설이다 | hesitation ⓝ 주저, 망설임

1043 ★★
skeptical
[sképtikəl]

ⓐ 회의적인, 의심 많은 ⓔ doubtful

Experts are **skeptical** about how effective the vaccine is.
전문가들은 그 백신이 얼마나 효과적인지에 **회의적이다**.

➕ skepticism ⓝ 회의론 | skeptic ⓝ 회의론자

1044 cynical
[sínikəl]

ⓐ 냉소적인, 비꼬는

Not all singles have a **cynical** view of marriage.
모든 독신자들이 결혼에 대해 **냉소적인** 견해를 가진 것은 아니다.

강한 반대

1045 hostility
[hɑstíləti]

ⓝ 적의, 적대감, 적개심

The proposal was met with **hostility** from the community.
그 제안은 지역사회로부터 **적대감**에 부딪혔다.

➕ hostile ⓐ 적대적인

1046 opponent
[əpóunənt]

ⓝ 1 적, 상대   2 <mark>반대자</mark>   ⟷ supporter, proponent 지지자, 옹호자

The player took a lot of time to collect information about the **opponent**. `기출 응용`
그 선수는 **상대 선수**에 대한 정보를 수집하는 데 많은 시간을 들였다.

Opponents of gun control argue that it would not reduce crime.
총기 규제 **반대자들**은 그것이 범죄를 감소시키지 않을 것이라고 주장한다.

1047 despise
[dispáiz]

ⓥ 경멸하다, 멸시하다, 얕보다

I **despise** liars, especially opportunistic liars.
나는 거짓말쟁이들, 특히 기회주의적인 거짓말쟁이들을 **경멸한다**.

1048 contempt
[kəntémpt]

ⓝ 경멸, 모욕

The saying goes, "Familiarity breeds **contempt.**"
속담에 이르기를 "친숙함이 **경멸**을 낳는다"고 한다.

1049 aggressive
[əgrésiv]

ⓐ 공격적인, 호전적인

Reactive aggression is an **aggressive** response to a perceived threat. `기출 응용`
반응성 공격성은 인지된 위협에 대한 **공격적인** 반응이다.

➕ aggress ⓥ 공격하다 | aggression ⓝ 공격

1050 lament
[ləmént]

ⓥ 한탄하다, 슬퍼하다   ⓝ 한탄, 비탄

In the poem, the poet **laments** the disappearance of traditions.
그 시에서 시인은 전통의 소멸을 **한탄한다**.

It is called the Wailing Wall because of the **laments** of the Jewish people.
그것은 유대인들의 **비탄** 때문에 '통곡의 벽'이라고 불린다.

DAILY CHECK-UP

A 빈칸에 알맞은 우리말 또는 영어 단어를 써넣으시오.

의사 표현

주장

1. _____ 고집하는, 우기는
2. _____ refute
3. _____ 주도, 선도; 계획
4. _____ contend

강한 반대

21. _____ 적의, 적대감
22. _____ despise
23. _____ 경멸, 모욕
24. _____ aggressive

동의 · 옹호

5. _____ 승인, 찬성
6. _____ assent
7. _____ 합의, 일치
8. _____ affirmative
9. _____ 옹호하다; 옹호자
10. _____ proponent
11. _____ 호의적인; 알맞은
12. _____ hospitable

반대 · 거부

13. _____ 승인[찬성]하지 않다
14. _____ dissent
15. _____ 거절, 기각
16. _____ reluctant
17. _____ 꺼리는, 내키지 않는
18. _____ hesitant
19. _____ 회의적인, 의심 많은
20. _____ cynical

B 문장의 빈칸에 알맞은 말을 보기에서 골라 쓰시오.

> dismissed   opponents   laments   assertive   objections   consent

1. A great leader is _____ in every decision made.
2. She _____ my suggestion with a wave of her hand.
3. _____ of gun control argue that it would not reduce crime.
4. In the poem, the poet _____ the disappearance of traditions.
5. Students under 18 need their parents' _____ before joining.
6. The project was stopped by _____ to the loss of parking spaces.

🖊 헷갈리는 혼동어 제대로 알기

1 **discreet**
ⓐ 신중한, 분별 있는
Be **discreet** in words and cautious in action.
말을 **신중하게** 하고 행동에 주의를 기울여라.

discrete
ⓐ 별개의, 따로따로의
Each participant was given a **discrete** task to complete.
각 참가자는 완성할 **별개의** 과제를 부여받았다.

2 **eminent**
ⓐ 1 저명한 2 걸출한, 탁월한
Braun is known today as an **eminent** sculptor of his age.
Braun은 오늘날 당대의 **저명한** 조각가로 알려져 있다.

imminent
ⓐ 당장이라도 닥칠 듯한, 임박한
Villagers rushed to evacuate as the wildfire's spread became **imminent**.
마을 사람들은 산불 확산이 **임박하자** 대피를 서둘렀다.

3 **ingenious**
ⓐ 기발한, 창의력이 풍부한
Her novel has an **ingenious** plot filled with surprises.
그녀의 소설은 놀라운 일들로 가득 찬 **기발한** 줄거리를 가지고 있다.

indigenous
ⓐ 토착의, 원산의
In most places, **indigenous** people see tourism as a path to economic development.
대부분 지역에서 **토착**민들은 관광을 경제 발전으로 가는 길로 여긴다.

4 **assent**
ⓝ 동의, 찬성 ⓥ 동의하다, 찬성하다
Congress gave its **assent** to the new welfare reform bill.
의회는 새로운 복지 개혁 법안에 **찬성했다**.

assert
ⓥ 단언하다, 주장하다
The suspect confidently **asserted** his innocence to the lawyer.
그 용의자는 자신 있게 변호사에게 자신의 결백함을 **주장했다**.

ascent
ⓝ 상승; 등정, 등반
A regular airplane is not capable of a sustained vertical **ascent**.
보통의 항공기는 지속적인 수직 **상승**이 가능하지 않다.

PLAN 8
정신 활동

사고 작용
consideration 고려
discern 분별[식별]하다

인지 영역
aptitude 적성, 소질
analytic(al) 분석의, 분석적인

정신 활동

평가
inevitable 필연적인
trivial 하찮은

언어 소통
controversial 논쟁의
acknowledge 인정하다

상호 작용
influential 영향력 있는
instruction 지시; 교육

✅ **MUST-KNOW WORDS**

thought 생각, 사고　　**conceive** 상상[구상]하다　　**regard** 간주하다　　**overlook** 간과하다

suppose 가정[추측]하다　　**assume** 가정하다　　**judge** 판단하다　　**conclude** 결론을 내리다

숙고 · 열중

★★
1051 **consideration**
[kənsìdəréiʃən]

ⓝ 고려, 숙고

Special **consideration** must be made for individual situations. 개별 상황에 대한 특별한 **고려**가 이루어져야만 한다.

➕ **consider** ⓥ 고려하다, 숙고하다

★
1052 **contemplate**
[kántəmplèit]

ⓥ 심사숙고하다; 명상하다

Contemplate and then respond to the argument.
심사숙고한 다음에 그 주장에 대응하라.

➕ **contemplation** ⓝ 심사숙고; 명상

1053 **ponder**
[pándər]

ⓥ 숙고하다, 깊이 생각하다(on, over)

I **pondered** over what they had offered me.
나는 그들이 내게 제안한 것에 대해 **숙고했다**.

다의어

★★
1054 **deliberate**
ⓥ [dilíbərèit]
ⓐ [dilíbərit]

ⓥ 숙고하다　ⓐ 고의적인, 의도적인　⊜ intentional

v. We **deliberated** about what to do under the circumstances.
우리는 그 상황에서 무엇을 해야 할지에 대해 **숙고했다**.

a. Sabotage is a **deliberate** act of destruction.
사보타주는 **고의적인** 파괴 행위이다.

➕ **deliberation** ⓝ 1 숙고　2 심의 | **deliberately** ⓐⓓ 고의로

다의어

★★
1055 **reflection**
[riflékʃən]

ⓝ 1 반사; (물 등에 비친) 모습　2 반영　3 성찰, 숙고

1 Sophia looked at her own **reflection** in the water. [기출]
Sophia는 물에 비친 자신의 **모습**을 바라보았다.

2 Stories serve as a **reflection** of cultural values.
이야기는 문화적 가치관의 **반영물** 역할을 한다.

3 The awareness that one is distrusted provides the incentive for self-**reflection**. [기출]
자신이 불신받고 있다는 인식은 자기 **성찰**의 동기를 제공한다.

➕ **reflect** ⓥ 1 반사하다　2 반영하다　3 성찰[숙고]하다

1056 ★★
retrospect
[rétrəspèkt]

ⓥ 회고하다, 회상하다   **ⓝ** 회고, 회상

When I hear those old hits, I **retrospect** about my childhood.
그 흘러간 히트곡들을 들을 때, 나는 내 유년기를 **회고한다**.

In **retrospect**, I should have been more careful in my wording.
뒤돌아보면 나는 말을 좀 더 조심했어야 했다.

➕ in retrospect 뒤돌아보면, 회고하면

★ cf. introspect 내성하다, 성찰하다

1057 ★★
meditation
[mèdətéiʃən]

ⓝ 명상, 묵상

Meditation is a good way to reduce your stress level.
명상은 스트레스 수준을 낮추는 좋은 방법이다.

➕ meditate ⓥ 명상하다, 묵상하다

1058 ★
preoccupy
[priːɑ́kjəpài]

ⓥ (마음을) 사로잡다, 열중하게 하다

Often, we are **preoccupied** with our own thoughts.
흔히 우리는 우리 자신의 생각에 **사로잡힌다**.

He was so **preoccupied** with work that he hardly ate.
그는 너무 일에 **열중하여** 거의 먹지 않았다.

➕ be preoccupied with ~ : ~에 사로잡히다, 열중하다

➕ preoccupation ⓝ 열중, 몰두

1059 ★★★
distract
[distrǽkt]

ⓥ (주의를) 산만하게 하다

E-mails, meetings, and phone calls **distract** and confuse our thinking. 기출 응용
전자우편, 회의, 그리고 전화는 우리의 사고를 **산만하게** 하고 혼동시킨다.

➕ distraction ⓝ 주의 산만 (요소)

구별·통합·관계

1060 ★
separation
[sèpəréiʃən]

ⓝ 1 분리   2 이별

When entering a park, people often imagine a sharp **separation** from streets. 기출
공원에 들어설 때, 사람들은 흔히 거리로부터의 예리한 **분리**를 상상한다.

sorrow of **separation** from one's beloved
사랑하는 사람과의 **이별**의 슬픔

➕ separate ⓥ 분리하다, 떼어놓다   ⓐ 별개의, 각각의, 분리된

1061 ★

discern
[disə́rn]

🅥 분별[식별]하다; 인식하다

At least I can **discern** moral decisions from immoral ones.
적어도 나는 도덕적인 결정과 부도덕한 결정을 **분별**할 줄 안다.

➕ discernment ⓝ 식별(력)

1062 ★★★

distinguish
[distíŋgwiʃ]

🅥 구별하다, 구분하다 🟰 differentiate

We can usually **distinguish** good singers from bad ones.
우리는 보통 훌륭한 가수와 형편없는 가수를 **구별**할 수 있다.

1063 ★★

integrate
[íntəgrèit]

🅥 통합하다, 합병하다

It can be difficult to **integrate** new members onto your team.
새 구성원을 팀에 **통합하는** 것은 어려울 수 있다.

➕ integration ⓝ 통합, 합병

1064 ★★

incorporate
[inkɔ́ːrpərèit]

🅥 (~의 일부로) 포함하다, 통합하다, 합체시키다

There are positive effects of **incorporating** painting into math education.
그림을 수학 교육에 **통합하는** 것은 긍정적인 효과가 있다.

➕ incorporation ⓝ 포함, 합체

1065

deem
[diːm]

🅥 (~로) 생각하다, 간주하다 🟰 consider

Education is **deemed** a tool for economic development.
교육은 경제 발전의 도구로 **생각된다**.

➕ deem *A B*: A를 B로 간주하다

다의어

1066 ★★★

attribute
ⓥ [ətríbjuːt]
ⓝ [ǽtribjùːt]

🅥 **(~에) 돌리다, (~의) 탓으로 하다** ⓝ 특성, 속성

v. Do not **attribute** your achievement only to luck.
여러분의 성취를 단지 운**으로만 돌리지** 마세요.

n. the specific **attributes** of musical sounds 〔기출〕
음악 소리 특유의 **특성**

➕ attribute *A* to *B*: A를 B의 탓으로 돌리다

➕ attribution ⓝ 1 (원인 등을 ~에) 돌림 2 속성

1067 ★

ascribe
[əskráib]

🅥 (원인·동기 등을 ~에) 돌리다, (~에) 기인하는 것으로 하다

She **ascribed** her failure to her lack of willpower.
그녀는 자신의 실패를 의지력 부족**으로 돌렸다**.

➕ ascribe *A* to *B*: A를 B의 탓으로 돌리다

1068 correlate
[kɔ́:rəlèit]

ⓥ 상호 관련되다; 관련시키다

Lower gas prices **correlate** with more traffic deaths.
낮은 휘발유 가격은 더 많은 교통사고 사망과 **관련이 있다.**

➕ correlate with ~ / be correlated with ~: ~와 관련되다

➕ correlation ⓝ 상관, 상호 관계

시각화 · 예시 · 설명

1069 visualize
[víʒuəlàiz]

ⓥ 마음속에 그리다, 시각화하다

I like to **visualize** all the details as I read books.
나는 책을 읽으면서 모든 세부 사항을 **마음속에 그리는** 것을 좋아한다.

Using techniques like MRIs, we can **visualize** brain activity.
MRI 같은 기술을 이용해서 우리는 뇌 활동을 **시각화할** 수 있다.

➕ visual ⓐ 시각적인 | visualization ⓝ 마음속에 떠올림, 시각화

1070 envision
[invíʒən]

ⓥ (미래의 일을) 마음속에 그리다, 상상하다

Western thought **envisions** cities and nature as oppositional forces. 기출
서구 사상은 도시와 자연을 대립적인 힘으로 **마음속에 그린다.**

1071 illustrate
[íləstrèit]

ⓥ 1 예증하다, 설명하다 2 삽화를 넣다

The incident **illustrates** the impact of farming on the quality of groundwater.
그 사건은 농업이 지하수의 질에 미치는 영향을 **예증한다.**

The book was **illustrated** by a famous artist.
그 책은 유명한 화가에 의해 **삽화가 그려졌다.**

➕ illustration ⓝ 1 예증 2 삽화; 도해

1072 demonstrate
[démənstrèit]

ⓥ 1 증명해 보이다, 드러내다 ⊜ show 2 시위를 벌이다

Striving to **demonstrate** individual personality through designs should not be surprising. 기출
디자인을 통해 개성을 **드러내려고** 노력하는 것은 놀라운 일이 아닐 것이다.

demonstrate against the war 반전 **시위를 벌이다**

➕ demonstration ⓝ 1 증명 2 시위, 데모

1073 acquaint
[əkwéint]

ⓥ 정통하게 하다, 잘 알게 하다

Our tour guide was **acquainted** with high-quality restaurants.
우리 여행 가이드는 고급 식당들에 **정통했다.**

➕ be acquainted with ~: ~에 정통하다, ~에 대해 잘 알다

➕ acquaintance ⓝ 1 익히 앎, 지식 2 아는 사람, 지인

1074 inference
[ínfərəns]

ⓝ 추론, 추리

Readers draw **inferences** from context about word meaning.
독자는 문맥을 통해 단어의 의미에 대해 **추론**한다.

✚ infer ⓥ 추론하다, 추리하다

1075 suggestion
[səgdʒéstʃən]

ⓝ 1 제안, 제의   2 <mark>암시, 시사; 기미</mark>

When my **suggestion** was adopted, I felt a great sense of self-satisfaction.
내 **제안**이 채택되었을 때, 나는 커다란 자기 만족감을 느꼈다.

There was a **suggestion** of disbelief in her tone.
그녀의 어조에는 불신의 **기미**가 있었다.

✚ suggest ⓥ 1 제안하다, 제의하다   2 암시하다, 시사하다

1076 induction
[indʌ́kʃən]

ⓝ 귀납법, 귀납 추리   ↔ deduction 연역(법)

Many scientists use **induction** when developing theories.
많은 과학자들은 이론을 발전시킬 때 **귀납법**을 사용한다.

✚ inductive ⓐ 귀납적인(↔ deductive 연역적인)

1077 assumption
[əsʌ́mpʃən]

ⓝ 가정, 가설

Your **assumption** is not a fact and needs to be tested.
너의 **가정**은 사실이 아니며 검증될 필요가 있다.

✚ assume ⓥ 가정하다

1078 evaluation
[ivæ̀ljuéiʃən]

ⓝ 평가

Managers are responsible for the **evaluation** of employee performance.   관리자는 직원의 업무 성과에 대한 **평가**를 책임진다.

✚ evaluate ⓥ 평가하다

1079 assess
[əsés]

ⓥ 평가하다, 판단하다   ＝ evaluate

Is there any way to **assess** the value of cultural heritage?
문화유산의 가치를 **평가하는** 방법이 있는가?

Exams are commonly used to **assess** student learning.
시험은 흔히 학생의 학습을 **평가하는** 데 사용된다.

✚ assessment ⓝ 평가, 판단

1080 misconception
[mìskənsépʃən]

ⓝ 그릇된 생각, 오해   ＝ fallacy

One **misconception** is that genes determine all traits.
하나의 **그릇된 생각**은 유전자가 모든 특성을 결정한다는 것이다.

A 빈칸에 알맞은 우리말 또는 영어 단어를 써넣으시오.

사고 작용

숙고 · 열중

1 _____ 고려, 숙고

2 _____ contemplate

3 _____ 숙고하다, 깊이 생각하다

4 _____ deliberate

5 _____ 반사; 성찰, 숙고

6 _____ retrospect

7 _____ 명상, 묵상

8 _____ preoccupy

구별 · 통합 · 관계

9 _____ 분리; 이별

10 _____ distinguish

11 _____ 포함하다, 통합하다

12 _____ deem

13 _____ 돌리다, 탓으로 하다

14 _____ ascribe

15 _____ 상호 관련되다

시각화 · 예시 · 설명

16 _____ visualize

17 _____ 마음속에 그리다

18 _____ illustrate

19 _____ 증명해 보이다, 드러내다

20 _____ acquaint

추측 · 추론 · 평가

21 _____ suggestion

22 _____ 가정, 가설

23 _____ evaluation

24 _____ 그릇된 생각, 오해

PLAN 8

B 문장의 빈칸에 알맞은 말을 보기에서 골라 쓰시오.

inferences	distract	discern	induction	integrate	assess

1 Exams are commonly used to _____ student learning.

2 Readers draw _____ from context about word meaning.

3 At least I can _____ moral decisions from immoral ones.

4 It can be difficult to _____ new members onto your team.

5 Many scientists use _____ when developing theories.

6 E-mails, meetings, and phone calls _____ and confuse our thinking.

✅ MUST-KNOW WORDS

intelligence 지능	mental 정신의	development 발달, 개발	analyze 분석하다
relate 관련시키다	disturb 방해하다	doubtful 의심하는	confuse 혼동하다

지적 능력

1081
intellectual
[ìntəléktʃuəl]

ⓐ **지적인, 지능의**

IQ is a way to measure a person's **intellectual** ability.
아이큐(지능 지수)는 한 사람의 **지적** 능력을 측정하는 한 방법이다.

➕ intellectual property 지적 재산(권)

➕ intellect ⓝ 지성, 지력

★ cf. intelligent (사람이) 총명한, 지적인

1082
aptitude
[ǽptitùːd]

ⓝ **적성, 소질, 재능**

Everyone has different **aptitudes** for different things.
모든 사람은 저마다 다른 것에 상이한 **적성**을 가지고 있다.

➕ an aptitude test 적성 검사

다의어

1083
foster
[fɔ́(ː)stər]

ⓥ 1 기르다, 촉진[조장]하다   2 (수양 자식으로) 기르다
ⓐ 수양의, 기르는

v. 1 Team sports can help **foster** better social skills.
팀 스포츠는 더 좋은 사회 기술을 **기르는** 데 도움이 될 수 있다.

2 **foster** an orphan   고아를 **기르다**

a. biological parents and **foster** parents
생물학적[친] 부모와 **수양부모**

1084
facilitate
[fəsílətèit]

ⓥ **촉진하다, 조장하다; 용이하게 하다**

A variety of experiences **facilitate** cognitive development.
다양한 경험은 인지 발달을 **촉진한다.**

An increase in the temperature **facilitates** the growth of the microbe. 온도 상승은 세균 증식을 **조장한다.**

➕ facilitation ⓝ 촉진, 조장

1085
intrigue
[intríːg]

ⓥ **흥미를 갖게 하다**

I was **intrigued** by the strange title of the novel.
나는 그 소설의 기묘한 제목에 **흥미를 갖게 되었다.**

➕ intriguing ⓐ 흥미를 자아내는

1086 trigger
[trígə:r]

ⓥ 1 <mark>촉발하다, 유발하다</mark> 2 방아쇠를 당기다
ⓝ 1 방아쇠 2 <mark>계기, 유인, 자극</mark>

v. 1 Sports can **trigger** an emotional response in its consumers.
스포츠는 소비자에게 있어 감정적인 반응을 **일으킨다**.

n. 2 the **trigger** for World War I 1차 세계대전의 **계기**

1087 endeavor
[indévər]

ⓥ 노력하다, 애쓰다 ⓝ 노력, 시도

A lot of teachers **endeavor** to improve their teaching.
많은 선생님들이 자신의 수업을 개선하려고 **노력한다**.

our **endeavor** to conserve and improve the environment
환경을 보존하고 개선하려는 우리의 **노력**

분석 · 일반화

1088 analytic(al)
[ænəlítik(əl)]

ⓐ 분석의, 분석적인

This difficult problem requires **analytical** thinking skills.
이 어려운 문제는 **분석적** 사고 기술을 필요로 한다.

➕ analysis ⓝ 분석 | analyst ⓝ 분석가

1089 classification
[klæ̀səfikéiʃən]

ⓝ 분류

This kind of grouping seems too abstract to be called a **classification**. 〈기출 응용〉
이런 종류의 묶음 만들기는 **분류**라고 불리기에는 너무 추상적인 것 같다.

➕ classify ⓥ 분류하다

1090 trait
[treit]

ⓝ 특성, 특징, 특색

Each ethnic community has its own unique cultural **traits**.
각 민족 공동체는 그 자체의 고유한 문화적 **특성**을 갖고 있다.

1091 characteristic
[kæ̀riktərístik]

ⓝ 특징, 특색 ⓐ 특징적인, 특유의 ⓼ typical

One **characteristic** of leadership is communication.
리더십의 한 가지 **특징**은 의사소통이다.

characteristic elements of poetry 시의 **특징적인** 요소

1092 distinction
[distíŋkʃən]

ⓝ 1 구별, 차이 2 특성, 특질

Table manners served as a marker for class **distinction**. 〈기출〉
식탁 예절은 계층 **구별**을 위한 표시 역할을 했다.

➕ distinctive ⓐ 특이한, 독특한 | distinct ⓐ 별개의, 뚜렷이 구별되는

★★
1093 **consistency**
[kənsístənsi]

ⓝ 일관성, 한결같음; (언행)일치

There should be **consistency** in your career planning.
너의 진로 계획에는 **일관성**이 있어야 한다.

➕ consistent ⓐ 일관된, 일치된

★
1094 **generalization**
[dʒènərəlizéiʃən]

ⓝ 일반화

Hasty **generalization** is a type of logical fallacy.
성급한 **일반화**는 논리적 오류의 한 유형이다.

➕ general ⓐ 일반적인 | generalize ⓥ 일반화[보편화]하다

다의어

★★★
1095 **associate**
[əsóuʃièit]

ⓥ 1 <mark>관련시키다, 연상하다</mark>(with) 2 연합하다, 제휴하다(with)
3 교제하다(with)

1 We often **associate** great literary works with the history
of culture. `기출`
우리는 흔히 위대한 문학 작품들을 문화의 역사와 **관련시킨다**.
➕ be associated with ~ : ~와 관련되다

2 **associate** with other companies to reduce the risk
위험을 줄이기 위해 다른 회사들과 **연합하다**

3 In Paris, he **associated** with artists like Pablo Picasso.
`기출`
파리에서 그는 파울로 피카소 같은 예술가들과 **교제했다**.

➕ association ⓝ 1 관련, 연상 2 연합 3 교제

★★★
1096 **sequence**
[síːkwəns]

ⓝ 1 연속, 연쇄 2 순서, 차례

A storyboard depicts a **sequence** of scenes.
스토리보드는 **연속**적인 장면을 묘사한다.

This page shows the **sequence** of the experiment.
이 페이지에 그 실험의 **순서**가 나와 있다.

★★
1097 **subsequent**
[sʌ́bsikwənt]

ⓐ 이후의, 다음의

Some environments lead to fossilization and **subsequent**
discovery. `기출`
어떤 환경은 화석화로 이어지고 **이후의** 발견으로 이어진다.

➕ subsequently ⓐⓓ 그 다음에, 이후에

★★
1098 **simplify**
[símpləfài]

ⓥ 단순화하다

Logical thinking **simplifies** a concept as far as possible.
논리적 사고는 하나의 개념을 가능한 한 **단순화한다**.

➕ simplification ⓝ 단순화

★ cf. oversimplify 지나치게 단순화하다

1099 ★★
notion
[nóuʃən]

ⓝ 개념, 관념 ⊟ idea

The **notion** of social enterprise first appeared in Italy in the late 1980s.
사회적 기업이란 **개념**은 1980년대 후반에 이탈리아에서 처음 나타났다.

1100 ★
signify
[sígnəfài]

ⓥ 의미하다, 뜻하다

Frowning **signifies** disagreement or disapproval.
얼굴을 찌푸리는 것은 의견 불일치나 불승인을 **의미한다.**

➕ signification ⓝ 의미, 말뜻 | significant ⓐ 중요한, 의미 있는
significance ⓝ 중요성, 의미

1101 ★★
clarify
[klǽrəfài]

ⓥ (의미·견해 등을) 명확[분명]하게 하다

In order to **clarify** my point, I will provide an example.
제 요점을 **명확하게 하기** 위해 사례를 제시하겠습니다.

➕ clarification ⓝ 명료화, 해명

1102 ★★★
definition
[dèfəníʃən]

ⓝ 정의

One **definition** of creativity is to combine existing ideas to create something new.
창의력의 한 **정의**는 기존의 아이디어를 조합하여 새로운 것을 창조하는 것이다.

➕ define ⓥ 정의하다 | definite ⓐ 확실한, 명확한
definitely ⓐⓓ 확실히, 분명히

1103 ★★
document
ⓝ [dάkjumənt]
ⓥ [dάkjumènt]

ⓝ 문서, 증거 자료   ⓥ (상세히) 기록[보도]하다

n. The archive has more than 300,000 **documents**.
그 기록 보관서는 30만 건이 넘는 **문서**를 보관하고 있다.

v. The impacts of sedentary lifestyles have been well **documented**.
앉아서 일하는 생활 양식의 영향은 잘 **기록되어** 왔다.

1104 ★
obstruct
[əbstrΛkt]

ⓥ 방해하다; 막다, 차단하다 ⊟ block

Don't let emotions **obstruct** rational thought.
감정이 이성적 사고를 **방해하지** 않도록 하라.

Fallen trees **obstructed** the road. 쓰러진 나무들이 길을 **막았다.**

➕ obstruction ⓝ 방해, 차단

1105 impede
[impíːd]

ⓥ 방해하다, 지연시키다

Emotional reactions **impede** our logical reasoning.
감정적 반응은 우리의 논리적 추론을 **방해한다**.

➕ impediment ⓝ 방해, 지연

★★
1106 suspicion
[səspíʃən]

ⓝ 의심, 혐의

Suspicion means the absence of certainty.
의심은 확실성의 결여를 의미한다.

be arrested on **suspicion** of robbery 강도 **혐의**로 체포되다

➕ suspect ⓥ 의심하다 ⓝ 용의자
suspicious ⓐ 의심스러운; 의심하는

★
1107 contradiction
[kɑ̀ntrədíkʃən]

ⓝ 1 모순 2 반박, 반대

Do you see any **contradictions** in this statement?
너는 이 진술에서 어떤 **모순**이 보이니?

new evidence in **contradiction** to our theory
우리의 이론에 **반대**되는 새로운 증거

➕ contradict ⓥ 1 모순되다 2 반박하다 | contradictory ⓐ 모순된

★★
1108 obsess
[əbsés]

ⓥ (망상 등에) 사로잡히게 하다

The patient was **obsessed** with the fear of an operation.
그 환자는 수술의 두려움에 **사로잡혀** 있었다.

➕ be obsessed by[with] ~ : ~에 사로잡히다

➕ obsessive ⓐ 강박 관념의, 망상에 사로잡힌
obsession ⓝ 망상에 사로잡힘, 강박 관념

★★
1109 illusion
[ilúːʒən]

ⓝ 환영, 착각, 환상

She saw an **illusion** of herself floating in midair.
그녀는 자신이 공중에 떠 있는 **환영**을 보았다.

The senses are subject to errors and **illusions**. 기출
감각은 실수와 **착각**에 빠지기 쉽다.

➕ optical illusion 착시

➕ illude ⓥ 속이다, 착각하게 하다 | illusory ⓐ 환상에 불과한

1110 delusion
[dilúːʒən]

ⓝ 망상; 착각, 잘못된 생각

War never ends; it only brings the **delusion** of peace.
전쟁은 결코 끝나지 않는다; 그것은 단지 평화라는 **망상**만 가져올 뿐이다.

delusions of grandeur 과대**망상**

➕ delude ⓥ 속이다, 착각하게 하다 | delusive ⓐ 착각하게 하는

DAILY CHECK-UP

A 빈칸에 알맞은 우리말 또는 영어 단어를 써넣으시오.

인지 영역

지적 능력

1 _____
   intellectual
2 _____
   기르다, 촉진하다
3 _____
   facilitate
4 _____
   흥미를 갖게 하다
5 _____
   endeavor
6 _____
   촉발하다; 계기, 유인

15 _____
   이후의, 다음의
16 _____
   simplify

분석 · 일반화

7 _____
   분류
8 _____
   trait
9 _____
   특징, 특색; 특유의
10 _____
   distinction
11 _____
   일관성; (언행)일치
12 _____
   generalization
13 _____
   관련시키다; 연합하다
14 _____
   sequence

의미 규명 · 확인

17 _____
   notion
18 _____
   의미하다, 뜻하다
19 _____
   definition
20 _____
   문시; 기록하나

사고의 방해

21 _____
   obstruct
22 _____
   모순; 반박, 반대
23 _____
   illusion
24 _____
   망상; 착각

B 문장의 빈칸에 알맞은 말을 보기에서 골라 쓰시오.

> analytical   obsessed   aptitudes   suspicion   clarify   impede

1 _____ means the absence of certainty.

2 Emotional reactions _____ our logical reasoning.

3 This difficult problem requires _____ thinking skills.

4 The patient was _____ with the fear of an operation.

5 Everyone has different _____ for different things.

6 In order to _____ my point, I will provide an example.

✔ MUST-KNOW WORDS

essential 필수적인　　**significant** 중요한　　**major** 중요한, 주된　　**minor** 사소한, 중요하지 않은

primary 주요한, 제1의　　**valuable** 귀중한, 소중한　　**useless** 쓸모없는　　**probable** 있음 직한

긍정적 평가

1111 indispensable
[ìndispénsəbl]

ⓐ 필수 불가결한, 필수의　ⓔ essential

Smartphones are an **indispensable** tool for modern life.
스마트폰은 현대 생활을 위한 **필수 불가결한** 도구이다.

★ cf. dispense with ~: ~을 없애다, 생략하다

★ **1112 inevitable**
[inévitəbl]

ⓐ 피할 수 없는, 필연적인

As we age, we suffer the **inevitable** deterioration of the brain. 〈기출 응용〉
나이가 들면서 우리는 뇌의 **필연적인** 퇴화를 겪는다.

an **inevitable** consequence[result] **필연적인** 결과

➕ inevitability ⓝ 필연성 | inevitably ⓐⓓ 필연적으로

1113 momentous
[mouméntəs]

ⓐ 중대한, 중요한

Getting married is one of the most **momentous** events in a person's life.
결혼은 한 사람의 인생에서 가장 **중요한** 행사 중 하나이다.

➕ a momentous event 중요한 행사[사건]
　 a momentous decision 중대한 결정

★ cf. momentary 순간의, 잠깐의

★★★ **1114 crucial**
[krúːʃəl]

ⓐ 매우 중요한, 중대한, 결정적인

Use checklists to ensure that no **crucial** steps are missed. 〈기출〉
중대한 어떤 단계도 누락되지 않게 확실히 하도록 점검표를 사용하시오.

➕ be of crucial importance 매우 중요하다

★ **1115 integral**
[íntigrəl / intégrəl]

ⓐ 없어서는 안될, 필수의

Good health is an **integral** part of a person's well-being.
좋은 건강은 한 사람의 행복에 **없어서는 안될** 요소이다.

Such discoveries are **integral** to the conceptual system. 〈기출〉
그런 발견은 개념 체계에 **필수적이다.**

1116 **requisite**
[rékwəzit]

ⓐ 필수의, 없어서는 안 될   ⓝ (pl.) 필요조건, 필수품

I was not chosen because I lacked the **requisite** technical skill. 나는 **필수적인** 기술이 없었기 때문에 선택되지 못했다.

Freedom is a **requisite** for human happiness.
자유는 인간의 행복을 위한 **필요조건**이다.

★ cf. prerequisite ⓝ 전제 조건 ⓐ 전제 조건의

1117 **pivotal**
[pívətəl]

ⓐ 중추적인, 중요한

Transportation plays a **pivotal** role in economic development.
운송은 경제 발전에서 **중추적인** 역할을 한다.

➕ play a pivotal role in ~ : ~에 있어서 중추적인 역할을 하다

➕ pivot ⓝ 회전축, 주축 ⓥ 선회하다

〔다의어〕

1118 **vital**
[váitəl]

ⓐ 1 지극히 중요한 2 생기 넘치는 3 생명의

1 Salmon play a **vital** role in this area's ecosystem. ◀기출
연어는 이 지역의 생태계에서 **지극히 중요한** 역할을 한다.

2 In order to live a **vital** life, it is important to prevent disease.
생기 넘치는 삶을 영위하려면 질병을 예방하는 것이 중요하다.

➕ vital organs 중요 장기(심장, 폐 등 생명 유지에 필요한 장기)

➕ vitality ⓝ 생명력, 활기

1119 **fundamental**
[fʌndəméntəl]

ⓐ 바탕의, 기초의, 근본적인   ⓝ (보통 pl.) 기본, 근본

Education is **fundamental** to development and growth.
교육은 발달과 성장의 **기초이다.**

the **fundamental** cause **근본적인** 원인

This book explains the **fundamentals** of professional photography.
이 책은 전문적인 사진술의 **기본**을 설명한다.

〔다의어〕

1120 **principal**
[prínsəpəl]

ⓐ 주요한, 제1의 ⓝ 교장

a. The **principal** purpose of medicine is to improve patients' quality of life.
의학의 **주요한** 목적은 환자들의 삶의 질을 향상하는 것이다.

n. The **principal** is responsible for all student activities.
교장은 모든 학생 활동에 대한 책임이 있다.

★ 철자가 비슷한 principle(원리, 원칙)과 혼동하지 않도록 주의할 것.

1121 ★★ **ultimate**
[Ʌltəmit]

ⓐ 궁극적인, 최후의, 최종의 ↔ initial 처음의, 최초의

The committee's **ultimate** decision was to approve the project. 위원회의 **궁극적인** 결정은 그 프로젝트를 승인하는 것이었다.

+ **ultimately** ⓐⓓ 궁극적으로, 결국

다의어

1122 ★★★ **critical**
[krítikəl]

ⓐ 1 비평의, 비판적인 2 ==결정적인, 중대한== ＝ crucial
3 위급한; 위기의

1 **critical**-thinking skills to find solutions
해결책을 찾기 위한 **비판적** 사고 기술

2 Birth to three years of age is the **critical** period for brain development.
출생부터 3세까지는 뇌 발달에 **결정적인[중대한]** 시기이다.

3 an extremely **critical** state of health 극히 **위급한** 건강 상태

+ **criticize** ⓥ 비평[비판]하다 | **criticism** ⓝ 비평, 비판 | **critic** ⓝ 비평가

1123 ★★ **invaluable**
[invǽljuəbl]

ⓐ 매우 귀중한, 값을 헤아릴 수 없는 ＝ priceless

Organizations are coming to recognize that knowledge is an **invaluable** asset.
조직들은 지식이 **매우 귀중한** 자산임을 인식하고 있다.

★ in- 때문에 valuable(귀중한)과 반대되는 뜻으로 오해하지 않도록 주의할 것.

1124 ★★ **relevance**
[réləvəns]

ⓝ 관련(성); 타당성 ↔ irrelevance 무관함, 부적절함

Education has direct **relevance** to careers.
교육은 직업과 직접적인 **관련성**이 있다.

the importance and **relevance** of evidence
증거의 중요성과 **타당성**

+ **relevant** ⓐ 관련된; 타당한(↔ **irrelevant** 무관한; 부적절한)

부정적 평가

1125 ★ **trivial**
[tríviəl]

ⓐ 하찮은, 대단치 않은

Do not waste time and money on **trivial** matters like this.
이와 같은 **하찮은** 일에 시간과 돈을 낭비하지 마라.

+ **trivialize** ⓥ 하찮아 보이게 만들다

1126 **trifling**
[tráifliŋ]

ⓐ 사소한, 하찮은 ＝ trivial

The guests had each paid £250, no **trifling** sum.
하객들은 각각 250파운드를 냈는데, **사소한** 금액이 아니었다.

+ **trifle** ⓝ 하찮은 일[것]

1127 **marginal**
[máːrdʒənəl]

ⓐ 1 **중요하지 않은, 미미한** 2 가장자리의, 주변적인

Bioenergy is still a **marginal** part of the energy mix.
생물 에너지는 여전히 에너지 조합에서 **중요하지 않은** 부분이다.

marginal areas of a city 한 도시의 **변두리** 지역

✚ margin ⓝ 1 여백 2 차이 3 가장자리

1128 **futile**
[fjúːtl]

ⓐ 쓸모없는, 무익한, 헛된

It is **futile** for you to complain about such strict rules.
그렇게 엄격한 규칙에 대해 불평해 봐야 **쓸모없다**.

✚ futility ⓝ 쓸모없음, 무익

1129 **incidental**
[ìnsədéntəl]

ⓐ **부차적인**(to); 부수하여 일어나는

His farm work was **incidental** to his main business.
그의 농사일은 자신의 주된 사업에 **부차적인** 것이었다.

The construction project will bring **incidental** benefits.
그 건설 계획은 **그에 따른** 이익[혜택]을 가져올 것이다.

✚ incident ⓝ 일, 사건 | incidentally ⓐⓓ 우연히, 부수적으로

PLAN 8

1130 **detrimental**
[dètrəméntl]

ⓐ 유해한, 불리한 ⊜ harmful

The emphasis on superiority fosters a **detrimental** effect of competition. ◂기출
우월성에 대한 강조는 경쟁의 **유해한** 영향을 조장한다.

1131 **adverse**
[ædváːrs / ǽdvərs]

ⓐ 1 역(逆)의, 반대의 2 불운한, 불행한

These drugs may have serious unintended **adverse** effects.
◂기출 응용
이 약물은 의도되지 않은 심각한 **역효과[부작용]**를 일으킬지도 모른다.

under **adverse** circumstances **역경에 처하여**

가능성

1132 **compatible**
[kəmpǽtəbl]

ⓐ 양립할 수 있는, 모순되지 않는 ⊝ incompatible 양립할 수 없는

Economic growth can be **compatible** with environmental quality. 경제 성장과 환경의 질은 **양립할** 수 있다.

✚ compatibility ⓝ 1 양립[공존] 가능성 2 (컴퓨터) 호환성

1133 **viable**
[váiəbl]

ⓐ (계획 등이) 실행 가능한, 실용적인

Riding a bike is a **viable** alternative to driving a car.
자전거를 타는 것은 차를 운행하는 것에 대한 **실행 가능한** 대안이다.

---

*
1134 **comparable**
[kámpərəbl]

ⓐ 상당하는, 필적하는, 비교되는

The size of a dolphin's brain is **comparable** to that of a human's.
돌고래의 뇌 크기는 인간의 뇌의 크기에 **상당한다**.

---

*
1135 **plausible**
[plɔ́ːzəbl]

ⓐ 그럴듯한, 정말 같은

His approach is **plausible** but not probable.
그의 접근법은 **그럴듯하지만** 가능성이 있어 보이지는 않는다.

영영 likely to be true or successful

명시성

*
1136 **manifest**
[mǽnəfèst]

ⓐ 명백한, 분명한   ⓥ 드러내다, 명백히 나타내다

Understand news stories as the **manifest** outcomes of larger social issues. 기출
뉴스 기사를 더 큰 사회 문제의 **명백한** 결과물로 이해하라.

Cultural interactions are **manifested** in the cultural records.
문화 교류는 문화 기록에 **드러난다**.

**
1137 **underlying**
[ʌ̀ndəláiiŋ]

ⓐ 근원적인, 기초가 되는

The **underlying** cause of the accident is poor safety behavior.
그 사고의 **근원적인** 원인은 미흡한 안전 행동이다.

➕ underlie ⓥ ~의 기저를 이루다

**
1138 **explicit**
[iksplísit]

ⓐ (진술 등이) 명백한, 명시적인

The map gave **explicit** directions on how to reach the camp.
그 지도는 캠프에 도착하는 방법을 **명확하게** 알려주었다.

---

*
1139 **implicit**
[implísit]

ⓐ 암시적인, 은연중의

The threat was **implicit** but very clear.
위협은 **암시적이었지만** 매우 분명했다.

**
1140 **implication**
[ìmpləkéiʃən]

ⓝ 1 함축, 내포, 암시   2 영향, 결과

The **implication** of this study is that most of us lack sleep.
이 연구가 **함축하는 것**은 우리들 대부분이 잠이 부족하다는 것이다.

The growing complexity of computer software has direct **implications** for our safety. 기출
컴퓨터 소프트웨어의 복잡성 증가는 우리의 안전에 직접적인 **영향**을 미친다.

➕ implicate ⓥ 함축하다; 연루시키다

DAILY CHECK-UP

A 빈칸에 알맞은 우리말 또는 영어 단어를 써넣으시오.

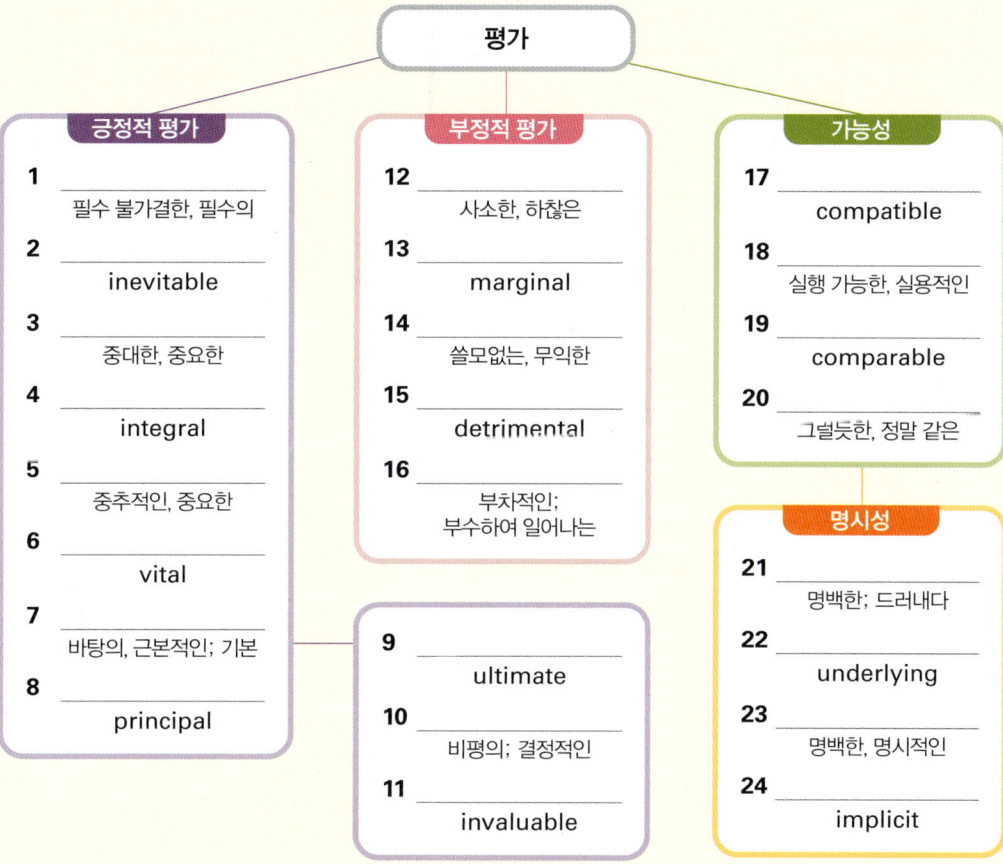

평가

긍정적 평가

1 _____
필수 불가결한, 필수의

2 _____
inevitable

3 _____
중대한, 중요한

4 _____
integral

5 _____
중추적인, 중요한

6 _____
vital

7 _____
바탕의, 근본적인; 기본

8 _____
principal

부정적 평가

12 _____
사소한, 하찮은

13 _____
marginal

14 _____
쓸모없는, 무익한

15 _____
detrimental

16 _____
부차적인;
부수하여 일어나는

9 _____
ultimate

10 _____
비평의; 결정적인

11 _____
invaluable

가능성

17 _____
compatible

18 _____
실행 가능한, 실용적인

19 _____
comparable

20 _____
그럴듯한, 정말 같은

명시성

21 _____
명백한; 드러내다

22 _____
underlying

23 _____
명백한, 명시적인

24 _____
implicit

B 문장의 빈칸에 알맞은 말을 보기에서 골라 쓰시오.

adverse	crucial	implication	relevance	trivial	requisite

1 Education has direct _____ to careers.

2 The _____ of this study is that most of us lack sleep.

3 Use checklists to ensure that no _____ steps are missed.

4 These drugs may have serious unintended _____ effects.

5 Do not waste time and money on _____ matters like this.

6 I was not chosen because I lacked the _____ technical skill.

✅ MUST-KNOW WORDS

influence 영향(을 주다)	**affect** 영향을 주다	**control** 통제(하다)	**organize** 조직[편성]하다
cooperate 협동하다	**recognition** 인정	**forbid** 금(지)하다	**prohibit** 금지하다

★★
1141 mutual
[mjúːtʃuəl]

ⓐ **상호의, 서로의**

Partnership between two organizations requires **mutual** trust and respect. 두 조직의 협력은 **상호** 신뢰와 존경을 필요로 한다.

➕ **mutually** 副 서로, 상호 간에

★
1142 influential
[ìnfluénʃəl]

ⓐ **영향력 있는, 영향을 미치는**

Charles H. Townes was one of the most **influential** American physicists. •기출•
Charles H. Townes는 가장 **영향력 있는** 미국 물리학자 중 한 명이었다.

➕ **influence** ⓝ 영향 ⓥ 영향을 주다

지시 · 감독 · 확인

★★★
1143 inform
[infɔ́ːrm]

ⓥ **알리다, 통지하다**

We regret to **inform** you that your application was denied.
귀하의 신청이 거부되었다는 것을 **알려드리게** 되어 유감입니다.

➕ **inform** A of B: A에게 B를 알리다[통지하다]

★★★
1144 instruction
[instrʌ́kʃən]

ⓝ 1 (pl.) **지시**; 사용 설명(서) 2 교육

Follow the **instructions** for safety. 안전을 위해 **지시**를 따르시오.
Participants can receive flight **instruction** from professional pilots. •기출•
참가자들은 전문 조종사들로부터 비행 **교육**을 받을 수 있습니다.

➕ **instruct** ⓥ 1 가르치다 2 지시하다 │ **instructor** ⓝ 강사

★★
1145 supervise
[súːpərvàiz]

ⓥ **관리하다, 감독하다**

Managers **supervise** a variety of types of employees as part of their work.
관리자들은 업무의 일환으로 다양한 유형의 직원들을 **관리한다**.
supervise construction work 건설 공사를 **감독하다**

➕ **supervision** ⓝ 관리, 감독 │ **supervisor** ⓝ 감독관, 관리자

1146 oversee
[óuvərsì:]
oversee-oversaw-
overseen

Ⓥ (일·활동 등을) 감독[감시]하다; 단속하다

The project manager **oversees** the development of the training program.
그 프로젝트 관리자는 교육 프로그램 개발을 **감독한다**.

The supervisor **oversees** production to maintain quality.
그 감독관은 품질 유지를 위해 생산을 **감독한다**.

다의어

1147 coordinate
Ⓥ [kouɔ́:rdənèit]
ⓐ [kouɔ́:rdinət]

Ⓥ **조정하다; 편성하다** ⓐ **동등한**

v. A manager **coordinates** the activities of other people.
관리자는 다른 사람들의 활동을 **조정한다**.

a. Both directors hold **coordinate** status in the company.
두 이사는 회사에서 **동등한** 지위를 가진다.

✚ coordination ⓝ 조정, 일치 | coordinator ⓝ 조정자, 책임자

1148 exert
[igzə́:rt]

Ⓥ (영향력·압력 등을) 행사하다, 가하다; 발휘하다

The wind **exerts** its pressure on the sails of the masts.
바람은 돛대의 돛에 압력을 **가한다**.

A group is two or more people who **exert** mutual influences on each other. 기출
집단은 서로에게 상호 영향을 **발휘하는** 두 명 이상의 사람이다.

영영 to use one's power or influence to affect or control a person or thing

✚ exertion ⓝ 발휘, 행사

1149 verify
[vérəfài]

Ⓥ (진실임을) 증명하다, 입증하다

Now experts can **verify** the originality of digital artwork.
이제 전문가들은 디지털 예술 작품의 독창성을 **입증할** 수 있다.

✚ verification ⓝ 증명, 확인 | verifiable ⓐ 입증 가능한

1150 validate
[vǽlədèit]

Ⓥ 정당함을 입증하다; (법률상) 유효하게 하다

To **validate** his argument, he presented recent statistics.
자신의 주장의 **정당함을 입증하기** 위해 그는 최신 통계를 제시했다.

✚ valid ⓐ 유효한 | validation ⓝ 확인; 비준

1151 certify
[sə́:rtəfài]

Ⓥ 증명하다, 보증하다

We **certify** that this is a true copy of the original.
이것이 원본과 동일한 사본임을 **증명합니다**.

✚ certification ⓝ 증명 | certificate ⓝ 증명서; 자격증, 수료증

★
1152 testify

[téstəfài]

Ⓥ 1 증언하다   2 증명하다, 입증하다(to)

testify at a trial 재판에서 **증언하다**

History **testifies** to the importance of honesty in political contests.
역사는 정치 대결에서 정직의 중요성을 **증명한다**.

긍정적 상호 작용

★
1153 enlighten

[enláitn]

Ⓥ 깨우치다; 계몽하다, 교화하다

The campaign **enlightens** people about the dangers of smoking. 그 캠페인은 사람들에게 흡연의 위험을 **깨우친다**.

➕ enlightenment ⓝ 계몽, 교화

★ cf. the Enlightenment 계몽 운동(18세기 유럽의 합리주의 운동)

★
1154 embody

[imbάdi]

Ⓥ (사상·감정 등을) 구체화하다, 구현하다

These artists **embody** their wishes for peace in works of art.
이 예술가들은 예술 작품에 평화에 대한 소망을 **구현한다**.

➕ embodiment ⓝ 구체화, 체현

★
1155 empower

[impáuər]

Ⓥ 권한[자격, 능력]을 주다

Good managers **empower** their employees to make decisions. 훌륭한 관리자는 직원들에게 의사 결정 **권한을 준다**.

➕ empowerment ⓝ 권한 부여

★ 접두사 en-이 p, b 등으로 시작하는 단어 앞에 붙으면 em-으로 변한다.

★★
1156 collaborate

[kəlǽbərèit]

Ⓥ 협업하다, 합작하다

Several organizations **collaborate** to achieve the goal.
여러 단체가 그 목표를 이루기 위해 **협업한다**.

➕ collaboration ⓝ 협업, 합작 | collaborative ⓐ 합작의, 협력적인

★ co-(같이) + labor(일) → 같이 일하다

다의어

★★★
1157 compromise

[kάmprəmàiz]

ⓝ 타협(안), 절충, 양보
Ⓥ 1 타협[절충]하다 2 (명예·평판·신용 등을) 해치다, 손상하다

n. Their views were too different to reach a **compromise**.
그들의 시각이 너무 달라서 **타협**에 이를 수 없었다.

v. 1 The workers are willing to **compromise** with the management. 그 노동자들은 경영진과 기꺼이 **타협하고자** 한다.

2 Lowering your pricing may **compromise** your brand.
가격 인하는 브랜드 가치를 **해칠** 수 있다.

1158 **compliment**

ⓝ [kámpləmənt]
ⓥ [kámpləmènt]

ⓝ 칭찬, 경의   ⓥ 칭찬하다

Too many **compliments** are likely to be counter-productive.
과도한 **칭찬**은 역효과를 낳을 수 있다.

Compliment rather than compete with each other.
서로 경쟁하기보다는 **칭찬하라**.

★ complement(보충하다)와 혼동하지 않도록 주의할 것.

다의어

1159 **credit**

[krédit]

ⓥ **공로를 인정하다**
ⓝ 1 **공적, 공로**   2 학점, 이수 단위   3 신용 (거래)

v. Joliot-Curie was **credited** with the discovery of artificial radioactivity.   졸리오퀴리는 인공 방사능을 발견한 **공로를 인정받았다**.

n. 1 The president deserves **credit** for the current state of health care.
대통령은 현재 의료 상태에 대한 **공적**을 인정받아 마땅하다.

2 Students must earn **credits** in the required courses.
학생들은 필수 강좌에서 **학점**을 취득해야 한다.

3 buy a washing machine on **credit**   **신용 거래**로 세탁기를 구입하다

1160 **commemorate**

[kəmémərèit]

ⓥ (중요 인물·사건을) 기념하다, 축하하다

The museum hosted a special exhibition to **commemorate** Edvard Munch's legacy.
그 박물관은 에드바르 뭉크의 업적을 **기념하기** 위해 특별 전시회를 열었다.

1161 **intervene**

[ìntərvíːn]

ⓥ 개입하다; 중재하다

In Somalia, the UN **intervened** for humanitarian reasons.
소말리아에서 유엔은 인도적인 이유로 **개입했다**.

1162 **mediate**

[míːdièit]

ⓥ 1 중재하다   2 매개하다

The negotiator **mediated** a settlement between the two parties.   그 교섭자는 양측 사이의 합의안을 **중재했다**.

Video-conferencing is a computer-**mediated** communication method.
비디오 회의는 컴퓨터로 **매개되는** 의사소통 방법이다.

부정적 상호 작용

1163 **exclude**

[iksklúːd]

ⓥ 제외[배제]하다; 차단하다

His rude comments **excluded** him from the discussion.
그의 무례한 발언은 그를 토론에서 **제외했다**.

The rule **excludes** late arrivals.
그 규칙은 늦게 도착한 사람들을 **제외한다**.

1164 prohibition [pròuhəbíʃən]

ⓝ 금지, 금지령

The UN supports the **prohibition** of chemical weapons.
유엔은 화학 무기의 **금지**를 지지한다.

➕ prohibit ⓥ 금지하다

1165 inhibit [inhíbit]

ⓥ 억제하다; 방해[방지]하다

Can more security devices **inhibit** criminal acts?
더 많은 보안 장치가 범죄 행위를 **억제할** 수 있는가?

Groupthink may **inhibit** individual thinking and problem solving. 집단 사고는 개인의 사고와 문제 해결을 **방해할** 수 있다.

➕ inhibition ⓝ 억제, 방해

1166 interfere [ìntərfíər]

ⓥ 방해하다; 간섭하다

Foreign species **interfere** with the natural balance of ecosystems. 외래종은 생태계의 자연적 균형을 **방해한다**.

➕ interference ⓝ 간섭, 방해

1167 hinder [híndər]

ⓥ 방해하다, 훼방하다 ⊜hamper

Many human activities **hinder** the natural process of the Earth. 많은 인간 활동이 지구의 자연적인 과정을 **방해한다**.

➕ hindrance ⓝ 방해, 장애

1168 confine [kənfáin]

ⓥ 1 한정하다 2 가두다, 감금하다

Confine your spending to the absolute necessities.
지출을 절대적인 필수품에만 **한정하라**.

She was **confined** to the house because of a broken leg.
•기출 그녀는 다리 골절로 인해 집에 **갇혀 있었다**.

➕ confinement ⓝ 1 한정, 제한 2 감금

1169 restrain [ristréin]

ⓥ 1 제지하다 2 억제하다, 억누르다

The police **restrained** the protesters from throwing objects.
경찰은 시위자들이 물건을 던지는 것을 **제지했다**.

She always **restrains** herself from overeating.
그녀는 항상 과식을 **자제한다**.

➕ restraint ⓝ 제지, 억제

1170 constrain [kənstréin]

ⓥ 1 강제하다, 강요하다 2 제약하다, 속박하다

We **constrain** workers to earn the minimum wage.
우리는 근로자들이 최소 임금만을 벌도록 **강제한다**.

be **constrained** by a lack of funds 자금 부족으로 **제약받다**

➕ constraint ⓝ 강제, 압박; 속박, 구속

A 빈칸에 알맞은 우리말 또는 영어 단어를 써넣으시오.

1 _____ mutual
2 _____ 영향력 있는

지시 · 감독 · 확인

3 _____ inform
4 _____ o 감독[감시]하다; 단속하다
5 _____ coordinate
6 _____ 행사하다; 발휘하다
7 _____ verify
8 _____ 증명하다, 보증하다
9 _____ testify

긍정적 상호 작용

10 _____ 깨우치다; 계몽하다
11 _____ embody
12 _____ 권한[자격]을 주다
13 _____ collaborate
14 _____ 타협(안); 절충하다
15 _____ compliment
16 _____ 기념하다, 축하하다
17 _____ mediate

부정적 상호 작용

18 _____ 제외[배제]하다; 차단하다
19 _____ inhibit
20 _____ 방해하다; 간섭하다
21 _____ hinder
22 _____ 한정하다; 가두다
23 _____ restrain
24 _____ 강제하다; 제약하다

B 문장의 빈칸에 알맞은 말을 보기에서 골라 쓰시오.

credit	supervise	instruction	intervened	prohibition	validate

1 To _____ his argument, he presented recent statistics.

2 In Somalia, the UN _____ for humanitarian reasons.

3 The UN supports the _____ of chemical weapons.

4 Participants can receive flight _____ from professional pilots.

5 The president deserves _____ for the current state of health care.

6 Managers _____ a variety of types of employees as part of their work.

언어 소통

claim 주장(하다)	blame 탓하다; 책임	criticize 비판하다	confess 자백[고백]하다
vow 맹세(하다)	notice 예고, 통지	admit 인정하다	comment 의견(을 말하다)

논쟁 · 비난

1171 controversial
[kɑ̀ntrəvə́:rʃəl]

ⓐ 논쟁의, 논쟁을 불러일으키는

Questions of morality are often labeled too **controversial**, too difficult to answer. ◀기출
도덕성 문제는 흔히 너무 **논쟁을 불러일으킨다고**, 너무 답하기 어렵다는 딱지가 붙는다.

➕ controversy ⓝ 논쟁, 논전

다의어

1172 dispute
[dispjú:t]

ⓝ 논쟁, 토론, 논의 ⊜ debate ⓥ 1 반박하다 2 논쟁하다

n. Their **dispute** was about who was the elder of the two.
그들의 **논쟁**은 둘 중 누가 더 연장자이냐에 관한 것이었다.

v. 1 **dispute** a claim 주장을 **반박하다**
2 The team members **disputed** what to do next.
팀 구성원들은 다음에 무엇을 할 것인가를 **논쟁했다.**

1173 condemn
[kəndém]

ⓥ 힐난하다, 나무라다

The author **condemns** selfish individualism and its consequences.
작가는 이기적인 개인주의와 그것의 결과를 **힐난하고** 있다.

1174 denial
[dináiəl]

ⓝ 1 부인, 부정 2 (권리 주장에 대한) 거부; 승인 거부

The accused persisted with his **denial** despite the evidence.
피고는 증거에도 불구하고 계속 **부인했다.**

A **denial** of the right to remain silent is a clear violation of the convention.
묵비권 박탈[**거부**]은 명백한 협약 위반이다.

➕ deny ⓥ 1 부인[부정]하다 2 (권리·요구 등을) 인정하지 않다

1175 denounce
[dináuns]

ⓥ (공공연히) 비난[공격]하다; 탄핵하다

You should not **denounce** someone based on assumptions.
가정을 근거로 누군가를 **비난해서는** 안 된다.

강조 · 왜곡 · 생략

★★★
1176 emphasize
[émfəsàiz]

ⓥ 강조하다; 역설하다

Elinor Ostrom **emphasizes** the importance of democratic decision processes. 〈기출〉
Elinor Ostrom은 민주적인 결정 과정의 중요성을 **강조한다**.

➕ emphasis ⓝ 강조, 역설 ｜ emphatic ⓐ 강조의

1177 underline
[ʌ̀ndərláin]

ⓥ 1 **강조하다** 2 밑줄을 긋다

The report **underlines** the need for overall health reform.
그 보고서는 전반적인 의료 개혁의 필요성을 **강조한다**.

underline the key phrases   핵심 어구에 **밑줄을 긋다**

★ 중요한 것에는 밑줄을 치므로 강조한다는 의미라는 것을 연상할 수 있다.

★
1178 highlight
[háilait]

ⓥ 강조하다; 눈에 띄게 하다   ⓝ 가장 중요한 부분

Support for R&D activities was **highlighted** in his speech.
그의 연설에서 연구·개발 활동에 대한 지원이 **강조되었다**.

★
1179 underestimate
[ʌ̀ndəréstəmèit]

ⓥ 과소평가하다, 경시하다   ⟷ overestimate 과대평가하다

We **underestimate** what we actually remember. 〈기출〉
우리는 우리가 실제로 기억하는 것을 **과소평가한다**.

★
1180 distortion
[distɔ́ːrtʃən]

ⓝ 왜곡, 비틀기

All of these reports are **distortions** of the facts.
이 보도들 모두는 사실에 대한 **왜곡**이다.

➕ distort ⓥ 왜곡하다, 비틀다

★
1181 exaggeration
[igzæ̀dʒəréiʃən]

ⓝ 과장, 과대

Most advertisements have become **exaggerations** rather than reality.
대부분의 광고는 현실이라기보다는 **과장**이 되었다.

➕ exaggerate ⓥ 과장하다, 부풀리다

1182 overstate
[òuvərstéit]

ⓥ 과장하다, 허풍떨다   = exaggerate

The salesman **overstated** the benefits of the product to increase sales.
그 영업사원은 판매를 늘리기 위해 상품의 장점을 **과장했다**.

★
1183 omit
[oumít]

ⓥ 빠뜨리다, 생략하다

Do not **omit** the period when a sentence ends with an email address.
문장이 이메일 주소로 끝날 때 마침표를 **빠뜨리지** 마라.

Some steps may be **omitted** in the process.
몇몇 단계는 그 과정에서 **생략되어도** 된다.

+ omission ⓝ 생략; 빠짐

★
1184 bypass
[báipæs]

ⓥ 1 우회하다   2 <mark>회피하다, 무시하다</mark>

I took a shortcut to **bypass** the heavy traffic.
나는 교통 체증을 **우회하기** 위해서 지름길을 이용했다.

The company is notorious for **bypassing** regulations to cut costs. 그 회사는 비용 절감을 위해 규정을 **회피하는** 것으로 악명이 높다.

발표 · 선언 · 진술

★★
1185 disclose
[disklóuz]

ⓥ 털어놓다, 밝히다; 폭로하다

Steven was hesitant at first but soon **disclosed** his secret.
기출 Steven은 처음에는 주저했으나 이내 자신의 비밀을 **털어놓았다.**

Once **disclosed**, the secret is lost.
일단 **폭로되면** 비밀은 상실된다.

+ disclosure ⓝ 밝힘, 폭로

★
1186 proclaim
[proukléim]

ⓥ 선언하다, 공표하다

It is a leading feature of the human-rights field that governments **proclaim** human rights. **기출**
정부들이 인권을 **선언하는** 것은 인권 분야의 선도적인 특징이다.

+ proclamation ⓝ 선언(서), 성명(서)

★
1187 declaration
[dèkləréiʃən]

ⓝ 1 <mark>선언(서)</mark>   2 (세관 · 세무서의) 신고(서)

The UN adopted the Universal **Declaration** of Human Rights in 1948. 유엔은 1948년에 세계 인권 **선언**을 채택했다.

a **declaration** of income   소득 **신고**

+ declare ⓥ 1 선언하다   2 신고하다

다의어

★★
1188 swear
[swɛər]
swear-swore-sworn

ⓥ 1 <mark>맹세[선서]하다</mark>(by, on)   2 단언하다(to)   3 욕하다(at)

1 The witness **swore** on the Bible that he would tell the truth. 그 목격자는 성서에 손을 얹고 진실을 말할 것을 **맹세했다.**

2 **swear** to one's honesty   자신의 정직함을 **단언하다**

3 He cursed and **swore** at me. 그는 내게 악담과 **욕설**을 퍼부었다.

1189 ★★ **exclaim**
[ikskléim]

v 탄성을 지르다; 소리치다, 외치다

She **exclaimed**, "What a beautiful beach it is!"
그녀는 "정말 아름다운 해변이에요!" 하고 **탄성을 질렀다.**

"Becky, what are you talking about?" Mom **exclaimed**.
"Becky, 무슨 말을 하는 거니?" 하고 엄마가 **소리쳤다.**

➕ exclamation ⓝ 감탄, 탄성, 절규

★ cf. exclamation mark 감탄 부호, 느낌표(!)

1190 ★ **notify**
[nóutəfài]

v 통지하다, 통고하다   ≡ inform

He remembered that the winner would only be **notified** by mail. ◀기출▶
그는 수상자가 우편으로만 **통지될** 것임을 기억하고 있었다.

➕ notification ⓝ 통지, 통고

1191 ★★ **acknowledge**
[æknɑ́lidʒ]

v 1 인정[자인]하다   2 (편지 등의) 도착[수령]을 통지하다

The government **acknowledged** that the tax was unfair.
정부는 그 세금이 부당하다는 것을 **인정했다.**

I **acknowledge** your email.   당신의 이메일을 **잘 받았습니다.**

➕ acknowledgement ⓝ 1 승인, 용인   2 (책에 있는) 감사의 말

1192 ★ **straightforward**
[strèitfɔ́:rwərd]

a 1 정직한, 솔직한   2 (일이) 간단한

His strength is that he is **straightforward** and clear.
그의 장점은 **정직하며** 명확하다는 것이다.

There is no **straightforward** process of the application of knowledge to practice.
지식을 실제에 적용하는 것에는 **간단한** 과정이 없다.

다의어

1193 ★★★ **remark**
[rimɑ́:rk]

ⓝ 1 언급   2 주목   **v** 언급하다, 말하다

n. 1 Personal attacks and rude **remarks** will not be allowed.
인신공격과 무례한 **언급**은 용인되지 않을 것이다.

2 be worthy of **remark** 주목할 만한 가치가 있다

v. She **remarked** that it was amazing how fast her children had grown up.
그녀는 자녀들이 얼마나 빨리 자랐는지 놀랍다고 **말했다.**

다의어

1194 ★★★ **state**
[steit]

v 진술하다, 말하다   **ⓝ** 1 국가; 주   2 상태, 형세

v. The president **stated** that the peace talks would continue.
대통령은 평화 회담이 계속될 것이라고 **말했다.**

n. 1 Canada is a welfare **state**.   캐나다는 복지 **국가**이다.

2 a very good **state** of health   아주 좋은 건강 **상태**

1195 utter
[ʌ́tər]

ⓥ **말하다, 발언하다** ⓐ 완전한

v. She seemingly **uttered** something, but I couldn't hear it.
그녀는 뭔가를 **말하는** 것 같았지만 나는 알아들을 수 없었다.

a. In **utter** darkness, I couldn't even see my hand.
완전한 어둠 속에서 나는 내 손조차 볼 수 없었다.

➕ utterance ⓝ 발언 | utterly ⓐⓓ 완전히, 전적으로(= completely)

기타

1196 abstain
[æbstéin]

ⓥ 1 삼가다, 절제하다 2 기권하다

The doctor advised me to **abstain** from drinking alcohol for my health.
의사는 건강을 위해 음주를 **절제하라고** 내게 조언했다.

abstain from voting in the election 선거에서 투표를 **기권하다**

1197 reference
[réfərəns]

ⓝ 1 **언급** 2 참고, 참조

The book is full of **references** to jazz musicians.
그 책은 재즈 음악가들에 대한 **언급**으로 가득하다.

make **reference** to the glossary 용어 풀이를 **참조**하다

➕ refer ⓥ 1 언급하다(to) 2 참고[참조]하다(to)

1198 inquiry
[inkwáiəri]

ⓝ 1 **질문, 문의** 2 연구, 탐구

A letter of **inquiry** asks for specific information.
질문 편지[질의서]는 특정 정보를 요청한다.

an **inquiry** into the origin of religions 종교의 기원에 관한 **연구**

➕ inquire ⓥ 묻다, 문의하다

1199 tempting
[témptiŋ]

ⓐ 유혹한, 부추기는

It was a **tempting** offer, but she hesitated to accept it.
그것은 **유혹적인** 제안이었으나 그녀는 그것을 받아들이기를 주저했다.

➕ tempt ⓥ 유혹하다, 부추기다 | temptation ⓝ 유혹

1200 interrupt
[ìntərʌ́pt]

ⓥ 방해하다; 중단시키다

They were suddenly **interrupted** by the doorbell ringing.
◀기출 그들은 갑자기 초인종 소리에 **방해받았다.**

interrupt someone in the middle of his/her speech
누군가의 말을 중간에 **중단시키다**

➕ interruption ⓝ 가로막음, 방해; 중지

DAILY CHECK-UP

A 빈칸에 알맞은 우리말 또는 영어 단어를 써넣으시오.

언어 소통

논쟁 · 비난

1 _____ 논쟁; 반박하다

2 _____ condemn

3 _____ 비난하다; 탄핵하다

기타

20 _____ 삼가다, 절제하다

21 _____ reference

22 _____ 질문, 문의; 연구

23 _____ tempting

24 _____ 방해하다; 중단시키다

강조 · 왜곡 · 생략

4 _____ 강조하다; 역설하다

5 _____ underline

6 _____ highlight

7 _____ 과소평가하다, 경시하다

8 _____ distortion

9 _____ 과장하다, 허풍떨다

10 _____ omit

11 _____ 우회하다; 회피하다

발표 · 선언 · 진술

12 _____ 선언하다, 공표하다

13 _____ declaration

14 _____ 맹세하다; 단언하다

15 _____ exclaim

16 _____ 인정[자인]하다

17 _____ remark

18 _____ 진술하다; 국가; 상태

19 _____ utter

B 문장의 빈칸에 알맞은 말을 보기에서 골라 쓰시오.

> notified   disclosed   exaggerations   controversial   straightforward   denial

1 His strength is that he is _____ and clear.

2 Steven was hesitant at first but soon _____ his secret.

3 He remembered that the winner would only be _____ by mail.

4 The accused persisted with his _____ despite the evidence.

5 Most advertisements have become _____ rather than reality.

6 Questions of morality are often labeled too _____, too difficult to answer.

✎ 헷갈리는 혼동어 제대로 알기

1

attribute
ⓥ (~에) 돌리다, (~의) 탓으로 하다

Do not **attribute** your achievement only to luck.
여러분의 성취를 단지 운으로만 **돌리지** 마세요.

contribute
ⓥ 1 기부하다   2 (~의) 원인이 되다; 기여하다

Air pollution **contributes** to climate change.
대기 오염은 기후 변화에 **원인이 된다**.

distribute
ⓥ 나누어주다; 분배하다

Volunteers helped **distribute** food to the homeless.
자원봉사자들이 노숙자들에게 음식을 **나누어주는** 것을 도왔다.

2

principal
ⓐ 주요한, 제1의   ⓝ 교장

The **principal** purpose of medicine is to improve patients' quality of life.
의학의 **주요한** 목적은 환자들의 삶의 질을 향상하는 것이다.

principle
ⓝ 원리, 원칙

the **principle** of efficiency and convenience
효율성과 편의성의 **원리**

3

futile
ⓐ 쓸모없는, 무익한, 헛된

It is **futile** for you to complain about such strict rules.
그렇게 엄격한 규칙에 대해 불평해 봐야 **쓸모없다**.

fertile
ⓐ 비옥한, 기름진

Gardeners add compost to make the soil more **fertile**.
정원사들은 토양을 더 **비옥하게** 만들기 위해 퇴비를 더한다.

4

compliment
ⓝ 칭찬, 경의   ⓥ 칭찬하다

Too many **compliments** are likely to be counter-productive.
과도한 **칭찬**은 역효과를 낳을 수 있다.

complement
ⓝ 보충(물), 보완(물)   ⓥ 보충[보완]하다

Music is a good **complement** to silence.
음악은 고요함에 대한 좋은 **보완물**이다.

The blue color **complements** your skin tone.
그 파란색은 네 피부 톤을 **보완해준다**.

PLAN 9
인간

인생
- **adolescence** 청소년기
- **console** 위로[위문]하다

신체·행위
- **auditory** 청각의, 귀의
- **glance** 흘긋 봄; 흘긋 보다

인간

건강·의학 1
- **clinical** 임상의
- **antibiotic** 항생제(의)

건강·의학 3
- **metabolism** 물질대사
- **psychiatry** 정신 의학

건강·의학 2
- **chronic** 만성적인
- **insomnia** 불면증

DAY 41 인생

성장 · 가족

1201 maturity
[mətʃúərəti]

ⓝ 성숙, 완숙

Getting Old: A Road to **Maturity** and Objectivity 〈기출〉
나이가 드는 것: **원숙**과 객관성으로 가는 길 (제목)

✚ mature ⓥ 성숙하다 ⓐ 성숙한

1202 phase
[feiz]

ⓝ (발달 · 변화의) 단계, 국면

Some discoveries seem to entail numerous **phases**. 〈기출〉
어떤 발견들은 수많은 **단계**를 수반하는 듯하다.

enter a new **phase** of life 삶의 새로운 **국면**에 들어가다

1203 pregnancy
[prégnənsi]

ⓝ 임신

do[take] a **pregnancy** test 임신 진단 테스트를 하다
This drug should not be taken during **pregnancy**.
이 약은 **임신** 중에 복용해서는 안 된다.

✚ pregnant ⓐ 임신한

1204 newborn
[núːbɔ̀ːrn]

ⓐ 갓난   ⓝ 신생아

Newborn babies cannot tell the difference between night and day.
갓난아기는 밤과 낮 사이의 차이를 구별할 수 없다.

Newborns have very sensitive skin that needs special attention.
신생아들은 각별한 주의를 필요로 하는 매우 민감한 피부를 가지고 있다.

1205 infancy
[ínfənsi]

ⓝ 1 **유아기** 2 (발달의) 초창기

Infancy is the period of most rapid growth after birth.
유아기는 생후 가장 급속한 성장의 시기이다.

The mobile payment industry is still in its **infancy**.
모바일 결제 산업은 아직 **초창기**에 있다.

✚ infant ⓝ 유아, 갓난아기

★ cf. childhood 유년기

1206 ★★
sibling
[síbliŋ]

ⓝ 형제자매

Siblings resemble each other in part for genetic reasons.
형제자매는 부분적으로는 유전적 이유로 서로 닮는다.

➕ sibling rivalry 형제자매 간의 경쟁(심)

1207 ★★
adolescence
[ædəlésəns]

ⓝ 청소년기

As they grow towards **adolescence**, people seem to give up childhood play. 기출
청소년기로 성장하면서, 사람들은 유년기 놀이를 포기하는 듯하다.

➕ adolescent ⓝ 청소년
★ cf. adulthood 성인기

1208
puberty
[pjúːbərti]

ⓝ 사춘기

Puberty starts between the ages of 8 and 13 in girls and 9 and 15 in boys.
사춘기는 여자아이의 경우에는 8~13세 사이, 남자아이의 경우에는 9~15세 사이에 시작된다.

1209 ★★
anniversary
[ænəvə́ːrsəri]

ⓝ (해마다의) 기념일, 기념제

As stated in the last newsletter, this year we are celebrating our 50th **anniversary**. 기출
지난번 소식지에 언급되었듯이, 올해는 우리가 50회 **기념일**을 경축합니다.

죽음 · 상속

1210 ★
burial
[bériəl]

ⓝ 매장, 매장식

After the funeral, the **burial** was held at the Oak Woods Cemetery.   장례식 후에 **매장식**은 Oak Woods 묘지에서 치러졌다.

➕ bury ⓥ 매장하다
★ 발음에 주의할 것.

1211 ★
grief
[griːf]

ⓝ 슬픔, 비탄

Grief is associated with the loss of a loved one.
슬픔은 사랑하는 이를 잃은 것과 관련된다.

➕ good grief! 맙소사! 세상에! (놀람 · 짜증을 표현)
➕ grieve ⓥ 몹시 슬퍼하다

1212 mourn
[mɔːrn]

ⓥ (죽음을) 애도하다; 슬퍼하다 ＝ grieve

People all over the country **mourned** for those killed in the shooting.
전국의 사람들이 총격으로 사망한 이들을 **애도했다**.

➕ mourn for ~: ~의 죽음을 애도하다

1213 deceased
[disíːst]

ⓐ 사망한, 고인의

The **deceased** left behind three children and a wife.
고인은 세 명의 자녀와 아내를 남기고 세상을 떠났다.

➕ the deceased 고인

➕ decease ⓝ 사망

다의어

1214 console
[kənsóul]

ⓥ **위로하다, 위문하다** ⓝ 콘솔, 제어 장치

v. Many people **consoled** the family of the deceased.
많은 사람들이 고인의 가족을 **위로했다**.

n. a game **console** 게임 **콘솔**[비디오 게임기]

➕ consolation ⓝ 위로, 위안

다의어

1215 identification
[aidèntəfikéiʃən]

ⓝ 1 신분(증) ＝ ID 2 **신원 (확인)** 3 일체화, 동일시

1 use one's passport as **identification**
여권을 **신분증**으로 사용하다

2 Fingerprints are used for the **identification** of unknown dead bodies.
미상의 시체 **신원 확인**을 위해 지문이 사용된다.

3 **identification** with characters 등장인물과의 **일체화**

➕ identify ⓥ 1 (신원 등을) 확인하다 2 동일시하다(with)

1216 inherit
[inhérit]

ⓥ 상속받다, 물려받다

My father **inherited** the land from my grandfather.
나의 아버지는 할아버지로부터 그 땅을 **상속받았다**.

➕ inheritance ⓝ 상속 재산, 유산 ｜ heir ⓝ 상속인

1217 widow
[wídou]

ⓝ 미망인

The **widow** inherited the property from her husband after his death.
그 **미망인**은 남편 사망 후 그에게서 재산을 상속받았다.

★ cf. widower 홀아비

1218 succession
[səkséʃən]

ⓝ 1 잇따라 일어남, 연속   2 계승(권), 상속(권)

A witness said that he heard five or six explosions in **succession**.
한 목격자는 **잇따라** 대여섯 번의 폭발음을 들었다고 말했다.

The king's oldest son is the first in **succession** to the throne.
왕의 장자가 첫 번째 왕위 **계승권**을 가지고 있다.

＋ succeed ⓥ 1 성공하다 2 상속[계승]하다
successive ⓐ 1 잇따른 2 상속의

★ 동사 succeed의 두 가지 뜻에 대한 각각의 형용사형이 있음을 주의할 것.
cf. successful 성공한, 성공적인

1219 descendant
[diséndənt]

ⓝ 자손, 후손   ⟷ ancestor 선조, 조상

We must preserve a clean environment for our **descendants**.
우리는 우리의 **후손들**을 위해 깨끗한 환경을 보존해야 한다.

1220 longevity
[lɑndʒévəti]

ⓝ 장수, 수명

Increased **longevity** is a triumph of modern medicine and health systems.
수명 증가는 현대 의학과 보건 체계의 승리이다.

★ cf. lifespan 수명

인생 역정

1221 destiny
[déstəni]

ⓝ 운명, 숙명   ＝ fate

Be confident of your ability to work out your own **destiny**.
자신의 **운명**을 개척하는 여러분 자신의 능력을 확신하세요.

＋ destine ⓥ 운명 짓다 | be destined to *do*: ~할 운명이다

1222 communal
[kəmjúːnəl]

ⓐ 공동의, 공공의

The villagers obtained their water from a **communal** well.
마을 사람들은 **공동** 우물로부터 물을 얻었다.

communal property **공공** 재산

1223 affiliation
[əfiliéiʃən]

ⓝ 1 (개인의 정치·종교적) 소속   2 (단체의) 제휴, 가맹

Humans need social **affiliation** and strive to belong to social groups.
인간은 사회적 **소속**이 필요하며 사회 집단에 소속되기 위해 노력한다.

a formal **affiliation** between two organizations
두 조직 사이의 공식적인 **제휴**

＋ affiliate ⓥ 1 제휴하다 2 가입하다

1224 reciprocal

[risíprəkəl]

ⓐ 상호의, 호혜적인 ⊜ mutual

Healthy relationships are **reciprocal**, with give and take on both sides.
건강한 관계는 **상호적이며** 양측이 주고받는다.

✚ reciprocity ⓝ 상호성, 상호 관계

1225 setback

[sétbæk]

ⓝ 좌절, 패배, 실패

She faced many **setbacks** before achieving success.
그녀는 성공을 이루기 전에 많은 **좌절**을 겪었다.

1226 adversity

[ædvə́ːrsəti / əd-]

ⓝ 역경, 고난 ⊜ hardship 불행

Without **adversity**, there will be no learning and no growth.
역경이 없다면 어떤 배움도, 어떤 성장도 없을 것이다.

✚ adverse ⓐ 역의, 불리한

1227 famine

[fǽmin]

ⓝ 기근, 식량 부족; 굶주림

Somalia fell into a severe drought followed by a **famine**.
소말리아는 극심한 가뭄에 빠졌고 **기근**이 이어졌다.

1228 undergo

[Àndərgóu]
undergo-underwent-undergone

ⓥ 경험하다, 겪다; 당하다, 입다

He **underwent** many hardships before he could attain his ambition.
그는 야망을 이루기 전에 많은 고난을 **겪었다**.

undergo great financial loss
커다란 재정적 손실을 **입다**

1229 resilience

[riзíljəns]

ⓝ 회복력

Intermediate levels of adversity were predictive of the greatest **resilience**. ·기출·
중간 수준의 역경은 가장 큰 **회복력**이 예측되었다.

✚ resilient ⓐ 회복하는; 탄력 있는

1230 milestone

[máilstòun]

ⓝ 중요한[획기적인] 단계[사건]; 이정표

Graduation is an important **milestone** in a student's life.
졸업은 학생 인생에서 **중요한 시점**이다.

The invention of the Internet was a **milestone** in technology.
인터넷의 발명은 기술에 있어 **획기적인 사건**이었다.

DAILY CHECK-UP

A 빈칸에 알맞은 우리말 또는 영어 단어를 써넣으시오.

인생

성장 · 가족

1 _____ maturity

2 _____ 단계, 국면

3 _____ pregnancy

4 _____ 갓난; 신생아

5 _____ infancy

6 _____ 형제자매

7 _____ puberty

8 _____ 기념일, 기념제

죽음 · 상속

9 _____ burial

10 _____ 애도하다; 슬퍼하다

11 _____ deceased

12 _____ 위로하다, 위문하다

13 _____ identification

14 _____ 미망인

15 _____ succession

16 _____ 장수, 수명

인생 역정

17 _____ communal

18 _____ 소속; 제휴

19 _____ reciprocal

20 _____ 좌절, 패배, 실패

21 _____ famine

22 _____ 경험하다; 당하다

23 _____ resilience

24 _____ 중요한 단계[사건]

B 문장의 빈칸에 알맞은 말을 보기에서 골라 쓰시오.

adolescence	grief	descendants	destiny	adversity	inherited

1 My father _____ the land from my grandfather.

2 _____ is associated with the loss of a loved one.

3 Be confident of your ability to work out your own _____.

4 We must preserve a clean environment for our _____.

5 Without _____, there will be no learning and no growth.

6 As they grow towards _____, people seem to give up childhood play.

신체 · 행위

physical 신체의	**flesh** 살	**sense** 감각; 느끼다	**sight/vision** 시력
frown 얼굴을 찡그리다	**posture** 자세	**grab** 붙잡다	**tremble** 떨다

신체 · 감각

1231 sensory
[sénsəri]

ⓐ 감각[지각]의, 감각[지각] 기관의

Skin is a **sensory** organ with the ability to perceive many sensations.
피부는 많은 감각을 지각할 수 있는 능력을 지닌 **감각** 기관이다.

➕ **sensation** ⓝ 감각, 지각

1232 auditory
[ɔ́:ditɔ̀:ri]

ⓐ 청각의, 청각 기관의, 귀의

Dolphins have an extremely fast **auditory** nervous response.
돌고래는 극히 빠른 **청신경** 반응을 가지고 있다.

1233 optical
[ɑ́ptikəl]

ⓐ 1 눈의, 시각의 2 광학의

Eyeglasses are **optical** aids that improve visual clarity.
안경은 시각적 선명도를 개선하는 **시각** 보조 기기이다.

communications using **optical** fiber cable
광섬유 케이블을 이용한 통신

★ cf. visual 시각의, 시력의

1234 numb
[nʌm]

ⓐ (추위 등으로) 감각을 잃은 ⓥ 마비시키다

My hands and feet went **numb** in the icy water.
내 손과 발은 얼음물 속에서 **감각을 잃었다**.

I sensed the **numbing** effect of the painkillers.
나는 진통제의 **마비** 효과를 감지했다.

➕ go numb 감각을 잃다, 마비되다

★ b는 묵음으로, 발음하지 않는다.

1235 itchy
[ítʃi]

ⓐ 가려운

A common cause of **itchy** eyes is an allergic reaction.
가려운 눈의 일반적인 원인 하나는 알레르기 반응이다.

➕ **itch** ⓝ 가려움 ⓥ 가렵다; 가렵게 하다
itchiness ⓝ 가려움증

1236 drowsy
[dráuzi]

ⓐ 졸리는, 꾸벅꾸벅 조는 ≡ sleepy

Drowsy driving is nearly as dangerous as drunk driving.
졸음 운전은 거의 음주 운전만큼이나 위험하다.

These pills can make you **drowsy**.
이 약을 먹으면 **졸릴** 수 있다.

➕ drowsiness ⓝ 졸림

1237 yawn
[jɔːn]

ⓥ 하품하다 ⓝ 하품; 따분한 일

She **yawned** repeatedly at work after staying up late last night.
그녀는 어젯밤 늦게까지 잠을 안자고 나서 직장에서 계속 **하품을 했다**.

The boy tried to hide his **yawn**, but it was impossible to resist.
그 남자아이는 **하품**을 숨기려고 했지만 참기가 불가능했다.

1238 blush
[blʌʃ]

ⓥ 얼굴을 붉히다; 부끄러워하다

I **blushed** when I realized everyone was looking at me.
나는 모두가 나를 보고 있다는 것을 깨닫고 **얼굴이 빨개졌다**.

1239 muscular
[mʌ́skjələr]

ⓐ 근육의; 근육질의

Muscular strength can be enhanced by weightlifting exercises. 근력은 역기 운동에 의해 강화될 수 있다.

a slender, **muscular** woman 날씬한 **근육질의** 여성

➕ muscle ⓝ 근육

무의식적 행위

1240 snore
[snɔːr]

ⓥ 코를 골다 ⓝ 코골이, 코 고는 소리

Nighttime **snoring** may signal other health issues.
밤에 **코를 고는 것**은 다른 건강 문제의 신호일지도 모른다.

a very loud **snore** 매우 큰 코 고는 소리

1241 shiver
[ʃívər]

ⓥ (추위·공포 등으로 몸을) 떨다 ≡ tremble ⓝ 떨림, 전율

The little kids **shivered** in the cold morning air.
꼬마 아이들이 차가운 아침 공기에 **몸을 떨었다**.

The news of his death sent a **shiver** through me.
그의 사망 소식은 나에게 **전율**을 주었다.

1242 **sneeze**
[sni:z]

ⓝ 재채기 (소리) ⓥ 재채기하다

I tried to suppress a **sneeze** but failed.
나는 **재채기**를 참으려고 했지만 실패했다.

The room was dusty, so I **sneezed** several times.
그 방은 먼지투성이여서 나는 여러 차례 **재채기를 했다**.

1243 **choke**
[tʃouk]

ⓥ 질식시키다; 숨이 막히다

The smoke **choked** him, provoking a cough.
연기가 그를 **질식시켰고** 기침을 일으켰다.

choke with dust 먼지로 **숨이 막히다**

1244 **suffocate**
[sʌ́fəkèit]

ⓥ 질식사하다; 질식시키다; 숨이 막히다

It is dangerous to leave your dog in a car in hot weather because it can **suffocate**.
질식사할 수 있기 때문에 더운 날씨에 개를 차 안에 남겨두는 것은 위험하다.

I felt like I was **suffocating** after running for 5 minutes.
나는 5분 동안 달리고 나서 **숨이 막히는** 듯 느꼈다.

✚ suffocation ⓝ 질식

1245 **inhale**
[inhéil]

ⓥ 숨을 들이쉬다 ↔ exhale 숨을 내쉬다

Inhale deeply, and then slowly exhale.
숨을 깊게 **들이쉬고**, 그런 다음 천천히 내쉬세요.

1246 **glimpse**
[glimps]

ⓝ 얼핏 봄, 일별 ⓥ 얼핏 보다

The hunter caught a **glimpse** of an animal in the bushes.
사냥꾼은 덤불숲에서 짐승을 **얼핏 보았다**.

I **glimpsed** her at the reception.
나는 피로연에서 그녀를 **얼핏 보았다**.

➕ catch a glimpse of ~: ~을 얼핏 보다
🔲영영 ⓥ to see something briefly, by accident or without trying

---

1247 **stumble**
[stʌ́mbl]

ⓥ 1 비틀거리며 걷다; 넘어지다
　　2 우연히 보다[마주치다](on, upon, across)

She **stumbled** as if she were drunk.
그녀는 마치 술에 취한 듯 **비틀거렸다**.

I **stumbled** upon the rare book in a second-hand bookstore.
나는 그 희귀한 책을 중고 서점에서 **우연히 발견했다**.

1248 stare
[stɛər]

ⓥ 빤히 쳐다보다, 응시하다(at) ⓝ 응시

He slowly put his glasses on, and **stared** at the birthday presents on the table. 〈기출〉
그는 천천히 안경을 쓰고 탁자 위의 생일 선물들을 **응시했다**.

He gave me a long **stare**. 그는 나를 오랫동안 **응시**했다.

다의어

1249 glare
[glɛər]

ⓥ 1 노려보다 2 강렬하게 비추다
ⓝ 1 눈부신 빛; 섬광 2 노려봄

v. 1 We **glared** at each other for a long time.
우리는 오랫동안 서로를 **노려보았다**.

2 The sun **glared** down on the beach.
태양이 **강렬하게** 해변에 **내리쬐었다**.

n. 2 She gave me an icy **glare**. 그녀는 나를 차갑게 **노려보았다**.

1250 glance
[glæns]

ⓝ 흘긋 봄, 일견 ⓥ 흘긋 보다(at)

At first **glance**, I recognized that the phrase was a quote.
처음에 **흘긋 보고서** 나는 그 어구가 인용구라는 것을 알았다.

The storekeeper **glanced** at me and said, "What do you need?" 가게 주인이 나를 **흘긋 보더니** "뭐가 필요하세요?"라고 말했다.

1251 seize
[si:z]

ⓥ 1 붙잡다, 붙들다 2 (의미를) 파악하다, 이해하다

She **seized** the knob of the door and twisted it open.
그녀는 문의 손잡이를 **잡고는** 그것을 돌려 문을 열었다.

seize the point of an argument 주장의 요점을 **파악하다**

다의어

1252 grasp
[græsp]

ⓥ 1 움켜쥐다, 붙잡다 2 파악하다 ⓝ 1 움켜쥠 2 파악

v. 1 I **grasped** the rope and held it tightly.
나는 밧줄을 **움켜쥐고** 단단히 붙잡았다.

2 Geometrical shapes can be **grasped**, but they do not give rise to emotion. 〈기출〉
기하학적 모양은 **파악될** 수 있지만, 감정을 일으키지는 않는다.

n. 1 I tried to slip from his **grasp** but failed.
나는 그가 **움켜쥔 상태**에서 빠져나가려 했지만 실패했다.

1253 capture
[kǽptʃər]

ⓥ 1 포착하다 2 포획하다

The photograph **captures** the Eiffel Tower at dusk.
그 사진은 황혼녘의 에펠탑을 **포착한다**.

With one arrow, the hunter **captured** a huge deer.
화살 한 방으로 그 사냥꾼은 큰 사슴을 **포획했다**.

1254 squeeze
[skwiːz]
★★

ⓥ 1 <mark>꽉 쥐다</mark> 2 (무리하게) 끼워[밀어] 넣다

She **squeezed** my hand so hard it hurt.
그녀가 내 손을 너무 **꽉 쥐어** 손이 아팠다.

Do not try to **squeeze** all of your ideas onto a single page.
네 모든 생각을 한 페이지에 **끼워 넣으려** 하지 마라.

1255 embrace
[imbréis]
★★

ⓥ 1 <mark>껴안다, 포옹하다</mark> ≡ hug 2 받아들이다

The two old friends **embraced** each other warmly.
그 두 오랜 친구는 따뜻하게 서로를 **안았다.**

You should not try to embrace everything at once. ◀기출 응용▶
여러분은 모든 것을 한 번에 **받아들이려** 해서는 안 된다.

1256 crawl
[krɔːl]
★★

ⓥ 기다, 포복하다 ⓝ 기어가기, 서행

He **crawled** under the fence and reached the other side.
그는 담장 아래로 **기어서** 반대쪽에 도달했다.

My computer slowed to a **crawl** for no apparent reason.
내 컴퓨터 속도가 뚜렷한 이유 없이 **매우 느려졌다.**

1257 juggle
[dʒʌ́gl]
★

ⓥ 1 조작하다 2 (일 등을) 잘 조절[처리]하다

The skilled engineer **juggled** several devices at a time.
그 숙련된 엔지니어는 한 번에 여러 기기들을 **다루었다[조작했다].**

1258 crouch
[krautʃ]

ⓥ 웅크리다 ⓝ 웅크림

He **crouched** in a corner, shivering from the cold.
그는 추위로 몸을 떨면서 구석에서 **웅크리고 있었다.**

sit on the floor in a **crouch** 바닥에 **웅크리고** 앉다

다의어

1259 pound
[paund]
★

ⓥ 1 <mark>쾅쾅 치다</mark> 2 <mark>부수다</mark> 3 (심장이) 쿵쾅거리다
ⓝ 1 파운드(영국 화폐 단위) 2 파운드(무게 단위: 453.6g)

v. 1 Bob **pounded** his fist on the desk in anger.
   Bob이 화가 나서 주먹으로 책상을 **쾅쾅 쳤다.**

2 The powerful waves **pounded** the boat to pieces.
   강력한 파도가 배를 산산조각으로 **부쉈다.**

3 Emilia and her traveling companion, Layla, already felt
   their hearts **pounding.** ◀기출▶
   Emilia와 그녀의 여행 동행 Layla는 이미 자신들의 심장이 **쿵쾅거리는** 것
   을 느꼈다.

1260 plunge
[plʌndʒ]
★★

ⓥ 1 <mark>거꾸러지다; 뛰어들다</mark> 2 급락하다

He **plunged** into the lake to save the child.
그는 아이를 구하기 위해서 호수로 **뛰어들었다.**

The company's profits **plunged** last quarter.
그 회사의 수익이 지난 분기에 **급락했다.**

DAILY CHECK-UP

학습 Check	본문 학습	MP3 듣기	Daily Check-up	누적 테스트 Days 41-42

A 빈칸에 알맞은 우리말 또는 영어 단어를 써넣으시오.

신체 · 행위

신체 · 감각

1 _____ auditory
2 _____ 눈의, 시각의
3 _____ numb
4 _____ 가려운
5 _____ drowsy
6 _____ 하품(하다)
7 _____ blush
8 _____ 근육의; 근육질의

무의식적 행위

9 _____ snore
10 _____ 재채기; 재채기하다
11 _____ choke
12 _____ suffocate
13 _____ 숨을 들이쉬다
14 _____ glimpse

23 _____ crouch
24 _____ 쾅쾅 치다; 부수다

의식적 행위

15 _____ stare
16 _____ 노려보다; 섬광; 노려봄
17 _____ seize
18 _____ 움켜쥐다; 움켜쥠
19 _____ capture
20 _____ 꽉 쥐다; 끼워 넣다
21 _____ crawl
22 _____ 조작하다; 잘 조절하다

B 문장의 빈칸에 알맞은 말을 보기에서 골라 쓰시오.

stumbled   shivered   glance   sensory   plunged   embrace

1 She _____ as if she were drunk.

2 He _____ into the lake to save the child.

3 The little kids _____ in the cold morning air.

4 You should not try to _____ everything at once.

5 At first _____, I recognized that the phrase was a quote.

6 Skin is a _____ organ with the ability to perceive many sensations.

건강 · 의학 1

✔ MUST-KNOW WORDS

diagnose 진단하다   **recovery** 회복   **emergency** 응급   **operation** 수술

treatment 치료   **therapy** 치료(법)   **relieve** 완화하다   **medicine** 약; 의학

진료 · 증상

★
1261 clinical
[klínikəl]

ⓐ 임상의

Clinical implications of genetic discoveries are often inaccurate or overstated. `기출`
유전적 발견의 **임상적** 암시는 흔히 부정확하고 과장된다.

✚ **clinic** ⓝ 1 병원, 병동   2 진료, (의료 관련) 강습

★★
1262 appointment
[əpɔ́intmənt]

ⓝ 1 (진찰·방문의) 예약, 약속   2 임명, 지명

I have an **appointment** with Dr. Harper at 2:00.
저는 2시에 Harper 박사님과 **(진료) 예약**이 있습니다.

Congratulations on your recent **appointment** to chairman.
최근에 의장으로 **임명**되신 것을 축하드립니다.

✚ **appoint** ⓥ 1 임명[지명]하다   2 (시간·장소 등을) 정하다

★
1263 diagnosis
[dàiəgnóusis]

ⓝ 진단(법)

The physician made the **diagnosis** of food poisoning.
의사가 식중독 **진단**을 내렸다.

➕ make a diagnosis 진단하다

✚ **diagnose** ⓥ 진단하다; 원인을 규명하다 | **diagnostic** ⓐ 진단(상)의

★
1264 discomfort
[diskʌ́mfərt]

ⓝ 가벼운 통증, 불편

I have some **discomfort** in my left side just below my ribs.
나는 갈비뼈 바로 아래 왼쪽 옆구리에 **가벼운 통증**이 있다.

Distractions can effectively reduce the **discomfort** associated with painful failures. `기출`
기분전환은 고통스러운 실패와 관련된 **불편함**을 효과적으로 감소시킨다.

1265 rash
[ræʃ]

ⓝ 발진(發疹), 뾰루지

A **rash** is one of the symptoms of measles.
발진은 홍역의 증상 중 하나이다.

★
1266 swollen
[swóuln]

ⓐ 부어 오른

You cannot play tennis with a **swollen** wrist.
손목이 **부어 오른** 상태로 테니스를 칠 수 없다.

➕ swell (-swelled-swollen/swelled) ⓥ 부어 오르다

★
1267 irritation
[ìrətéiʃən]

ⓝ 1 노여움, 짜증   2 <mark>염증</mark>

Shrugging the shoulders may be a gesture of **irritation**.
어깨를 으쓱하는 것은 **짜증**을 나타내는 제스처일 수 있다.

Skin **irritation** causes acne and aging.
피부 **염증**은 여드름과 노화를 야기한다.

➕ irritate ⓥ 1 화나게 하다 2 염증을 일으키다 | irritant ⓝ 자극물[제]
★ cf. acne 여드름

★
1268 inflammation
[ìnfləméiʃən]

ⓝ 염증

Pneumonia is an **inflammation** of the lungs.
폐렴은 폐의 **염증**이다.

Heat is a thermal stimulus which can cause **inflammation** of the skin.
열은 피부의 **염증**을 일으킬 수 있는 열 자극이다.

★
1269 sprain
[sprein]

ⓥ (발목·손목 등을) 삐다   🟰 twist

I **sprained** my ankle when going down the stairs.
나는 계단을 내려가다가 발목을 **삐었다**.

1270 tumor
[túːmər]

ⓝ 종양, 종기

The doctor found a **tumor** in the patient's liver during a check-up.
의사는 건강 검진 중에 환자의 간에서 **종양**을 발견했다.

➕ tumorous ⓐ 종양의

1271 ailment
[éilmənt]

ⓝ (가볍거나 만성적인) 병; 불쾌

His **ailment** made the trip too miserable to continue.
그는 (만성적인) **병** 때문에 너무 괴로워 여행을 지속할 수 없었다.

영영 a small or minor illness

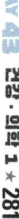

1272 surgery
[sə́:rdʒəri]
★★

ⓝ (외과) 수술

Remembering the **surgery**, he said, "I thought my basketball career was completely over." ◀기출

그 **수술**을 기억하며, 그는 "저는 제 농구 경력이 완전히 끝났다고 생각했습니다." 라고 말했다.

➕ surgical ⓐ 외과의, 수술의 | surgeon ⓝ 외과의, 외과 의사

다의어

1273 transplant
ⓝ [trǽnsplænt]
ⓥ [trænsplǽnt]
★★

ⓝ (장기) 이식 ⓥ 1 (장기를) 이식하다 2 (식물을) 옮겨 심다

n. An organ **transplant** is the only treatment for end-state organ failure.
장기 **이식**은 장기 부전 말기 상태의 유일한 치료법이다.

v. 1 Each year, about 120,000 organs are **transplanted** from one human being to another.
매년 약 12만 개의 장기가 한 사람에게서 다른 사람에게로 **이식된다**.

➕ transplantation ⓝ (장기) 이식

★ trans-(건너서) + plant(심다)

1274 therapeutic
[θèrəpjúːtik]

ⓐ 치료의, 치료법의

Many essential oils have **therapeutic** effects.
많은 방향유가 **치료** 효과를 가지고 있다.

➕ therapy ⓝ 치료(법) | therapist ⓝ 치료사

다의어

1275 remedy
[rémədi]
★

ⓝ 1 요법, 치료법[약] 2 개선책 ⓥ 고치다; 개선하다

n. 1 Ginger tea is a home **remedy** for the common cold.
생강차는 일반적인 감기에 대한 가정 **요법**이다.

v. Urgent action is needed to **remedy** the situation.
상황을 **개선하기** 위해 긴급 조치가 필요하다.

1276 radioactive
[rèidiouǽktiv]
★

ⓐ 방사성[능]의

A **radioactive** treatment can shrink a tumor without harming nearby tissue.
방사선 치료는 주변 조직을 손상시키지 않고 종양을 줄일 수 있다.

A leak of **radioactive** material can contaminate soil and water for decades.
방사능 물질의 유출은 수십 년간 땅과 물을 오염 시킬 수 있다.

1277 injection
[indʒékʃən]

ⓝ 1 주사 ⓔ shot 2 주입

In many cases, **injections** work faster than tablets or pills.
많은 경우 **주사**가 정제나 알약보다 효과가 더 빠르다.

fuel **injection** into the engine 엔진으로의 연료 **주입**

1278 sustain
[səstéin]

ⓥ 1 (생명을) 유지하다; 부양하다 2 (부상·손해를) 입다 ⊜suffer
3 계속[지속]하다

1 food production to **sustain** a growing global population
증가하는 세계 인구를 **부양하기** 위한 식량 생산

2 In American football, players often **sustain** serious head injuries.
미식축구에서 선수들은 종종 심한 머리 부상을 **입는다**.

3 Do not **sustain** the same posture for too long.
같은 자세를 너무 오랫동안 **유지하지** 마십시오.

1279 hospitalize
[háspitəlàiz]

ⓥ 입원시키다

I was **hospitalized** with a horrible kidney infection for 5 days.
나는 심한 신장 감염으로 5일간 **입원했다**.

➕ hospitalization ⓝ 입원; 입원 기간

1280 discharge
[distʃɑ́:rdʒ]

ⓥ 1 퇴원시키다; (외부 능에서) 해방시키다 2 방출하다
ⓝ 1 퇴원 2 방출

v. 1 The patient was **discharged** from the hospital after 5 weeks.
그 환자는 5주 후에 병원에서 **퇴원했다**.

n. 1 the day of **discharge** 퇴원 날짜

2 control over the **discharge** of toxic waste
유독성 폐기물 **방출** 규제

1281 alleviate
[əlí:vièit]

ⓥ 완화하다, 경감하다, 누그러뜨리다 ⊜relieve

Some strongly scented oils can help **alleviate** flu symptoms.
일부 향이 강한 오일은 독감 증상을 **완화하는** 데 도움이 될 수 있다.

➕ alleviation ⓝ (고통의) 경감, 완화

1282 rehabilitation
[rì:həbilətéiʃən]

ⓝ 재활, 회복

Yoga can be a therapy for the **rehabilitation** of sports injuries.
요가는 스포츠 부상의 **재활**을 위한 치료법이 될 수 있다.

➕ rehabilitate ⓥ 재활시키다, 회복시키다

약

1283 medication
[mèdəkéiʃən]

ⓝ 약물 치료[처리], 투약(법)

Many people rely on **medication** to treat depression.
많은 사람들이 우울증 치료를 위해 **약물 치료**에 의존한다.

➕ medicate ⓥ 약으로 치료하다

1284 **pharmaceutical**
[fὰːrməsúːtikəl]

ⓐ 제약(학)의, 약사의

Are animal experiments inevitable in **pharmaceutical** R&D?
제약 연구에서 동물 실험은 피할 수 없는가?

➕ **pharmacy** ⓝ 약국; 약학 | **pharmacist** ⓝ 약사

1285 **medicinal**
[mədísənəl]

ⓐ 약용의, 의약의

Medicinal plants are used in traditional medicine.
약용 식물은 전통 의학에서 사용된다.

1286 **dosage**
[dóusidʒ]

ⓝ (약의 1회분) 복용[투약]량; 투약

The **dosage** of a drug varies from younger to older people.
약의 **복용량**은 연령대에 따라 다르다.

➕ **dose** ⓝ 약의 1회분 ⓥ 복용시키다

1287 **prescription**
[priskrípʃən]

ⓝ 1 처방(전) 2 규정, 법규

The patient must ask the doctor for a **prescription**.
환자는 의사에게 **처방전**을 요청해야 한다.

a **prescription** for safety 안전 **규정**

➕ **prescribe** ⓥ 1 처방하다 2 규정하다

1288 **antibiotic**
[æntibaiάtik]

ⓝ 항생제, 항생 물질 ⓐ 항생제의, 항생 물질의

The abuse of **antibiotics** can cause serious side effects.
항생제 남용은 심각한 부작용을 초래할 수 있다.

antibiotic treatment **항생제** 치료

1289 **placebo**
[pləsíːbou]

ⓝ 위약, 가짜 약

A **placebo** is often used for its psychological effects.
위약은 흔히 심리적 효과를 위해 사용된다.

➕ **placebo** effect 플라시보 효과(위약 투여에 의한 심리적 효과로 실제로 증세가
호전되는 것)

다의어

1290 **suppress**
[səprés]

ⓥ 1 진압하다 2 (감정 등을) 참다[억누르다] 3 억제하다

1 **suppress** a riot 폭동을 **진압하다**

2 I kept taking deep breaths to **suppress** my anger.
나는 화를 **억누르기** 위해 계속 깊이 숨을 쉬었다.

3 The drug helps **suppress** inflammation and reduce pain.
그 약은 염증을 **억제하고** 통증을 줄이는 데 도움이 된다.

➕ **suppression** ⓝ 진압; 억제

DAILY CHECK-UP

A 빈칸에 알맞은 우리말 또는 영어 단어를 써넣으시오.

건강 · 의학 1

진료 · 증상

1 _____ 임상의

2 _____ appointment

3 _____ 가벼운 통증, 불편

4 _____ rash

5 _____ 부어 오른

6 _____ irritation

7 _____ 염증

8 _____ ailment

수술 · 치료

9 _____ (외과) 수술

10 _____ therapeutic

11 _____ 요법, 치료법; 고치다

12 _____ injoction

13 _____ 방사성[능]의

14 _____ hospitalize

15 _____ 유지하다; (부상을) 입다

16 _____ rehabilitation

약

17 _____ 약물 치료, 투약(법)

18 _____ pharmaceutical

19 _____ 약용의, 의약의

20 _____ dosage

21 _____ 처방(전); 규정

22 _____ antibiotic

23 _____ 위약, 가짜약

24 _____ suppress

B 문장의 빈칸에 알맞은 말을 보기에서 골라 쓰시오.

alleviate	diagnosis	discharged	sprained	transplant	tumor

1 I _____ my ankle when going down the stairs.

2 The physician made the _____ of food poisoning.

3 The patient was _____ from the hospital after 5 weeks.

4 Some strongly scented oils can help _____ flu symptoms.

5 An organ _____ is the only treatment for end-state organ failure.

6 The doctor found a _____ in the patient's liver during a check-up.

건강 · 의학 2

☑ **MUST-KNOW WORDS**

disease 질병   cancer 암   food poisoning 식중독   stroke 뇌졸중
heart attack 심장 마비[발작]   plague 전염병   influenza 유행성 독감   immune 면역의

질병

1291 afflict
[əflíkt]

ⓥ 괴롭히다, 피해를 입히다

Malaria continues to **afflict** people in areas with poor mosquito control.
말라리아는 모기 방제가 잘 안 되는 지역의 사람들을 계속해서 **괴롭힌다.**

➕ affliction ⓝ 고통, 고뇌

1292 impair
[impέər]

ⓥ 손상시키다, 해치다

Extremely loud noises can **impair** your hearing permanently.
매우 큰 소음은 청력을 영구적으로 **손상시킬** 수 있다.

➕ impairment ⓝ (신체적·정신적) 저하, 장애

1293 chronic
[kránik]

ⓐ 만성적인

chronic heart disease 만성 심장 질환
Teens suffer from **chronic** stress due to homework.
십 대들이 숙제로 인해 **만성** 스트레스에 시달리고 있다.

➕ chronically ⓐⓓ 만성적으로

1294 progression
[prəgréʃən]

ⓝ 진전; 진행 🟰 progress

The project is in the early stages of **progression**.
그 프로젝트는 **진행** 초기 단계에 있다.

The **progression** of cancer can be delayed by a plant-based diet.
채식 위주의 식단으로 암의 **진행**을 지연시킬 수 있다.

➕ progress ⓝ 진전, 진행, 발전 ⓥ 진행하다
progressive ⓐ 1 진보적인 2 (병 등이) 진행성인

1295 syndrome
[síndroum]

ⓝ 증후군

Down **syndrome** is a kind of genetic disorder.
다운 **증후군**은 일종의 유전자 질환이다.

Imposter **syndrome** is a belief that you are not as capable as others think.
가면 **증후군**은 다른 사람들이 생각하는 것만큼 자신이 유능하지 않다고 믿는 것이다.

★★
1296 **allergic**
[ələ́:rdʒik]

ⓐ 알레르기가 있는; 알레르기(성)의

I'm **allergic** to nuts.   나는 견과류에 **알레르기가** 있다.

Some people have **allergic** reactions to antibiotics.
어떤 사람들은 항생제에 **알레르기** 반응을 보인다.

➕ be allergic to ~: 1 ~에 알레르기가 있다   2 ~을 무척 싫어하다

➕ allergy ⓝ 알레르기, 과민성

1297 **cavity**
[kǽvəti]

ⓝ 충치

You may have a toothache due to a **cavity**.
충치 때문에 치통이 생길 수 있다.

★
1298 **diabetes**
[dàiəbí:tiz]

ⓝ 당뇨병

If you have **diabetes**, your diet is the core of your treatment plan.
당뇨병이 있다면 식단이 치료 계획의 핵심이다.

★ -s로 끝나지만 단수 취급한다.

★
1299 **obesity**
[oubí:səti]

ⓝ 비만

Plants may harbor tomorrow's drugs against cancer, malaria, or **obesity**. ◀기출
식물은 암, 말라리아 또는 **비만**을 치료할 내일의 약을 품고 있을 수도 있다.

➕ obese ⓐ 비만의

1300 **fracture**
[frǽktʃər]

ⓝ 골절   ⓥ 부러뜨리다, 골절하다

I was diagnosed with complex **fractures** requiring surgery.
나는 수술이 필요한 복합 **골절** 진단을 받았다.

My brother **fractured** his arm while wrestling.
내 형은 레슬링을 하다가 팔을 **부러뜨렸다**.

➕ simple fracture 단순 골절
    complex[compound] fracture 복합 골절

1301 **insomnia**
[insάmniə]

ⓝ 불면증

For many people, excessive caffeine can cause **insomnia**.
많은 사람들에게 과도한 카페인이 **불면증**의 원인이 될 수 있다.

1302 asthma
[ǽzmə / ǽs-]

ⓝ 천식

Patients with **asthma** should avoid unnecessary outdoor physical activities.
천식 환자들은 불필요한 야외 신체 활동을 피해야 한다.

1303 hypertension
[hàipərténʃən]

ⓝ 고혈압(증) ⓔ high blood pressure

Hypertension is directly linked to high cholesterol levels.
고혈압은 높은 콜레스테롤 수치와 직결된다.

장애

1304 abnormal
[æbnɔ́ːrməl]

ⓐ 비정상적인, 불규칙한 ⓞ normal 정상적인

Chest pain occurs due to **abnormal** blood pressure.
흉부 통증은 **비정상적인** 혈압 때문에 발생한다.

다의어

1305 disorder
[disɔ́ːrdər]

ⓝ 1 **장애, 질환** 2 무질서 3 엉망, 어수선함 ⓞ order 질서, 정돈

1 An eating **disorder** can be triggered by dieting.
   다이어트가 섭식 **장애**를 유발할 수 있다.
2 Social **disorder** leads to immoral behavior.
   사회적 **무질서**는 부도덕한 행동으로 이어진다.
3 The office was in a state of **disorder**.
   사무실은 **엉망**인 상태였다.

1306 deformity
[difɔ́ːrməti]

ⓝ 기형, 불구

The regular wearing of high heels results in the **deformity** of the feet. 주기적인 하이힐 착용은 발의 **기형**을 가져온다.

✚ deform ⓥ 변형시키다

1307 paralysis
[pərǽləsis]

ⓝ 마비, 불수

If you have **paralysis** of the arms or legs, this is a sign of a stroke. 〈기출〉
팔이나 다리에 **마비**가 오면, 이것은 발작(특히 뇌졸중)의 징후이다.

✚ paralyze ⓥ 마비시키다

1308 malfunction
[mælfʌ́ŋkʃən]

ⓝ 기능 불량 ⓥ 제대로 작동하지 않다

The **malfunction** of the liver leads to various metabolic disorders.
간 **기능 장애**[간 **부전증**]는 다양한 물질대사 장애로 이어진다.

The software **malfunctioned** after the update.
그 소프트웨어가 업데이트 이후 **제대로 작동하지 않았다**.

★ mal-(나쁜, 잘못된) + function(기능)

1309 immunity
[imjúːnəti]

ⓝ 면역, 면역성

An important way to enhance your **immunity** is regulating your diet.
면역성을 증진하는 한 가지 중요한 방법은 식단을 조절하는 것이다.

✚ immune ⓐ 면역의, 면역이 된 | immunize ⓥ 면역이 되게 하다

1310 antibody
[ǽntibàdi]

ⓝ 항체

Each **antibody** has a unique target known as the antigen.
각 **항체**는 항원이라고 알려진 고유한 표적을 가진다.

★ anti-(반대되는, 방지하는) + body(체)
cf. antigen 항원

1311 vaccination
[væ̀ksənéiʃən]

ⓝ 예방 접종

Vaccinations can be thought of as active immunization.
예방 접종은 능동적인 면역성 부여로 여겨질 수 있다.

✚ vaccinate ⓥ ~에게 예방 접종하다 | vaccine ⓝ 백신

1312 hygiene
[háidʒiːn]

ⓝ 위생, 위생학

Dental **hygiene** begins with brushing your teeth at least twice a day.
치아 **위생**은 최소 하루 두 번의 양치질로 시작된다.

1313 sanitary
[sǽnətèri / -təri]

ⓐ (공중) 위생의, 보건상의

The five-star hotel restaurant violated food **sanitary** regulations.
그 5성급 호텔 식당이 식품 **위생** 규정을 위반했다.

✚ sanitation ⓝ (공중) 위생 (시설)

1314 prevailing
[privéiliŋ]

ⓐ 1 유행하는, 성행하는 2 우세한, 주된

Tuberculosis remains a **prevailing** disease in some countries.
결핵은 일부 나라에서 여전히 **유행하는** 질병이다.

Prevailing economic orientations are gradually being reshaped. 〈기출〉
우세한 경제 방향성이 서서히 재형성되고 있다.

✚ prevail ⓥ 1 유행[성행]하다 2 우세하다 | prevalent ⓐ 유행하고 있는
prevalence ⓝ 유행, 유력

1315 epidemic
[èpədémik]
⭐⭐

ⓝ 유행병, 전염병 ⓐ 유행성[전염성]의

The MERS **epidemic** killed more than 70 people in Korea.
메르스 **전염병**으로 한국에서 70명 이상이 사망했다.

Measles is a highly **epidemic** disease prevalent worldwide.
홍역은 전 세계적으로 유행하는 **전염성** 높은 질병이다.

★ cf. pandemic 전국적인[전 세계적인] 유행병
예) the COVID-19 pandemic 코로나 19 전염병

1316 outbreak
[áutbrèik]
⭐⭐

ⓝ (전쟁·유행병 등의) 발생, 발발, 창궐

The **outbreak** of an epidemic is considered an emergency situation.
전염병의 **발생**은 비상 상황으로 여겨진다.

At the **outbreak** of World War I, Jean Renoir was serving in the French army. 기출
제1차 세계 대전이 **발발**했을 때 Jean Renoir는 프랑스 군대에서 복무 중이었다.

★ cf. break out 발발하다, 발생하다

1317 incidence
[ínsədəns]

ⓝ 발병률, 발생(률)

The **incidence** of cancer rises dramatically with age.
암 **발병률**은 나이와 더불어 극적으로 높아진다.

1318 infection
[infékʃən]
⭐⭐

ⓝ 감염, 전염

Call your doctor immediately if you notice symptoms of **infection**.
감염 증상을 알아채면 즉시 의사에게 전화하십시오.

✚ infect ⓥ 감염시키다, 전염시키다 | infectious ⓐ 감염성의

1319 contagious
[kəntéidʒəs]
⭐

ⓐ (접촉) 전염성의

catch a **contagious** disease **전염**병에 걸리다
In most of us, the flu is **contagious** for about a week.
우리들의 대부분에게서 독감은 약 일주일간 **전염성이 있다**.

✚ contagion ⓝ 접촉 전염(병), 감염

1320 incurable
[inkjúərəbəl]
⭐

ⓐ 치유할 수 없는, 불치의 ⟷ curable 치유 가능한

The disease is **incurable**, but treatment can slow it.
그 질병은 **치유할 수 없지만** 치료는 병의 속도를 늦출 수 있다.

Doctors seek cures for **incurable** illnesses like Alzheimer's.
의사들은 알츠하이머와 같은 **불치**병에 대한 치료를 찾고 있다.

DAILY CHECK-UP

A 빈칸에 알맞은 우리말 또는 영어 단어를 써넣으시오.

건강 · 의학 2

질병

1 _____ afflict

2 _____ 손상시키다, 해치다

3 _____ progression

4 _____ 증후군

5 _____ allergic

6 _____ 충치

7 _____ diabetes

8 _____ 비만

장애

13 _____ 장애, 질환; 무질서

14 _____ abnormal

15 _____ 기형, 불구

16 _____ malfunction

9 _____ fracture

10 _____ 불면증

11 _____ asthma

12 _____ 고혈압

면역 · 위생

17 _____ immunity

18 _____ 항체

19 _____ vaccination

20 _____ 위생, 위생학

감염 · 전염병

21 _____ prevailing

22 _____ 감염, 전염

23 _____ contagious

24 _____ 치유할 수 없는, 불치의

B 문장의 빈칸에 알맞은 말을 보기에서 골라 쓰시오.

> sanitary   paralysis   outbreak   incidence   epidemic   chronic

1 The _____ of cancer rises dramatically with age.

2 Teens suffer from _____ stress due to homework.

3 The MERS _____ killed more than 70 people in Korea.

4 If you have _____ of the arms or legs, this is a sign of a stroke.

5 The five-star hotel restaurant violated food _____ regulations.

6 At the _____ of World War I, Jean Renoir was serving in the French army.

건강 · 의학 3

✓ MUST-KNOW WORDS

organ 장기, 기관	vein 혈관, 정맥	stomach 위	liver 간
kidney 신장	depression 우울증	deadly 치명적인	fatal 치명적인

생리학

1321 physiological
[fìziəlɑ́dʒikəl]

ⓐ 생리학의, 생리적인

William McDougall left his mark on experimental and **physiological** psychology.
William McDougall은 실험 심리학과 **생리** 심리학에 자신의 족적을 남겼다.

➕ physiology ⓝ 생리학; 생리 기능[현상]

1322 metabolism
[mətǽbəlìzm]

ⓝ 물질[신진]대사

Sleep is an advantageous adaptive state of decreased **metabolism**. 기출
수면은 **신진대사**가 감소한 이로운 적응 상태이다.

➕ metabolic ⓐ 물질[신진]대사의

1323 digestion
[daidʒéstʃən / di-]

ⓝ 1 소화 2 이해, 터득

The **digestion** of a regular meal takes about 6-7 hours.
보통 식사의 **소화**는 6시간에서 7시간이 걸린다.

thorough **digestion** of reading materials
읽기 자료의 철저한 **이해**

➕ digest ⓥ 소화하다 | digestive ⓐ 소화의; 소화를 돕는
★ cf. indigestion 소화 불량

1324 ingestion
[indʒéstʃən]

ⓝ (음식물) 섭취

The **ingestion** of protein is recommended during aerobic exercise. 유산소 운동 중에는 단백질 **섭취**가 권장된다.

1325 enzyme
[énzaim]

ⓝ 효소

Digestive **enzymes** help break down the food we eat.
소화 **효소**는 우리가 먹는 음식을 분해하는 데 도움을 준다.

1326 gland
[glænd]

ⓝ 분비샘

Glands produce specific chemicals called hormones.
분비샘은 호르몬이라고 불리는 특정한 화학 물질을 생산한다.

1327 secrete
[sikríːt]

ⓥ 분비하다

The stomach **secretes** acids and enzymes that digest food.
위는 음식을 소화시키는 산과 효소를 **분비한다**.

+ secretion ⓝ 분비

★ secret(비밀; 비밀의)과 혼동하지 않도록 주의할 것.

1328 salivate
[sǽləvèit]

ⓥ 침을 흘리다, 침이 나오다

These cakes smell so good that they are making me **salivate**.
이 케이크는 냄새가 아주 좋아서 나는 **침이 나고** 있다.

+ saliva ⓝ 침, 타액

신체 기관

1329 artery
[ɑ́ːrtəri]

ⓝ 동맥

Arteries carry the blood from the heart to tissues.
동맥은 혈액을 심장에서 조직으로 운반한다.

★ cf. vein 정맥

1330 respiratory
[réspərətɔ̀ːri]

ⓐ 호흡의, 호흡기의

Colds and viruses attack **respiratory** organs.
감기와 바이러스는 **호흡기**를 공격한다.

respiratory diseases such as asthma and pneumonia
천식, 폐렴과 같은 **호흡기** 질환

+ respiration ⓝ 호흡 (작용) | respire ⓥ 호흡하다

1331 abdominal
[æbdɑ́mənəl]

ⓐ 복부의, 배의

Severe **abdominal** pain can be caused by food poisoning.
심한 **복부** 통증이 식중독에 의해 생길 수 있다.

+ abdomen ⓝ 배, 복부(= belly)

1332 spinal
[spáinəl]

ⓐ 척추의; 등뼈의, (어류) 가시의

Many professional rugby players sustain **spinal** injuries.
많은 프로 럭비 선수들이 **척추** 부상을 당한다.

✛ spinal cord 척수

+ spine ⓝ 1 척추, 등뼈 2 가시

1333 **intestine**
[intéstin]

ⓝ 장(腸), 창자

The large **intestine** absorbs any leftover water.
대**장**은 남아 있는 물을 모두 흡수한다.

➕ the large intestine 대장 | the small intestine 소장

➕ intestinal ⓐ 장의, 내장의

1334 **retina**
[rétənə]

ⓝ 망막

The human eye sees light with the pupil and the **retina**.
인간의 눈은 동공과 **망막**으로 빛을 본다.

➕ retinal ⓐ 망막의

★ cf. pupil 동공, 눈동자 | eyeball 안구 | iris 홍채

다의어

1335 **vessel**
[vésəl]

ⓝ 1 배, 선박 2 용기, 그릇 3 **관, 혈관**

1 Around 360 cruise **vessels** operate on the ocean today.
오늘 약 360대의 크루즈 **선박**[유람선]이 해상에서 운행한다.

2 storage **vessels** for fruits and vegetables
과일과 채소 저장 **용기**

3 The two main types of blood **vessels** are arteries and veins.
혈관의 두 주요 유형은 동맥과 정맥이다.

1336 **cellular**
[séljələr]

ⓐ 1 **세포의** 2 무선[휴대] 전화의

Severe burns cause **cellular** damage to your skin.
심한 화상은 피부에 **세포** 손상을 일으킨다.

a **cellular** phone 휴대 전화

➕ cell ⓝ 세포

★ '휴대 전화'를 나타내는 표현으로는 cellular phone, cell (phone), mobile (phone) 등이 있다.

의학 분야

1337 **psychiatry**
[saikáiətri]

ⓝ 정신 의학; 정신병 치료법

Sigmund Freud is the father of modern **psychiatry**.
지그문트 프로이트는 현대 **정신 의학**의 아버지이다.

➕ psychiatrist ⓝ 정신과 의사

1338 **neurological**
[njurəládʒikəl]

ⓐ 신경(계)의, 신경학적인

Alzheimer's disease is a **neurological** disorder.
알츠하이머병은 **신경계** 질환이다.

➕ neurology ⓝ 신경학 | neurologist ⓝ 신경과 전문의, 신경학자

1339 **affective**
[əféktiv]

ⓐ 정서의, 감정의

Reduced sunlight is the primary cause of seasonal **affective** disorder. 일광 감소가 계절성 **정서** 장애(SAD)의 주요 원인이다.

➕ affection ⓝ 애정, 애착

1340 **phobia**
[fóubiə]

ⓝ (특정 사물·활동·상황에 대한) 공포증, 병적 공포

Phobias are characterized by an unrealistic fear.
공포증은 비현실적인 공포로 특징지어진다.

★ cf. acrophobia 고소 공포증 | agoraphobia 광장 공포증
aerophobia 비행 공포증

1341 **amnesia**
[æmníːʒə / -ʒiə]

ⓝ 기억 상실(증), 건망증

When **amnesia** strikes, people can forget everything about their lives.
기억 상실증이 일어나면, 사람들은 자신의 삶에 대한 모든 것을 잊어버릴 수 있다.

1342 **cosmetic**
[kɑzmétik]

ⓐ 성형의; 미용의, 화장(품)의

I think **cosmetic** surgery helps enhance self-esteem.
나는 **성형** 수술이 자존심을 향상시키는 데 도움이 된다고 생각한다.

➕ cosmetic surgery 성형 수술 | cosmetic industry 미용 산업
cosmetic products 화장품

➕ cosmetics ⓝ 화장품

1343 **complication**
[kɑ̀mplikéiʃən]

ⓝ 합병증

Skin irritation is a frequent **complication** of cosmetic surgery.
피부 염증은 성형 수술의 빈번한 **합병증**이다.

다의어

1344 **delivery**
[dilívəri]

ⓝ 1 배달, 납품　2 분만, 해산　3 연설, 강연

1　In the Netherlands, **delivery** bicycles are used to carry personal cargo. ◀기출
네덜란드에서는 **배달** 자전거가 개인 화물을 나르는 데 사용된다.

2　A cesarean section is performed when natural **delivery** is not safe.
제왕 절개술은 자연 **분만**이 안전하지 않을 때 시행된다.

3　His passionate **delivery** inspired the audience.
그의 열정적인 **연설**은 청중을 고무시켰다.

1345 **abortion**
[əbɔ́ːrʃən]

ⓝ 낙태, 임신 중절 (수술)

Abortion and unwanted pregnancy are highly correlated.
낙태와 원치 않은 임신은 매우 관련이 깊다.

➕ abort ⓥ 1 중지하다　2 임신을 중절하다

DAY 45 건강·의학 3 ★ 295

1346 mortality
[mɔːrtǽləti]

ⓝ 사망자 수, 사망률

Infant **mortality** has been dramatically reduced around the world. 전 세계에서 영아 **사망률**은 크게 감소되어 왔다.

➕ infant / child / maternal mortality 영아/유아/산모 사망률

➕ mortal ⓐ 죽을 운명의(↔ immortal 불멸의)

1347 fatality
[feitǽləti / fə-]

ⓝ 1 사망자 (수)   2 치사성, 치사율

the number of traffic **fatalities**
교통사고 **사망자** 수

the extremely high **fatality** of the Ebola virus
에볼라 바이러스의 극히 높은 **치사성**

Different forms of cancer have different **fatality** rates.
상이한 형태의 암은 상이한 **치사율**을 보인다.

➕ fatal ⓐ 치명적인

★★
1348 starvation
[stɑːrvéiʃən]

ⓝ 굶주림, 기아

Many wild animals die of **starvation** during severe winters.
많은 야생 동물들이 혹한의 겨울철 동안에 **굶어** 죽는다.

➕ die of starvation 굶어 죽다

➕ starve ⓥ 굶주리다, 굶어 죽다

다의어

1349 terminal
[tə́ːrmənəl]

ⓐ 1 말기의, 불치의 (=)incurable   2 치명적인 (=)fatal
ⓝ 1 청사, 터미널   2 컴퓨터 단말기

a. 1 **Terminal** patients need special care in their last days.
말기 환자들은 마지막 날들에 특별한 보살핌을 필요로 한다.

2 Cancer, though **terminal**, can be fully treated if detected in its early stages.
암은 **치명적이지만** 초기에 발견되면 완치될 수 있다.

n. 1 the arrivals area of an international airport **terminal** ·기출
국제공항 **청사**의 도착하는 곳

2 Local **terminals** are linked to the central computer.
로컬 **단말기들**이 중앙 컴퓨터에 연결되어 있다.

★
1350 anatomy
[ənǽtəmi]

ⓝ 해부학, 해부학적 구조

Human **anatomy** is different from cats or dogs in significant ways. ·기출
인간의 **해부학적 구조**는 중요한 방식으로 고양이나 개와 다르다.

➕ anatomical ⓐ 해부의, 해부학상의

★ cf. autopsy 검시, 부검

DAILY CHECK-UP

A 빈칸에 알맞은 우리말 또는 영어 단어를 써넣으시오.

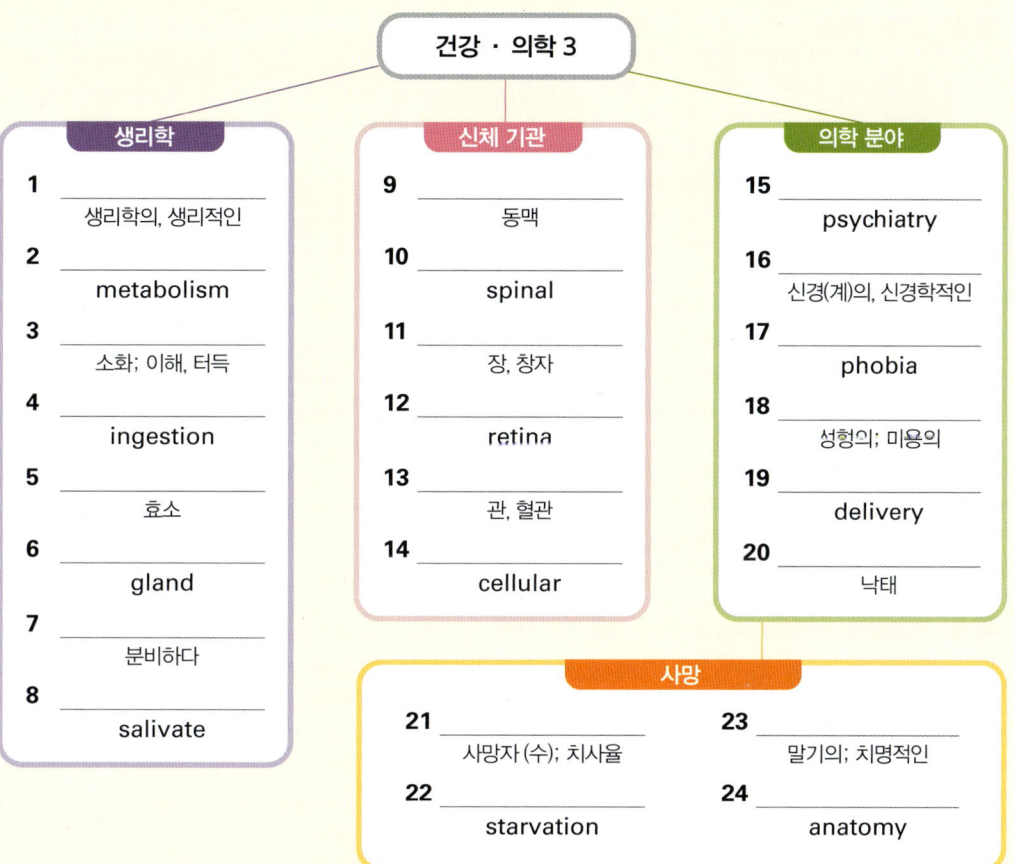

건강 · 의학 3

생리학

1 _____ 생리학의, 생리적인
2 _____ metabolism
3 _____ 소화; 이해, 터득
4 _____ ingestion
5 _____ 효소
6 _____ gland
7 _____ 분비하다
8 _____ salivate

신체 기관

9 _____ 동맥
10 _____ spinal
11 _____ 장, 창자
12 _____ retina
13 _____ 관, 혈관
14 _____ cellular

의학 분야

15 _____ psychiatry
16 _____ 신경(계)의, 신경학적인
17 _____ phobia
18 _____ 성형의; 미용의
19 _____ delivery
20 _____ 낙태

사망

21 _____ 사망자 (수); 치사율
22 _____ starvation
23 _____ 말기의; 치명적인
24 _____ anatomy

B 문장의 빈칸에 알맞은 말을 보기에서 골라 쓰시오.

> affective   abdominal   mortality   respiratory   amnesia   complication

1 Colds and viruses attack _____ organs.

2 Severe _____ pain can be caused by food poisoning.

3 Skin irritation is a frequent _____ of cosmetic surgery.

4 Infant _____ has been dramatically reduced around the world.

5 Reduced sunlight is the primary cause of seasonal _____ disorder.

6 When _____ strikes, people can forget everything about their lives.

헷갈리는 혼동어 제대로 알기

1

maturity
- ⓝ 성숙, 완숙

Getting Old: A Road to **Maturity** and Objectivity
나이가 드는 것: **원숙**과 객관성으로 가는 길

maternity
- ⓝ 어머니임, 모성

Most large companies offer paid **maternity** leave.
대부분의 대기업들은 유급 **출산** 휴가를 제공한다.

2

irritation
- ⓝ 1 노여움, 짜증 2 염증

Skin **irritation** causes acne and aging.
피부 **염증**은 여드름과 노화를 야기한다.

irrigation
- ⓝ 물을 댐, 관개

Sprinklers are commonly used in lawn **irrigation** systems.
스프링클러는 보통 잔디밭 **관개** 시스템에 사용된다.

3

medication
- ⓝ 약물 치료[처리], 투약(법)

Many people rely on **medication** to treat depression.
많은 사람들이 우울증 치료를 위해 **약물 치료**에 의존한다.

meditation
- ⓝ 명상, 묵상

Meditation is a good way to reduce your stress level.
명상은 스트레스 수준을 낮추는 좋은 방법이다.

mediation
- ⓝ 조정, 중재

The conflict was resolved through international **mediation**.
그 갈등은 국제적인 **중재**를 통해 해결되었다.

4

mortality
- ⓝ 사망자 수, 사망률

Infant **mortality** has been dramatically reduced around the world.
전 세계에서 영아 **사망률**은 크게 감소되어 왔다.

morality
- ⓝ 도덕(성), 도의(성)

Some philosophers agree that **morality** is a human invention.
일부 철학자들은 **도덕성**이 인간의 발명품이라는 것에 동의한다.

PLAN 10
수능 Path

심경·분위기
sympathetic 동정적인
leisurely 한가로운

실용문·도표
requirement 자격, 요건
respectively 각각, 각자

수능 Path

구동사 1
cope with ~에 대처하다
turn down ~을 거절하다

숙어·관용구
be bound to do ~할 수밖에 없다
in the face of ~에도 불구하고

구동사 2
stop by 잠깐 들르다
live up to ~에 부응하다

DAY 46 심경 · 분위기

☑ **MUST-KNOW WORDS**

thankful 감사하는	encourage 격려하다	delight 기쁨	joyful 기쁜
satisfy 만족시키다	embarrass 당황시키다	frighten 놀라게 하다	mysterious 신비로운

긍정적 심경

★★
1351 anticipate
[æntísəpèit]

ⓥ 기대하다; 예상하다

Everyone is eagerly **anticipating** the onset of spring.
모든 사람이 봄의 시작을 간절히 **기대하고** 있다.

➕ anticipation ⓝ 기대; 예상

1352 stunning
[stʌnɪŋ]

ⓐ 1 굉장히 아름다운[멋진] 2 깜짝 놀라게 하는

The sunrise at the beach was absolutely **stunning**.
해변의 일출은 정말 **놀랍도록 아름다웠다.**

The team's defeat was **stunning** news.
그 팀의 패배는 **매우 놀라운** 소식이었다.

➕ stun ⓥ 1 기절시키다 2 큰 감동을 주다

★★
1353 astonish
[əstánɪʃ]

ⓥ (깜짝) 놀라게 하다 ＝ amaze

Her talent for playing the violin **astonished** the audience.
그녀의 바이올린 연주 실력은 관객을 **깜짝 놀라게 했다.**

➕ astonishment ⓝ 깜짝 놀람 | astonishing ⓐ 정말 놀라운

★
1354 gratitude
[grǽtətjùːd]

ⓝ 감사, 고마움

He expressed deep **gratitude** to his professor for the guidance.
그는 지도해 준 교수님께 깊은 **감사**를 표했다.

➕ express one's gratitude to a person ～에게 감사의 마음을 표하다

★★★
1355 sympathetic
[sìmpəθétik]

ⓐ 동정적인, 인정 있는 ＝ compassionate

I'm **sympathetic** to starving children in Africa.
나는 아프리카의 굶주리고 있는 아이들을 **동정한다.**

➕ sympathetic to[toward] ～: ～을 동정하는

➕ sympathy ⓝ 동정, 연민 | sympathize ⓥ 동정하다; 공감하다

1356 **composed**
[kəmpóuzd]

ⓐ 침착한, 차분한

He appeared **composed**, but I could see the nervousness in his eyes. 그는 **침착해** 보였지만 나는 그의 눈에서 초조함을 볼 수 있었다.

다의어

1357 **relieve**
[rilíːv]

ⓥ 1 안도하게 하다　2 (고통·부담 등을) 경감하다, 덜다
3 구제[구조, 구원]하다

1 I was finally **relieved** to hear that I was completely cured.
나는 내가 완치되었다는 말을 듣고서 마침내 **안도하였다**.

2 Try this exercise to **relieve** pain in your lower back.
허리의 통증을 **경감하기** 위해 이 운동을 시도해 보세요.

3 **relieve** people from poverty 사람들을 가난에서 **구제하다**

✚ relieved ⓐ 마음이 놓이는, 안도한
relief ⓝ 1 안심 2 경감 3 구제[구원, 구호, 구조]

부정적 심경

1358 **distress**
[distrés]

ⓝ 고통, 비탄　ⓥ 슬프게 하다, 괴롭히다

When they succeed, they show pleasure; when they fail, they show **distress**. 기출
성공할 때 그들은 기쁨을 보이고, 실패할 때, **비탄**을 보인다.

She was **distressed** to see her son crying.
그녀는 아들이 울고 있는 것을 보고 **슬펐다**.

다의어

1359 **puzzle**
[pʌzl]

ⓥ 당혹스럽게 하다　ⓝ 수수께끼, 퍼즐

v. "Wait a minute! That's not my name!" he said, **puzzled**.
기출 "잠깐만요! 그건 제 이름이 아니에요!"라고 그가 **당혹스러워하며** 말했다.

n. solve a **puzzle** 수수께끼를 풀다

✚ puzzled ⓐ 당황스러운, 어리둥절한

1360 **perplex**
[pərpléks]

ⓥ 혼란에 빠뜨리다, 당혹스럽게 하다

We were **perplexed** as to how to overcome the situation.
우리는 그 상황을 어떻게 극복할지를 몰라 **혼란에 빠졌다**.

✚ perplexed ⓐ 당혹스러워하는(= puzzled) | perplexity ⓝ 당혹, 난처

1361 **resentful**
[rizéntfəl]

ⓐ 분개한, 분해하는

The author was **resentful** about the unfair criticism.
그 작가는 부당한 비판에 **분개했다**.

✚ resent ⓥ 분개하다 | resentment ⓝ 분개

1362 ★★★ **overwhelm**
[òuvərhwélm]

ⓥ 압도하다, 휩싸이게 하다

He was **overwhelmed** by feelings of guilt for what he had done.
그는 자신이 저지른 일에 대한 죄책감에 **휩싸였다.**

✚ overwhelming ⓐ 압도적인, 극도의 | overwhelmed ⓐ 압도된

1363 ★ **indifference**
[indífərəns]

ⓝ 무관심, 냉담 ＝disinterest

Indifference is much more harmful than anger or hatred.
무관심은 분노나 증오보다 훨씬 더 해롭다.

✚ indifferent ⓐ 무관심한

1364 ★★ **sorrowful**
[sɑ́roufəl]

ⓐ 슬픔에 찬, 비탄에 잠긴

When she lifted her **sorrowful** eyes, they were heavy with tears. 그녀가 **슬픔에 찬** 눈을 들어 올렸을 때, 눈에는 눈물이 가득 고여 있었다.

✚ sorrow ⓝ 슬픔, 비애

1365 ★★★ **frustrate**
[frʌ́streit]

ⓥ 1 <mark>좌절시키다</mark> ＝discourage 2 헛되게 하다

The problem slowed down transactions, **frustrating** customers in a hurry. •기출
그 문제는 거래를 느려지게 했고, 급한 고객들을 **좌절시켰다.**

I **frustrated** her attempt to steal my wallet.
나는 내 지갑을 훔치려는 그녀의 시도를 **헛되게 했다.**

✚ frustrated ⓐ 좌절감을 느끼는 | frustrating ⓐ 좌절감을 주는
frustration ⓝ 좌절, 실패, 차질

1366 ★★ **apologetic**
[əpɑ̀lədʒétik]

ⓐ 미안해하는, 사과하는

His words were **apologetic**, but his tone was not.
그는 말로는 **미안해했지만**, 어조는 그렇지 않았다.

✚ apologize ⓥ 사과하다 | apology ⓝ 사과

1367 ★★ **regretful**
[rigrétfəl]

ⓐ 후회하는; 유감으로 생각하는

I feel **regretful** about my decision to study abroad.
나는 해외에서 공부하기로 한 내 결정을 **후회한다.**

I am **regretful** to give this negative review.
이 부정적인 논평을 하게 되어 **유감입니다.**

✚ regret ⓝ 후회; 유감 ⓥ 후회하다; 유감스러워하다

다의어

***
1368 depressed
[diprést]

ⓐ 1 **침울한, 우울한** 2 불황의 3 내리눌린

1 Most people get **depressed** when they lose their jobs.
대부분의 사람들은 일자리를 잃을 때 **침울해**한다.

2 Agriculture has become a **depressed** industry.
농업은 **불황** 산업이 되었다.

3 When **depressed**, the lever acts as a switch.
내리눌렸을 때, 그 레버는 스위치 역할을 한다.

➕ depress ⓥ 1 우울하게 하다 2 침체시키다 3 내리누르다
depression ⓝ 1 우울(증) 2 침체, 불황 3 내리누름

1369 bewilder
[biwíldər]

ⓥ 어리둥절하게 하다, 당황하게 하다

I was **bewildered** by the sight of his strange behavior.
나는 그의 이상한 행동을 보고 **어리둥절했다**.

➕ bewildered ⓐ 당황한, 어리둥절한 | bewilderment ⓝ 어리둥절함

다의어

*
1370 outrage
[áutrèidʒ]

ⓥ **격분시키다** ⓝ 1 **격분** 2 위반 행위

v. Being forced to passively breathe in tobacco smoke
outrages people. ◀기출
수동적으로 담배 연기를 들이마시게 되는 것이 사람들을 **격분시킨다**.

n. 1 public **outrage** 대중의 **분노**
2 **outrage** against the law 불법 **행위**

➕ outraged ⓐ 격분한 | outrageous ⓐ 터무니없는, 불합리한

**
1371 discouraged
[diskʌ́ridʒd]

ⓐ 낙담한, 낙심한 ↔ encouraged 용기가 나는

We are often **discouraged** by the critical voices surrounding us.
우리는 흔히 우리를 둘러싼 비판의 목소리에 **낙심하게** 된다.

➕ discourage ⓥ 낙담시키다(↔ encourage 격려하다)

**
1372 desperate
[déspərit]

ⓐ 1 절망적인 2 **필사적인, 절박한**

We were in a **desperate** situation due to a lack of material.
우리는 물자 부족으로 인해 **절망적인** 상황에 있었다.

I was **desperate** for a job because I had to pay my rent.
나는 집세를 내야 했기 때문에 일자리를 구하는 것에 **필사적**이었다.

---

*
1373 jealousy
[dʒéləsi]

ⓝ 질투, 시샘

Jealousy will make a man hostile to people who have never harmed him.
질투는 한 사람을 자신에게 해를 끼친 적이 없는 사람들에게 적의를 품게 만들 것이다.

➕ jealous ⓐ 질투하는, 시샘하는

1374 ★
envious
[énviəs]

ⓐ 부러워하는, 시샘하는

The poor girl was **envious** of people who'd gone to college.
그 가난한 소녀는 대학에 간 사람들을 **부러워했다.**

+ envy ⓝ 부러움, 시샘 ⓥ 부러워하다

분위기

1375 ★
pastoral
[pǽstərəl]

ⓐ 전원적인, 목가적인

This painting of a **pastoral** scene features cattle and a boy.
전원적인 풍경의 이 그림은 소떼와 한 소년을 담고 있다.

1376 ★★
leisurely
[líːʒərli]

ⓐ 한가로운, 여유 있는

Two penguins are taking a **leisurely** stroll on the nearby iceberg.
두 마리의 펭귄이 근처의 빙산에서 **한가로운** 산책을 하고 있다.

+ leisure ⓝ 여가

1377 ★★
monotonous
[mənɑ́tənəs]

ⓐ 단조로운, 지루한

The song talks about a man tired of his **monotonous** life in the city.
그 노래는 도시의 **단조로운** 삶에 싫증 난 한 남자에 대해 이야기한다.

+ monotony ⓝ 단조로움

1378 ★★
solitary
[sɑ́litèri]

ⓐ 1 고독한, 혼자의 2 외딴, 고립된

a **solitary** traveler in the rain 빗속의 한 **고독한** 나그네

A young woman was standing on a **solitary** beach in the twilight.
한 여자가 황혼 속에서 **외딴** 해변에 서 있었다.

+ solitude ⓝ 고독

1379 ★★
urgent
[ə́ːrdʒənt]

ⓐ 긴급한, 위급한

I want immediate action to solve this **urgent** problem. ◀기출
저는 이 **긴급한** 문제를 해결하기 위해 즉각적인 조치를 원합니다.

+ urgency ⓝ 긴급

1380
melancholic
[mèlənkɑ́lik]

ⓐ 우울한; 우울증의

The film captures the **melancholic** atmosphere of the city.
그 영화는 그 도시의 **우울한** 분위기를 포착하고 있다.

+ melancholy ⓝ 우울, 울적함

DAILY CHECK-UP

A 빈칸에 알맞은 우리말 또는 영어 단어를 써넣으시오.

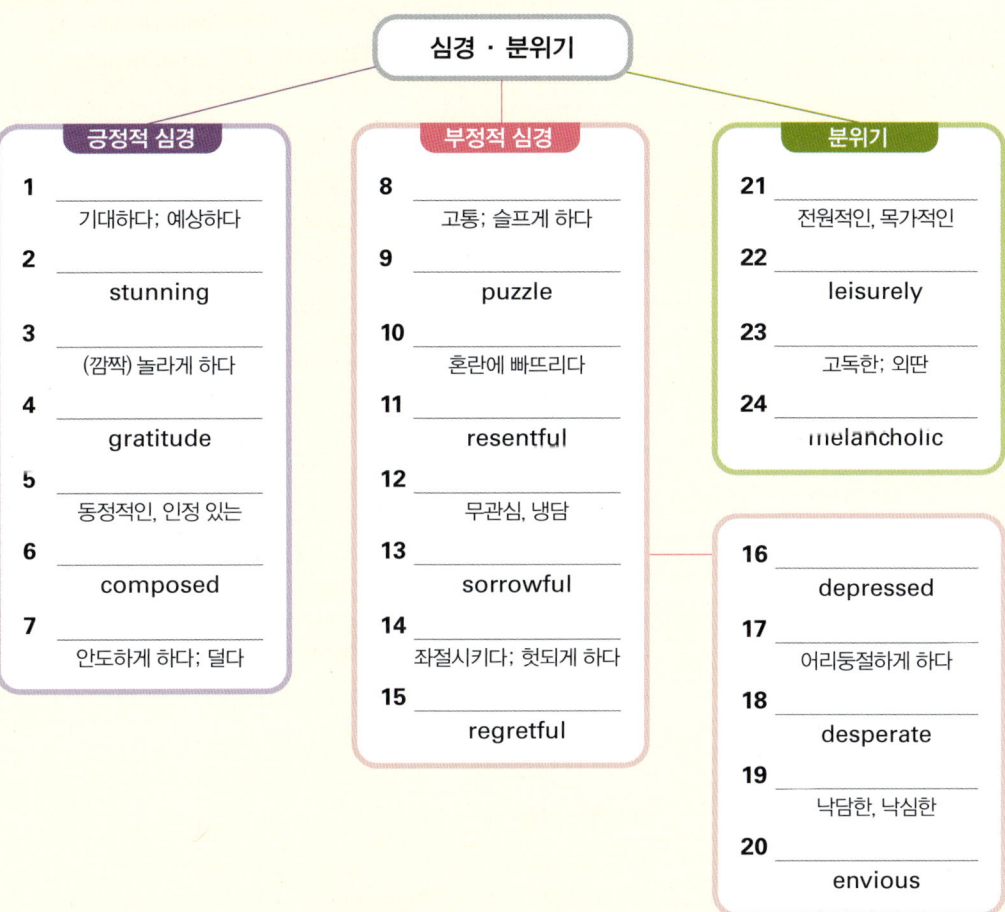

심경 · 분위기

긍정적 심경

1 _____
기대하다; 예상하다

2 _____
stunning

3 _____
(깜짝) 놀라게 하다

4 _____
gratitude

5 _____
동정적인, 인정 있는

6 _____
composed

7 _____
안도하게 하다; 덜다

부정적 심경

8 _____
고통; 슬프게 하다

9 _____
puzzle

10 _____
혼란에 빠뜨리다

11 _____
resentful

12 _____
무관심, 냉담

13 _____
sorrowful

14 _____
좌절시키다; 헛되게 하다

15 _____
regretful

분위기

21 _____
전원적인, 목가적인

22 _____
leisurely

23 _____
고독한; 외딴

24 _____
melancholic

16 _____
depressed

17 _____
어리둥절하게 하다

18 _____
desperate

19 _____
낙담한, 낙심한

20 _____
envious

B 문장의 빈칸에 알맞은 말을 보기에서 골라 쓰시오.

apologetic	urgent	outrages	jealousy	monotonous	overwhelmed

1 His words were _____, but his tone was not.

2 I want immediate action to solve this _____ problem.

3 He was _____ by feelings of guilt for what he had done.

4 The song talks about a man tired of his _____ life in the city.

5 Being forced to passively breathe in tobacco smoke _____ people.

6 _____ will make a man hostile to people who have never harmed him.

실용문 · 도표

✅ MUST-KNOW WORDS

include 포함하다	submit 제출하다	per ~당	opportunity 기회
monthly 월례의	double 두 배가 되다	steadily 꾸준히	combine 합치다

행사 · 대회

1381 annual
★★★
[ǽnjuəl]

ⓐ 연례의, 연 1회의

Please join Wood Gate High School's 10th **annual** Geography Photo Contest. ◀기출
Wood Gate 고등학교의 제10회 **연례** 지리학 사진 경연에 참여하시기 바랍니다.

➕ annually ⓐd 매년, 해마다

★ cf. biennial 격년의, 2년 1회의 │ biennale 비엔날레, 격년 행사

1382 contestant
[kəntéstənt]

ⓝ 경연[대회] 참가자

The **contestants** must wear the contest clothing provided.
대회 참가자들은 제공된 경연 의상을 착용해야 한다.

➕ contest ⓝ 경연, 대회 ⓥ 겨루다

1383 enrollment
★★
[enróulmənt]

ⓝ 등록; 입학

Enrollment for the course begins on March 21.
그 강좌의 **등록**은 3월 21일에 시작된다.

the college **enrollment** rates of 18- to 24-year-olds
18세에서 24세의 대학 **입학률**

➕ enroll ⓥ 등록하다; 입학시키다

1384 competition
★★★
[kàmpətíʃən]

ⓝ 1 경쟁 2 대회, 경기

Competition among local airlines is getting more intense.
지역 항공사들 사이의 **경쟁**이 점점 치열해지고 있다.

We invite art students to take part in our design **competition**.
우리의 디자인 **대회**에 참가하도록 예술 전공 학생들을 초대합니다.

➕ win a competition 대회에서 우승하다

➕ compete ⓥ 겨루다, 경쟁하다 │ competitor ⓝ 경쟁자
competitive ⓐ 경쟁의, 경쟁력이 있는

★ cf. contest 대회, 경연 │ derby 경기, 경주

★★★
1385 **registration**

[rèdʒəstréiʃən]

ⓝ 등록, 기재

Registration: Scan the QR code to sign up for the tour. ◂기출▸
등록: 여행을 신청하시려면 QR 코드를 스캔하세요.

✚ register ⓥ 등록하다

★
1386 **entry**

[éntri]

ⓝ 1 (대회 등의) 참가; 입장   2 출품작

There is no **entry** fee. **참가**비는 무료입니다.

Only one **entry** per person is allowed.
1인당 한 **작품**만 출품할 수 있습니다.

✚ enter ⓥ 참가하다 | entrant ⓝ (대회) 참가자

★ cf. entrance 입구

★★★
1387 **submission**

[səbmíʃən]

ⓝ 1 제출(물), 출품(작)   2 항복, 복종   ⊖ surrender

Submissions should be uploaded to the website by 6 p.m.,
December 19. ◂기출▸
출품작은 웹사이트에 12월 19일 오후 6시까지 업로드되어야 합니다.

refuse **submission** to the invading armies
침략군에게 **항복**을 거부하다

✚ submit ⓥ 1 제출하다   2 복종하다

★★★
1388 **fee**

[fiː]

ⓝ ~비, 요금, 수수료

Pay your team's $100 entry **fee** as a donation. ◂기출▸
여러분 팀의 (대회) 참가**비** 100달러를 기부금으로 내세요.

★ cf. fare (교통) 요금 | rate (임대) 요금, 사용료

다의어

★★★
1389 **advance**

[ədvǽns]

ⓥ 1 진보하다   2 (일정을) 앞당기다   ⓝ 1 진보, 발전   2 선불, 선금

v. 1 Technology **advances** as scientific discoveries are
applied. 기술은 과학적 발견이 응용되면서 **진보한다**.

2 For **advanced** registration, visit the website.
사전 등록을 하시려면 웹사이트를 방문하세요.

n. 1 the **advance** in telecommunication networks
원격 통신망의 **진보**

2 ask for an **advance** on one's salary
봉급을 **선불**해달라고 요청하다

✚ in advance 미리, 사전에

★
1390 **eligible**

[élidʒəbəl]

ⓐ (~할) 자격이 있는   ⊜ qualified; 적임의

Only 6th-10th grade students are **eligible** to participate in the
contest. 오직 6학년에서 10학년까지의 학생만이 대회 참가 **자격이 있습니다**.

PLAN 10

★★★
1391 **award**
[əwɔ́ːrd]

ⓥ 수여하다, (상을) 주다   ⓝ (부상이 딸린) 상

The best three teams will be **awarded** cash prizes.
최우수 세 팀에게는 상금이 **수여될** 것입니다.

An **awards** ceremony will be held in December for the winners.
수상자들을 위한 시**상**식이 12월에 열릴 것입니다.

다의어

★★
1392 **admission**
[ədmíʃən]

ⓝ 1 **입장(료)**   2 입학 (허가)   3 시인, 자백

1   **Admission**: One-day Pass $10 / Two-day Pass $18 ◀기출
    입장료: 1일권 10달러 / 2일권 18달러

2   take a standardized **admissions** exam
    표준화된 **입학** 시험을 치르다

3   His silence was an **admission** of his guilt.
    그의 침묵은 유죄임을 **시인하는 것**이었다.

➕ admit ⓥ 1 시인[인정]하다   2 입장[입학]을 허가하다

★
1393 **complimentary**
[kɑ̀mpləméntəri]

ⓐ 1 **무료의**   2 칭찬의

We offer **complimentary** refreshments to all of our guests.
저희는 모든 고객들께 **무료** 다과를 제공합니다.

receive **complimentary** remarks from customers
고객들로부터 **칭찬의** 말을 듣다

➕ compliment ⓝ 칭찬   ⓥ 칭찬하다

★ complementary(상호 보완적인)와 혼동하지 않도록 주의할 것.

★★★
1394 **requirement**
[rikwáiərmənt]

ⓝ 자격, 필요조건, 요건

What are the **requirements** for the application?
지원 **자격**은 무엇인가요?

➕ require ⓥ 요구하다, 필요로 하다

★★★
1395 **category**
[kǽtəgɔ̀ːri]

ⓝ 부문, 범주

First Place: $200 for one person from each **category** ◀기출
1위: 각 **부문** 1명 200달러

➕ categorize ⓥ 범주화하다

★
1396 **criterion**
[kraitíəriən]

ⓝ 기준, 척도 (*pl.* criteria)

There are three judging **criteria** in the contest.
대회에는 세 가지의 심사 **기준**이 있습니다.

1397 soar
[sɔ:r]

ⓥ 급상승하다, 급증하다, 치솟다

Last month, home sales **soared** to a new record in our area.
지난달에 우리 지역에서 주택 판매가 **급상승하여** 새로운 기록을 세웠다.

1398 growth
[grouθ]

ⓝ 증가; 성장

Population **growth** was more rapid than expected during the past decade.
인구 **증가**는 지난 10년 동안에 예상보다 더 빨랐다.

the relationship between economic **growth** and employment
경제 **성장**과 고용 사이의 상관관계

다의어

1399 decline
[dikláin]

ⓥ 1 감소하다   2 (정중히) 거절하다   ⓝ 하락, 감소, 저하

v. 1 The number of Americans reading printed newspapers continues to **decline**.
인쇄된 신문을 읽는 미국인들의 수가 계속 **감소하고** 있다.

2 **decline** an offer[invitation]   제안[초대]을 정중히 거절하다

n. the **decline** in employment opportunities   기출
고용 기회의 **감소**

1400 surpass
[sərpǽs]

ⓥ 능가하다, 뛰어넘다

Cell phones **surpass** personal computers in Internet usage.   기출
휴대 전화는 인터넷 사용량에서 개인용 컴퓨터를 **능가한다**.

1401 dramatically
[drəmǽtikəli]

ⓐⓓ 극적으로, 눈부시게

Consumption **dramatically** increased between 1985 and 2010.   소비는 1985년과 2010년 사이에 **극적으로** 증가했다.

✚ dramatic ⓐ 극적인

1402 steep
[sti:p]

ⓐ 1 급격한   2 가파른

There has been a **steep** decline in the birth rate in almost all member states.
거의 모든 회원국에서 출생률의 **급격한** 감소가 있었다.

The hotel is on a **steep** hill.   그 호텔은 **가파른** 언덕 위에 있다.

1403 triple
[trípl]

ⓥ 세 배가 되다; 세 배로 증가하다   ⓐ 세 배의   ⊜ threefold

The melting rate of glaciers has **tripled** during the last decade.   빙하의 융해 속도가 지난 10년 동안에 **세 배로 증가했다**.

★ cf. double ⓥ 두 배가 되다; 두 배로 증가하다   ⓐ 두 배의
quadruple ⓥ 네 배가 되다; 네 배로 증가하다   ⓐ 네 배의

★
1404 selected
[siléktid]

ⓐ 선별된, 선택된

This chart shows the minority population of five **selected** regions in China.
이 도표는 중국의 **선별된** 5개 지역의 소수 민족 인구를 보여 준다.

✚ select ⓥ 선별[선택]하다 | selective ⓐ 선택적인, 까다로운

★
1405 respondent
[rispándənt]

ⓝ (조사의) 응답자

44% of the **respondents** said people should be allowed to fly drones in public parks. 〔기출〕
44%의 **응답자**가 사람들이 공공 공원에서 드론을 날리도록 허용되어야 한다고 말했다.

✚ response ⓝ 응답; 반응 | respond ⓥ 응답하다; 반응[감응]하다

★★★
1406 proportion
[prəpɔ́:rʃən]

ⓝ 비(比), 비율

The **proportion** of the respondents who chose "It depends" is above 30%. 〔기출〕
'상황에 따라 다르다'를 선택한 응답자의 **비율**이 30%를 넘는다.

proportion of five to one 5대 1의 **비율**

★★
1407 counterpart
[káuntərpà:rt]

ⓝ 대응하는 사람[것], 상대

European companies invest less in R&D than their U.S. **counterparts**.
유럽의 기업들은 미국의 **상대 기업들**보다 연구·개발에 투자를 덜 한다.

★★
1408 respectively
[rispéktivli]

ⓐⓓ 각각, 각자

Coal and oil account for 20% and 40% of energy sources **respectively**. 석탄과 석유가 **각각** 에너지원의 20%와 40%를 차지한다.

✚ respective ⓐ 각각의, 각자의

★★★
1409 relatively
[rélətivli]

ⓐⓓ 비교적, 상대적으로

The composition of the Indian labor force remained **relatively** the same.
인도의 노동력 구성은 **비교적** 동일하게 유지되었다.

다의어

★
1410 projection
[prədʒékʃən]

ⓝ 1 추정(치), 예상 2 투사 3 돌출부

1 The graph shows the world population and **projections** to 2100. 도표는 세계 인구와 2100년까지의 **추정치**를 보여 준다.

2 the **projection** of 3D images on a screen
스크린에 **투사**된 입체 영상

3 a big **projection** on the wall 벽의 커다란 **돌출부**

A 빈칸에 알맞은 우리말 또는 영어 단어를 써넣으시오.

실용문 · 도표

행사 · 대회

1 _____
연례의, 연 1회의

2 _____
contestant

3 _____
등록; 입학

4 _____
competition

5 _____
참가; 입장; 출품작

6 _____
fee

7 _____
진보(하다); 앞당기다

8 _____
eligible

도표: 증가와 감소

15 _____
급상승하다, 치솟다

16 _____
growth

17 _____
감소하다; 하락, 감소

18 _____
dramatically

19 _____
세 배가 되다; 세 배의

도표: 기타 용어

20 _____
selected

21 _____
(조사의) 응답자

22 _____
counterpart

23 _____
비교직, 싱내석으로

24 _____
projection

9 _____
award

10 _____
입장(료); 입학 (허가)

11 _____
complimentary

12 _____
자격, 필요조건, 요건

13 _____
category

14 _____
기준, 척도

B 문장의 빈칸에 알맞은 말을 보기에서 골라 쓰시오.

| proportion | registration | respectively | submissions | surpass | steep |

1 _____ : Scan the QR code to sign up for the tour.

2 Cell phones _____ personal computers in Internet usage.

3 Coal and oil account for 20% and 40% of energy sources _____ .

4 The _____ of the respondents who chose "It depends" is above 30%.

5 _____ should be uploaded to the website by 6 p.m., December 19.

6 There has been a _____ decline in the birth rate in almost all member states.

DAY 48 구동사 1

★★★
1411 **call for**

~을 요구하다, ~을 필요로 하다

Anti-poverty groups are **calling for** an immediate increase in income assistance.
빈곤 추방 단체는 소득 지원의 즉각적인 증가를 **요구하고 있다**.

Driving in wet weather **calls for** very high levels of alertness.
비 오는 날씨에 운전하는 것은 고도의 주의를 **필요로 한다**.

★★
1412 **stand for**

~을 상징하다, ~을 의미하다

Red usually **stands for** love while yellow signifies friendship.
빨간색은 보통 사랑을 **상징하고**, 반면에 노란색은 우정을 의미한다.

Do you know what FIFA **stands for**?
너는 FIFA가 무엇을 **의미하는지** 아니?

★★
1413 **compensate for**

1 ~을 보상하다   2 ~을 만회하다

The offender must **compensate for** the damage caused by his or her act.
가해자는 자신의 행동에 의해 야기된 피해를 **보상해야** 한다.

We should learn what we can to **compensate for** our partial prior knowledge. 기출
우리는 우리의 불완전한 사전 지식을 **만회하기** 위해 배울 수 있는 것을 배워야 한다.

⊜ make up for 보상하다, 만회하다

★★
1414 **count on / upon**

~에 기대다[의지하다]

We can always **count on** our family to be there for us when we need them.
우리는 우리가 필요로 할 때 곁에 있어 줄 가족에게 늘 **의지할** 수 있다.

⊜ depend on, rely on, turn to, resort to

★
1415 **draw on / upon**

~을 이용하다

Humans have **drawn on** nature for resources and ideas.
인간은 자원과 아이디어를 (얻기) 위해 자연을 **이용해** 왔다.

영영 to make use of something, such as knowledge or resources

★
1416 **dwell on / upon**

~을 깊이[곰곰이] 생각하다

You don't need to **dwell on** this subject to become an expert.
전문가가 되기 위해 이 문제를 **깊이 생각할** 필요는 없다.

★ dwell in은 '~에 거주하다'라는 의미이다.
→ Primitive people used to dwell in caves.
원시인들은 동굴에 거주했었다.

★★★
1417 **consist of**

~으로 구성되다

Virtually all natural sounds **consist of** constantly fluctuating frequencies. 기출
거의 모든 자연의 소리는 끊임없이 변동하는 주파수로 **구성되어 있다.**

≡ be comprised of, comprise, be made up of

★ consist in은 '~에 있다'라는 의미이다.
→ The beauty of the soul consists in truth and wisdom.
영혼의 아름다움은 진실과 지혜에 있다.

★
1418 **approve of**

~에 찬성하다, ~을 승인하다

76 percent of those who voted **approved of** the new treaty. 투표자의 76퍼센트가 그 새로운 조약에 **찬성했다.**

1419 **dispose of**

~을 처리하다

Some cities require households to **dispose of** all waste in special trash bags. 기출
일부 도시들은 가정이 모든 쓰레기를 특별한 쓰레기봉투에 **처리하도록** 요구한다.

★★★
1420 **engage in**

1 ~을 하다 2 ~에 참여[관여]하다

You need to **engage in** vigorous physical activity for about an hour a day.
하루에 한 시간 정도 왕성한 신체 활동을 **할** 필요가 있다.

Many people want to **engage in** charity and help others.
많은 사람들이 자선 활동에 **참여하여** 다른 이들을 돕고 싶어 한다.

★★★
1421 **deal with**
deal-dealt-dealt

1 ~을 다루다 2 ~을 처리하다

The paper **deals with** the effects of climate change on crop yields.
그 논문은 기후 변화가 농작물 수확량에 끼치는 영향을 **다룬다.**

We must **deal with** this problem with great care.
우리는 매우 주의 깊게 이 문제를 **처리해야** 한다.

★★
1422 **cope with**

~에 대처하다

The best way to **cope with** stress is to develop long-term strategies.
스트레스에 **대처하는** 가장 좋은 방법은 장기적인 전략을 개발하는 것이다.

★
1423 **stand by**

대기하다

Medical staffers were **standing by** at a first-aid station.
의료진이 구급 치료소에서 **대기하고** 있었다.

★★
1424 **run into**

~와 우연히 만나다, 마주치다

The area is so wild that you may **run into** wild animals.
그 지역은 너무 야생이어서 야생 동물과 **마주칠** 수도 있다.

In fact, the application of this 'scientific method' often **runs into** difficulties. 기출
사실 이 '과학적 방법'의 적용은 흔히 어려움과 **마주친다**.

= come across, run across, bump into, stumble upon

★
1425 **do without**

~ 없이 지내다[견디다]

Can you **do without** your smartphone for a day?
여러분은 하루 동안 스마트폰 **없이 지낼** 수 있는가?

다의어

★★
1426 **go through**

1 ~을 살펴보다[조사하다]   2 ~을 겪다[거치다]
3 ~을 다 써버리다

1 I **went through** the report and picked some fascinating statistics.
   나는 그 보고서를 **살펴보고** 몇몇 아주 흥미로운 통계를 골랐다.

2 We all **go through** hard times at some points of our lives.
   우리 모두는 삶의 어느 시점에서 어려운 시기를 **겪는다**.

3 This way, they **went through** all their money in less than a year.
   이런 식으로 그들은 1년도 안 되어 모든 돈을 **써버렸다**.

타동사+부사

★★★
1427 **figure out**

~을 파악하다, 알아내다

Figure Out What Students Like Most in Science Class 기출
학생들이 과학 수업에서 가장 좋아하는 것을 **파악하라**. (제목)

1428 put out

1 (쓰레기 등을) 내다 놓다   2 (불을) 끄다   3 생산하다

1 **Put** the garbage **out** at least an hour before pickup time.
쓰레기를 적어도 수거 시간 1시간 전에는 **내다 놓으시오**.

2 Fire extinguishers help **put out** small fires before they get bigger.
소화기는 불이 커지기 전에 작은 불을 **끄는** 데 도움이 된다.

3 Her small factory **puts out** 200 items of clothing per day.
그녀의 작은 공장은 하루에 200여 품목의 의류를 **생산한다**.

★★★
1429 point out

~을 지적[언급]하다

As Cosmides and Tooby **point out**, brains are found only in animals that move. ·기출
Cosmides와 Tooby가 **지적하듯이**, 뇌는 오직 움직이는 동물에서만 발견된다.

1430 turn out

1 ~한 것으로 밝혀지다   2 생산하다

His insight **turned out** to be particularly useful for zoo management. ·기출
그의 통찰력은 동물원 관리에 특히 유용한 **것으로 밝혀졌다**.

This factory **turns out** a hundred scooters every month.
이 공장은 매달 1백 대의 스쿠터를 **생산한다**.

★★★
1431 fill in / out

~을 작성하다

Fill in[out] the application form and send it to us by November 5.
지원서 양식을 **작성하여** 11월 5일까지 저희에게 보내주세요.

1432 give off

(소리·냄새·열·빛 등을) 내다[발하다]

The Driver Alert System **gives off** an alarm sound when you nod off while driving.
운전자 경보 시스템은 운전 중에 졸 때 경고음을 **낸다**.

A ripe peach **gives off** a sweet scent.
잘 익은 복숭아는 향긋한 냄새를 **낸다**.

★
1433 lay off

~을 해고하다

In 1981, the company **laid off** one-third of its employees.
1981년에 그 회사는 직원의 3분의 1을 **해고했다**.

★ lay off는 많은 인원을 정리 해고할 때 쓰는 표현이며, 개인을 해고할 때에는 dismiss나 fire 등을 쓴다.

1434 ★★ **put aside**

1 ~을 (한쪽으로) 치우다   2 ~을 따로 남겨두다

Please **put** your phone **aside** while I'm talking to you.   내가 이야기를 할 동안에는 전화기를 좀 **치워라.**

It's a good idea to **put** some money **aside** for emergencies.
비상사태를 대비해 얼마의 돈을 **따로 남겨두는** 것은 좋은 생각이다.

1435 ★★★ **take on**

1 (모습·색깔 등을) 띠다   2 (책임·역할을) 맡다

The landscape itself **takes on** the form of a commodity. 기출
자연경관 자체가 상품의 형태를 **띤다.**

She **took on** the role of spokesperson for the organization.
그녀는 그 조직의 대변인 역할을 **맡았다.**

다의어

1436 ★★★ **pick up**

1 ~를 차에 태우다   2 ~을 찾아오다   3 (습관을) 들이다

1 I have to **pick up** my son from school.
나는 아들을 학교에서 **태워야** 한다.

2 **pick up** clothes from the cleaner's
세탁소에서 옷을 **찾아오다**

3 try to **pick up** a reading habit
독서 습관을 **들이려고** 노력하다

1437 ★ **turn down**

~을 거절하다

I decided to **turn down** the job offer and to finish my degree.
나는 그 일자리 제안을 **거절하고** 학위를 마치기로 결정했다.

1438 ★★ **bring about**

~을 초래[유발]하다

A simple mental change may **bring about** real change in your life.
단순한 정신적 변화가 삶의 진정한 변화를 **초래할** 수 있다.

1439 ★★ **get over**

~을 극복하다

I can **get over** any obstacles that block my path.
나는 나의 길을 막는 어떠한 장애물도 **극복할** 수 있다.

1440 ★★ **throw away**

~을 버리다

When you **throw** garbage **away**, does it disappear?
쓰레기를 **버리면** 그것이 사라질까?

DAILY CHECK-UP

A 빈칸에 알맞은 우리말 또는 영어를 써넣으시오.

구동사 1

자동사 + 전치사

1 _____
call for

2 _____
~을 보상하다;
~을 만회하다

3 _____
count on / upon

4 _____
~을 이용하다

5 _____
dwell on / upon

6 _____
~으로 구성되다

7 _____
approve of

8 _____
~을 하다; ~에 참여하다

9 _____
deal with

10 _____
~에 대처하다

11 _____
stand by

12 _____
~와 우연히 만나다

21 _____
pick up

22 _____
~을 초래[유발]하다

23 _____
get over

24 _____
~을 버리다

타동사 + 부사

13 _____
figure out

14 _____
내다 놓다; (불을) 끄다

15 _____
point out

16 _____
~한 것으로 밝혀지다

17 _____
fill in / out

18 _____
(소리 · 빛 등을) 내다

19 _____
lay off

20 _____
~을 치우다;
~을 따로 남겨두다

B 문장의 빈칸에 알맞은 말을 보기에서 골라 쓰시오.

do without	dispose of	go through	stands for	took on	turn down

1 Can you _____ your smartphone for a day?

2 We all _____ hard times at some points of our lives.

3 I decided to _____ the job offer and to finish my degree.

4 She _____ the role of spokesperson for the organization.

5 Red usually _____ love while yellow signifies friendship.

6 Some cities require households to _____ all waste in special trash bags.

자동사+부사

★★
1441 **stop by**

잠깐 들르다, 불시에 찾아가다

I'll **stop by** and get it on my way home. ◀기출
잠깐 들러서 집에 가는 길에 그것을 가져갈게요.

≡ drop in, drop by, call on

다의어

★★
1442 **break down**

1 고장 나다   2 나빠지다, 쇠하다
3 나누다; 나누어지다   4 허물다

1   My car **broke down** suddenly in the middle of the road.
    내 차가 갑자기 도로 한가운데서 **고장 났다.**

2   His health **broke down** after he started working in the mines.
    그의 건강은 광산에서 일하기 시작한 후에 **나빠졌다.**

3   Try to **break down** your budget by week or month.
    예산을 주 또는 월 단위로 **나누려고** 노력하라.

4   the impossibility of **breaking down** the barrier ◀기출
    그 장벽을 **허무는** 것의 불가능성

★
1443 **carry on**

계속하다; 계속 가다

You must **carry on** if you are to win.
여러분은 승리하고자 한다면 **계속해야**만 한다.

Carry on until you get to the intersection.
교차로에 이를 때까지 **계속 가세요.**

★
1444 **pass away**

돌아가시다, 사망하다

My beloved grandmother **passed away** at the age of 90.
나의 사랑하는 할머니는 90세의 연세로 **돌아가셨다.**

★★
1445 **stay up**

깨어 있다, 자지 않다

That night, we **stayed up** till midnight and talked about life and love.
그날 밤 우리는 자정까지 **깨어 있었고** 인생과 사랑에 대해 이야기했다.

다의어

★
1446 **break up**

1 부서지다; 부수다
2 (모임이) 파하다; (모임을) 해산시키다
3 헤어지다

1 The ship **broke up** on the rocks and sank within an hour.
그 배는 암초에 부딪쳐 **부서져서** 한 시간 내에 침몰했다.

2 The party **broke up** at midnight, and they went their separate ways.
파티는 자정에 **파했고** 그들은 각자의 길을 갔다.

3 Elephant groups **break up** and reunite very frequently. ◀기출▶
코끼리 무리는 빈번히 **헤어졌다** 재회한다.

★ 1, 2번 뜻일 경우 타동사로 쓰이기도 한다.

동사+부사+전치사

★
1447 **catch up with**

~을 따라잡다, ~을 따라가다

Slow down so that I can **catch up with** you.
내가 너를 **따라잡을** 수 있게 속도를 늦춰라.

★ cf. keep up with ~을 놓치지 않고 따르다, ~와 연락하고 지내다

★★★
1448 **come up with**

(해결책 등을) 생각해 내다, 찾아내다

Children need much more time to **come up with** their responses. ◀기출 응용▶
아이들은 자신들의 응답을 **생각해 내는** 데 훨씬 더 많은 시간이 필요하다.

★
1449 **come down with**

(별로 심각하지 않은 병에) 걸리다, (병이) 들다

When you **come down with** the flu, you typically feel aches and pains.
독감에 **걸렸을** 때는 보통 온몸이 쑤시고 아프다.

★
1450 **do away with**

~을 버리다, 처분하다

We need to **do away with** some of the unnecessary projects.
우리는 그 불필요한 계획들의 일부를 **버릴** 필요가 있다.

= get rid of

1451 ★ **get along with**

~와 잘[사이 좋게] 지내다

Spare no effort to **get along with** your colleagues.
동료들과 잘 지내기 위한 노력을 아끼지 마세요.

The new student seems to **get along with** his classmates.
새로 온 학생은 반 친구들과 잘 지내는 듯 보인다.

1452 ★ **get down to**

~에 착수하다

Build a relationship before you **get down to** business.
사업에 착수하기 전에 관계를 맺어라.

1453 ★ **live up to**

~에 부응하다

Our resort will **live up to** your expectations for relaxation.
저희 리조트는 휴양에 대한 여러분의 기대에 부응할 것입니다.

1454 ★ **make up for**

1 ~을 만회[벌충]하다 2 ~을 보상하다

What methods do animals adopt to **make up for** lack of sleep? ◀기출▶
동물은 수면 부족을 만회하기 위해 어떤 방법을 채택하는가?

You should **make up for** the loss you caused.
당신이 끼친 손해를 보상해야 합니다.

⊜ compensate for

1455 ★ **put up with**

~을 참다

I couldn't **put up with** the harsh treatment given to me.
나는 내게 가해진 가혹한 처사를 참을 수 없었다.

⊜ stand, tolerate

1456 ★★ **run out of**

~을 다 써버리다

I was **running out of** time but still couldn't find the answer.
나는 시간을 다 써버리고 있었지만 여전히 답을 찾을 수 없었다.

1457 **stand up for**

~을 지지하다, ~을 옹호하다

He overcame his greatest fears and **stood up for** justice and equality.
그는 가장 큰 두려움을 극복하고 정의와 평등을 지지했다.

⊜ support

1458 look up to

~를 존경하다, ~를 우러러보다

Students **look up to** their teachers as figures of authority.
학생들은 권위를 가진 인물로서 자신들의 선생님을 **존경한다**.

↔ look down on ~: ~을 얕보다

1459 look down on

~를 경멸하다, ~를 얕보다

I **look down on** dishonest people who make up excuses.
나는 핑계를 늘어놓는 부정직한 사람들을 **경멸한다**.

1460 hold on to

1 ~을 고수하다 2 ~을 꼭 잡다

When we establish some self-confidence, we want to **hold on to** it. 기출
우리기 이느 징도의 사신김을 세우면, 우리는 그것을 **고수하기를** 원한다.

≡ cling to, stick to, adhere to

hold on to the rope 밧줄을 **꼭 잡다**

동사 + *A* + 전치사 + *B*

1461 convert *A* to / into *B*

A를 B로 전환하다[바꾸다]

Humans have the need to **convert** ever more of our planet **into** production zones. 기출
인간은 우리 행성의 훨씬 더 많은 부분을 생산지대로 **전환할** 필요가 있다.

An engine **converts** heat energy **into** mechanical energy. 엔진은 열에너지를 기계 에너지로 **전환한다**.

≡ turn *A* into *B*

1462 deprive *A* of *B*

A에게서 B를 빼앗다[박탈하다]

Unemployment **deprives** the economy **of** part of its resource base.
실업은 경제에서 자원 기반의 일부를 **빼앗는다**.

≡ rob *A* of *B*, rid *A* of *B*

1463 equip *A* with *B*

A에 B를 갖추다

The hospital **is equipped with** state-of-the-art facilities.
그 호텔은 최신식 시설을 **갖추고 있다**.

★
1464 **trade/exchange A with B**

A를 B와 교환하다

The farmers **traded** their produce **with** products from the surrounding regions.
그 농부들은 자신들의 농산물을 주변 지역 상품**과 교환했다.**

⊟ exchange A with B

★★★
1465 **regard A as B**

A를 B로 간주하다

People **regard** the cross **as** a symbol of Christianity.
사람들은 십자가를 기독교의 상징**으로 간주한다.**

⊟ see A as B, view A as B, think of A as B, consider A B, deem A B

1466 **impose A on B**

A를 B에게 부과하다

The U.S. **imposed** tariffs **on** $34 billion of imports from China.
미국은 중국에서 온 340억 달러 상당의 수입품**에** 관세를 **부과했다.**

★
1467 **name A after B**

B의 이름을 따서 A의 이름을 짓다

Utopias **was named after** English philosopher Thomas More's book *Utopia*. ◂기출▸
유토피아는 영국 철학자 Thomas More의 저서 Utopia의 **이름을 따서 이름이 지어졌다.**

1468 **furnish A with B**

A에 B를 비치하다

The owner **furnished** the interior **with** French and Swedish antiques.
주인은 내부에 프랑스와 스웨덴의 골동품**을 비치했다.**

★★
1469 **remind A of B**

A에게 B를 상기시키다

The earthquake **reminded** us **of** the importance of disaster prevention.
그 지진은 우리에게 재난 방지의 중요성을 **상기시켰다.**

★★
1470 **prefer A to B**

B보다 A를 선호하다

I **prefer** taking care of myself **to** being taken care of by others.
나는 남들에게 돌봄을 받는 것**보다** 스스로를 돌보는 것을 **선호한다.**

★ A와 B가 to부정사인 경우에는 「prefer A (rather) than B」의 형태로 쓴다.
→ I prefer to walk rather than drive.
나는 운전하는 것보다 걷는 것을 선호한다.

A 빈칸에 알맞은 우리말 또는 영어를 써넣으시오.

구동사 2

자동사 + 부사

1 _____ stop by

2 _____ 고장 나다; 허물다

3 _____ carry on

4 _____ 돌아가시다, 사망하다

5 _____ stay up

6 _____ 부서지다; 파하다

15 _____ look up to

16 _____ ~을 고수하다; ~을 꼭 잡다

동사 + 부사 + 전치사

7 _____ catch up with

8 _____ 생각해 내다, 찾아내다

9 _____ do away with

10 _____ ~와 잘 지내다

11 _____ get down to

12 _____ ~을 참다

13 _____ run out of

14 _____ ~을 지지[옹호]하다

동사 + A + 전치사 + B

17 _____ convert A into B

18 _____ A에게서 B를 빼앗다

19 _____ trade A with B

20 _____ A를 B로 간주하다

21 _____ impose A on B

22 _____ A에 B를 비치하다

23 _____ remind A of B

24 _____ B보다 A를 선호하다

B 문장의 빈칸에 알맞은 말을 보기에서 골라 쓰시오.

look down on	make up for	is equipped with
come down with	live up to	was named after

1 You should _____ the loss you caused.

2 The hospital _____ state-of-the-art facilities.

3 I _____ dishonest people who make up excuses.

4 Our resort will _____ your expectations for relaxation.

5 When you _____ the flu, you typically feel aches and pains.

6 Utopias _____ English philosopher Thomas More's book *Utopia*.

be+★+to+동사원형

★★★
1471 **be about to** *do*

막 ~하려고 하다

Sean didn't know it, but he **was about to** have the experience of a lifetime. 기출
Sean은 모르고 있었으나 **막 일생일대의 경험을 하려고 하고** 있었다.

★★★
1472 **be likely to** *do*

~하기 쉽다, ~할 가능성이 있다

The elderly **are likely to** take multiple medications.
어르신들은 다수의 약물을 복용하기 **쉽다.**

Cats **are** more **likely to** get hit by cars at night than dogs.
고양이는 개들보다 밤에 차에 치일 **가능성이** 더 **많다.**

⊜ be prone to *do*, be apt to *do*

다의어

★★★
1473 **be supposed to** *do*

1 ~할 예정이다   2 ~해야 하다
3 ~할[인] 것으로 여겨지다

1 The final **is supposed to** kick off at 2.
결승전은 2시에 시작될 **예정이다.**

2 Every staff member **is supposed to** wear an identity card.
모든 직원은 신분증을 착용**해야 한다.**

3 **be supposed to** reflect personal preferences
기출 개인적 선호를 반영할 **것으로 여겨지다**

★★
1474 **be bound to** *do*

~할 수밖에 없다, ~하게 되어 있다

They **are bound to** adopt the commission's advice.
그들은 위원회의 조언을 채택할 **수밖에 없다.**

We **were bound to** meet at some point.
우리는 어느 시점에서 만나게 **되어 있었다**(만날 운명이었다).

★
1475 **be obliged to** *do*

~하지 않을 수 없다

These people **were obliged to** leave their homes due to the civil war.
이 사람들은 내전 때문에 고향을 등지**지 않을 수 없었다.**

★ cf. feel obliged to *do*: ~해야 할 의무감을 느끼다
→ I felt obliged to describe my present situation.
나는 내 현재 상황을 설명해야 할 의무감을 느꼈다.

전치사+명사+전치사

1476 at the cost of

～을 희생하고

Our ancestors defended our country **at the cost of** their lives.
우리의 선조들은 목숨**을 희생하면서** 우리나라를 수호했다.

= at the price of, at the expense of

1477 in accordance with

～에 따라, ～에 부합되게

Dress appropriately **in accordance with** the school's dress code.
학교의 복장 규정**에 따라** 적절하게 복장을 착용해 주세요.

1478 for the sake of

～을 위해

I've made donations **for the sake of** the welfare of the homeless.
나는 노숙자들의 복지**를 위해** 기부를 해 왔다.

1479 on account of

～ 때문에

Why should the natural world suffer **on account of** human mistakes?
왜 자연 세계가 인간의 실수 **때문에** 고통당해야 하는가?

1480 on behalf of

～을 대신[대표]하여

The team attends the world championships **on behalf of** everyone in Millstown. ·기출·
그 팀은 Millstown의 모든 이**를 대표하여** 세계 선수권 대회에 참가한다.

★ cf. in behalf of ～을 도우려고, ～을 위해

1481 in terms of

～ 면에서, ～의 견지에서

Our products are competitive both **in terms of** cost and quality.
우리의 상품은 비용과 품질 두 가지 **면에서** 모두 경쟁력이 있다.

1482 in spite of

～에도 불구하고

In spite of the heavy snow, all those invited made it to the party.
폭설**에도 불구하고** 초대받은 모든 이들이 파티에 왔다.

= despite

1483
take ~ for granted

~을 당연하게 여기다

We **take** food **for granted**, but it is a luxury for many people.
우리는 음식을 **당연하게 여기지만** 그것은 많은 이들에게 사치이다.

We **take** it **for granted** that our family will love us forever.
우리는 가족이 우리를 영원히 사랑하리라는 것을 **당연하게 여긴다.**

1484
have difficulty (in) -ing

~하는 데 어려움을 겪다

The elderly **have difficulty** walking for long periods of time.
어르신들은 장시간 동안 걷는 것에 어려움을 겪는다.

⊜ have trouble –ing, have a hard time –ing

1485
get in the way of

~에 방해가 되다

Words **get in the way of** us listening to music.
말은 우리가 음악을 감상하는 것에 **방해가 된다.**

1486
get rid of

~을 없애다, ~을 제거하다; ~을 내쫓다

You'd better **get rid of** unwanted items before you move.
여러분은 이사하기 전에 불필요한 물건들을 **없애는** 것이 좋습니다.

I'll do anything to **get rid of** my annoying neighbor.
나는 내 귀찮은 이웃을 **내쫓기** 위해서라면 무엇이든 하겠다.

1487
take advantage of

~을 이용하다, ~을 기회로 활용하다

You should **take advantage of** negative reviews of your business. 기출
여러분은 여러분의 사업에 대한 부정적인 후기를 **기회로 활용해야** 한다.

They **took advantage of** me as a tour guide.
그들은 여행 가이드로 나를 **이용했다.**

1488
have a way with

~을 잘 다루다, ~을 취급하는 요령을 알고 있다

He was elected because he **has a way with** words, not because he is smart.
그가 당선된 것은 말을 **잘하기** 때문이지 똑똑해서가 아니다.

1489 ★ **fall short of**

~에 못 미치다

His performance **fell short of** our expectations.
그의 수행 능력은 우리의 기대**에 못 미쳤다.**

1490 ★★ **have to do with**

~와 관계가 있다

What does it **have to do with** me?
그게 저**와** 무슨 **상관이죠?**

★ cf. have something to do with ~와 뭔가 관계가 있다
   have nothing to do with ~와 아무런 관계가 없다
   have little to do with ~와 관계가 거의 없다
   → I had nothing to do with his accident.
      나는 그의 사고와 아무런 관계가 없었다.

형용사 구문

1491 ★ **be accustomed to**

~에 익숙하다[익숙해지다]

Fishermen **are accustomed to** reading the seas in all kinds of weather.
어부들은 온갖 종류의 날씨 속에서 바다를 읽는 **데 익숙하다.**

= be used to

★ 뒤에는 명사(구) 또는 동명사가 온다.

1492 ★ **be subject to**

1 ~의 영향을 받다   2 ~에 속박되다

Perceptions are unreliable because the senses **are subject to** errors and illusions. 기출
지각은 감각이 오류와 착각**의 영향을 받기** 때문에 신뢰할 수 없다.

The commerce of the colony **was subject to** many regulations.
그 식민지의 상업은 많은 규제**에 속박되었다.**

1493 ★★ **be aware of**

~을 알다, ~을 알아차리다

Plants **are** constantly **aware of** their position in the environment. 기출
식물은 끊임없이 환경에서 자신의 위치**를 안다.**

1494 ★★ **be capable of**

~을 할 수 있다, ~을 할 능력이 있다

The new radar **is capable of** detecting targets 100km away.
그 새로운 레이더는 100킬로미터 거리에 있는 표적을 탐지할 **수 있다.**

= be able to *do*

★ be capable of 뒤에는 명사(구) 또는 동명사가 오지만 be able to 뒤에는 동사원형이 온다.

1495 by no means

결코 ~이 아닌

The environment appears to static, but this is **by no means** the case. 〈기출〉
환경은 정적인 듯 보이지만, 이것은 **결코** 사실이 **아니다**.

★ cf. by all means 물론, 좋고말고

1496 with a view to

~할 목적으로; ~을 기대하여

The council conducts the campaign **with a view to** preventing teenagers from smoking.
그 위원회는 그 캠페인을 십 대들이 흡연하는 것을 예방할 **목적으로** 실시한다.

〈영영〉 in order to / for the purpose of doing something

1497 when it comes to

~에 관한 한   〈=〉 regarding

Safety comes first **when it comes to** flying drones. 〈기출〉
드론을 날리는 것**에 관한 한** 안전이 최우선이다.

1498 in the face of

~에도 불구하고

What's the secret to staying positive **in the face of** adversity?
역경**에도 불구하고** 계속 긍정적일 수 있는 비결은 무엇인가?

1499 second to none

어느 것에도[아무에게도] 뒤지지 않는

Our products are **second to none** when it comes to quality.
우리 제품은 품질에 관한 한 **어느 것에도 뒤지지 않습니다**.

〈영영〉 the best; better than everyone else

1500 by accident

우연히

Many of the biggest scientific discoveries happened **by accident**.
가장 위대한 과학적 발견 중 많은 것이 **우연히** 일어났다.

〈=〉 by chance, accidentally

DAILY CHECK-UP

A 빈칸에 알맞은 우리말 또는 영어를 써넣으시오.

숙어 · 관용구

be+★+to+동사원형

1 _____
막 ~하려고 하다

2 _____
be likely to *do*

3 _____
~할 예정이다; ~해야 하다

4 _____
be bound to *do*

5 _____
~하지 않을 수 없다

전치사+명사+전치사

6 _____
~을 희생하고

7 _____
in accordance with

8 _____
~을 위해

9 _____
on account of

10 _____
~을 대신[대표]하여

11 _____
in terms of

12 _____
~에도 불구하고

형용사 구문

17 _____
~에 익숙하다

18 _____
be aware of

기타

19 _____
by no means

20 _____
~할 목적으로; ~을 기대하여

21 _____
when it comes to

22 _____
~에도 불구하고

23 _____
second to none

24 _____
우연히

동사 구문

13 _____
~하는 데 어려움을 겪다

14 _____
get in the way of

15 _____
~을 잘 다루다

16 _____
have to do with

B 문장의 빈칸에 알맞은 말을 보기에서 골라 쓰시오.

are subject to	fell short of	capable of
get rid of	for granted	take advantage of

1 His performance _____ our expectations.

2 We take food _____, but it is a luxury for many people.

3 You'd better _____ unwanted items before you move.

4 You should _____ negative reviews of your business.

5 The new radar is _____ detecting targets 100km away.

6 Perceptions are unreliable because the senses _____ errors and illusions.

헷갈리는 혼동어 제대로 알기

1

surpass
ⓥ 능가하다, 뛰어넘다

Cell phones **surpass** personal computers in Internet usage.
휴대 전화는 인터넷 사용량에서 개인용 컴퓨터를 **능가한다**.

surplus
ⓝ 1 잉여, 과잉 2 흑자 ⓐ 잉여의, 과잉의

The state budget will end in a **surplus** this year.
주 예산이 올해에는 **흑자**로 끝날 것이다.

2

proportion
ⓝ 비(比), 비율

The **proportion** of the respondents who chose "It depends" is above 30%.
'상황에 따라 다르다'를 선택한 응답자의 **비율**이 30%를 넘는다.

proposition
ⓝ 1 명제, 진술 2 제안, 제의

Choice theory begins with the **proposition** that our behavior is our choice.
선택 이론은 우리의 행동이 우리의 선택이라는 **명제**로 시작한다.

3

complimentary
ⓐ 1 무료의 2 칭찬의

We offer **complimentary** refreshments to all of our guests.
저희는 모든 고객들께 **무료** 다과를 제공합니다.

complementary
ⓐ 상호 보완적인

Exercise and a healthy diet are **complementary** ways to stay healthy.
운동과 건강한 식단은 건강을 유지하는 데 **서로 보완적인** 방법이다.

4

come up with
(해결책 등을) 생각해 내다, 찾아내다

Children need much more time to **come up with** their responses.
아이들은 자신들의 응답을 **생각해 내는** 데 훨씬 더 많은 시간이 필요하다.

catch up with
~을 따라잡다, ~을 따라가다

Slow down so that I can **catch up with** you.
내가 너를 **따라잡을** 수 있게 속도를 늦춰라

ANSWER KEY

DAILY CHECK-UP

PLAN 1 자연

DAY 1 생태계 · 식물   p. 17

A   1 ecological   2 생태계   3 biological
4 생물 다양성   5 biomass   6 생물권
7 habitat   8 식민지; 군집, 군체   9 intact
10 등장, 출현, 발생   11 threaten
12 (특히 과수의) 꽃; 개화, 만발; 꽃을 피우다
13 floral   14 (풀·나무의) 줄기, 대;
유래하다, 일어나다, 생기다   15 pollen
16 화밀, 꿀   17 이산화탄소
18 sprout   19 시들다, 말라[시들어] 죽다
20 dormant   21 키 작은 나무, 관목
22 perennial   23 해초, 해조
24 fungus

B   1 photosynthesis   2 absorption
3 germinate   4 vegetation
5 penetrate   6 inhabit

DAY 2 동물 · 미생물   p. 23

A   1 reptile   2 초식 동물   3 aquatic
4 영장류   5 위계, 서열, 계층   6 adaptive
7 흉내, 모방   8 coloration   9 동면하다
10 symbiotic   11 (동물이) 우리에 갇힌,
사로잡힌; 포로   12 pack   13 알을 낳다,
산란하다; (물고기, 개구리의) 알   14 hatch
15 번식; 사육   16 reproduction
17 새끼, 자손   18 rear   19 흩어지다;
확산되다   20 caterpillar
21 microorganism   22 복제[복사]하다;
이중의; 복제의   23 rotten
24 부패[부식]하다, 썩다; 부패, 부식

B   1 migrate   2 camouflage
3 decompose   4 dominant
5 Exotic   6 predators

DAY 3 기후와 날씨   p. 29

A   1 climatic   2 기상의, 기상학상의
3 pressure   4 대기의, 기압의; 분위기 있는
5 centigrade   6 강수(량), 강우(량)
7 radiation   8 자외선; 자외선의
9 위도; (특정 위도의) 지방   10 altitude
11 적도   12 tropical
13 온대(성)의; 온화한; 온건한, 절제하는
14 arctic   15 antarctic
16 극지의, 남극[북극]의; 극과 극의[정반대의]
17 continental   18 침식 (작용), 부식
19 canyon   20 terrain
21 해협; 쪼들림, 궁핍   22 peninsula
23 조수의   24 glacier

B   1 marine   2 evaporation
3 currents   4 phenomenon
5 humidity   6 terrestrial

DAY 4 환경과 재해   p. 35

A   1 conserve   2 용량, 수용력; 능력
3 harness   4 대안; 양자택일; 대체의,
대안의; 양자택일의   5 위태롭게 하다,
위험에 빠뜨리다   6 alien   7 삼림 벌채
8 desertification   9 악화되다, 저하되다
10 degradation   11 폐기[처분]하다, 버리다
12 disposable   13 오염 물질   14 landfill
15 오염시키다, (접촉하여) 더럽히다
16 emission   17 정화   18 disastrous
19 큰 재해, 대재앙   20 erupt
21 (정도·강도가) 심해지다, 강해지다
22 devastate   23 파괴, 폭파, 해체
24 casualty

B   1 reclaimed   2 sustainable
3 preserve   4 disrupt
5 invasion   6 extinction

DAY 5 영양 · 식품

p. 41

A 1 nutritious 2 자양분을 주다;
(감정·생각 등을) 키우다 3 malnutrition
4 탄수화물 5 saturated 6 건강에 좋은;
건전한, 유익한; 신중한 7 식사의, 음식의,
식이의 8 edible 9 다과, 가벼운 음식;
원기 회복 10 cuisine 11 요리의, 조리의
12 seasoning 13 intake
14 게걸스럽게 먹다; 집어삼키다 15 texture
16 (맛이) 밍밍한, 특별한 맛이 나지 않는;
단조로운, 특징 없는 17 crisp
18 (음식 따위가) 상한; 신선하지 않은
19 savor 20 미식가 21 refrigerate
22 첨가물, 첨가제 23 ferment
24 만기, 만료; 숨을 내쉼

B 1 substituto 2 flavor
3 ingredients 4 supplement
5 nutrients 6 spoilage

DAILY CHECK-UP

PLAN 2 학문

DAY 6 철학 · 역사

p. 49

A 1 philosophical 2 이론의, 이론적인
3 framework 4 제안, 제의; 명제, 진술
5 premise 6 합리성 7 idealism
8 정립하다, 세우다; 설립하다; 수립하다;
확립하다 9 reasoning 10 이론적 근거[설명]
11 inductive 12 그릇된 생각; 오류
13 presence 14 윤리적인, 도덕상의
15 morality 16 dilemma 17 epoch
18 연대기 19 prehistoric 20 원시의,
원시 시대의 21 medieval 22 제국의,
제국주의의; 황제의 23 causal
24 유적, (역사적) 기념물; 기념비

B 1 hypothesis 2 Arbitrary
3 antiquity 4 paradox
5 existence 6 contemporary

DAY 7 고고학 · 인류학 · 심리학

p. 55

A 1 arch(a)eological 2 인류학 3 artifact
4 발굴하다, 파다 5 indigenous
6 (호주) 원주민의, 토착민의 7 remnant
8 cognitive 9 지각 (작용), 인식, 인지
10 unveil 11 상황적인; 문맥상의,
전후 관계상의 12 motivation
13 자극(물), 자극제 14 persuasive
15 (태도, 의미 등이) 양면적인;
상반되는 감정을 가진
16 instinctive 17 타고난, 선천적인
18 inherent 19 친사회적인
20 assimilate 21 사회화 22 internalize
23 애착, 집착; 부착(물), 접착; 첨부(물)
24 self-esteem

B 1 reinforces 2 manipulate
3 subconscious 4 intuition
5 affection 6 Intrinsic

DAY 8 과학 일반 · 수학 · 생물학

p. 61

A 1 경험적인, 실험상의 2 objective
3 변하기 쉬운, 일정치 않은; 변수
4 constant 5 임시의, 시험적인
6 probe 7 연구하다; 조사하다; 수사하다
8 measurement 9 셈, 산수, 산술; 셈의,
산수의 10 calculate 11 나눗셈; 분할,
분열 12 fraction 13 function
14 수직의, 세로의; 수직선[면]
15 diameter 16 통계(학), 통계 자료
17 확률; 있음직함, 가망; 개연성 18 figure
19 유전(자)의, 유전학적인 20 heredity
21 수정하다, 변경하다; 수식하다
22 botany 23 퇴화하다; 악화되다
24 mutate

B 1 subtract 2 geometric
3 symmetry 4 converge
5 infinite 6 replicate

DAY 13 예술 · 건축 p. 93

A 1 미학의, 미술의; 심미적인 2 appreciate
3 걸작, 명작 4 craftsman
5 (그림·글·영상으로) 묘사하다, 그리다
6 abstract 7 조각품, 조각, 조소
8 perspective 9 composition
10 지휘자; (물리학) 전도체, 도체
11 score 12 (시·곡·연주 등을)
즉흥적으로 하다 13 repertoire
14 동반하다; 반주하다 15 variation
16 불화, 다툼; 불협화음 17 architecture
18 풍경, 경치; 조경하다 19 adjacent
20 통풍, 환기 (장치) 21 renovate
22 꾸미다, 장식하다 23 insulation
24 외부, 외면; 바깥쪽의, 외부의

B 1 Illumination 2 ornaments
3 restoration 4 applause
5 instrument 6 Statue

DAY 14 문화 · 종교 p. 99

A 1 heritage 2 규범, 기준; 표준 3 conform
4 민족성, 민족 의식 5 ritual 6 전파, 확산
7 transition 8 immigrant
9 소수, 소수재[당]; 소수 민족; 미성년
10 stereotype 11 편견, 선입견;
편견을 갖게 하다 12 segregation
13 적응하다; 조절하다, 맞추다 14 tolerate
15 예배(식); 숭배; 예배하다; 숭배하다
16 sermon 17 설교하다, 전도하다
18 congregation 19 신의, 신성의
20 secular 21 불멸의, 불후의
22 foretell 23 순례 여행, 성지 순례
24 missionary

B 1 prophecy 2 Superstitions
3 alienated 4 sacred
5 discriminate 6 prejudice

DAY 15 교육 p. 105

A 1 교육[교과] 과정 2 rigorous
3 의무적인, 필수의 4 secondary
5 수업료, 등록금; 수업, 교습 6 privilege
7 한 학기 8 recess 9 출석, 출근, 참석;
참석자[관객] 수 10 absence
11 수학여행, 소풍, 단체 관광 12 auditorium
13 연속적인, 연이은 14 transfer
15 퇴학시키다; 퇴출시키다, 쫓아내다
16 tedious 17 (4년제 학교·고등학교의)
2학년생 18 major 19 대학생의, 학부생의;
대학생, 학부생 20 diploma 21 박사의,
박사 학위의 22 thesis 23 연구소, 학원;
개설하다, 설립하다 24 faculty

B 1 commences 2 vocational
3 enroll 4 intermediate
5 scholarship 6 disciplines

DAILY CHECK-UP

PLAN 4 경제

DAY 16 1차 산업 p. 113

A 1 agricultural 2 농경의, 농업의
3 irrigation 4 저수지 5 variety
6 노동 집약적인 7 degrade 8 퇴비;
퇴비로 만들다 9 생산하다, 산출하다;
농산물 10 yield 11 익다, 원숙하다
12 organic 13 poultry 14 목장, 사육장
15 range 16 수분[가루받이]하다
17 어업, 수산업; 어장, 양어장 18 culture
19 근절하다, 뿌리 뽑다 20 timber
21 무더기, 더미; (깔끔하게) 쌓다, 포개다
22 mining 23 광물, 광석; 미네랄, 무기질
24 extract

B 1 cultivated 2 depleted
3 domesticated 4 fertilizer
5 exploitation 6 livestock

DAILY CHECK-UP

PLAN 5 사회

DAY 21 통치
p. 145

A 1 군주제, 군주 국가 2 regime
3 치세, 통치, 지배; 군림하다, 지배하다
4 territory 5 경계(선); 한계, 범위
6 founder 7 제도; 기관; 시행, 도입
8 legacy 9 폭정, 폭압; 독재 (정치)
10 dictator 11 탄압, 억압
12 riot 13 무정부 상태 14 chaotic
15 박해 16 refugee 17 추방하다;
망명 (생활); 추방 18 united
19 (경험 많고 존경받는) 정치가 20 office
21 취임시키다, 취임식을 하다 22 appoint
23 지명[추천]된 사람, 후보 24 deputy

B 1 authority 2 liberation
3 betray 4 banish 5 unification
6 governed

DAY 22 입법 · 선거
p. 151

A 1 합법의, 적법의 2 constitution
3 법전, 법규; 규정, 강령; 암호 4 enact
5 수정(안), 개정(안) 6 ban 7 공급, 지급;
조항, 규정 clause 9 법령, 법규
10 precedent 11 선거의, 선거인의
12 district 13 (공개적으로) 지지하다;
보증하다 14 ballot 15 예비의, 준비의;
준비 (행동), 예비 행위 16 constituent
17 의회, 국회 18 parliament 19 대표(자);
(미국) 하원 의원; 대표하는 20 senate
21 안건, 의사일정 22 partisan
23 민주주의의, 민주적인; (미국) 민주당의
24 republican

B 1 session 2 unanimous
3 opposition 4 legislated
5 abolished 6 regulations

DAY 23 사법
p. 157

A 1 사법(권), 재판권 2 justice 3 존엄(성);
품위 4 supreme 5 (청)소년의, 어린
6 observance 7 (법·규칙 등에) 따르다,
응하다 8 liable 9 명령; 의무, 책임;
반드시 해야 하는 10 enforce
11 소송, 고소 12 trial
13 고소하다, 고발하다; 비난하다
14 charge 15 피고; 피고의
16 plaintiff 17 (기소) 검사, 기소자, 검찰관
18 attorney 19 sentence
20 (배심원의) 평결; 판단, 의견 21 petition
22 ~의 유죄를 입증[선고]하다; 죄인, 죄수
23 appeal 24 뇌물 수수 (행위)

B 1 mandatory 2 penalty 3 abide
4 obligation 5 testimony
6 accountable

DAY 24 행정 · 치안
p. 163

A 1 (정부의) 내각; 캐비닛, 보관장 2 secretary
3 자치 도시의, 지방 자치의 4 ministry
5 군 (주 아래의 행정 구획) 6 province
7 (지방) 의회; 평의회 8 bureau
9 (특허권 등의) 침해, (법규의) 위반, 위배
10 criminal 11 심문하다, 추궁하다
12 homicide 13 인질, 볼모 14 corrupt
15 밀반입[출]하다, 밀수하다 16 burglary
17 theft 18 사기, 협잡 19 harassment
20 교외의, 근교의 21 urbanization
22 대도시의; 수도(권)의 23 detective
24 투옥하다, 수감하다

B 1 offense 2 administration
3 intrude 4 suspect
5 autonomy 6 federal

DAY 29 상황적 특성
p. 195

A 1 끈질긴; 지속적인, 계속적인 2 continuity 3 영구적인, 불변의 4 eternal 5 영속하는, 끊임없는 6 stability 7 보편적인; 전 세계적인 8 ubiquitous 9 즉각적인, 즉시의; 순간의 10 mobility 11 오르내리다, 변동하다 12 occasional 13 막연함, 애매함, 어렴풋함 14 obscure 15 죽다; 멸망하다 16 alternate 17 ongoing 18 번영하다, 번창하다, 번성하다 19 번성하다, 번창하다; 잘 자라다 20 proliferate 21 공공연한, 명백한 22 compelling 23 눈에 잘 띄는, 잘 보이는; 두드러진, 현저한 24 spontaneous

B 1 flourished 2 consistent 3 ambiguous 4 simultaneous 5 Vigorous 6 Equilibrium

DAY 30 양상
p. 201

A 1 장대한, 웅장한 2 splendid 3 기이한, 놀라운; 비상한, 비범한 4 salient 5 brilliant 6 복잡한 7 복잡한, 뒤얽힌 8 elaborate 9 간결한, 간명한 10 succinct 11 정확(도), 정밀(도) 12 coherent 13 철저한, 완전한 14 specific 15 특이한, 독특한 16 sheer 17 우스꽝스러운, 터무니없는 18 abrupt 19 외부의, 밖의 20 internal 21 지대한, 엄청난; 깊은, 심오한 22 superior 23 정교한, 절묘한; 매우 아름다운 24 crude

B 1 shallow 2 sophisticated 3 absurdity 4 precision 5 spectacle 6 inferior

PLAN 7 판단

DAY 31 태도 · 자세
p. 209

A 1 enthusiastic 2 성실한, 착실한 3 conscientious 4 신중한, 조심성 있는 5 punctual 6 꼼꼼한, 세심한 7 alert 8 경계하는, 조심성 있는 9 cautious 10 신중한, 분별 있는 11 pragmatic 12 주의를 기울이는; 경청하는 13 compassion 14 공감, 감정 이입 15 altruistic 16 tolerant 17 충심 어린; 따뜻한 18 courteous 19 품위, 고상, 예의 바름 20 arrogant 21 자랑하는, 허풍 떠는 22 radical 23 반항적인, 다루기 힘든 24 subjective

B 1 precautions 2 impartial 3 Candid 4 Authoritative 5 defiant 6 passionate

DAY 32 성격 · 성향
p. 215

A 1 inclination 2 경향, 성향; 추세 3 덕망 높은, 고결한 4 integrity 5 올바른, 정직한 6 genuine 7 술에 취하지 않은, 맑은 정신의; 냉철한, 진지한 8 benevolent 9 자비로운, 인정 많은 10 amicable 11 사교적인, 붙임성이 있는 12 outgoing 13 내향적[내성적]인 사람 14 extrovert 15 말수가 적은, 내성적인; 예약된 16 stubborn 17 비겁한, 소심한 18 indecisive 19 장난기 어린, 장난기 있는; 악의적인 20 easygoing 21 낙관적인, 낙천적인 22 pessimistic 23 제정신이 아닌, 어리석은 24 eccentric

B 1 sincerity 2 generosity 3 reckless 4 timidity 5 negligent 6 passive

DAILY CHECK-UP

B 1 assess 2 inferences 3 discern
4 integrate 5 induction 6 distract

DAY 37 인지 영역 p. 247

A 1 지적인, 지능의 2 foster 3 촉진하다,
조장하다; 용이하게 하다 4 intrigue
5 노력하다, 애쓰다; 노력, 시도 6 trigger
7 classification 8 특성, 특징, 특색
9 characteristic 10 구별, 차이; 특성, 특질
11 consistency 12 일반화 13 associate
14 연속, 연쇄; 순서, 차례 15 subsequent
16 단순화하다 17 개념, 관념 18 signify
19 정의 20 document 21 방해하다;
막다, 차단하다 22 contradiction
23 환영, 착각, 환상 24 delusion

B 1 Suspicion 2 impede
3 analytical 4 obsessed
5 aptitudes 6 clarify

DAY 38 평가 p. 253

A 1 indispensable 2 피할 수 없는, 필연적인
3 momentous 4 없어서는 안될, 필수의
5 pivotal 6 지극히 중요한; 생기 넘치는;
생명의 7 fundamental 8 주요한, 제1의;
교장 9 궁극적인, 최후의, 최종의 10 critical
11 매우 귀중한, 값을 헤아릴 수 없는
12 trifling 13 중요하지 않은, 미미한;
가장자리의, 주변적인 14 futile
15 유해한, 불리한 16 incidental
17 양립할 수 있는, 모순되지 않는 18 viable
19 상당하는, 필적하는, 비교되는
20 plausible 21 manifest
22 근원적인, 기초가 되는 23 explicit
24 암시적인, 은연중의

B 1 relevance 2 implication 3 crucial
4 adverse 5 trivial 6 requisite

DAY 39 상호 작용 p. 259

A 1 상호의, 서로의 2 influential
3 알리다, 통지하다 4 (o)versee
5 조정하다; 편성하다; 동등한
6 exert 7 (진실임을) 증명하다, 입증하다
8 certify 9 증언하다; 증명하다,
입증하다 10 enlighten
11 (사상·감정 등을) 구체화하다, 구현하다
12 empower 13 협업하다, 합작하다
14 compromise 15 칭찬, 경의; 칭찬하다
16 commemorate 17 중재하다; 매개하다
18 exclude 19 억제하다; 방해[방지]하다
20 interfere 21 방해하다, 훼방하다
22 confine 23 제지하다; 억제하다,
억누르다 24 constrain

B 1 validate 2 intervened
3 prohibition 4 instruction
5 credit 6 supervise

DAY 40 언어 소통 p. 265

A 1 dispute 2 힐난하다, 나무라다
3 denounce 4 emphasize 5 강조하다;
밑줄을 긋다 6 강조하다; 눈에 띄게 하다;
가장 중요한 부분 7 underestimate
8 왜곡, 비틀기 9 overstate 10 빠뜨리다,
생략하다 11 bypass 12 proclaim
13 선언(서); (세관·세무서의) 신고(서)
14 swear 15 탄성을 지르다; 소리치다,
외치다 16 acknowledge
17 언급; 주목; 언급하다, 말하다
18 state 19 말하다, 발언하다; 완전한
20 abstain 21 언급; 참고, 참조
22 inquiry 23 유혹적인, 부추기는
24 interrupt

B 1 straightforward 2 disclosed
3 notified 4 denial 5 exaggerations
6 controversial

DAILY CHECK-UP

PLAN 9 인간

DAY 41 인생
p. 273

A 1 성숙, 완숙 2 phase 3 임신
4 newborn 5 유아기; (발달의) 초창기
6 sibling 7 사춘기 8 anniversary
9 매장, 매장식 10 mourn 11 사망한,
고인의 12 console 13 신분(증);
신원 (확인); 일체화, 동일시 14 widow
15 잇따라 일어남, 연속; 계승(권), 상속(권)
16 longevity 17 공동의, 공공의
18 affiliation 19 상호의, 호혜적인
20 setback 21 기근, 식량 부족; 굶주림
22 undergo 23 회복력 24 milestone

B 1 inherited 2 Grief 3 destiny
4 descendants 5 adversity
6 adolescence

DAY 42 신체 · 행위
p. 279

A 1 청각의, 청각 기관의, 귀의 2 optical
3 (추위 등으로) 감각을 잃은; 마비시키다
4 itchy 5 졸리는, 꾸벅꾸벅 조는
6 yawn 7 얼굴을 붉히다; 부끄러워하다
8 muscular 9 코를 골다; 코골이,
코 고는 소리 10 sneeze 11 질식시키다;
숨이 막히다 12 질식사하다; 질식시키다;
숨이 막히다 13 inhale 14 얼핏 봄, 일별;
얼핏 보다 15 빤히 쳐다보다, 응시하다; 응시
16 glare 17 붙잡다, 붙들다;
(의미를) 파악하다, 이해하다 18 grasp
19 포착하다; 포획하다 20 squeeze
21 기다, 포복하다; 기어가기, 서행 22 juggle
23 웅크리다; 웅크림 24 pound

B 1 stumbled 2 plunged
3 shivered 4 embrace
5 glance 6 sensory

DAY 43 건강 · 의학 1
p. 285

A 1 clinical 2 (진찰 · 방문의) 예약, 약속; 임명,
지명 3 discomfort 4 발진, 뾰루지
5 swollen 6 노여움, 짜증; 염증
7 inflammation 8 (가볍거나 만성적인) 병;
불쾌 9 surgery 10 치료의, 치료법의
11 remedy 12 주사; 주입
13 radioactive 14 입원시키다
15 sustain 16 재활, 회복 17 medication
18 제약(학)의, 약사의 19 medicinal
20 (약의 1회분) 복용[투약]량; 투약
21 prescription 22 항생제, 항생 물질;
항생제의, 항생 물질의 23 placebo
24 진압하다; (감정 등을) 참다[억누르다];
억제하다

B 1 sprained 2 diagnosis
3 discharged 4 alleviate
5 transplant 6 tumor

DAY 44 건강 · 의학 2
p. 291

A 1 괴롭히다, 피해를 입히다 2 impair
3 진전; 진행 4 syndrome
5 알레르기가 있는; 알레르기(성)의 6 cavity
7 당뇨병 8 obesity 9 골절; 부러뜨리다,
골절하다 10 insomnia 11 천식
12 hypertension 13 disorder
14 비정상적인, 불규칙한 15 deformity
16 기능 불량; 제대로 작동하지 않다
17 면역, 면역성 18 antibody
19 예방 접종 20 hygiene
21 유행하는, 성행하는; 우세한, 주된
22 infection 23 (접촉) 전염성의
24 incurable

B 1 incidence 2 chronic
3 epidemic 4 paralysis
5 sanitary 6 outbreak

DAY 45 건강 · 의학 3 p. 297

A 1 physiological　2 물질[신진]대사
3 digestion　4 (음식물) 섭취　5 enzyme
6 분비샘　7 secrete　8 침을 흘리다,
침이 나오다　9 artery　10 척추의;
등뼈의, (어류) 가시의　11 intestine
12 망막　13 vessel　14 세포의;
무선[휴대] 전화의　15 정신 의학;
정신병 치료법　16 neurological
17 공포증, 병적 공포　18 cosmetic
19 배달, 납품; 분만, 해산; 연설, 강연
20 abortion　21 fatality　22 굶주림, 기아
23 terminal　24 해부학, 해부학적 구조

B 1 respiratory　2 abdominal
3 complication　4 mortality
5 affective　6 amnesia

DAILY CHECK-UP

PLAN 10 수능 Path

DAY 46 심경 · 분위기 p. 305

A 1 anticipate　2 굉장히 아름다운[멋진];
깜짝 놀라게 하는　3 astonish　4 감사,
고마움　5 sympathetic　6 침착한, 차분한
7 relieve　8 distress　9 당혹스럽게 하다;
수수께끼, 퍼즐　10 perplex　11 분개한,
분해하는　12 indifference　13 슬픔에 찬,
비탄에 잠긴　14 frustrate　15 후회하는;
유감으로 생각하는　16 침울한, 우울한;
불황의; 내리눌린　17 bewilder
18 절망적인; 필사적인, 절박한
19 discouraged　20 부러워하는, 시샘하는
21 pastoral　22 한가로운, 여유 있는
23 solitary　24 우울한; 우울증의

B 1 apologetic　2 urgent
3 overwhelmed　4 monotonous
5 outrages　6 Jealousy

DAY 47 실용문 · 도표 p. 311

A 1 annual　2 경연[대회] 참가자
3 enrollment　4 경쟁; 대회, 경기
5 entry　6 ~비, 요금, 수수료
7 advance　8 (~할) 자격이 있는; 적임의
9 수여하다, (상을) 주다; (부상이 딸린) 상
10 admission　11 무료의; 칭찬의
12 requirement　13 부문, 범주
14 criterion　15 soar
16 증가; 성장　17 decline
18 극적으로, 눈부시게　19 triple
20 선별된, 선택된　21 respondent
22 대응하는 사람[것], 상대　23 relatively
24 추정(치), 예상; 투사; 돌출부

B 1 Registration　2 surpass
3 respectively　4 proportion
5 Submissions　6 steep

DAY 48 구동사 1 p. 317

A 1 ~을 요구하다, ~을 필요로 하다
2 compensate for　3 ~에 기대다
[의지하다]　4 draw on / upon
5 ~을 깊이[곰곰이] 생각하다　6 consist of
7 ~에 찬성하다, ~을 승인하다　8 engage in
9 ~을 다루다; ~을 처리하다　10 cope with
11 대기하다　12 run into
13 ~을 파악하다, 알아내다　14 put out
15 ~을 지적[언급]하다　16 turn out
17 ~을 작성하다　18 give off
19 ~을 해고하다　20 put aside
21 ~를 차에 태우다; ~을 찾아오다;
(습관을) 들이다　22 bring about
23 ~을 극복하다　24 throw away

B 1 do without　2 go through
3 turn down　4 took on
5 stands for　6 dispose of

DAY 49 구동사 2 p. 323

A
1 잠깐 들르다, 불시에 찾아가다
2 break down   3 계속하다; 계속 가다
4 pass away   5 깨어 있다, 자지 않다
6 break up   7 ~을 따라잡다, ~을 따라가다
8 come up with   9 ~을 버리다, 처분하다
10 get along with   11 ~에 착수하다
12 put up with   13 ~을 다 써버리다
14 stand up for   15 ~를 존경하다,
~를 우러러보다   16 hold on to
17 A를 B로 전환하다[바꾸다]
18 deprive *A* of *B*   19 A를 B와 교환하다
20 regard *A* as *B*   21 A를 B에게 부과하다
22 furnish *A* with *B*
23 A에게 B를 상기시키다
24 prefer *A* to *B*

B
1 make up for   2 is equipped with
3 look down on   4 live up to
5 come down with
6 was named after

DAY 50 숙어·관용구 p. 329

A
1 be about to *do*   2 ~하기 쉽다,
~할 가능성이 있다   3 be supposed to *do*
4 ~할 수밖에 없다, ~하게 되어 있다
5 be obliged to *do*   6 at the cost of
7 ~에 따라, ~에 부합되게
8 for the sake of   9 ~ 때문에
10 on behalf of
11 ~ 면에서, ~의 견지에서   12 in spite of
13 have difficulty (in) -*ing*
14 ~에 방해가 되다   15 have a way with
16 ~와 관계가 있다
17 be accustomed to
18 ~을 알다, ~을 알아차리다
19 결코 ~이 아닌   20 with a view to
21 ~에 관한 한   22 in the face of
23 어느 것에도[아무에게도] 뒤지지 않는
24 by accident

B
1 fell short of   2 for granted
3 get rid of   4 take advantage of
5 capable of   6 are subject to

INDEX

attendance	102	bombard	167	certificate	124
attendant	136	botany	60	certify	255
attentive	206	boundary	141	chaotic	142
attorney	155	break down	318	character	77
attraction	135	break up	319	characteristic	243
attribute	238	breakthrough	72	charge	155
auditorium	102	breeding	21	choke	276
auditory	274	bribery	156	chronic	286
authoritative	208	brilliant	197	chronicle	47
authority	144	bring about	316	circuit	72
automation	117	brittle	184	circulation	116
autonomy	159	brutality	220	cite	79
award	308	buoyancy	64	clarify	245
		bureau	159	classification	243
B		burglary	161	clause	147
		burial	269	cliché	79
ballot	150	by accident	328	climatic	24
ban	147	by no means	328	clinical	280
banish	143	bypass	262	clumsy	224
bankruptcy	122			code	146
barbaric	220	**C**		cognitive	51
barrier	114			coherent	198
be about to *do*	324	cabinet	158	cohesive	185
be accustomed to	327	calculate	57	coincidence	188
be aware of	327	call for	312	collaborate	256
be bound to *do*	324	camouflage	19	colony	13
be capable of	327	cancellation	134	coloration	19
be likely to *do*	324	candid	204	combustion	70
be obliged to *do*	324	canyon	27	come down with	319
be subject to	327	capacity	30	come up with	319
be supposed to *do*	324	captive	20	commemorate	257
belongings	136	capture	277	commence	102
benevolent	211	carbohydrate	36	commercial	123
betray	142	carbon dioxide	15	commission	124
bewilder	303	carry on	318	commitment	225
bias	95	casualty	34	commodity	118
bilingual	83	catastrophe	34	communal	271
biodiversity	12	catch up with	319	comparable	252
biological	12	category	308	compartment	136
biomass	12	caterpillar	22	compassion	206
biosphere	13	causal	48	compatible	251
bland	39	cautious	205	compelling	194
blossom	14	cavity	287	compensate for	312
blur	186	celestial	62	competence	83
blush	275	cellular	294	competition	306
boastful	208	centigrade	25		

resolution	165	savor	39	sneeze	276
resourceful	224	scarce	176	snore	275
respectively	310	scholarship	101	soar	309
respiratory	293	scope	178	sober	211
respondent	310	score	90	sociable	212
restoration	89	sculpture	89	socialization	54
restrain	258	seasoning	38	solicit	225
retention	123	seaweed	16	solitary	304
retina	294	second to none	328	soluble	68
retirement	128	secondary	100	sophisticated	197
retreat	168	secretary	158	sophomore	103
retrieve	70	secrete	293	sorrowful	302
retrospect	237	sector	114	sovereignty	165
revenue	122	secular	98	spacious	179
revise	86	security	165	sparse	176
revolution	63	segregation	96	spatial	64
rhetorical	78	seize	277	spawn	21
rhyme	76	selected	310	specific	198
ridiculous	199	self-esteem	54	spectacle	196
righteous	211	semester	101	speculate	123
rigidity	185	senate	148	spinal	293
rigorous	100	sensitivity	219	splendid	196
riot	142	sensory	274	spoilage	40
ripen	110	sentence	155	spontaneous	194
ritual	94	sentimental	219	sprain	281
rivalry	166	separation	237	sprout	15
robust	180	sequence	244	squeeze	278
rotation	63	sermon	97	stability	191
rotten	22	session	148	stack	112
royalty	115	setback	272	stagnant	188
run into	314	shallow	200	stale	39
run out of	320	sheer	199	stand by	314
ruthless	220	shipment	132	stand for	312
		shiver	275	stand up for	320
		shrink	182	stare	277
S		shrub	16	starvation	296
		sibling	269	state	263
sacred	98	signify	245	state-of-the-art	71
salient	196	simplify	244	statesman	143
salivate	293	simultaneous	194	static	188
sanction	165	sincerity	210	stationary	188
sanitary	289	skeptical	231	statistics	59
sarcasm	78	skyrocket	115	statue	89
satellite	63	slippery	185	statute	148
satire	78	smuggle	161	stay up	318
saturated	37				
savage	220				

확장판

나만의 주제별 영단어 학습 플래너

VOCA PLANNER

수능 **필수**

신문섭 · 안세정 · 황우연

Workbook

DARAKWON

누적 테스트

★ 빈칸에 알맞은 우리말 뜻 또는 영어를 쓰시오.

1	blossom	_____	16	파충류 _____
2	rotten	_____	17	살다; 서식하다 _____
3	colony	_____	18	새끼, 자손 _____
4	penetrate	_____	19	알을 낳다; 알 _____
5	adaptive	_____	20	영장류 _____
6	intact	_____	21	휴면하는 _____
7	hatch	_____	22	한 무리[떼]; 묶다 _____
8	emergence	_____	23	부패하다; 부식 _____
9	disperse	_____	24	위장(하다) _____
10	pollen	_____	25	시들다, 말라 죽다 _____
11	habitat	_____	26	우리에 갇힌; 포로 _____
12	herbivore	_____	27	흡수; 몰두, 열중 _____
13	vegetation	_____	28	광합성 _____
14	germinate	_____	29	미생물 _____
15	stem	_____	30	복제하다; 복제의 _____

1	glacier	_____	16	천연색 _____
2	latitude	_____	17	번식; 복제(품) _____
3	hierarchy	_____	18	포식자, 육식 동물 _____
4	rear	_____	19	습기, 습도 _____
5	polar	_____	20	해협; 쪼들림 _____
6	mimicry	_____	21	섭씨의 _____
7	terrestrial	_____	22	동면하다 _____
8	precipitation	_____	23	압력(을 가하다) _____
9	aquatic	_____	24	침식 (작용), 부식 _____
10	dominant	_____	25	분해시키다 _____
11	exotic	_____	26	증발, 발산 _____
12	equator	_____	27	공생의, 공생하는 _____
13	atmospheric	_____	28	이동하다; 이주하다 _____
14	altitude	_____	29	유충, 애벌레 _____
15	breeding	_____	30	해양의, 바다의 _____

DAYS 3-4

1	emission	_____
2	climatic	_____
3	tropical	_____
4	terrain	_____
5	deteriorate	_____
6	continental	_____
7	meteorological	_____
8	pollutant	_____
9	deforestation	_____
10	peninsula	_____
11	discard	_____
12	degradation	_____
13	ultraviolet	_____
14	antarctic	_____
15	arctic	_____
16	해류; 경향; 최근의	_____
17	재해를 초래하는	_____
18	큰 재해, 대재앙	_____
19	대안(의); 양자택일(의)	_____
20	보존하다; 절약하다	_____
21	멸종, 소멸	_____
22	현상	_____
23	심해지다, 강해지다	_____
24	사막화	_____
25	위험에 빠뜨리다	_____
26	협곡	_____
27	조수의	_____
28	보전하다; 자연 보호 구역	_____
29	온대(성)의; 온화한	_____
30	방사(선), 복사(열)	_____

DAYS 4-5

1	devastate	_____
2	casualty	_____
3	reclaim	_____
4	stale	_____
5	landfill	_____
6	flavor	_____
7	ferment	_____
8	supplement	_____
9	culinary	_____
10	erupt	_____
11	saturated	_____
12	sustainable	_____
13	nutritious	_____
14	disrupt	_____
15	demolition	_____
16	일회용의	_____
17	영양실조, 영양 부족	_____
18	미식가	_____
19	외래의, 이국의; 외계인	_____
20	정화	_____
21	침입; 침해	_____
22	탄수화물	_____
23	오염시키다, 더럽히다	_____
24	게걸스럽게 먹다	_____
25	자양분을 주다; 키우다	_____
26	맛, 풍미; 맛보다	_____
27	이용하다, 동력화하다	_____
28	부패, 손상	_____
29	첨가물, 첨가제	_____
30	용량, 수용력; 능력	_____

★ 빈칸에 알맞은 우리말 뜻 또는 영어를 쓰시오.

1	dietary	_____	16	제국의; 황제의	_____
2	monument	_____	17	만기; 숨을 내쉼	_____
3	epoch	_____	18	영양소, 영양분	_____
4	bland	_____	19	역설, 패러독스	_____
5	cuisine	_____	20	섭취(량)	_____
6	establish	_____	21	유사 이전의	_____
7	substitute	_____	22	냉장하다, 냉동하다	_____
8	causal	_____	23	이론의, 이론적인	_____
9	rationale	_____	24	추론, 추리, 논법	_____
10	medieval	_____	25	고대; (고대) 유물	_____
11	ingredient	_____	26	직물; 식감, 질감	_____
12	idealism	_____	27	건강에 좋은; 건전한	_____
13	refreshment	_____	28	윤리적인, 도덕상의	_____
14	fallacy	_____	29	조미(료), 양념	_____
15	crisp	_____	30	식용의	_____

1	arbitrary	_____	16	자긍심, 자존감	_____
2	presence	_____	17	합리성	_____
3	framework	_____	18	본능적인, 직감적인	_____
4	internalize	_____	19	양면적인	_____
5	assimilate	_____	20	직관(력), 직감	_____
6	contemporary	_____	21	가설, 가정	_____
7	intrinsic	_____	22	원주민의, 토착민의	_____
8	excavate	_____	23	인류학	_____
9	artifact	_____	24	전제	_____
10	proposition	_____	25	토착의, 원산의	_____
11	morality	_____	26	철학의, 철학적인	_____
12	chronicle	_____	27	존재, 실존, 현존	_____
13	motivation	_____	28	고고학의	_____
14	stimulus	_____	29	진퇴양난, 궁지	_____
15	inductive	_____	30	원시의, 원시 시대의	_____

DAYS 7-8 맞은 개수 / 30

1	remnant		16	수직의; 수직선
2	inherent		17	지름, 직경
3	persuasive		18	조사(하다); 탐사하다
4	innate		19	상황적인; 문맥상의
5	mutate		20	객관적인; 목적
6	genetic		21	조종하다, 조작하다
7	cognitive		22	강화하다, 보강하다
8	investigate		23	지각 (작용), 인식
9	calculate		24	친사회적인
10	attachment		25	나눗셈; 분할
11	empirical		26	밝히다, 베일을 벗기다
12	tentative		27	확률; 가망; 개연성
13	subconscious		28	(형질) 유전
14	converge		29	숫자; 도형; 생각하다
15	affection		30	사회화

DAYS 8-9 맞은 개수 / 30

1	statistics		16	지질학의; 지질의
2	refract		17	식물학
3	arithmetic		18	기하학의
4	accelerate		19	퇴화하다; 악화되다
5	expansion		20	기능; 함수; 기능하다
6	thrust		21	입자, 미립자
7	infinite		22	(수학) 분수; 조각
8	measurement		23	모사하다, 복제하다
9	subtract		24	변하지 않는; 상수
10	ascent		25	대칭
11	constellation		26	진공; 공백
12	variable		27	혁명; 공전; 회전
13	frequency		28	천문학의; 천문학적인
14	satellite		29	하늘의; 천체의
15	temporal		30	수정하다; 수식하다

★ 빈칸에 알맞은 우리말 뜻 또는 영어를 쓰시오.

1	extraterrestrial	___	16	진동, 떨림	___
2	equation	___	17	전기 제품[기구]	___
3	observatory	___	18	융합; 결합	___
4	submerge	___	19	응결되다; 농축하다	___
5	reliability	___	20	상호 작용하는	___
6	feature	___	21	합성의, 인조의	___
7	compile	___	22	획기적인 발전, 약진	___
8	friction	___	23	부력	___
9	fossilize	___	24	수축; (병에) 걸림	___
10	gravitation	___	25	하강; 하산; 혈통	___
11	state-of-the-art	___	26	익명(성)	___
12	velocity	___	27	독성의, 유독한	___
13	spatial	___	28	궤도(를 돌다)	___
14	configuration	___	29	자전; 회전; 교대	___
15	compress	___	30	용해되다; 용해시키다	___

1	verse	___	16	분자	___
2	translate	___	17	수사적인, 수사학의	___
3	lyric	___	18	생성하다; 발생시키다	___
4	encode	___	19	연소; 산화	___
5	personify	___	20	매달다; 중지하다	___
6	protagonist	___	21	이야기(의)	___
7	soluble	___	22	은유	___
8	circuit	___	23	풍자, 빈정거림	___
9	retrieve	___	24	문학; 문헌	___
10	entitle	___	25	인공의, 인위적인	___
11	memoir	___	26	특허(권); ~의 특허를 얻다	___
12	cliché	___	27	집중; 농도	___
13	compound	___	28	식, 공식	___
14	apparatus	___	29	비유적인; 수식이 많은	___
15	preface	___	30	삭제하다, 지우다	___

DAYS 11-12   맞은 개수 / 30

1	copyright	_____	16	어조; 분위기; 음색	_____
2	symbolic	_____	17	개정하다; 바꾸다	_____
3	proficiency	_____	18	요약, 개요; 요약한	_____
4	satire	_____	19	직감[직관]에 의한	_____
5	rhyme	_____	20	해석하다; 통역하다	_____
6	anecdote	_____	21	인용, 인용구[문]	_____
7	draft	_____	22	인용하다, (예를) 들다	_____
8	plot	_____	23	출판(물); 발표	_____
9	linguistic	_____	24	억양	_____
10	proofread	_____	25	리허설, 예행 연습	_____
11	theatrical	_____	26	사투리, 방언	_____
12	character	_____	27	글자 그대로의	_____
13	mythology	_____	28	아이러니하게도	_____
14	passage	_____	29	이해, 이해력	_____
15	fluent	_____	30	능력; 적성	_____

DAYS 12-13   맞은 개수 / 30

1	subscribe	_____	16	용어; 임기; 조건	_____
2	masterpiece	_____	17	원고, 필사본	_____
3	sculpture	_____	18	통풍, 환기 (장치)	_____
4	instrument	_____	19	극작가, 각본가	_____
5	adaptation	_____	20	독백(극), 1인극	_____
6	pronunciation	_____	21	2개 국어를 사용하는	_____
7	architecture	_____	22	연주[노래] 목록	_____
8	animate	_____	23	추상적인; 추상화; 개요	_____
9	illumination	_____	24	(서적) 판	_____
10	statue	_____	25	진가를 알아보다, 감상하다	_____
11	idiom	_____	26	읽고 쓰는 능력	_____
12	synonym	_____	27	새로 단장하다, 보수하다	_____
13	tragedy	_____	28	음성의, 음성학의	_____
14	adorn	_____	29	동반하다; 반주하다	_____
15	adjacent	_____	30	시야; 원근(화)법	_____

★ 빈칸에 알맞은 우리말 뜻 또는 영어를 쓰시오.

1	immigrant	_____	16	묘사하다, 그리다	_____
2	ethnicity	_____	17	용인하다; 참다	_____
3	craftsman	_____	18	외부; 바깥쪽의	_____
4	immortal	_____	19	차별하다; 구별하다	_____
5	bias	_____	20	인종 차별 (대우)	_____
6	adjust	_____	21	꾸밈, 장식(품)	_____
7	score	_____	22	절연, 단열, 방음	_____
8	foretell	_____	23	이행, 변천; 과도기	_____
9	discord	_____	24	설교	_____
10	improvise	_____	25	구성; 작곡; 작품	_____
11	preach	_____	26	미학의; 심미적인	_____
12	landscape	_____	27	전파, 확산	_____
13	conductor	_____	28	소수; 소수 민족	_____
14	variation	_____	29	세속의; 비종교적인	_____
15	restoration	_____	30	박수갈채; 칭찬	_____

1	faculty	_____	16	신의, 신성의	_____
2	missionary	_____	17	한 학기	_____
3	worship	_____	18	신도들; 모임	_____
4	superstition	_____	19	결석, 결근; 부재	_____
5	excursion	_____	20	순례 여행	_____
6	alienate	_____	21	지루한, 싫증나는	_____
7	ritual	_____	22	예언; 예언력	_____
8	sophomore	_____	23	신성한, 성스러운	_____
9	rigorous	_____	24	규범, 기준; 표준	_____
10	stereotype	_____	25	의무적인, 필수의	_____
11	heritage	_____	26	전공하다; 전공 (과목)	_____
12	consecutive	_____	27	편견(을 갖게 하다)	_____
13	commence	_____	28	졸업장, 졸업 증서	_____
14	thesis	_____	29	교육[교과] 과정	_____
15	conform	_____	30	중급의; 중간의	_____

DAYS 15-16 맞은 개수 / 30

1	recess		16	퇴학시키다; 퇴출시키다
2	domesticate		17	목장, 사육장
3	cultivate		18	농업의, 농경의
4	deplete		19	직업(상)의
5	discipline		20	대학생(의), 학부생(의)
6	agrarian		21	강당, 대형 강의실
7	privilege		22	다양성; (농업) 품종
8	extract		23	장학금; 학문, 학식
9	secondary		24	이용, 개발; 착취
10	institute		25	입학하다; 등록시키다
11	yield		26	옮기다; 전학(하다)
12	labor-intensive		27	비하하다; 분해되다
13	tuition		28	퇴비(로 만들다)
14	doctoral		29	생산하다; 농산물
15	attendance		30	범위; 산맥; 이르다

DAYS 16-17 맞은 개수 / 30

1	ripen		16	(품질) 보증(서)
2	sector		17	광물, 광석; 무기질
3	monetary		18	수분[가루받이]하다
4	poultry		19	유지, 보수, 관리
5	installation		20	저수지
6	construction		21	통화 수축, 물가 하락
7	culture		22	국고의; 재정상의
8	mining		23	목재
9	distribute		24	비료
10	gross		25	조립; 집회; 의회
11	incentive		26	원형, 기본형; 견본
12	organic		27	가축(류)
13	fishery		28	자동화
14	eradicate		29	무더기, 더미; 포개다
15	guarantee		30	물을 댐, 관개

★ 빈칸에 알맞은 우리말 뜻 또는 영어를 쓰시오.

1	royalty	_____	16	창고; 창고형 상점	_____
2	corporation	_____	17	추측하다; 투기하다	_____
3	publicize	_____	18	통화, 화폐	_____
4	circulation	_____	19	다양화하다, 다각화하다	_____
5	enterprise	_____	20	독점, 전매	_____
6	commodity	_____	21	실업	_____
7	recession	_____	22	노동 인구, 노동력	_____
8	merger	_____	23	이행하다, 완수하다	_____
9	inspection	_____	24	급상승하다, 치솟다	_____
10	stockholder	_____	25	자산, 재산	_____
11	merchant	_____	26	수익, 소득; 세입	_____
12	inventory	_____	27	도매(의)	_____
13	merchandise	_____	28	결함이 있는	_____
14	privatize	_____	29	관세	_____
15	domestic	_____	30	장벽, 장애(물)	_____

1	release	_____	16	중역(의); 집행의	_____
2	wage	_____	17	채무 불이행; 초기값	_____
3	implement	_____	18	재산, 자산; 특성	_____
4	commercial	_____	19	최적화하다	_____
5	lease	_____	20	예치[예금]하다; 예금	_____
6	commission	_____	21	채용하다; 신입 사원	_____
7	tactics	_____	22	주식회사의, 법인 조직의	_____
8	profitable	_____	23	전 직원; 인사과	_____
9	promotion	_____	24	수당; 용돈	_____
10	estate	_____	25	부, 부서; 학부	_____
11	union	_____	26	보유, 유지	_____
12	utility	_____	27	사임하다, 그만두다	_____
13	pension	_____	28	증명서, 증서	_____
14	bankruptcy	_____	29	퇴직, 은퇴	_____
15	headquarters	_____	30	회계, 회계학	_____

DAYS 19-20

맞은 개수 / 30

1	recipient	16	끌림; (관광) 명소; 매력
2	itinerary	17	통행료; 사상자 수
3	layoff	18	편의 시설[설비]
4	expenditure	19	담보, 저당, 융자
5	coverage	20	서두름, 급함
6	subordinate	21	할부; 할부금
7	efficiency	22	지원자, 신청자
8	termination	23	노점상, 행상인
9	duty-free	24	보험; 보험 계약
10	maternity	25	쫓아내다; 대신하다
11	belongings	26	혼잡, 정체, 밀집
12	withdraw	27	수반하다
13	transaction	28	목적지, 행선지
14	subsidy	29	늘이다, 연장하다
15	pervade	30	취소; 해제

DAYS 20-21

맞은 개수 / 30

1	appoint	16	급파(하다); 발송(하다)
2	institution	17	정권; 제도
3	infrastructure	18	출발, 떠남
4	embark	19	난민; 망명자
5	transit	20	배정하다, 할당하다
6	betray	21	취임시키다, 취임식을 하다
7	shipment	22	구획, 칸막이
8	attendant	23	연합한, 단결된
9	anarchy	24	비용, 지출
10	freight	25	교차로, 교차점
11	confirm	26	관직; 지위; 직무
12	oppression	27	난기류
13	dictator	28	혼돈된, 무질서한
14	nominee	29	추방하다; 망명 (생활)
15	accommodation	30	폭동(을 일으키다)

★ 빈칸에 알맞은 우리말 뜻 또는 영어를 쓰시오.

DAYS 21-22　　　　　　　　　　　　　　　맞은 개수　 / 30

1　democratic　＿＿＿＿＿＿　　16　지지하다; 보증하다　＿＿＿＿＿＿
2　constituent　＿＿＿＿＿＿　　17　폭정; 독재 (정치)　＿＿＿＿＿＿
3　representative　＿＿＿＿＿＿　　18　유산, 이어받은 것　＿＿＿＿＿＿
4　boundary　＿＿＿＿＿＿　　19　예비의; 준비 (행동)　＿＿＿＿＿＿
5　agenda　＿＿＿＿＿＿　　20　법령, 법규　＿＿＿＿＿＿
6　liberation　＿＿＿＿＿＿　　21　개회 중; 회기　＿＿＿＿＿＿
7　founder　＿＿＿＿＿＿　　22　군주제, 군주 국가　＿＿＿＿＿＿
8　authority　＿＿＿＿＿＿　　23　박해　＿＿＿＿＿＿
9　amendment　＿＿＿＿＿＿　　24　공급; 조항, 규정　＿＿＿＿＿＿
10　reign　＿＿＿＿＿＿　　25　(영국) 의회, 국회　＿＿＿＿＿＿
11　territory　＿＿＿＿＿＿　　26　추방하다, 내쫓다　＿＿＿＿＿＿
12　regulation　＿＿＿＿＿＿　　27　부의; 대리의; 대리(인)　＿＿＿＿＿＿
13　statesman　＿＿＿＿＿＿　　28　통일; 통합　＿＿＿＿＿＿
14　govern　＿＿＿＿＿＿　　29　금지하다; 금지(령)　＿＿＿＿＿＿
15　legislate　＿＿＿＿＿＿　　30　조목, 조항; 절　＿＿＿＿＿＿

DAYS 22-23　　　　　　　　　　　　　　　맞은 개수　 / 30

1　legitimate　＿＿＿＿＿＿　　16　헌법; 구성　＿＿＿＿＿＿
2　mandatory　＿＿＿＿＿＿　　17　사법(권), 재판권　＿＿＿＿＿＿
3　ballot　＿＿＿＿＿＿　　18　당파심이 강한　＿＿＿＿＿＿
4　accountable　＿＿＿＿＿＿　　19　~에게 판결을 내리다　＿＿＿＿＿＿
5　senate　＿＿＿＿＿＿　　20　재판, 공판; 시도　＿＿＿＿＿＿
6　district　＿＿＿＿＿＿　　21　(법을) 제정하다　＿＿＿＿＿＿
7　justice　＿＿＿＿＿＿　　22　변호사, 대리인　＿＿＿＿＿＿
8　defendant　＿＿＿＿＿＿　　23　선례, 판례; 전례　＿＿＿＿＿＿
9　bribery　＿＿＿＿＿＿　　24　만장일치의　＿＿＿＿＿＿
10　appeal　＿＿＿＿＿＿　　25　공화국의; 공화당의　＿＿＿＿＿＿
11　opposition　＿＿＿＿＿＿　　26　의회, 국회　＿＿＿＿＿＿
12　penalty　＿＿＿＿＿＿　　27　의무, 책무　＿＿＿＿＿＿
13　abolish　＿＿＿＿＿＿　　28　선거(인)의　＿＿＿＿＿＿
14　supreme　＿＿＿＿＿＿　　29　기소하다; 고소, 고발　＿＿＿＿＿＿
15　code　＿＿＿＿＿＿　　30　준수하다, 지키다　＿＿＿＿＿＿

DAYS 23-24

맞은 개수 / 30

1	county	___	16	(정부의) 부; 내각 ___
2	hostage	___	17	(청)소년의, 어린 ___
3	plaintiff	___	18	집행하다; 강요하다 ___
4	comply	___	19	사기, 협잡 ___
5	testimony	___	20	소송, 고소 ___
6	infringement	___	21	명령; 반드시 해야 하는 ___
7	observance	___	22	(배심원의) 평결 ___
8	harassment	___	23	(정부의) 내각 ___
9	corrupt	___	24	고소하다; 비난하다 ___
10	convict	___	25	범죄의; 범인 ___
11	petition	___	26	(지방) 의회; 평의회 ___
12	suspect	___	27	살인(죄), 살인 행위 ___
13	liable	___	28	(기소) 검사, 검찰관 ___
14	dignity	___	29	교외의, 근교의 ___
15	province	___	30	위반, 범죄; 공격 ___

DAYS 24-25

맞은 개수 / 30

1	sovereignty	___	16	밀반입[출]하다 ___
2	triumph	___	17	침해[침범]하다 ___
3	negotiation	___	18	동맹(국), 제휴 ___
4	occupy	___	19	약혼; 교전; 관여 ___
5	conquest	___	20	투옥하다, 수감하다 ___
6	municipal	___	21	도시화 ___
7	detective	___	22	경쟁, 대항 ___
8	sanction	___	23	(관청의) 국, 청 ___
9	interrogate	___	24	패배시키다; 좌절 ___
10	administration	___	25	대표(자); 위임하다 ___
11	overthrow	___	26	대도시의 ___
12	reconciliation	___	27	연방의 ___
13	theft	___	28	결의(안); 해결(책) ___
14	burglary	___	29	비서; 장관 ___
15	diplomacy	___	30	자치(권); 자율성 ___

★ 빈칸에 알맞은 우리말 뜻 또는 영어를 쓰시오.

DAYS 25-26   맞은 개수   / 30

1	deploy	_____	16	결핍, 부족	_____
2	confront	_____	17	필요 이상의, 과다한	_____
3	retreat	_____	18	퇴역 군인; 노련한	_____
4	ample	_____	19	해군 제독[장성]	_____
5	surplus	_____	20	드묾, 희소성	_____
6	subdue	_____	21	안보, 안전; 보안	_____
7	replenish	_____	22	희박한, 드문드문한	_____
8	abound	_____	23	밀도; 농도	_____
9	abundant	_____	24	아낌없는, 풍부한	_____
10	provocation	_____	25	수량화하다	_____
11	troop	_____	26	폭격하다; 퍼붓다	_____
12	counterattack	_____	27	확대[증가]되다	_____
13	numerous	_____	28	항복(하다); 포기하다	_____
14	treaty	_____	29	부족한, 드문	_____
15	adequate	_____	30	수뇌, 정상; 정점	_____

DAYS 26-27   맞은 개수   / 30

1	considerable	_____	16	거대한	_____
2	shrink	_____	17	튼튼히 하다, 강화하다	_____
3	dwindle	_____	18	풍부한, 많은	p_____
4	diminish	_____	19	영역, 범위; 기회	_____
5	sufficient	_____	20	강화하다	_____
6	moderate	_____	21	과도한, 지나친	_____
7	immense	_____	22	풍요로운, 유복한	_____
8	accumulate	_____	23	풍부한; 사치스러운	_____
9	lessen	_____	24	원기 왕성한, 강건한	_____
10	potent	_____	25	무수한, 셀 수 없이 많은	c_____
11	spacious	_____	26	확대하다; 증폭하다	_____
12	innumerable	_____	27	손상시키다, 약화시키다	_____
13	substantial	_____	28	거대한, 엄청난	t_____
14	deficit	_____	29	빈약한, 불충분한	_____
15	vast	_____	30	다수, (수가) 많음	_____

DAYS 27-28

맞은 개수 / 30

1	enrich	_____
2	extensive	_____
3	flexible	_____
4	dimension	_____
5	magnitude	_____
6	feeble	_____
7	brittle	_____
8	recharge	_____
9	static	_____
10	homogeneous	_____
11	coincidence	_____
12	complement	_____
13	enlarge	_____
14	parallel	_____
15	massive	_____

16	확대하다, 증대시키다	_____
17	동일한, 똑같은	_____
18	미끄러운, 미끈거리는	_____
19	정도, 범위; 넓이	_____
20	비유, 유사(점)	_____
21	삭감하다, 단축하다	_____
22	악화시키다	_____
23	향상시키다, 높이다	_____
24	튼튼한, 억센	_____
25	강렬한, 극심한	_____
26	피상적인; 표면(상)의	_____
27	모으다, 집합시키다	_____
28	단단함; 엄격함	_____
29	건장한; 튼튼한	_____
30	고여 있는; 침체된	_____

DAYS 28-29

맞은 개수 / 30

1	delicate	_____
2	equivalent	_____
3	eternal	_____
4	ubiquitous	_____
5	perpetual	_____
6	synchronize	_____
7	peripheral	_____
8	consistent	_____
9	perish	_____
10	elastic	_____
11	cohesive	_____
12	transparent	_____
13	equilibrium	_____
14	mobility	_____
15	detach	_____

16	계속되는, 진행 중의	_____
17	영구적인, 불변의	_____
18	끈질긴; 지속적인	_____
19	연약한, 망가지기 쉬운	_____
20	오르내리다, 변동하다	_____
21	부착되다; 고수하다	_____
22	급증하다, 확산되다	_____
23	보편적인; 전 세계적인	_____
24	번갈아 일어나다; 교대의	_____
25	흐릿해지다	_____
26	모호하게 하다; 불명료한	_____
27	움직이지 않는	_____
28	유형적인; 명백한	_____
29	유사(점), 닮음	_____
30	변동하는; 휘발성의	_____

★ 빈칸에 알맞은 우리말 뜻 또는 영어를 쓰시오.

DAYS 29-30   맞은 개수   / 30

1   complicated _____   16   기이한; 비상한 _____
2   simultaneous _____   17   지대한, 엄청난; 깊은 _____
3   compelling _____   18   연속(성) _____
4   stability _____   19   눈에 잘 띄는; 두드러진 _____
5   thorough _____   20   장관, 구경거리 _____
6   thrive _____   21   즉각적인; 순간의 _____
7   overt _____   22   번영하다, 번창하다 _____
8   exquisite _____   23   정교한, 복잡한; 세련된 _____
9   ridiculous _____   24   자발적인, 자연히 일어나는 _____
10 salient _____   25   정확(성), 정밀(성) _____
11 vigorous _____   26   눈부신; 뛰어난 _____
12 accuracy _____   27   우월한, 우수한; 상관 _____
13 occasional _____   28   간결한, 간명한   c_____
14 shallow _____   29   번영하다; 잘 자라다 _____
15 ambiguous _____   30   막연함, 애매함 _____

DAYS 30-31   맞은 개수   / 30

1   pragmatic _____   16   순전한; 순수한 _____
2   coherent _____   17   복잡한, 뒤얽힌 _____
3   subjective _____   18   공감, 감정 이입 _____
4   crude _____   19   좋은, 훌륭한; 멋진 _____
5   altruistic _____   20   열정적인, 열의에 찬 _____
6   compassion _____   21   어리석음, 불합리 _____
7   elaborate _____   22   특정한; 구체적인 _____
8   prudent _____   23   성실한, 양심적인 _____
9   inferior _____   24   느닷없는; 퉁명스러운 _____
10 punctual _____   25   도전적인; 반항적인 _____
11 authoritative _____   26   외부의, 밖의 _____
12 magnificent _____   27   솔직한, 정직한 _____
13 succinct _____   28   주의하는, 조심하는 _____
14 tolerant _____   29   내부의; 내복용의 _____
15 precaution _____   30   특이한, 독특한 _____

DAYS 31-32

맞은 개수 / 30

1	sincerity		16	외향적인 사람
2	indecisive		17	난폭한, 무모한
3	alert		18	사교적인, 붙임성이 있는
4	arrogant		19	반항적인, 다루기 힘든
5	eccentric		20	소심함, 겁
6	sober		21	품위, 고상
7	vigilant		22	공평한, 편견 없는
8	inclination		23	신중한, 분별 있는
9	mischievous		24	급진적인, 과격한
10	earnest		25	완고한, 고집 센
11	optimistic		26	비관석인, 엄세적인
12	cordial		27	열성적인, 열광적인
13	meticulous		28	자랑하는, 허풍 떠는
14	outgoing		29	예의 바른, 정중한
15	attentive		30	비겁한, 소심한

DAYS 32-33

맞은 개수 / 30

1	insane		16	정제된; 세련된
2	generosity		17	근면한, 부지런한
3	extravagant		18	수동적인, 소극적인
4	tendency		19	잔인한; 야만의
5	susceptible		20	인내(력); 지구력
6	introvert		21	태평한, 느긋한
7	malicious		22	알뜰한, 절약하는
8	cunning		23	상처받기 쉬운, 취약한
9	vanity		24	우호적인, 친화적인
10	merciful		25	덕망 높은, 고결한
11	integrity		26	겸손; 수수함
12	negligent		27	자비심 많은
13	frugal		28	말수가 적은; 예약된
14	temperament		29	올바른, 정직한
15	luxurious		30	진정한; 진짜의

★ 빈칸에 알맞은 우리말 뜻 또는 영어를 쓰시오.

맞은 개수   / 30

1	aspire	_____	16	애국적인, 애국의	_____
2	prominent	_____	17	잔혹함, 잔인함	_____
3	ruthless	_____	18	무력한, 무기력한	_____
4	devotion	_____	19	기질, 성격; 경향	_____
5	abandon	_____	20	전문적 지식[기술]	_____
6	relentless	_____	21	우아(함), 고상	_____
7	obedient	_____	22	민감(성), 예민	_____
8	zealous	_____	23	단호한, 확고한	_____
9	humble	_____	24	충성(심), 충의	_____
10	reputation	_____	25	근면 (성실)	_____
11	perseverance	_____	26	능숙한, 정통한	_____
12	conviction	_____	27	서약, 공약; 전념	_____
13	barbaric	_____	28	감상에 젖는, 다정다감한	_____
14	novice	_____	29	저명한; 걸출한	_____
15	humility	_____	30	청하다, 간청하다	_____

맞은 개수   / 30

1	contend	_____	16	일축하다; 해산시키다	_____
2	notable	_____	17	갈망하다, 열망하다	_____
3	tactful	_____	18	애원하다, 간청하다	_____
4	renowned	_____	19	꺼리는, 내키지 않는 u	_____
5	disapprove	_____	20	반박[논박]하다	_____
6	opponent	_____	21	기략이 풍부한	_____
7	qualified	_____	22	회의적인, 의심 많은	_____
8	hesitant	_____	23	기발한, 창의력이 풍부한	_____
9	impulsive	_____	24	명문의, 명성 있는	_____
10	clumsy	_____	25	냉소적인, 비꼬는	_____
11	assent	_____	26	악명 높은	_____
12	reluctant	_____	27	호의적인; 알맞은	_____
13	hostility	_____	28	결심한, 결의에 찬	_____
14	distinguished	_____	29	바치다, 전념하다	_____
15	hospitable	_____	30	옹호하다; 옹호자	_____

DAYS 35-36 맞은 개수 / 30

1 deem _____
2 despise _____
3 dissent _____
4 rejection _____
5 meditation _____
6 initiative _____
7 demonstrate _____
8 evaluation _____
9 approval _____
10 assess _____
11 illustrate _____
12 consideration _____
13 proponent _____
14 assumption _____
15 contempt _____

16 심사숙고하다 _____
17 추론, 추리 _____
18 동의(하다); 승낙 _____
19 회고(하다), 회상(하다) _____
20 통합하다, 합병하다 _____
21 반대, 이의 _____
22 (주의를) 산만하게 하다 _____
23 단호한, 확신에 찬 _____
24 합의, 일치 _____
25 공격적인, 호전적인 _____
26 한탄(하다); 비난 _____
27 상호 관련되다 _____
28 고집하는, 우기는 _____
29 긍정의, 승낙의 _____
30 그릇된 생각, 오해 _____

DAYS 36-37 맞은 개수 / 30

1 suggestion _____
2 reflection _____
3 envision _____
4 notion _____
5 attribute _____
6 discern _____
7 visualize _____
8 aptitude _____
9 induction _____
10 document _____
11 intrigue _____
12 ponder _____
13 impede _____
14 delusion _____
15 ascribe _____

16 일반화 _____
17 정통하게 하다 _____
18 명확[분명]하게 하다 _____
19 연속, 연쇄; 순서 _____
20 정의 _____
21 분리; 이별 _____
22 (마음을) 사로잡다 _____
23 숙고하다; 고의적인 _____
24 구별하다, 구분하다 _____
25 특징; 특징적인 _____
26 포함하다, 통합하다 _____
27 촉진하다; 용이하게 하다 _____
28 이후의, 다음의 _____
29 방해하다; 막다 _____
30 분류 _____

★ 빈칸에 알맞은 우리말 뜻 또는 영어를 쓰시오.

DAYS 37-38   맞은 개수 / 30

1	contradiction	_____	16	피할 수 없는, 필연적인 _____
2	relevance	_____	17	의심, 혐의 _____
3	distinction	_____	18	특성, 특징, 특색 _____
4	principal	_____	19	비평의; 결정적인 _____
5	underlying	_____	20	분석의, 분석적인 _____
6	integral	_____	21	매우 귀중한 _____
7	consistency	_____	22	촉발하다, 유발하다 _____
8	endeavor	_____	23	양립할 수 있는 _____
9	obsess	_____	24	지극히 중요한; 생명의 _____
10	marginal	_____	25	단순화하다 _____
11	intellectual	_____	26	기르다, 촉진하다 _____
12	signify	_____	27	함축, 내포, 암시 _____
13	associate	_____	28	유해한, 불리한 _____
14	crucial	_____	29	명백한; 드러내다 _____
15	illusion	_____	30	궁극적인, 최후의 _____

DAYS 38-39   맞은 개수 / 30

1	trivial	_____	16	부차적인 _____
2	requisite	_____	17	쓸모없는, 무익한 _____
3	adverse	_____	18	감독[감시]하다 o_____
4	restrain	_____	19	타협(안); 절충하다 _____
5	certify	_____	20	실행 가능한, 실용적인 _____
6	exert	_____	21	금지; 금지령 _____
7	fundamental	_____	22	정당함을 입증하다 _____
8	mediate	_____	23	증언하다; 증명하다 _____
9	trifling	_____	24	중추적인, 중요한 _____
10	implicit	_____	25	관리하다, 감독하다 _____
11	indispensable	_____	26	그럴듯한, 정말 같은 _____
12	mutual	_____	27	알리다, 통지하다 _____
13	enlighten	_____	28	(진술 등이) 명백한 _____
14	hinder	_____	29	상당하는, 필적하는 _____
15	momentous	_____	30	지시; 사용 설명(서) _____

DAYS 39-40 　　　　　　　　　　　　　　　　　　　　　　맞은 개수　/ 30

1	interfere	_____
2	constrain	_____
3	verify	_____
4	exclude	_____
5	inquiry	_____
6	confine	_____
7	notify	_____
8	acknowledge	_____
9	empower	_____
10	swear	_____
11	state	_____
12	abstain	_____
13	embody	_____
14	inhibit	_____
15	influential	_____

16	빠뜨리다, 생략하다	_____
17	조정하다; 동등한	_____
18	강조하다; 눈에 띄게 하다	_____
19	왜곡, 비틀기	_____
20	공로를 인정하다; 공적	_____
21	선언하다, 공표하다	_____
22	기념하다, 축하하다	_____
23	우회하다; 회피하다	_____
24	칭찬(하다); 경의	_____
25	개입하다; 중재하다	_____
26	협업하다, 합작하다	_____
27	유혹한, 부추기는	_____
28	힐난하다, 나무라다	_____
29	과장하다, 허풍떨다	_____
30	부인, 부정; 거부	_____

DAYS 40-41 　　　　　　　　　　　　　　　　　　　　　　맞은 개수　/ 30

1	destiny	_____
2	longevity	_____
3	exclaim	_____
4	sibling	_____
5	underline	_____
6	underestimate	_____
7	anniversary	_____
8	straightforward	_____
9	dispute	_____
10	puberty	_____
11	interrupt	_____
12	controversial	_____
13	utter	_____
14	disclose	_____
15	reciprocal	_____

16	매장, 매장식	_____
17	선언(서); 신고(서)	_____
18	소속; 제휴, 가맹	_____
19	슬픔, 비탄	_____
20	과장, 과대	_____
21	공동의, 공공의	_____
22	비난하다; 탄핵하다	_____
23	사망한, 고인의	_____
24	좌절, 패배, 실패	_____
25	언급; 참고	_____
26	회복력	_____
27	청소년기	_____
28	언급(하다); 주목	_____
29	강조하다; 역설하다	_____
30	위로하다, 위문하다	_____

★ 빈칸에 알맞은 우리말 뜻 또는 영어를 쓰시오.

1	pregnancy	_____	16	질식시키다; 숨이 막히다 c	_____
2	itchy	_____	17	성숙, 완숙	_____
3	undergo	_____	18	유아기; 초창기	_____
4	widow	_____	19	기다, 포복하다	_____
5	stumble	_____	20	감각[지각]의	_____
6	famine	_____	21	신분(증); 신원 (확인)	_____
7	squeeze	_____	22	상속받다, 물려받다	_____
8	succession	_____	23	갓난; 신생아	_____
9	phase	_____	24	코를 골다; 코골이	_____
10	sneeze	_____	25	애도하다; 슬퍼하다	_____
11	yawn	_____	26	자손, 후손	_____
12	glare	_____	27	쾅쾅 치다; 부수다	_____
13	plunge	_____	28	졸리는, 꾸벅꾸벅 조는	_____
14	adversity	_____	29	질식사하다; 질식시키다	_____
15	milestone	_____	30	얼핏 봄; 얼핏 보다 g	_____

1	swollen	_____	16	빤히 쳐다보다; 응시 s	_____
2	optical	_____	17	흘긋 봄; 흘긋 보다	_____
3	rash	_____	18	껴안다; 받아들이다	_____
4	pharmaceutical	_____	19	가벼운 통증, 불편	_____
5	antibiotic	_____	20	종양, 종기	_____
6	sprain	_____	21	감각을 잃은; 마비시키다	_____
7	crouch	_____	22	움켜쥐다; 파악하다	_____
8	clinical	_____	23	재활, 회복	_____
9	medication	_____	24	치료의, 치료법의	_____
10	blush	_____	25	포착하다; 포획하다	_____
11	inflammation	_____	26	떨다; 떨림, 전율	_____
12	auditory	_____	27	진압하다; 참다	_____
13	placebo	_____	28	조작하다; 잘 조절하다	_____
14	seize	_____	29	근육의; 근육질의	_____
15	injection	_____	30	숨을 들이쉬다	_____

DAYS 43-44

맞은 개수 **/ 30**

1	remedy	16	퇴원시키다; 해방시키다
2	irritation	17	방사성[능]의
3	epidemic	18	예약, 약속; 임명
4	dosage	19	입원시키다
5	disorder	20	불면증
6	diabetes	21	비만
7	sustain	22	진단(법)
8	contagious	23	(가볍거나 만성적인) 병
9	medicinal	24	유행하는; 우세한
10	immunity	25	처방(전); 규정
11	allergic	26	예방 접종
12	transplant	27	위생, 위생학
13	malfunction	28	완화하다, 경감하다
14	progression	29	발생, 발발, 창궐
15	surgery	30	고혈압(증)

DAYS 44-45

맞은 개수 **/ 30**

1	spinal	16	세포의; 무선 전화의
2	mortality	17	치유할 수 없는
3	retina	18	충치
4	incidence	19	천식
5	intestine	20	효소
6	chronic	21	신경(계)의
7	afflict	22	분비하다
8	sanitary	23	골절; 부러뜨리다
9	affective	24	호흡의, 호흡기의
10	paralysis	25	증후군
11	physiological	26	항체
12	ingestion	27	복부의, 배의
13	starvation	28	손상시키다, 해치다
14	abnormal	29	기형, 불구
15	vessel	30	감염, 전염

★ 빈칸에 알맞은 우리말 뜻 또는 영어를 쓰시오.

DAYS 45-46　　　　　　　　　　　　　　　　　맞은 개수　/ 30

1	artery	_____	16	동정적인, 인정 있는	_____
2	apologetic	_____	17	해부학, 해부학적 구조	_____
3	distress	_____	18	소화; 이해	_____
4	frustrate	_____	19	배달; 분만; 연설	_____
5	metabolism	_____	20	분비샘	_____
6	terminal	_____	21	전원적인, 목가적인	_____
7	gratitude	_____	22	어리둥절하게 하다	_____
8	cosmetic	_____	23	긴급한, 위급한	_____
9	anticipate	_____	24	기억 상실(증)	_____
10	abortion	_____	25	정신 의학	_____
11	melancholic	_____	26	침을 흘리다	_____
12	overwhelm	_____	27	침착한, 차분한	_____
13	complication	_____	28	당혹스럽게 하다; 수수께끼	_____
14	regretful	_____	29	공포증, 병적 공포	_____
15	monotonous	_____	30	사망자 (수); 치사성	_____

DAYS 46-47　　　　　　　　　　　　　　　　　맞은 개수　/ 30

1	advance	_____	16	혼란에 빠뜨리다	_____
2	discouraged	_____	17	경쟁; 대회, 경기	_____
3	indifference	_____	18	등록; 입학	_____
4	submission	_____	19	굉장히 아름다운	_____
5	solitary	_____	20	수여하다; 상	_____
6	desperate	_____	21	슬픔에 찬	_____
7	counterpart	_____	22	각각, 각자	_____
8	jealousy	_____	23	우울한; 불황의	_____
9	growth	_____	24	분개한, 분해하는	_____
10	selected	_____	25	비교적, 상대적으로	_____
11	astonish	_____	26	한가로운, 여유 있는	_____
12	admission	_____	27	연례의, 연 1회의	_____
13	steep	_____	28	격분(시키다)	_____
14	entry	_____	29	부러워하는, 시샘하는	_____
15	relieve	_____	30	경연[대회] 참가자	_____

DAYS 47-48 | 맞은 개수 / 30

1	consist of	_____	16	~에 기대다[의지하다] _____
2	decline	_____	17	~을 하다; ~에 참여하다 _____
3	call for	_____	18	능가하다, 뛰어넘다 _____
4	complimentary	_____	19	~에 대처하다 _____
5	draw on/upon	_____	20	(~할) 자격이 있는 _____
6	registration	_____	21	세 배가 되다; 세 배의 _____
7	fill in/out	_____	22	대기하다 _____
8	soar	_____	23	띠다; (책임을) 맡다 _____
9	dwell on/upon	_____	24	극적으로, 눈부시게 _____
10	criterion	_____	25	~비, 요금, 수수료 _____
11	projection	_____	26	비, 비율 _____
12	put aside	_____	27	자격, 필요조건 _____
13	go through	_____	28	~ 없이 지내다[견디다] _____
14	respondent	_____	29	~을 다루다; ~을 처리하다 _____
15	run into	_____	30	부문, 범주 _____

DAYS 48-49 | 맞은 개수 / 30

1	stop by	_____	16	~을 파악하다, 알아내다 _____
2	turn down	_____	17	~을 극복하다 _____
3	come up with	_____	18	~를 차에 태우다 _____
4	stand for	_____	19	고장 나다; 나빠지다 _____
5	trade *A* with *B*	_____	20	~을 지적[언급]하다 _____
6	remind *A* of *B*	_____	21	(소리·빛 등을) 내다[발하다] _____
7	lay off	_____	22	~한 것으로 밝혀지다 _____
8	pass away	_____	23	A를 B에게 부과하다 _____
9	catch up with	_____	24	깨어 있다, 자지 않다 _____
10	bring about	_____	25	내다 놓다; (불을) 끄다 _____
11	compensate for	_____	26	~을 버리다 _____
12	name *A* after *B*	_____	27	~을 다 써버리다 _____
13	deprive *A* of *B*	_____	28	A를 B로 전환하다 _____
14	dispose of	_____	29	~을 버리다, 처분하다 _____
15	break up	_____	30	~에 찬성하다, ~을 승인하다 _____

★ 빈칸에 알맞은 우리말 뜻 또는 영어를 쓰시오.

DAYS 49-50	맞은 개수 **/ 30**

1 get down to _____

2 have a way with _____

3 get in the way of _____

4 furnish A with B _____

5 put up with _____

6 look down on _____

7 be accustomed to _____

8 be bound to do _____

9 equip A with B _____

10 take ~ for granted _____

11 regard A as B _____

12 make up for _____

13 with a view to _____

14 by accident _____

15 be capable of _____

16 계속하다; 계속 가다 _____

17 ~하지 않을 수 없다 _____

18 ~을 희생하고 _____

19 ~와 잘 지내다 _____

20 ~에 부응하다 _____

21 ~ 면에서, ~의 견지에서 _____

22 ~와 관계가 있다 _____

23 (병에) 걸리다, (병이) 들다 _____

24 ~를 존경하다 _____

25 ~을 지지[옹호]하다 _____

26 ~을 없애다, ~을 제거하다 _____

27 ~의 영향을 받다 _____

28 ~할 예정이다; ~해야 하다 _____

29 B보다 A를 선호하다 _____

30 ~을 고수하다; ~을 꼭 잡다 _____

ANSWER KEY

관념[유심]론; 관념주의 **13** 다과, 가벼운 음식;
원기 회복 **14** 그릇된 생각; 오류 **15** 아삭아삭한;
바삭바삭한; 상쾌한 **16** imperial **17** expiration
18 nutrient **19** paradox **20** intake
21 prehistoric **22** refrigerate
23 theoretical **24** reasoning **25** antiquity
26 texture **27** wholesome **28** ethical
29 seasoning **30** edible

DAYS 6-7   p.4

1 임의적인, 멋대로의; 독단적인 **2** 존재, 실재;
출석, 참석 **3** (이론 등의) 틀, 뼈대; 체제 **4** 내면화
[내재화]하다 **5** 동화되다; 받아들이다, 흡수하다
6 현대의; 동시대의; 동시대인 **7** 내적인, 본질적인
8 발굴하다, 파나 **9** 유물; 인공물, 공예품
10 제안, 제의; 명제, 진술 **11** 도덕(성), 도의(성)
12 연대기 **13** 동기 (부여); 욕구 **14** 자극(물),
자극제 **15** 귀납적인 **16** self-esteem
17 rationality **18** instinctive **19** ambivalent
20 intuition **21** hypothesis **22** aboriginal
23 anthropology **24** premise
25 indigenous **26** philosophical
27 existence **28** arch(a)eological
29 dilemma **30** primitive

DAYS 7-8   p.5

1 잔재, 잔존물 **2** 내재하는, 본래부터의
3 설득적인, 설득력 있는 **4** 타고난, 선천적인
5 돌연변이를 하다, 변화하다 **6** 유전(자)의,
유전학적인 **7** 인지의, 인식의 **8** 연구하다;
조사하다; 수사하다 **9** 계산하다; 평가하다
10 애착, 집착; 부착(물), 접착; 첨부(물)
11 경험적인, 실험상의 **12** 임시의, 시험적인
13 잠재의식의; 잠재의식 **14** (의견 등이)
한데 모아지다, 집중되다; 수렴하다 **15** 애정,
애착 **16** vertical **17** diameter **18** probe
19 contextual **20** objective **21** manipulate

22 reinforce **23** perception **24** prosocial
25 division **26** unveil **27** probability
28 heredity **29** figure **30** socialization

DAYS 8-9   p.5

1 통계(학), 통계 자료 **2** 굴절하다; 굴절시키다
3 셈, 산수, 산술; 셈의, 산수의 **4** 가속하다;
속력을 높이다 **5** 팽창, 확장, 확대 **6** 추력, 밀기;
밀다, 밀어내다 **7** 무한한 **8** 측정(법), 측량; 치수
9 빼다, 뺄셈하다 **10** 상승; 등정, 등반 **11** 별자리
12 변하기 쉬운, 일정치 않은; 변수 **13** 빈도, 횟수;
진동수, 주파수 **14** 인공위성; (행성의) 위성
15 시간의, 시간적인 **16** geological **17** botany
18 geometric(al) **19** degenerate
20 function **21** particle **22** fraction
23 replicate **24** constant **25** symmetry
26 vacuum **27** revolution **28** astronomical
29 celestial **30** modify

DAYS 9-10   p.6

1 지구 밖의, 외계의; 외계 생물, 외계인 **2** 반응식,
방정식 **3** 천문대, 기상[관상]대, 관측소 **4** 물속에
잠그다[가라앉히다]; 잠기다, 잠수하다 **5** 신뢰성,
신빙성 **6** 특징, 특색; 사양, 기능; 이목구비, 용모;
~의 특징을 이루다; 두드러지게 하다 **7** 편집하다,
편찬하다 **8** 마찰; (사람 사이의) 알력, 불화
9 화석화하다 **10** 인력 (작용), 중력 **11** 최첨단의,
최신식인 **12** 속도, 속력, 빠르기 **13** 공간의,
공간적인 **14** 배열, 배치; (컴퓨터의) 구성,
환경 설정 **15** 압축하다, 압착하다 **16** vibration
17 appliance **18** fusion **19** condense
20 interactive **21** synthetic
22 breakthrough **23** buoyancy
24 contraction **25** descent **26** anonymity
27 toxic **28** orbit **29** rotation **30** dissolve

6 소원하게 하다; 소외시키다 **7** 의식, 제식; 의식의, 제식의 **8** (4년제 학교·고등학교의) 2학년생 **9** 철저한, 엄격한; 엄한 **10** 고정 관념, 정형화된 이미지; 정형화하다 **11** (문화)유산, (문화적) 전통 **12** 연속적인, 연이은 **13** 시작되다[하다], 개시하다 **14** 논제, 주제; (졸업, 학위) 논문 **15** 순응하다, 따르다 **16** divine **17** semester **18** congregation **19** absence **20** pilgrimage **21** tedious **22** prophecy **23** sacred **24** norm **25** compulsory **26** major **27** prejudice **28** diploma **29** curriculum **30** intermediate

5 설치, 설비; 임명, 취임 **6** 건설, 건조; 건축(물) **7** 문화; 양식, 재배; 배양; 양식하다; (세균을) 배양하다 **8** 광업, 채광, 채굴 **9** 유통시키다; 나누어주다, 분배하다; 분포시키다 **10** 총체의, 총계의 **11** 동기, 유인, 장려(책, 금) **12** 유기농의; 유기체[물]의 **13** 어업, 수산업; 어장, 양어장 **14** 근절하다, 뿌리 뽑다 **15** 보증(서); 보증하다, 보장하다 **16** warranty **17** mineral **18** pollinate **19** maintenance **20** reservoir **21** deflation **22** fiscal **23** timber **24** fertilizer **25** assembly **26** prototype **27** livestock **28** automation **29** stack **30** irrigation

DAYS 15-16 p.9

1 (학교의) 휴식 시간; (의회·법정 등의) 휴회 **2** (동물을) 길들이다, 사육하다; (작물을) 재배하다 **3** 경작하다, 재배하다; 신장하다, 계발하다 **4** 고갈시키다, 소모시키다 **5** 훈육, 규율; 학문 분야, 학과; 훈육하다 **6** 농경의, 농업의 **7** 특권; 특전; 특권[특전]을 주다 **8** 추출하다, 채취하다; 발췌하다; 추출물; 발췌한 부분 **9** 중등의, 중등학교의; 제2의, 부차적인 **10** 연구소, 학원; 개설하다, 설립하다 **11** 산출(량); 수확(량); 산출하다; 양보[양도]하다 **12** 노동 집약적인 **13** 수업료, 등록금; 수업, 교습 **14** 박사의, 박사 학위의 **15** 출석, 출근, 참석; 참석자[관객] 수 **16** expel **17** ranch **18** agricultural **19** vocational **20** undergraduate **21** auditorium **22** variety **23** scholarship **24** exploitation **25** enroll **26** transfer **27** degrade **28** compost **29** produce **30** range

DAYS 17-18 p.10

1 (특허권·저작권) 사용료; 왕족, 왕권 **2** (큰 규모의) 기업, 주식회사; 법인 **3** 홍보[선전, 광고]하다 **4** 유통, 순환; 발행 부수 **5** 기업(체), 회사; (모험적인) 사업 **6** 상품, 물자; 일용품 **7** (경기) 후퇴, 침체, 불황 **8** (흡수) 합병 **9** 검사, 조사; 시찰, 검열 **10** 주주 **11** 상인, 무역 상인; 상선의, 해운의 **12** 재고품, 재고 목록 **13** 상품; (상품을) 매매[거래]하다 **14** 민영화하다 **15** 국내의; 가정의; (동물이) 사육되는, 길든 **16** warehouse **17** speculate **18** currency **19** diversify **20** monopoly **21** unemployment **22** workforce **23** fulfill **24** skyrocket **25** asset **26** revenue **27** wholesale **28** defective **29** tariff **30** barrier

DAYS 16-17 p.9

1 익다, 원숙하다 **2** (경제) 부문, 분야, 영역 **3** 금전의; 통화[화폐]의 **4** 가금; 새[닭]고기

DAYS 18-19 p.10

1 출시[공개]하다; 놓다, 방출하다; 석방하다; 발표, 개봉; 방출; 석방, 해방 **2** 임금, 급료 **3** 실행하다, 이행하다; 도구, 기구 **4** 상업의; 상업 광고 **5** 임대차 계약; 임대하다, 임차하다 **6** 위원회, 위원단; 수수료; 의뢰, 위임; 의뢰하다,

주문하다 **7** 방책, 전술, 작전 **8** 수익성이 있는
9 승진, 진급; 판매 촉진; 장려, 조장 **10** 토지,
사유지 **11** 조합, 동맹, 협회 **12** 공공 설비,
공익사업; 유용, 유익 **13** 연금, 장려금
14 파산 (상태), 도산 **15** 본사, 본부 **16** executive
17 default **18** property **19** optimize
20 deposit **21** recruit **22** incorporated
23 personnel **24** allowance
25 department **26** retention **27** resign
28 certificate **29** retirement
30 accounting

DAYS 19-20 p.11

1 수령인; 수상자 **2** 여정, 여행 일정 계획(서)
3 (일시) 해고 (기간) **4** 지출, 소비; 비용
5 적용[보증] 범위; 보도, 취재 **6** 부하 (직원);
하급의, 아래의 **7** 효율(성); 능률 **8** 종료, 종결
9 면세의, 세금 없는 **10** 어머니임; 모성
11 소지품, 소유물 **12** 물러나다; 철회하다;
인출하다 **13** 거래; 업무 처리
14 (국가의) 보조금 **15** 만연하다; 스며들다,
가득 차다 **16** attraction **17** toll **18** amenity
19 mortgage **20** haste **21** installment
22 applicant **23** vendor **24** insurance
25 displace **26** congestion **27** entail
28 destination **29** prolong **30** cancellation

DAYS 20-21 p.11

1 임명하다, 지명하다; (시간·장소 등을) 정하다
2 제도; 기관; 시행, 도입 **3** (사회) 기반 시설
4 탑승하다, 출항하다; (사업에) 착수하다
5 (대중)교통, 운송 **6** 배반하다, 배신하다 **7** 선적,
수송, 발송, 출하 **8** 승무원; 수행원; 수반되는
9 무정부 상태 **10** 화물; 화물 운송 **11** 확인하다,
확실히 하다 **12** 탄압, 억압 **13** 독재자,
절대 권력자 **14** 지명[추천]된 사람, 후보
15 숙박[수용, 편의] (시설) **16** dispatch

17 regime **18** departure **19** refugee
20 allocate **21** inaugurate
22 compartment **23** united **24** expense
25 intersection **26** office **27** turbulence
28 chaotic **29** exile **30** riot

DAYS 21-22 p.12

1 민주주의의, 민주적인; (미국) 민주당의 **2** 유권자,
선거인 **3** 대표(자); (미국) 하원 의원; 대표하는
4 경계(선); 한계, 범위 **5** 안건, 의사일정 **6** 해방,
석방 **7** 창립자, 설립자 **8** 권한, 권위; 당국; 권위자
9 수정(안), 개정(안) **10** 치세, 통치, 지배; 군림하다,
지배하다 **11** 영토; 세력권 **12** 규정, 규칙; 규제;
조절 **13** (경험 많고 존경받는) 정치가
14 통치하다, 다스리다 **15** 법률을 제정하다
16 endorse **17** tyranny **18** legacy
19 preliminary **20** statute **21** session
22 monarchy **23** persecution **24** provision
25 parliament **26** banish **27** deputy
28 unification **29** ban **30** clause

DAYS 22-23 p.12

1 합법의, 적법의 **2** 의무적인, 필수의
3 비밀[무기명] 투표; 투표용지; (무기명) 투표하다
4 책임이 있는, 설명할 의무가 있는; 설명할 수 있는
5 상원 **6** 지구, 지역 **7** 재판, 사법; 정의, 공정
8 피고; 피고의 **9** 뇌물 수수 (행위)
10 관심을 끌다; 호소하다; 항소[상고]하다; 호소;
간청; 매력; 항소, 상고 **11** 반대, 대립; 야당
12 형, 형벌, 처벌 **13** (법률·제도 등을) 폐지하다,
철폐하다 **14** 최고의, 최상의 **15** 법전, 법규; 규정,
강령; 암호 **16** constitution **17** jurisdiction
18 partisan **19** sentence **20** trial
21 enact **22** attorney **23** precedent
24 unanimous **25** republican **26** congress
27 obligation **28** electoral **29** charge
30 abide

1 군 (주 아래의 행정 구획)　2 인질, 볼모　3 원고, 고소인　4 (법·규칙 등에) 따르다, 응하다　5 증언, 증거, 증명　6 (특허권 등의) 침해, (법규의) 위반, 위배　7 준수, 지킴　8 희롱, 괴롭힘
9 부패한, 부정한; 부패[타락]시키다
10 ~의 유죄를 입증[선고]하다; 죄인, 죄수
11 청원(서), 탄원(서); (~에게) 청원하다
12 (범죄의) 용의자; 의심하다
13 (법적) 책임이 있는; ~하기 쉬운　14 존엄(성); 품위　15 주; 성, 도; 지방, 지역　16 ministry
17 juvenile　18 enforce　19 fraud
20 lawsuit　21 imperative　22 verdict
23 cabinet　24 accuse　25 criminal
26 council　27 homicide　28 prosecutor
29 suburban　30 offense

1 주권, 통치권　2 승리; 대성공; 승리를 거두다
3 협상, 교섭　4 점령하다, 점거하다; 차지하다
5 정복　6 자치 도시의, 지방 자치의　7 형사; 탐정
8 제재; 재가, 인가; 제재하다; 재가하다
9 심문하다, 추궁하다　10 행정(부), 관리, 경영
11 전복시키다, 타도하다　12 화해, 조정; 조화
13 절도(죄)　14 주거 침입(죄)　15 외교(술)
16 smuggle　17 intrude　18 alliance
19 engagement　20 imprison
21 urbanization　22 rivalry　23 bureau
24 defeat　25 delegate　26 metropolitan
27 federal　28 resolution　29 secretary
30 autonomy

1 (군대 등을) 배치하다, 전개하다　2 맞서다, 대치하다; 직면하다　3 철수하다, 퇴각하다; 철수, 퇴각　4 충분한, 넉넉한; 광대한, 넓은　5 잉여의, 과잉의; 잉여, 과잉; 흑자　6 진압하다; 정복하다
7 (원래처럼) 다시 채우다, 보충하다　8 풍부하다, 많이 있다　9 풍부한, 많은　10 도발, 자극
11 군대, 병력; 떼, 무리; 무리 짓다　12 반격, 역습; 반격[역습]하다　13 다수의, 많은　14 조약, 협정
15 충분한; 적당한, 적절한　16 deficiency
17 redundant　18 veteran　19 admiral
20 rarity　21 security　22 sparse
23 density　24 profuse　25 quantify
26 bombard　27 escalate　28 surrender
29 scarce　30 summit

1 싱딩한, 꽤 많은　2 줄다; 위축되다
3 점점 줄다, 감소되다　4 줄다, 작아지다; 폄하하다, 깎아내리다　5 충분한, 족한　6 알맞은, 적당한; 절제하는; (기후가) 온화한; 완화되다; 누그러뜨리다
7 막대한, 광대한　8 축적되다; 축적하다, 모으다
9 줄다, 줄어들다; 줄이다　10 강력한, 센
11 넓은　12 무수한, 셀 수 없이 많은　13 상당한, 꽤 많은; 실제적인　14 적자, 부족　15 막대한; 광대한, 방대한　16 gigantic　17 fortify
18 (p)lentiful　19 scope　20 strengthen
21 excessive　22 affluent　23 lavish
24 robust　25 (c)ountless　26 amplify
27 undermine　28 (t)remendous
29 meager　30 multitude

1 풍요롭게 하다, (내용·가치 등을) 높이다
2 광범위한, 광대한　3 유연성이 있는; 융통성이 있는
4 크기, 치수; 차원; 관점, 양상　5 규모; 중요성; (지진) 진도　6 기력이 없는, 연약한　7 부서지기[깨지기] 쉬운　8 재충전하다　9 고정된, 정적인
10 단일의, 동종[동질]의　11 (우연의) 일치, 동시 발생　12 보충[보완]하다; 보충(물), 보완(물)
13 확대[증대]하다, 넓히다　14 유사한; 평행하는;

~와 유사하다; ~에 필적하다; 유사점　**15** 거대한,
육중한; 대량의, 대규모의　**16** magnify
17 identical　**18** slippery　**19** extent
20 analogy　**21** curtail　**22** aggravate
23 enhance　**24** sturdy　**25** intense
26 superficial　**27** aggregate　**28** rigidity
29 stout　**30** stagnant

DAYS 28-29　　　　　　　　　　p.15

1 섬세한; 가냘픈, 연약한　**2** 같은, 등가의; 상당하는
3 영구[영원]한, 불멸의　**4** 흔히 볼 수 있는,
도처에 있는　**5** 영속하는, 끊임없는
6 동시성을 가지다, 동시에 발생하다　**7** 주변적인,
지엽적인　**8** 일관된, 일치되는　**9** 죽다; 멸망하다
10 탄력(성)이 있는　**11** 점착력이 있는; 결합력 있는,
단결된　**12** 투명한　**13** 균형, 평형 상태
14 이동성, 가동성　**15** 분리하다, 떼어내다
16 ongoing　**17** permanent　**18** persistent
19 fragile　**20** fluctuate　**21** adhere
22 proliferate　**23** universal　**24** alternate
25 blur　**26** obscure　**27** stationary
28 tangible　**29** resemblance　**30** volatile

DAYS 29-30　　　　　　　　　　p.16

1 복잡한　**2** 동시에 일어나는, 동시의
3 설득력 있는, 강력한　**4** 안정; 안정성　**5** 철저한,
완전한　**6** 번성하다, 번창하다; 잘 자라다
7 공공연한, 명백한　**8** 정교한, 절묘한;
매우 아름다운　**9** 우스꽝스러운, 터무니없는
10 현저한, 두드러진　**11** 활발한, 격렬한;
원기 왕성한　**12** 정확(도), 정밀(도)　**13** 가끔씩의,
때때로의　**14** 얕은; 피상적인　**15** 애매[모호]한,
분명하지 않은　**16** extraordinary
17 profound　**18** continuity
19 conspicuous　**20** spectacle
21 instantaneous　**22** prosper
23 sophisticated　**24** spontaneous

25 precision　**26** brilliant　**27** superior
28 (c)oncise　**29** flourish　**30** vagueness

DAYS 30-31　　　　　　　　　　p.16

1 실용주의적인, 현실적인　**2** 통일성 있는,
논리[조리] 정연한　**3** 주관적인　**4** 천연 그대로의;
가공하지 않은; 대충의, 미완성의　**5** 이타적인
6 연민, 동정심　**7** 공들인, 정교한; 정교하게 만들다
8 신중한, 조심성 있는　**9** 열등한, 하위의, 하등의;
후배, 하급자　**10** 시간을 엄수하는　**11** 권위적인,
위압적인; 권위 있는　**12** 장대한, 웅장한
13 간결한, 간단명료한　**14** 관대한, 아량 있는;
내성이 있는　**15** 예방 조치, 예방책　**16** sheer
17 intricate　**18** empathy　**19** splendid
20 passionate　**21** absurdity　**22** specific
23 conscientious　**24** abrupt　**25** defiant
26 external　**27** candid　**28** cautious
29 internal　**30** peculiar

DAYS 31-32　　　　　　　　　　p.17

1 진심, 진실성　**2** 우유부단한, 결단성이 없는;
(결과가) 분명하지 않은　**3** 경계하는; 경보, 경계;
경계시키다, 경고하다　**4** 교만한, 오만한, 건방진
5 괴팍한, 괴짜인; 괴짜　**6** 술에 취하지 않은,
맑은 정신의; 냉철한, 진지한　**7** 경계하는,
조심성 있는　**8** 성향, 경향; 기울기, 경사
9 장난기 어린, 장난기 있는; 악의적인　**10** 성실한,
착실한　**11** 낙관적인, 낙천적인　**12** 충심 어린;
따뜻한　**13** 꼼꼼한, 세심한　**14** 외향적인, 사교적인
15 주의를 기울이는; 경청하는　**16** extrovert
17 reckless　**18** sociable　**19** rebellious
20 timidity　**21** decency　**22** impartial
23 discreet　**24** radical　**25** stubborn
26 pessimistic　**27** enthusiastic
28 boastful　**29** courteous　**30** cowardly

1 제정신이 아닌, 어리석은 **2** 관대함, 아량,
너그러움 **3** 낭비벽이 심한; 사치스러운, 호화로운
4 경향, 성향; 추세 **5** ~에 민감한;
~에 걸리기[영향받기] 쉬운 **6** 내향적[내성적]인 사람
7 악의적인, 심술궂은 **8** 교활한; 약삭빠른
9 허영; 허무, 덧없음 **10** 자비로운, 인정 많은
11 진실성, 정직 **12** 소홀한, 태만한 **13** 검약한,
소박한 **14** 기질, 성질 **15** 호화스러운, 사치스러운
16 refined **17** industrious **18** passive
19 savage **20** endurance **21** easygoing
22 thrifty **23** vulnerable **24** amicable
25 virtuous **26** modesty **27** benevolent
28 reserved **29** righteous **30** genuine

1 열망하다, 대망을 품다 **2** 저명한, 걸출한; 돌출한,
튀어나온; 두드러지는 **3** 무정한, 무자비한 **4** 헌신,
전념 **5** 단념하다; 버리다, 버리고 떠나다
6 잔인한; 가치 없는 **7** 순종하는, 유순한
8 열성적인, 열심인 **9** 겸손한, 겸허한;
(신분 등이) 비천한; 초라한, 시시한 **10** 평판; 명성
11 인내(력), 참을성, 끈기 **12** 신념, 확신; 유죄 판결
13 야만스러운, 미개한 **14** 초보자, 초심자
15 겸손, 겸양 **16** patriotic **17** brutality
18 helpless **19** disposition **20** expertise
21 elegance **22** sensitivity **23** resolute
24 loyalty **25** diligence **26** adept
27 commitment **28** sentimental
29 eminent **30** solicit

1 주장하다; 경쟁하다, 다투다 **2** 저명한, 유명한;
주목할 만한; 두드러진 **3** 재치 있는, 꾀바른
4 유명한, 명성이 있는 **5** 승인[인가]하지 않다,
찬성하지 않다 **6** 적, 상대; 반대자 **7** 자격을 갖춘,

적임의 **8** 주저하는, 머뭇거리는 **9** 충동적인
10 어설픈, 서투른, 솜씨 없는 **11** 동의하다, 찬성하다;
동의, 찬성 **12** 마음 내키지 않는, 꺼리는 **13** 적의,
적대감, 적개심 **14** 두드러진, 뛰어난; 저명한,
유명한 **15** 환대하는; (환경이) 쾌적한, 알맞은
16 dismiss **17** yearn **18** plead
19 (u)nwilling **20** refute **21** resourceful
22 skeptical **23** ingenious **24** prestigious
25 cynical **26** notorious **27** favorable
28 determined **29** dedicate **30** advocate

1 (~로) 생각하다, 간주하다 **2** 경멸하다, 멸시하다,
얕보다 **3** 의견을 달리하다; 불찬성, 이의 **4** 거절,
기각 **5** 명상, 묵상 **6** 주도, 선도, 솔선; 계획, 구상
7 증명해 보이다, 드러내다; 시위를 벌이다
8 평가 **9** 승인, 찬성 **10** 평가하다, 판단하다
11 예증하다, 설명하다; 삽화를 넣다 **12** 고려, 숙고
13 지지자, 옹호자 **14** 가정, 가설 **15** 경멸, 모욕
16 contemplate **17** inference
18 consent **19** retrospect **20** integrate
21 objection **22** distract **23** assertive
24 consensus **25** aggressive **26** lament
27 correlate **28** insistent **29** affirmative
30 misconception

1 제안, 제의; 암시, 시사; 기미 **2** 반사;
(물 등에 비친) 모습; 반영; 성찰, 숙고
3 (미래의 일을) 마음속에 그리다, 상상하다
4 개념, 관념 **5** (~에) 돌리다, (~의) 탓으로 하다;
특성, 속성 **6** 분별[식별]하다; 인식하다
7 마음속에 그리다, 시각화하다 **8** 적성, 소질, 재능
9 귀납법, 귀납 추리 **10** 문서, 증거 자료;
(상세히) 기록[보도]하다 **11** 흥미를 갖게 하다
12 숙고하다, 깊이 생각하다 **13** 방해하다,
지연시키다 **14** 망상; 착각, 잘못된 생각

15 (원인·동기 등을 ~에) 돌리다,
(~에) 기인하는 것으로 하다   16 generalization
17 acquaint   18 clarify   19 sequence
20 definition   21 separation   22 preoccupy
23 deliberate   24 distinguish
25 characteristic   26 incorporate
27 facilitate   28 subsequent   29 obstruct
30 classification

DAYS 37-38   p.20

1 모순; 반박, 반대   2 관련(성); 타당성   3 구별,
차이; 특성, 특질   4 주요한, 제1의; 교장
5 근원적인, 기초가 되는   6 없어서는 안될, 필수의
7 일관성, 한결같음; (언행)일치   8 노력하다, 애쓰다;
노력, 시도   9 (망상 등에) 사로잡히게 하다
10 중요하지 않은, 미미한; 가장자리의, 주변적인
11 지적인, 지능의   12 의미하다, 뜻하다
13 관련시키다, 연상하다; 연합하다, 제휴하다;
교제하다   14 매우 중요한, 중대한, 결정적인
15 환영, 착각, 환상   16 inevitable
17 suspicion   18 trait   19 critical
20 analytic(al)   21 invaluable   22 trigger
23 compatible   24 vital   25 simplify
26 foster   27 implication   28 detrimental
29 manifest   30 ultimate

DAYS 38-39   p.20

1 하찮은, 대단치 않은   2 필수의, 없어서는 안 될;
필요조건, 필수품   3 역의, 반대의; 불운한, 불행한
4 제지하다; 억제하다, 억누르다   5 증명하다,
보증하다   6 (영향력·압력 등을) 행사하다,
가하다; 발휘하다   7 바탕의, 기초의, 근본적인;
기본, 근본   8 중재하다; 매개하다   9 사소한,
하찮은   10 암시적인, 은연중의   11 필수 불가결한,
필수의   12 상호의, 서로의   13 깨우치다;
계몽하다, 교화하다   14 방해하다, 훼방하다
15 중대한, 중요한   16 incidental   17 futile

18 (o)versee   19 compromise   20 viable
21 prohibition   22 validate   23 testify
24 pivotal   25 supervise   26 plausible
27 inform   28 explicit   29 comparable
30 instruction

DAYS 39-40   p.21

1 방해하다; 간섭하다   2 강제하다, 강요하다;
제약하다, 속박하다   3 (진실임을) 증명하다,
입증하다   4 제외[배제]하다; 차단하다   5 질문,
문의; 연구, 탐구   6 한정하다; 가두다, 감금하다
7 통지하다, 통고하다   8 인정[자인]하다;
(편지 등의) 도착[수령]을 통지하다   9 권한[자격,
능력]을 주다   10 맹세[선서]하다; 단언하다; 욕하다
11 진술하다, 말하다; 국가; 주; 상태, 형세
12 삼가다, 절제하다; 기권하다
13 (사상·감정 등을) 구체화하다, 구현하다
14 억제하다; 방해[방지]하다   15 영향력 있는,
영향을 미치는   16 omit   17 coordinate
18 highlight   19 distortion   20 credit
21 proclaim   22 commemorate
23 bypass   24 compliment   25 intervene
26 collaborate   27 tempting   28 condemn
29 overstate   30 denial

DAYS 40-41   p.21

1 운명, 숙명   2 장수, 수명   3 탄성을 지르다;
소리치다, 외치다   4 형제자매   5 강조하다;
밑줄을 긋다   6 과소평가하다, 경시하다   7 기념일,
기념제   8 정직한, 솔직한; (일이) 간단한   9 논쟁,
토론, 논의; 반박하다; 논쟁하다   10 사춘기
11 방해하다; 중단시키다   12 논쟁의,
논쟁을 불러일으키는   13 말하다, 발언하다;
완전한   14 털어놓다, 밝히다; 폭로하다
15 상호의, 호혜적인   16 burial   17 declaration
18 affiliation   19 grief   20 exaggeration
21 communal   22 denounce   23 deceased

24 setback　25 reference　26 resilience
27 adolescence　28 remark　29 emphasize
30 console

1 임신　2 가려운　3 경험하다, 겪다; 당하다, 입다
4 미망인　5 비틀거리며 걷다; 넘어지다;
우연히 보다[마주치다]　6 기근, 식량 부족; 굶주림
7 꽉 쥐다; (무리하게) 끼워[밀어] 넣다
8 잇따라 일어남, 연속; 계승(권), 상속(권)
9 (발달·변화의) 단계, 국면　10 재채기 (소리);
재채기하다　11 하품하다; 하품; 따분한 일
12 노력보다; 강렬하게 비추다; 눈부신 빛; 섬광;
노려봄　13 거꾸러지다; 뛰어들다; 급락하다
14 역경, 고난　15 중요한[획기적인] 단계[사건];
이정표　16 (c)hoke　17 maturity　18 infancy
19 crawl　20 sensory　21 identification
22 inherit　23 newborn　24 snore
25 mourn　26 descendant　27 pound
28 drowsy　29 suffocate　30 (g)limpse

1 부어 오른　2 눈의, 시각의; 광학의
3 발진, 뾰루지　4 제약(학)의, 약사의
5 항생제, 항생 물질; 항생제의, 항생 물질의
6 (발목·손목 등을) 삐다　7 웅크리다; 웅크림
8 임상의　9 약물 치료[처리], 투약(법)
10 얼굴을 붉히다; 부끄러워하다　11 염증
12 청각의, 청각 기관의, 귀의　13 위약, 가짜 약
14 붙잡다, 붙들다; (의미를) 파악하다, 이해하다
15 주사; 주입　16 (s)tare　17 glance
18 embrace　19 discomfort　20 tumor
21 numb　22 grasp　23 rehabilitation
24 therapeutic　25 capture　26 shiver
27 suppress　28 juggle　29 muscular
30 inhale

1 요법, 치료법[약]; 개선책; 고치다; 개선하다
2 노여움, 짜증; 염증　3 유행병, 전염병;
유행성[전염성]의　4 (약의 1회분) 복용[투약]량;
투약　5 장애, 질환; 무질서; 엉망, 어수선함
6 당뇨병　7 (생명을) 유지하다; 부양하다;
(부상·손해를) 입다; 계속[지속]하다
8 (접촉) 전염성의　9 약용의, 의약의
10 면역, 면역성　11 알레르기가 있는;
알레르기(성)의　12 (장기) 이식; (장기를) 이식하다;
(식물을) 옮겨 심다　13 기능 불량;
제대로 작동하지 않다　14 진전; 진행
15 (외과) 수술　16 discharge　17 radioactive
18 appointment　19 hospitalize
20 insomnia　21 obesity　22 diagnosis
23 ailment　24 prevailing　25 prescription
26 vaccination　27 hygiene　28 alleviate
29 outbreak　30 hypertension

1 척추의; 등뼈의, (어류) 가시의　2 사망자 수,
사망률　3 망막　4 발병률, 발생(률)　5 장, 창자
6 만성적인　7 괴롭히다, 피해를 입히다
8 (공중) 위생의, 보건상의　9 정서의, 감정의
10 마비, 불수　11 생리학의, 생리적인
12 (음식물) 섭취　13 굶주림, 기아　14 비정상적인,
불규칙한　15 배, 선박; 용기, 그릇; 관, 혈관
16 cellular　17 incurable　18 cavity
19 asthma　20 enzyme　21 neurological
22 secrete　23 fracture　24 respiratory
25 syndrome　26 antibody　27 abdominal
28 impair　29 deformity　30 infection

DAYS 45-46

p.24

1 동맥 **2** 미안해하는, 사과하는 **3** 고통, 비탄; 슬프게 하다, 괴롭히다 **4** 좌절시키다; 헛되게 하다 **5** 물질[신진]대사 **6** 말기의, 불치의; 치명적인; 청사, 터미널; 컴퓨터 단말기 **7** 감사, 고마움 **8** 성형의; 미용의, 화장(품)의 **9** 기대하다; 예상하다 **10** 낙태, 임신 중절 (수술) **11** 우울한; 우울증의 **12** 압도하다, 휩싸이게 하다 **13** 합병증 **14** 후회하는; 유감으로 생각하는 **15** 단조로운, 지루한 **16** sympathetic **17** anatomy **18** digestion **19** delivery **20** gland **21** pastoral **22** bewilder **23** urgent **24** amnesia **25** psychiatry **26** salivate **27** composed **28** puzzle **29** phobia **30** fatality

DAYS 46-47

p.24

1 진보하다; (일정을) 앞당기다; 진보, 발전; 선불, 선금 **2** 낙담한, 낙심한 **3** 무관심, 냉담 **4** 제출(물), 출품(작); 항복, 복종 **5** 고독한, 혼자의; 외딴, 고립된 **6** 절망적인; 필사적인, 절박한 **7** 대응하는 사람[것], 상대 **8** 질투, 시샘 **9** 증가; 성장 **10** 선별된, 선택된 **11** (깜짝) 놀라게 하다 **12** 입장(료); 입학 (허가); 시인, 자백 **13** 급격한; 가파른 **14** (대회 등의) 참가; 입장; 출품작 **15** 안도하게 하다; (고통·부담 등을) 경감하다, 덜다; 구제[구조, 구원]하다 **16** perplex **17** competition **18** enrollment **19** stunning **20** award **21** sorrowful **22** respectively **23** depressed **24** resentful **25** relatively **26** leisurely **27** annual **28** outrage **29** envious **30** contestant

DAYS 47-48

p.25

1 ～으로 구성되다 **2** 감소하다; (정중히) 거절하다; 하락, 감소, 저하 **3** ～을 요구하다, ～을 필요로 하다 **4** 무료의; 칭찬의 **5** ～을 이용하다 **6** 등록, 기재 **7** ～을 작성하다 **8** 급상승하다, 급증하다, 치솟다 **9** ～을 깊이[곰곰이] 생각하다 **10** 기준, 척도 **11** 추정(치), 예상; 투사; 돌출부 **12** ～을 (한쪽으로) 치우다; ～을 따로 남겨두다 **13** ～을 살펴보다 [조사하다]; ～을 겪다[거치다]; ～을 다 써버리다 **14** (조사의) 응답자 **15** ～와 우연히 만나다, 마주치다 **16** count on / upon **17** engage in **18** surpass **19** cope with **20** eligible **21** triple **22** stand by **23** take on **24** dramatically **25** fee **26** proportion **27** requirement **28** do without **29** deal with **30** category

DAYS 48-49

p.25

1 잠깐 들르다, 불시에 찾아가다 **2** ～을 거절하다 **3** (해결책 등을) 생각해 내다, 찾아내다 **4** ～을 상징하다, ～을 의미하다 **5** A를 B와 교환하다 **6** A에게 B를 상기시키다 **7** ～을 해고하다 **8** 돌아가시다, 사망하다 **9** ～을 따라잡다, ～을 따라가다 **10** ～을 초래[유발]하다 **11** ～을 보상하다; ～을 만회하다 **12** B의 이름을 따서 A의 이름을 짓다 **13** A에게서 B를 빼앗다[박탈하다] **14** ～을 처리하다 **15** 부서지다; 부수다; (모임이) 파하다; (모임을) 해산시키다; 헤어지다 **16** figure out **17** get over **18** pick up **19** break down **20** point out **21** give off **22** turn out **23** impose *A* on *B* **24** stay up **25** put out **26** throw away **27** run out of **28** convert *A* to / into *B* **29** do away with **30** approve of

1 ~에 착수하다　**2** ~을 잘 다루다,
~을 취급하는 요령을 알고 있다　**3** ~에 방해가 되다
4 A에 B를 비치하다　**5** ~을 참다　**6** ~를 경멸하다,
~를 얕보다　**7** ~에 익숙하다[익숙해지다]
8 ~할 수밖에 없다, ~하게 되어 있다
9 A에 B를 갖추다　**10** ~을 당연하게 여기다
11 A를 B로 간주하다　**12** ~을 만회[벌충]하다;
~을 보상하다　**13** ~할 목적으로; ~을 기대하여
14 우연히　**15** ~을 할 수 있다, ~을 할 능력이 있다
16 carry on　**17** be obliged to *do*
18 at the cost of　**19** get along with
20 live up to　**21** in terms of
22 have to do with　**23** come down with
24 look up to　**25** stand up for
26 get rid of　**27** be subject to
28 be supposed to *do*　**29** prefer *A* to *B*
30 hold on to

VOCA
PLANNER

수능 필수 **Workbook**